"信毅教材大系"编委会

主　　任　王　乔

副 主 任　卢福财　王秋石　刘子馨

秘 书 长　陈　曦

副秘书长　王联合

编　　委　陆长平　严　武　胡宇辰　匡小平　章卫东
　　　　　　袁红林　陈富良　汪　洋　罗良清　方志军
　　　　　　吴志军　夏家莉　叶卫华　陈家琪　邓　辉
　　　　　　包礼祥　郑志强　陈始发

联络秘书　罗　翔　欧阳薇

信毅教材大系

产业经济学

- 卢福财　主　编
- 吴昌南　副主编

Industrial Economics

复旦大学出版社

内容提要

产业经济学在我国属较为年轻的学科，但产业经济理论对于我国经济发展，产业结构调整和优化升级；对我国在产业结构优化和升级过程中的企业管理实践都起着不可替代的指导作用。

本书是一部适用于本科层次和部分相关学科研究生层次教学的新编教材，在编写过程中，作者从培养更多掌握产业经济理论的高素质人才出发，形成了如下特点。延续性：汲取前辈所编同类教材的长处；结构分明：全书共分总论、基础理论、综合应用、理论专题等四编；适应层次广：在内容安排上以本科教学为主，兼顾研究生的基础教学；应用性强：在综合应用编中，内容设计包括了产业政策、产业规划和产业分析的方法；基础理论与应用相结合：通过理论专题的安排，既重视理论基础的掌握，又强化训练学生的应用能力，引导学生的研究性学习和创新思维。

总　序

　　世界高等教育的起源可以追溯到1088年意大利建立的博洛尼亚大学,它运用社会化组织成批量培养社会所需要的人才,改变了知识、技能主要在师徒间、个体间传授的教育方式,满足了大家获取知识的需要,史称"博洛尼亚传统"。
　　19世纪初期,德国的教育家洪堡提出"教学与研究相统一"和"学术自由"的原则,并指出大学的主要职能是追求真理,学术研究在大学应当具有第一位的重要性,即"洪堡理念",强调大学对学术研究人才的培养。
　　在洪堡理念广为传播和接受之际,德国都柏林天主教大学校长纽曼发表了"大学的理想"的著名演说,旗帜鲜明地指出"从本质上讲,大学是教育的场所","我们不能借口履行大学的使命职责,而把它引向不属于它本身的目标"。强调培养人才是大学的唯一职能。纽曼关于"大学的理想"的演说让人们重新审视和思考大学为何而设、为谁而设的问题。
　　19世纪后期到20世纪初,美国威斯康星大学查尔斯·范海斯校长提出"大学必须为社会发展服务"的办学理念,更加关注大学与社会需求的结合,从而使大学走出了象牙塔。
　　2011年4月24日,胡锦涛总书记在清华大学百年校庆庆典上,指出高等教育是优秀文化传承的重要载体和思想文化创新的重要源泉,强调要充分发挥大学文化育人和文化传承创新的职能。
　　总而言之,随着社会的进步与变革,高等教育不断发展,大学的功能不断扩展,但始终都在围绕着人才培养这一大学的根本使命,致力于不断提高人才培养的质量和水平。
　　对大学而言,优秀人才的培养,离不开一些必要的物质条件保障,但更重要的是高效的执行体系。高效的执行体系应该体现在三个方面:一是科学合理的学科专业结构,二是能洞悉学科前沿的优秀的师资队伍,三是作为知识载体和传播媒介的优秀教材。教材是体现教学内容与教学方法的知识载体,是进行教学的基本工具,也是深化教育教学改革,提高人才培养质量的重要保证。

一本好的教材,要能反映该学科领域的学术水平和科研成就,能引导学生沿着正确的学术方向步入所向往的科学殿堂。因此,加强高校教材建设,对于提高教育质量、稳定教学秩序、实现高等教育人才培养目标起着重要的作用。正是基于这样的考虑,江西财经大学与复旦大学出版社达成共识,准备通过编写出版一套高质量的教材系列,以期进一步锻炼学校教师队伍,提高教师素质和教学水平,最终将学校的学科、师资等优势转化为人才培养优势,提升人才培养质量。为凸显江财特色,我们取校训"信敏廉毅"中一前一尾两个字,将这个系列的教材命名为"信毅教材大系"。

"信毅教材大系"将分期分批出版问世,江西财经大学教师将积极参与这一具有重大意义的学术事业,精益求精地不断提高写作质量,力争将"信毅教材大系"打造成业内有影响力的高端品牌。"信毅教材大系"的出版,得到了复旦大学出版社的大力支持,没有他们的卓越视野和精心组织,就不可能有这套系列教材的问世。作为"信毅教材大系"的合作方和复旦大学出版社的一位多年的合作者,对他们的敬业精神和远见卓识,我感到由衷的钦佩。

王 乔

2012 年 9 月 19 日

前　言

产业经济学在我国属较年轻的学科,但产业经济理论对于我国制定有关经济发展、产业结构调整、优化与升级等政策中、在指导企业管理与实践中却有着重要作用。

尽管目前我国高等院校还没有设立产业经济学专业的本科,但各高校在经济类本科专业教学中基本都开设了产业经济学课程,而且更是产业经济学专业研究生核心课程。因此,为了同时适应经济类本科层次和研究生层次的产业经济学教学,培养更多的具有产业经济学知识与理论背景的高素质人才,促进我国产业经济发展和产业结构优化升级,我们编写了这本教材。本教材有以下几个特色。

一是延续性。本教材是在史忠良教授曾经主编的《产业经济学》教材三次出版的基础上的延续,既吸收了前三版优点,又体现了国内外的最新研究成果。

二是结构分明。本教材分为四篇。第一篇为入门导论和基础知识,第二篇为基础理论篇,教材力求做到简明,通俗易懂,符合本科生知识结构特点。第三篇为综合应用,主要是对基础理论知识在运用。第四篇为针对研究生和感兴趣的本科生编写,探讨当前产业经济学一些理论问题和当前中国产业经济发展热点问题,以专题形式编写,符合研究生教学。

三是适应层次广。教材既适合于本科生教学,也适合于硕士研究生一、二年级的教学,还适合于产业经济理论有一定研究基础的同志的阅读。

四是应用性强。在强调基础理论的同时,本教材专门设计综合应用篇,包括产业政策、产业规划和产业分析方法与应用。使学生了解掌握产业规划报告的内容框架及各类产业分析方法,如证券公司行业分析、咨询公司行业分析、政府部门产业发展规划、大型企业行业分析报告等。

五是基础理论与应用和理论专题相结合。既重视学生对产业经济学基础理论的掌握,又重视学生知识的应用能力的培养。对进一步需要深造的本科生和研究生,本教材还设计了理论专题,引导学生研究性学习和创新思维。

　　本教材由卢福财教授拟定编写大纲并对全书进行了审订工作,吴昌南在教材编写中作了协调组织与修改工作,各章的撰写分工是:吴昌南撰写了第一章;阮敏撰写了第二章;陈剑撰写了第三章;黄彬云撰写了第四、五章;鲍韵撰写了第六章;范林凯撰写了第七章;彭慧莲撰写了第八章;李莹撰写了第九章;邓谣撰写了第十章;饶迢撰写了第十一章;陈洪章撰写了第十二章;卢福财、常雅靓撰写了第十三章;赵雪撰写了第十四章;罗军撰写了第十五章;陈小兰撰写了第十六章;卢福财、胡雷华撰写了第十七章;吴昌南、谢巍撰写了第十八章;徐斌撰写了第十九章。

　　我们要感谢史忠良教授、吴照云教授、吴志军教授、万卫红教授以及其他参与前几版撰写与出版工作的同志,感谢为他们前期做出的贡献。感谢复旦大学出版社的领导和编辑为本书出版所付出的辛勤劳动。

　　在本书的编写过程中,参考和吸收国内外大量的教材和研究成果,在此一并致谢。由于我们水平有限,本书难免有错误或疏漏之处,恳请读者指正。

编　者

2013 年 7 月 5 日

目 录

第一篇 总 论

第一章 导论 ········· 003
第一节 产业经济学的形成与发展 ········· 003
第二节 产业经济学的研究对象与理论体系 ········· 007
第三节 产业经济学的研究意义 ········· 009
第四节 产业经济学的研究方法 ········· 010
第五节 本书的逻辑安排 ········· 013

第二篇 基础理论

第二章 产业组织理论 ········· 017
第一节 产业组织理论概述 ········· 017
第二节 规模经济与范围经济 ········· 024
第三节 市场结构 ········· 029
第四节 市场行为 ········· 036
第五节 市场绩效 ········· 041

第三章 寡头竞争理论 ········· 046
第一节 同质产品寡头竞争 ········· 046
第二节 差异化产品市场竞争 ········· 055

第四章 产业结构理论 ········· 061
第一节 产业结构理论概述 ········· 062
第二节 决定和影响产业结构的因素 ········· 073
第三节 产业结构演变规律 ········· 076
第四节 产业关联及其效应 ········· 087

第五章　产业结构优化与升级理论 …… 095
　　第一节　产业结构优化 …… 096
　　第二节　主导产业选择理论 …… 109
　　第三节　产业价值链优化 …… 116

第六章　产业布局 …… 127
　　第一节　产业布局理论概述 …… 127
　　第二节　产业布局的理论依据 …… 128
　　第三节　产业布局的影响因素 …… 137
　　第四节　产业布局的一般规律和基本原则 …… 141
　　第五节　我国产业布局的实践 …… 148

第七章　产业规制理论与政策 …… 152
　　第一节　规制的概念与基本理论 …… 152
　　第二节　经济性规制 …… 155
　　第三节　社会性规制 …… 159
　　第四节　中国的规制实践 …… 161

第三篇　综合应用

第八章　产业政策 …… 169
　　第一节　产业政策概述 …… 169
　　第二节　产业政策的制定 …… 173
　　第三节　产业政策的实施路径 …… 177
　　第四节　产业政策体系 …… 181
　　第五节　我国产业政策实践与政策评估 …… 189

第九章　产业分析方法与应用 …… 193
　　第一节　产业分析概述 …… 193
　　第二节　产业分析方法 …… 198
　　第三节　产业规划 …… 206
　　附：产业分析与规划报告案例 …… 208

第四篇　理论专题

第十章　产业竞争力 …… 215
　　第一节　产业竞争力的基本理论 …… 215

第二节　产业竞争力的分析模型 …………………………… 219
　　第三节　产业竞争力的评价体系与方法 …………………… 222

第十一章　产业生态化 ……………………………………………… 227
　　第一节　产业生态化的背景 ………………………………… 227
　　第二节　产业生态化基础知识 ……………………………… 232
　　第三节　产业生态化的路径 ………………………………… 235
　　第四节　环保产业化 ………………………………………… 239

第十二章　产业集群理论 …………………………………………… 242
　　第一节　产业集群理论概述 ………………………………… 242
　　第二节　产业集群的类型 …………………………………… 246
　　第三节　产业集群的特征 …………………………………… 249
　　第四节　产业集群形成的因素及效应 ……………………… 252
　　第五节　产业集群政策 ……………………………………… 256

第十三章　网络组织 ………………………………………………… 261
　　第一节　网络组织概述 ……………………………………… 261
　　第二节　网络组织运行机理 ………………………………… 269
　　第三节　网络组织的治理机制 ……………………………… 271

第十四章　双边市场 ………………………………………………… 275
　　第一节　双边市场基本理论 ………………………………… 275
　　第二节　双边市场的定价理论 ……………………………… 281
　　第三节　双边市场基础模型 ………………………………… 288

第十五章　产业融合理论 …………………………………………… 293
　　第一节　产业融合基本理论 ………………………………… 293
　　第二节　产业融合与产业发展的影响 ……………………… 298
　　第三节　产业融合中存在的问题与措施 …………………… 302

第十六章　产业内贸易 ……………………………………………… 307
　　第一节　产业内贸易的定义与分类 ………………………… 307
　　第二节　产业内贸易的理论框架和理论模型 ……………… 310
　　第三节　影响产业内贸易的因素 …………………………… 313
　　第四节　产业内贸易的计量 ………………………………… 315

第五节　产业内贸易与国际投资……………………… 317
第六节　国际贸易政策与产业内贸易……………… 319
第七节　我国产业内贸易…………………………………… 320

第十七章　纵向产业组织理论……………………………… 323
第一节　纵向产业组织理论概述………………………… 323
第二节　产业链纵向关系…………………………………… 325
第三节　纵向产业组织的效率分析……………………… 335
第四节　纵向产业组织理论的发展方向……………… 337

第十八章　企业理论……………………………………………… 339
第一节　企业的性质…………………………………………… 339
第二节　企业的非利润目标………………………………… 345
第三节　企业非利润最大化目标行为的约束………… 348

第十九章　中国战略性新兴产业发展…………………… 355
第一节　战略性新兴产业的基本内涵与选择依据…… 356
第二节　我国战略性新兴产业发展的主要思路、
　　　　基本原则与重点领域……………………………… 360
第三节　推动我国战略性新兴产业发展的对策……… 367

参考文献……………………………………………………………… 372

第一篇　总　论

■ 第一章　导论

第一篇 总 论

第一章 导 论

学习要点

1. 了解产业经济学产生与发展的线索。
2. 掌握产业经济学的研究对象与理论体系。
3. 理解研究产业经济学的意义和方法。

第一节 产业经济学的形成与发展

▶▶ 一、产业组织的含义及渊源

产业组织理论是现代产业经济学的重要组成部分,也是现代产业经济学的发端。产业组织理论是以价格理论为基础,通过现代市场经济发展过程中,对产业内部企业之间竞争与垄断及规模经济的关系和矛盾的具体考察分析,着力探讨产业组织的状况及其变动对产业内部资源配置效率的影响,从而为维持合理的市场秩序和经济效益提供理论依据和对策途径。

所谓产业组织,是指同一产业内企业间的组织或者市场关系。这种企业之间的市场关系主要包括交易关系、行为关系、资源占用关系和利益关系。对产业组织的研究主要是以竞争与垄断及规模经济的关系和矛盾为基本线索,对企业之间的这种现实市场关系进行具体描述和说明。

产业组织理论源远流长,最早可追溯到亚当·斯密的劳动分工理论关于市场机制的论述。其后把产业组织概念引入经济学并提出其研究方向的是新古典学派经济学家马歇尔。1890 年英国剑桥大学的著名经济学家马歇尔出版了《经济学原理》一书,创立了新古典经济学。在这部著作的第 4 篇,即生产要素——土地、劳动、资本和组织中,他研究了产业组织。他指出,组织可以提高效率,增加经济效益,并提出:分工能提高效率;专门工业集中于特定的地方,能提高效率;大规模生产,也能提高效率。由于产业组织可以提高产业的经济效益,从而产业经济学(Industrial Economics)也称产业组织理论(Theory of Industrial Organization)。

马歇尔在分析规模经济成因时,发现了被后人称之为"马歇尔冲突"的矛盾,即大规模生产能为企业带来规模经济,使企业的单位产品成本不断下降,市场占有率不断提高,其结果必然导致市场结构中的垄断因素不断增加,而垄断的形成又必然阻碍竞争机制在资源合理配置中的作用,使经济丧失活力,从而扼杀自由竞争。

从20世纪初开始,随着生产日益集中,企业规模不断扩大,垄断、寡头垄断的市场支配现象已为资本主义国家中的普遍市场问题,以英国剑桥大学教授斯拉法为代表的一些经济学家以收益递增规律与完全竞争前提相矛盾为突破口,对马歇尔的价格理论进行了猛烈的抨击,于是引发了一场关于"马歇尔冲突"的理论争论。英国和美国许多经济学家围绕着竞争和垄断的关系,对产业组织的实际状况进行了大量的调查分析和理论研究。贝利和米恩斯(A. Berle & G. Means)于1932年发表了《现代公司与私有产权》一书,详尽地分析了1920年代到1930年代美国的垄断产业和寡头垄断产业的实际情况,并对股份制的发展更易使资本集中到大企业中从而造成经济力集中等问题进行了实证研究,为产业组织理论体系的形成提供了许多重要的参考价值的研究成果。1933年,美国哈佛大学教授张伯伦(E. A. ChamBerlin)和英国剑桥大学教授罗宾逊夫人分别出版了《垄断竞争理论》和《不完全竞争理论》,均提出了纠正传统自由竞争概念的所谓垄断竞争理论。张伯伦以垄断因素的强弱把市场类型分为从完全竞争到完全垄断多种类型。他还着重分析了垄断竞争、同类产品的生产者集团与企业进入和退出市场、产品差别化、过剩能力下的竞争等问题。1940年,克拉克提出了有效竞争的概念,对产业组织理论的发展和体系的建立产生了重大影响。克拉克认为,不完全竞争存在的事实表明,长期均衡和短期均衡的实现条件是不协调的,这种不协调反映了市场竞争与实现规模经济的矛盾,为了研究现实条件减弱这种不协调的方法和手段,有必要明确有效竞争的概念。所谓有效竞争,简单地说,就是既有利于维护竞争又有利于发挥规模经济作用的竞争格局。

此外,梅森(E. Mason)第一个发表了有关产业组织体系的论文,并于1939年出版了《大企业的生产及价格政策》一书。正是以上述一系列的理论研究为基础,才产生了产业经济学。SCP范式(结构—行为—绩效分析范式)建立后,不同的产业组织理论流派相继发展起来,具有影响力的包括芝加哥学派、新奥地利学派、新制度学派。

二、产业组织理论的形成

比较完整的产业组织理论是在1930年代以后在美国以哈佛大学为中心逐步形成的。1938年,梅森(E. Mason)在哈佛大学成立了一个产业组织研究小组。在继承张伯伦等人的基础上,梅森提出产业组织的理论体系和研究方向,并于1939年出版了《大企业的生产和价格政策》一书。梅森将有效竞争的标准归结为两个方面:

(1) 能够维护有效竞争的市场结构的形成的条件被归纳为市场结构标准;
(2) 从市场绩效的角度来判断竞争有效性的标准被归纳为市场绩效标准。

继梅森的研究之后,一些经济学家将有效竞争的标准从二分法扩展到三分法,即市场结构标准、市场行为标准、市场绩效标准。

在市场结构标准上,集中度不宜太高,市场进入容易,没有极端的产品差异化。在市场行为标准上,对于价格没有共谋,对于产品没有共谋,对竞争者没有压制政策。市场绩效标准上,存在不断改进产品和生产过程的压力,随成本大幅下降价格能向下调整,企业与产业处于适宜的规模,销售费用在总费用中的比重不存在过高的现象,不存在长期的过剩生产能力现象。

1951年,梅森的学生贝恩发表了论文《产业集中度与利润率的关系：美国制造业1936—1940》,在理论上和方法上为"结构—行为—绩效"范式(SCP)打下了坚实的基础。1959年,他又出版了《产业组织》一书,该书被认为是第一部系统地论述产业组织理论的教科书。同年,凯森、特纳又合作出版了《反托拉斯政策》一书。此外,凯维斯、谢勒、谢菲尔德和科曼诺等人对产业组织理论的发展和体系的建立也做出了重要的贡献。至此,以SCP为范式的产业组织理论正式形成了。

三、产业经济学发展

第二次世界大战后,美国严格以哈佛学派的产业组织理论为指导,实施反垄断政策,但是随着美国曾经是世界上最大、最强的钢铁、汽车等主要产业国际竞争力的下降,越来越多的学者对以哈佛学派为指导的垄断政策产生了质疑。

因此,从1970年代中后期开始,围绕着反垄断政策的放松,批判和针对结构主义政策论的产业组织学派的理论观点引起了注目。与此同时,一些新理论和研究方法也应运而生。其中,最具影响的是芝加哥学派、可竞争理论和新奥地利学派及博弈论方法。

（一）产业组织理论的发展

产业组织理论的芝加哥学派产生于1960年代初。主要代表人物有：斯蒂格勒（V. Stigler）、德姆塞茨（H. Demsetz）、布罗曾（Y. Brozen）、波斯纳（R. Posener）等。与哈佛学派不同的是,芝加哥学派在市场结构、市场行为、市场绩效的三者关系上,认为市场绩效决定市场结构和市场行为。高集中度市场中的大企业必然具有高效率,而产生这种高效率主要在于大规模生产的规模经济性、先进的技术和生产设备、优越的产品质量和完善的企业组织和管理等因素。芝加哥学派特别注重判断集中及定价结果是否提高了效率,而不是像结构主义者那样只看是否损害了竞争。

可竞争市场理论是由鲍莫尔以及帕恩查（J. C. Panzar）和伟利格（R. D. Willing）等人发展起来的。可竞争市场理论认为,如果企业进入和退出市场（产业）是完全自由的,相对于现有企业,潜在进入者在生产技术、产品质量、成本等方面不存在劣势,潜在进入者能够根据现有企业的价格水平评价进入市场的盈利性,潜在进入者能够采取"打了就跑"（hit and run）的策略。由此,在可竞争市场上就不存在超额利润,不存在任何形式的生产低效率和管理上的X低效率（X-Inefficiency）,良好的市场效率和技术效率等市场绩效,在传统哈佛学派思想的市场结构以外仍然是可以实现的,而无需众多竞争企业的存在。

新奥地利学派是由米塞尔（L. Mises）、哈耶克（F. A. Hayek）、柯兹纳（I. M. Kirzner）、罗斯巴德（M. N. Rothbard）、阿门塔诺（D. T. Armentano）、斯巴达罗（L. M. Spadaro）、李特勒其德（S. C. Littlechild）、里奇（W. D. Reekie）等发展起来的。新奥地利学派和芝加哥学派一样也信奉自由主义。新奥地利学派认为唯一进入壁垒的是政府的进入管制政策和行政垄断；社会福利的提高源于生产效率，而非哈佛学派强调的配置效率；竞争源于企业家的创业精神，产品差别化实际上是企业竞争的一个重要手段。

1980年代后，由于博弈论的引入，以泰勒尔、克瑞普斯等为代表的经济学家将博弈论引入产业组织理论研究，分析了非市场制度安排对企业行为的影响，形成了新产业组织理论。"新产业组织理论"继承了 SCP 的分析范式，但对其进行了发展和改进。"新产业组织理论"在市场结构、市场行为及市场绩效三个研究对象中，更注重对"市场行为"的分析。强调了企业行为的重要性，认为企业行为对市场结构具有反作用，市场运行状况对企业行为进而对市场结构会产生反向作用。同时，"新产业组织理论"建立了双向、动态的分析框架。在研究方法上引入了博弈论，这样大大丰富了对企业行为的研究。

（二）产业布局理论的发展

产业布局理论最重要的成果是产业集群理论的形成与发展。产业在空间的集中与分布即产业集群，越来越成为影响产业、地区经济、国家经济发展、资源配置效率、国际竞争力提高和国际贸易变动的重要因素，日益受到经济学界的关注，特别是1990年代以美国迈克尔·波特、保罗·克鲁格曼为代表的经济学家，融合了产业经济学、新经济地理学、区域经济学、国际经济学、发展经济学等多学科的相关知识，提出了包括产业集群的内容、特征、类型、动因、形成机制、效应等内容的比较系统的产业集群理论，充实和完善了产业布局理论，增强了产业布局理论的完整性、现代化、解释力和应用价值。

（三）产业结构理论的发展

产业结构理论可追溯到1672年英国经济学家配第的《政治算术》中关于工业比农业、商业比工业附加值高的结论。之后1758年和1766年法国经济学家魁奈发表了《经济表》和《经济表分析》，其突出的贡献是在"纯商品"的基础上对社会资本再生产和流通所做的分析。配第和魁奈的研究是产业结构理论的重要思想来源之一。

1930~1940年代，产业结构理论基本形成。代表性人物有赤松要、库兹涅茨、里昂惕夫和克拉克。赤松要提出了"雁行形态理论"，库兹涅茨阐述了国民收入与产业结构之间的重要关系，里昂惕夫建立了投入产出分析法，克拉克分析了劳动力在三次产业中的结构变化与人均国民收入之间的规律。

1950~1960年代，产业结构理论得到重要发展。主要代表性人物有：里昂惕夫、库兹涅茨、刘易斯、赫希曼、罗斯托、钱纳里、霍夫曼、希金斯。里昂惕夫建立了投入产业分析体系，包括投入产出分析法、投入产出模型和投入产出表等；库兹涅茨在经济增长与产业结构的关系方面也有进一步的研究，出版了《现代经济增长》《各国经济增长》等重要论著；刘易斯针对发展中国家提出了二元经济结构理论；赫希曼提出了"不平衡"增长学说；罗斯托提出了主导产业扩散效应理论和经济成长阶段理论；钱纳里提出在经济发展过程中，产业结构会发生变化，对外贸易中初级产品出口将会减少，逐步实现进口替代和出口替代。拉尼斯、费景汉在刘易斯二元经济结构理论的基础上，建立了费景汉—拉尼斯模型（Ranis—Feimodel），它是一种从动态角度研究农业和工业均衡增长的二元结构理论；霍夫曼提出了霍夫曼法则和霍夫曼工业化经验法则。此外，荷兰经济学家丁伯根、加拿大经济学家希金斯、日本经济学家筱原三代平对产业结构理论的发展均做出了重要的贡献。

(四) 产业政策理论的发展

1990年代，由于泡沫经济的破灭，日本陷入了长达十年的经济衰退，人们开始反思日本产业政策的利弊，看到了政府对产业发展过度和不当干预，这在短期内可能有一定的效果，但长期可能有不利影响。与此同时，美国的信息高速公路计划极大地推动了美国以信息产业为主导的高新技术产业的发展，带来了1990年代新经济繁荣，人们又感到适当的政府引导和支持对产业发展是必要的有益的。日美经济发展的这种巨大反差，加深了对产业政策目标、手段和作用的认识。

(五) 产业规制理论的发展

规制经济学(Economic Regulation)是1970年代以后逐步发展起来的一门新兴学科。它主要研究在市场经济体制下政府或社会公共机构如何依据一定的规则对市场微观经济行为进行制约、干预或管理，即主要是沿着规制机构对经济主体的进入和退出、价格、产量及服务质量等有关行为这一思路展开的。早期的规制经济学文献一般将重点放在对公共事业规制的研究上；斯蒂格勒起初也把规制看作是"为产业所需并按其利益设计并运行的国家权利"；此后，乔斯科(Joscow)和诺尔(Noll)全面总结了竞争与非竞争产业的价格与进入规制；到1981年，斯蒂格勒又将规制的范围扩展到所有的公共—私人关系中；此外，鲍莫尔和奥茨(Oates)对环境的规制及政策问题、维斯凯西(Kip, W. Viscusi)对产品及作业安全的规制问题也做了大量研究。

规制理论的发展主要体现在引入"经济人"假设和供求分析，运用信息经济学、博弈论、激励理论，把产业规制的研究引向深入。具体表现如下：由公共利益规制理论转向利益集团规制理论和激励性规制理论；由强调规制的必要性转向更注意规制的效果和合理化；由加强规制转向放松规制而引入竞争；由单向限制转向博弈和激励；由限制垄断和不正当竞争转向规制与竞争平衡；由信息完全转向信息不完全；由作为外生变量转向内生变量；由注重需求分析转向注重供给分析。并指出：规制不能完全代替竞争，竞争也无法替代规制，没有理想的规制和竞争，理想的状态是规制和竞争的兼容协调。由此深化和完善了产业规制理论，更好地说明了"为什么规制，怎样规制，规制是否有效"等基本问题，使产业规制理论更加贴近现实，更具有解释力，并且加强了具体产业的规制的实证研究和应用研究，实现了产业规制理论的实践价值。

第二节　产业经济学的研究对象与理论体系

一、产业的概念

要了解产业经济学的研究对象，首先要了解什么是产业。所谓产业，是指具有某种同类属性的经济活动的集合。具有某种同类属性是产业最基本的特征，也是产业分类的基准。产业就是产业经济学的研究对象,具体说来,包括产业自身、产业与产业之间、产业内部各企业之间的经济规律。

二、产业经济学的研究对象

众所周知,现代西方经济学主要由微观经济学和宏观经济学构成。微观经济学以价格理论为核心,因此,它通常被称为价格理论,其研究对象是单个的抽象的厂商(企业)或消费者(家庭)在市场上的行为规律。其主要研究内容是:对企业而言,假定企业以追求利润最大化为目标,在有限资源的约束下,分析企业怎样理性地作出生产什么、如何生产和为谁生产的决策;对消费者而言,假定消费者以最大限度地满足其效用为目标,分析消费者怎样将有限的收入用于消费各种商品或劳务。宏观经济学以国民收入理论为核心,其研究对象是国民经济的总体运动规律,其主要研究内容是:分析国民收入、国民生产总值、总投资、总消费、进出口、外汇收支等总量的变化及其协调关系。可见,无论是以个量分析为特征的微观经济学,还是以总量分析为特征的宏观经济学,都没有涉及产业这一层次。而从经济现实看,任何一个企业总是在特定的产业中生存和发展的,国民经济也是由各个具体的产业构成的,即大量的经济活动都发生在产业领域。这就为以产业作为研究对象的产业经济学的产生和发展提供了现实基础。

综上所述,如果把社会经济分为微观、中观和宏观三个层次,与此相适应,研究社会经济基本问题的现代经济学也应由三大部分组成。其对应关系可由图1.1所示。

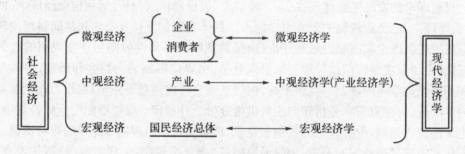

图1.1　社会经济与现代经济学的关系

由图1.1可见,微观经济学以微观层次的单个企业或消费者为研究对象,宏观经济学以宏观层次的整个国民经济总体为研究对象,而产业经济学则以中观层次的产业为研究对象,主要研究产业内部企业之间的竞争、合作关系和产业之间的协调关系。因此,产业经济学是一门以产业为研究对象的中观经济学。

三、产业经济学的学科理论体系

对于产业经济学的理论体系(或研究内容)的构成问题,目前存在两种主要观点:

第一种观点认为,产业经济学(Industrial Economics)等同于产业组织理论(Industrial Organization),主要以特定产业为研究对象,并以市场结构、市场行为、市场绩效和产业组织政策(包括反托拉斯政策)为基本理论框架。这种观点与欧美国家的情况比较一致。在欧美国家,主要以"Industrial Organization"为书名,即使以"Industrial Economics"为书名,也是主要研究产业组织理论。

第二种观点则认为,产业经济学不仅仅是产业组织理论,还应包括产业结构、产业关联、产业布局、产业发展和产业政策等内容。由于研究范围广泛,产业组织理论只占一部分内容。

从产业经济学的发展与主体内容来看,第一种观点比较容易与国际接轨,而第二种观点更符合中国的传统。从我国对产业经济学的研究历史看,对产业结构等理论的研究确实早于对产业组织理论的研究,而且在支持政府制定产业结构政策中发挥了一定的作用。因此,在现阶段,如果以"产业经济学"为书名,其研究内容除了产业组织理论外,还应包括产业结构理论、产业政策理论等内容,但又不能把产业经济学的研究内容搞得太宽泛。本书主张把产业关联、产业布局等理论作为产业结构理论的研究内容,而不宜将这些内容独立化。这样,具有中国特色的产业经济学的理论体系主要由以下几部分组成:产业组织理论、产业结构理论、产业政策理论、反垄断与管制理论。

我们可以用图 1.2 来概括性地描述产业经济学的理论体系。

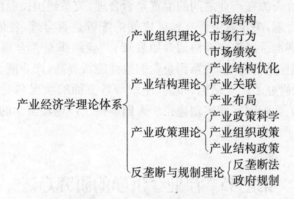

图 1.2　产业经济学理论体系

第三节　产业经济学的研究意义

一、理论意义

从理论上讲,产业经济学最大的贡献在于建立了一门新的理论学科,弥补了中观经济研究的空缺,完善了理论经济学的体系,并且为应用经济学和管理学提供了新的重要的理论基础,有利于建立与完善现代经济学的学科体系。如前所述,西方经济学由微观经济学和宏观经济学这两大部分组成,但它们都忽视了"产业"这个极具现实性的层次,从而使西方经济学难以解释与产业相关的现实问题。产业经济学以产业为特定研究对象，填补了介于微观经济学和宏观经济学之间的研究空白，这就有利于建立完善的现代经济学学科体系，增强现代经济学对现实经济问题的解释能力。

二、实践意义

1. 研究产业经济学有利于政府制定科学的产业政策。政府制定科学的产业政策必须要有相应的理论支持。而产业经济学主要研究特定产业（产业组织）和产业之间（产业结构）的运动规律，从而为政府通过制定与实施产业政策，以优化产业组织和产业结构提供理论依据与实证资料。

2. 研究产业经济学有利于企业正确选择投资领域，提高资本使用效率。每一个产业都会经历一定的生命周期，其产生与发展轨迹为：幼小期→成长期→成熟期→衰退期→淘汰期。企业需要对特定产业在生命周期中所处的阶段作出正确判断，作为制定投资或转产战略的重要依据。此外，研究产业经济学还有利于企业分析特定产业的竞争状况，以制定正确的竞争战略，争取并保持企业的竞争优势。

3. 研究产业经济学有利于促进产业组织、产业结构和产业布局的合理化。产业结构是否优化，决定着资源在产业之间的配置是否合理，关系到国民经济能否协调高效发展；产业布局是否合理，决定着资源在地区之间的配置是否合理、各地区的比较优势能否充分发挥，关系到地区经济能否协调健康发展；产业组织是否合理，决定着资源在产业内部企业之间配置是否合理，关系到企业的效益能否提高、产业能否顺利发展。产业经济学全面系统地研究了产业结构、布局、组织等各方面的状况和变化规律，提出了各方面合理化的标志、影响因素和实现途径。人们掌握了产业经济学的理论，就能自觉有效地推进产业各方面的合理化。

第四节 产业经济学的研究方法

一、基本研究方法

产业经济学作为经济学的一个分支，始终无法离开经济学的总体分析框架，因而经济学的研究方法也是产业经济学必须遵循的基本研究方法。此外，根据产业经济学的研究对象、学科性质和研究内容的复杂性，产业经济学还有多种方法可供选择，主要包括：

（一）实证研究与规范研究相结合的方法

研究产业经济学可采取实证研究与规范研究相结合，而以实证研究为主的方法。

其理由是：

（1）产业经济学是现代经济学中用以分析和解决现实经济问题的新兴应用经济理论。其研究内容的"应用性"决定了研究方法更应重视实证性；

(2) 理论界的一个通病是，偏重规范研究方法而忽视实证研究方法，以致在理论与现实之间往往存在很大的差距，表现为理论上所描述的是一回事，现实经济中则是另一回事。

因此，许多从规范研究中得出的理论观点难以被实际部门所采纳。正像乔安·罗宾逊形容的那样："实践家叫苦说，他要的是面包，而经济学家给他的却是一块石头，他的叫苦是十分自然的。"理论是为实践服务的，一种理论如果远离实践，无论其逻辑性多强，内容多丰富，都不能解决实践问题。尤其是我国正处于新旧经济体制交替的年代，许多现实问题都需要理论工作者积极探索解决途径，这就更要求理论工作者重视对现实经济问题的实证研究，为政府部门制定经济政策提供思路。当然，重视实证性研究并不等于轻视规范性研究，因为规范性研究能从相对独立的价值判断出发，寻找经济运行的理想标准，从而为实证性研究提供"航标"和理论依据。

（二）静态研究与动态研究相结合的方法

静态研究是在某一时间或较短时期内，对研究对象的"横截面"所作的研究。而动态研究是对研究对象的历史和发展规律的研究。对产业经济学的静态研究主要是对特定产业内部和产业间关系的现状所作的研究，以谋求解决现实经济问题的途径。而对产业经济学的动态研究则是对特定产业和产业间关系的过去、现状和未来发展趋势所作的研究，以期找出产业变化的运动规律。可见，静态研究是动态研究的基础，而动态研究是对静态研究的延伸，甚至从某种意义上讲，动态研究包含静态研究。因此，对产业经济学的动态研究是一种更为重要的研究方法。

（三）定性研究与定量研究相结合的方法

产业经济学研究内容的广泛性和复杂性，加上许多新兴事物难以采用定量研究的方法，这就决定了定性研究在产业经济学的研究中具有特别重要的作用。即使要对一些经济现象进行定量研究，也首先需要通过定性研究以选择定量研究的主要考虑因素。因此，定性研究又是定量研究的基础和前提。但是，对于复杂的数量关系，定性研究往往难以解决问题，需要通过建立数学模型，以找出事物之间的数量关系，发现产业发展变化的规律性。如在产业组织理论中，就需要通过数学模型以测定适度规模经济、市场集中度和进入壁垒的高度等。事实上，在产业经济学的研究中，许多经济问题都需要通过定性研究与定量研究相结合才能得到解决的方案。

（四）宏观、中观和微观研究相结合

产业经济学以处于中观层次的产业为研究对象，但任何产业都受国民经济这个宏观环境的影响，有时甚至对某些产业的存在与发展起决定性的作用。同时，从微观层次上看，企业所有制的变革、竞争活力和技术创新能力的增强，消费者收入和偏好的变化等因素也会对特定产业产生重大影响。这些都决定了研究产业经济学不仅要从中观层次上研究产业本身的运动规律，而且要分别从宏观层次和微观层次上研究整个国民经济的运动规律和企业与消费者的变化情况，实行宏观、中观和微观一体化研究。

除了上述研究方法以外，研究产业经济学还可采取许多较为具体的研究方法，如案例研究法、比较研究法、博弈论研究法、投入产出分析法、计量经济分析法等。

二、具体研究方法

（一）系统动力学分析法

系统动力学分析法是通过分析社会经济系统内部各变量之间的反馈结构关系来研究整个系统整体行为的理论。系统动力学认为，系统的行为是由系统的结构所决定的，这与结构主义的分析方法一致。系统动力学进一步指出，系统的结构是动态反馈结构，可用控制论的方法来研究。所以系统动力学尤其注重各经济变量之间的动态反馈结构，而对变量的精度要求不高，因此特别适合于像产业经济这种许多方面难以定量的复杂系统的研究。国外已有许多学者运用系统动力学的方法来研究产业组织、产业结构等诸多产业经济对象，取得了令人满意的结果。

从时间上看，1950年代案例分析是产业经济学最主要的研究方法，哈佛学派和芝加哥学派都曾广泛使用，并且取得了许多重大的研究成果。案例法特别适用于无法精确定量分析的实际的复杂经济事例，特别有助于揭示出普遍经济规律在不同的实际环境中表现出的不同形式，有助于培养经济研究人员对实际经济事务中所蕴涵的经济规律的敏感性。

（二）经济计量法

1960年代后，随着在经济计量学方法方面受过良好训练的新一代学者的出现，也由于计算机和经济计量学软件的迅速普及，利用结构—绩效模式，通过横断面数据进行回归分析，一时成为产业组织问题研究的时尚。经济计量方法成为产业组织理论的主要研究方法，其基本脉络是运用案例研究和计量分析来建立和验证SCP范式及其内在的逻辑关系。这需要定量化的统计指标。产业组织研究中，如测量市场集中度的值、赫希曼指数、熵指数、基尼系数和反映市场绩效的勒纳指数、贝恩指数等量化指标，为进一步地分析变量之间的关系打下了基础。经济计量分析方法不仅是寻求考察对象之间关系的基本工具，同时也是实证分析的基本工具。

（三）投入产出分析法

投入产业分析法是美国经济学家里昂惕夫首先提出的研究产业关联的主要手段。没有投入产业分析法，也就没有现在的产业关联理论。投入产出分析法运用投入产业表和投入产出模型，对一个国家一定时期社会再生产过程中国民经济各个部门、各种生产要素和产品的投入产出关系进行数量分析，从数量比例上揭示产业之间的经济技术联系及其规律性。

（四）案例研究法

案例研究法也是产业经济学的主要研究方法。该方法用实际发生的案例，定性与定量相结合地分析、说明某一经济规律，特别适用于无法精确定量分析的实际复杂经济事例。案例分析还能揭示出普遍规律在不同的实际环境中所表现出的不同形式，能培养经济研究人员对实际经济事务中所蕴涵的经济规律的敏感性。1950年代，哈佛学派将案例分析方法率先引入产业经济学中，后来芝加学派也很推崇这种方法，产生了许多重大的学术成果。产业经济学的理论家之所以乐于采用案例研究，是因为丰富的案例研究可能更容易再现产业的因素和行为。

（五）博弈论

产业组织理论是应用博弈论方法较早的一个领域，特别在寡头垄断、不完全竞争市场的定价、企业兼并、反垄断规制等领域。博弈论方法是1970年代以后产业经济学的主要研究方法，可以说，产业组织理论过去几年来在理论方面的重大进展都是由于博弈论的广泛运用而取得的，同时，博弈论及机制设计、不完全合同理论的应用也使得产业组织经济学的理论基础大大加强。如果说经济计量学方法主要适合于实证研究的话，那么博弈论方法则主要适用于理论分析。1980年代以法国学者泰勒尔为代表的西方学者就应用博弈论分析的方法对整个产业组织理论体系进行了再造。博弈论被引入产业经济理论的分析中，意味着那种过去认为只能依靠市场实现的瓦尔拉斯均衡现在可以通过组织内部结构调整等来解决市场问题。理性预期学派为这一客观事实提供了理论上的支持，企业行为也不仅仅取决于市场结构，还取决于企业对自己的行为可能引致的其他企业反应行为的预期，即企业的行为是其心理预期的函数。用博弈论的术语来说，企业的行为是各个企业所共同拥有的信息结构或判断概率的函数。这些突破性的进展使产业组织理论对现实经济中厂商的行为有更强的解释力。现在博弈论已成为产业组织研究中占主导地位的研究工具，常用于研究寡头垄断、不完全市场的定价、企业兼并、反垄断规制等问题。也正是由于博弈论的应用，才使产业经济学成为经济学中进展最为迅速的领域之一，并吸引了一大批一流经济学家投身其中。

（六）实验方法

实验方法，是利用计算机在实验室内观察现实市场中无法观察到的某些变量，如信心、边际成本等对产品价格，对厂商市场份额、市场集中度的影响，然后通过控制部分变量来考察研究者最为关心的变量之间的因果关系。实验方法是检验产业组织理论模型非常有效的途径。用实验方法考察产业组织问题，主要围绕两大类因素、四方面问题：

两大类因素：

(1) 市场结构，主要包括三类市场结构类型，即完全竞争、垄断与寡头；

(2) 市场制度，指在实验经济学中市场中买卖双方的组织机制，其核心是价格形成机制。

四方面问题：

(1) 用实验方法分析、检验市场结构假设；

(2) 用实验方法检验、分析、评价行为假设；

(3) 寻找经验的规制方法（特别是针对垄断）；

(4) 用实验方法分析产业组织中的博弈问题。

第五节 本书的逻辑安排

本书强调在掌握基础理论的基础上，学生能学会一定的理论应用能力。针对进一步需要深造的学生和研究生，本教材还设计了理论专题。本书分四篇共18章，第一篇是总论,第二篇是基础理论篇,第三篇为综合应用篇,第四篇为理论专题篇。

本书四篇结构分明,第一篇和第二篇为入门导论和基础知识,在基础理论篇,本书力求做到简明,通俗易懂,符合本科生知识结构特点。第三篇为综合应用,主要侧重于基础理论知识的运用。第四篇则针对研究生和感兴趣的本科生而编写,探讨当前产业经济学的理论问题和当前中国产业经济发展的热点问题,以专题形式编写,符合研究生教学要求。

复习思考题

1. 产业经济学理论体系与宏观经济学、微观经济学有何联系?
2. 对于我国,研究产业经济学的现实意义有哪些?
3. 产业经济学研究方法有哪些?

第二篇　基础理论

- 第二章　产业组织理论
- 第三章　寡头竞争理论
- 第四章　产业结构理论
- 第五章　产业结构优化与升级理论
- 第六章　产业布局
- 第七章　产业规制理论与政策

第二章 产业组织理论

学习要点

1. 了解西方产业组织理论的主要流派。
2. 掌握范围经济及规模经济的特点及成因。
3. 掌握市场结构形成的原因及判定指标。
4. 掌握分析企业市场行为的要点。
5. 掌握市场绩效及其评价指标。

第一节 产业组织理论概述

产业组织理论（Theory of Industrial Organization），在英国及其他欧洲国家又称产业经济学，是国际上公认的相对独立的应用经济学科，是国外经济学核心课程之一，也是近年来经济学最活跃、成果最丰富的领域之一。产业组织理论是从微观经济学中分化出来的一门相对独立的经济学科，微观经济学是它的理论基础，不过，产业组织学虽然是一门实用性很强的经济学科，但在近十多年的发展过程中，它又有了自己的理论和方法，成为一门相当理论化的学科。简单地说，产业经济学以市场与企业为研究对象，从市场角度研究企业行为或从企业角度研究市场结构。

一、产业组织

经济学中的组织概念是由英国著名经济学家马歇尔首先提出的。马歇尔在其1890年出版的《经济学原理》一书中，把组织列为一种能够强化知识作用的新的生产要素，其内容包括企业内部组织、同一产业中各种企业间的组织、不同产业间的组织形态以及政府组织等。产业组织指产业内企业间的市场关系和组织形态。这一概念包括两层含义：

1. 产业内企业间的市场关系，是指同类企业间的垄断、竞争关系。它表现为产业内企业间垄断与竞争不同程度结合的四类市场结构，即完全竞争型、完全垄断型、垄断竞争型和寡占垄断型等市场结构。它反映了产业内不同企业的市场支配力差异、市场地位差异和市场效果差异。

2. 产业内企业间的组织形态是指同类企业相互联结的组织形态，如企业集团、分包制、企业系列等。这些不同的产业组织形态既根源于企业间技术关联的专业化协作程度,又取决于产业内企业间垄断与竞争的不同结合形态。

产业组织——产业"集合体",是有一定结构条件的。作为一个产业部门,有很多基本单元,这些基本单元根据一定的条件而构成一个产业部门,这些条件就是集合体诸元素之间存在的共同性,归纳起来有如下几点:

1. 生产性。所谓生产性,就是创造财富的活动功能。
2. 商品性。生产的产品和提供的劳务都不是自身消费,而是用来交换。这就决定了其社会性质,不存在无偿供给的消费品。
3. 求利性。所谓求利性,就是通过生产产品和提供劳务获得尽可能多的经济收益,以实现职工劳动的价值,并实现产业的发展。
4. 组织性。每个产业集合体的基本单元,都是有机组成的小集合,或者说是一个系统的子系统,因而才能形成某种产品的生产能力与一定规模,或者形成提供某种劳动服务的能力与一定规模;生产社会化的规模越大,社会化的程度越高,这种集合体的内部构成有机性就越强,组织越严密,联系和制约就越复杂和强化。

二、产业组织理论的演进与发展

由于产业组织理论主要是研究特定产业的竞争和垄断问题,因此一些学者认为,产业组织理论的渊源可以追溯到亚当·斯密在《国富论》中关于竞争和垄断的一些论述,他特别强调反对封建行会制度,崇尚自由竞争。但多数学者认为,产业组织理论起源于马歇尔在 1890 年出版的《经济学原理》。

在 1960 年代,西欧自由竞争的资本主义逐渐发展到顶点,并开始进入垄断资本主义过渡的阶段。正是在这一背景下,当马歇尔研究分工与机器、某一地区特定产业的集中、大规模生产及企业的经营管理、企业形态等问题时,触及了"规模经济"现象,而"规模经济"又与"组织"形态直接相关。他在讨论生产要素问题时,丰富了萨伊的生产三要素(劳动、资本和土地)理论,提出了第四生产要素:组织。而且进一步提出了"工业组织"的概念,并分析了分工和机械对工业组织的影响、工业组织大规模生产的经济性及适应工业组织管理的工业家所需的才能等问题,揭示了规模经济与竞争活力的两难选择问题,这被后人称为"马歇尔困境"。激起了一代经济学家对规模经济与竞争活力相兼容的有效竞争的探索,如何处理规模经济和竞争活力两者的关系问题,以取得较高的经济效益,这正是现代产业组织理论所探讨的核心问题。

到了 20 世纪初,垄断资本主义已经取代了自由资本主义,垄断资本对资本主义国家经济运行的影响已体现得十分深刻,尤其是 1930 年代的经济大危机,使以马歇尔为代表的正统经济理论与现实的矛盾日益显现,现实的严峻挑战成为新理论诞生的催生婆。1933 年英国剑桥大学经济学家琼·罗宾逊(J. Robinson)的新著《不完全竞争经济学》和美国哈佛大学教授 E·张伯伦的著作《垄断竞争理论》几乎不约而同地同时问世,这两部著作围绕着竞争和垄断的关系进行了更接近实际的全面探索,修正和发展了西方传统经济学中的竞争—垄断理论。尤其是张伯伦在其上述著作中提出的一些概念和理论观点,成为现代产业组织理论的重要来源,他本人因此也被认为是现代产业组织理论的奠基人。

贝恩在 1959 年出版的《产业组织》一书,系统地提出了产业组织理论的基本框架,标志着现代产业组织理论的基本形成。在该书中,贝恩系统地总结了已有的研究成果特别是哈佛学派的研究成果,第一次完整而系统地论述了产业组织的理论体系。其两个主要标志是:

1. 明确地阐述了产业组织研究的目的和方法;

2. 完整地提出了构成传统产业组织理论核心内容的"结构—行为—绩效"分析范式,简称 SCP 范式。并把 SCP 分析与公共政策(即产业组织政策)联系起来,规范了产业组织理论的理论体系。

贝恩的另一贡献是成功地开创了持续二十余年的以跨部门研究为主的经济性产业组织分析时代。科斯(Ronald Cease)、威廉姆森(Oliver E. Williamson)、谢勒(F. Scherer)等人在此基础上作了进一步的补充、完善,认为市场结构(S)决定企业的市场行为(C),企业的市场行为决定市场绩效(P)。某一市场结构又取决于特定情况下市场供求的基本环境,从而形成了 SCP 框架的产业组织理论体系,这也标志着以哈佛大学为主要基地的正统产业组织理论的形成。

从 1960 年代后期起,施蒂格勒(J. Stigler)、戴姆塞茨(H. Demsetz)、波斯纳(R. Posner)、麦吉(Y. McGee)、布罗曾(Brozen)等来自芝加哥大学的学者,对当时被奉为正统的结构主义理论进行了激烈批评,并逐渐形成了一个新的产业组织理论研究中心。他们被称为"芝加哥学派"。1968 年,施蒂格勒也出版了《产业组织》一书,在该书中,他特别注重判断集中及定价的结果是否提高了效率,而不是像结构主义学派那样只重视是否阻碍了竞争。布罗曾也指出,兼并未必反竞争;高利润率并不一定是垄断定价的结果,而完全有可能是高效率的结果。由于芝加哥学派极为注重效率标准,人们也称芝加哥学派为"效率学派"。

1970 年代以来,由于可竞争市场理论、交易费用理论和博弈论等新理论的引入,产业组织理论研究的理论分析基础、分析手段和研究重点等产生了实质性的突破,大大推动了产业组织理论的发展。鲍莫尔在 1982 年提出的可竞争市场理论对传统的 SCP 框架提出新的挑战,他的可竞争市场理论意味着:特定的市场结构并不一定会导致特定的市场绩效。

另外,戴姆塞茨早在 1973 年就指出,企业取得高利润率不一定是由市场垄断力量造成的,而是由于企业的高效率。在任何一个产业中,成本最低的企业必然会逐渐扩大规模,增加市场份额,从而提高市场集中程度。因此,这将会形成生产和分销成本最低的市场结构。可见,在市场结构和市场绩效之间并不存在人们所假定的那种因果联系。威廉姆森(Williamson)在 1975 年也提出类似的观点:由于组织的经济性而降低交易费用,大企业通常具有较高的效率,从而取得较高的利润率。

由于 1970 年代以来的新理论促使产业组织理论发生了革命性的变化,因此,有人将这种变化了的产业组织理论称为"新产业组织理论",以区别原来的传统产业组织理论。新产业组织理论的特点可归纳为三个主要方面:

1. 从重视市场结构的研究转向重视市场行为的研究,即由"结构主义"转向"行为主义"。

2. 突破了传统产业组织理论单向的、静态的研究框架，建立了双向的、动态的研究框架。

3. 博弈论的引入大大丰富了对市场行为的分析，定量分析在理论研究中占有重要地位。

三、产业组织理论的主要流派和理论

（一）哈佛学派

哈佛学派产生于1938年。主要代表人物有：哈佛大学的梅森(E. Means)、克拉克(J. M. Clark)、贝恩(Z. Bain)、谢勒(F. M. Scherer)等。

哈佛学派首创了产业组织的理论体系。这一理论体系由具有因果关系市场结构(Structure)、市场行为(Conduct)和市场绩效(Performance)三个要素构成，构造了一个既能深入具体环节又有系统逻辑体系的市场结构(Structure)—市场行为(Conduct)—市场绩效(Performance)的分析框架，简称SCP分析框架。他们认为，市场结构决定企业行为，企业行为决定市场运作的经济绩效。因此，为了获得理想的市场绩效，最重要的是通过公共政策来调整和直接改善不合理的市场结构。由于哈佛学派将市场结构作为产业组织理论的分析重点，因此信奉哈佛学派理论的人通常也被称为"结构主义者"。

在哈佛学派的SCP分析框架中，产业组织理论由市场结构、市场行为、市场绩效这三个基本部分和政府的公共政策组成，其基本分析程序是按市场结构→市场行为→市场绩效→公共政策展开的。哈佛学派认为高度集中的市场中容易达成垄断合谋并形成限制产出、固定价格、市场协议分割、默契的价格领导等行为，这就必然会影响市场绩效，所以，必须由法令来限制这类行为，其倡导的公共政策主要是反垄断。

哈佛学派的结构—行为—绩效范式及政策主张虽然统治了主流产业组织学界半个世纪，但其本身仍存在许多难以克服的缺陷。

1. SCP范式缺乏坚实可靠的理论基础，其理论缺乏逻辑上的必然性，而只是经验性的描述。

2. 结构—行为—绩效范式从来没有否认市场结构之外的因素对市场行为的影响，也承认市场行为对于市场结构存在反馈性质的影响，但由于它在根本上仍然过于强调了市场结构对于市场行为的决定作用，并且其又不可能对策略性行为的逻辑作出清楚的解释，以致以SCP范式为基础的主流传统产业组织理论不仅一直难以有效解释不完全竞争条件下的企业行为，而且除了一些描述性的所谓行业基本条件之外，也几乎无可能再有新的重要因素被纳入到结构—行为—绩效分析框架中，如企业的产权结构与治理结构、信息不对称、有限理性和交易费用等。

3. SCP范式所推崇的跨部门经验研究存在着来自数据采集和模型设计的天生缺陷。

（二）芝加哥学派

产业组织理论的芝加哥学派产生于1960年代初。主要代表人物有：斯蒂格勒(V.

Stigler)、德姆塞茨(H. Demsetz)、布罗曾(Y. Brozen)、波斯纳(R. Posener)等。

在哈佛学派的 SCP 分析框架中,市场结构是基本决定因素,不同的市场结构会产生不同的市场绩效。而芝加哥学派则认为,市场绩效起着决定性的作用,不同的企业效率形成不同的市场结构。正是由于一些企业在剧烈的市场竞争中能取得更高的生产效率,所以它们才能获得高额利润,并进而促进了企业规模的扩大和市场集中度的提高,形成以大企业和高集中度为特征的市场结构。

芝加哥学派认为,高集中度市场中的大企业必然具有高效率,而产生这种高效率主要在于大规模生产的规模经济性、先进的技术和生产设备、优越的产品质量和完善的企业组织和管理等因素。芝加哥学派特别注重判断集中及定价结果是否提高了效率,而不是像结构主义者那样只看是否损害了竞争。

芝加哥学派在产业政策上主张:一个政府对其合意的市场绩效所能够做的事情,就是不参与,要让市场力量自动起调节作用。他们对政府在众多领域的市场干预政策的必要性持怀疑态度,认为应尽可能地减少政策对产业活动的干预,以扩大企业和私人的自由经济活动的范围。他们断言,在现实经济生活中并不存在哈佛学派所认为的那样严重的垄断问题;生产日益集中在大企业手里,有利于提高规模经济效益和生产效率;大公司的高利润完全可能是经营活动高效率的结果,而与市场垄断势力无关,因此主张放松反托拉斯法的实施和政府规制政策。芝加哥学派的这种反垄断政策立场与1960年代以来积极提倡实施严厉的反垄断政策的哈佛学派形成了鲜明的对立。

(三) 新奥地利学派

产业组织理论的新奥地利学派的代表人物有:米塞尔(L. Mises)、米塞尔最重要的学生和追随者哈耶克(F. A. Hayek),以及在英国和美国曾受教于他们的柯兹纳(I. M. Kirzner)、罗斯巴德(M. N. Rothbard)、阿门塔诺(D. T. Armentano)、斯巴达罗(L. M. Spadaro)、李特勒其德(S. C. Littlechild)、里奇(W. D. Reekie)等。

新奥地利学派对传统的哈佛学派的反垄断政策基本持批判态度,和芝加哥学派一样也信奉自由主义,赞赏市场有秩序的结构。新奥地利学派在理解市场时强调正在进行的经济过程,而不是新古典主义的均衡分析,任何经济现象都应该运用人类行为科学的方法。他们认为现代的竞争均衡所假设存在的情况,其实应该是竞争过程的结果。新奥地利学派的产业组织理论的基础是奈特式的不确定概念。在不确定的环境中,不是所有的未来自然状态都能被赋予一个概率。新奥地利学派则从不完全信息出发,在理解市场时强调过程学习和发现,认为竞争性市场过程是分散的知识、信息的发现和利用过程,因而他们特别强调企业家及其创业精神在这一过程中的重要作用,强调在竞争的市场上企业家的行为是如何知道资源的流动以最好地满足消费者的需要。

新奥地利学派从市场是对抗性过程这一基本观点出发,对哈佛学派的结构主义政策进行了猛烈抨击。在新奥地利学派看来,竞争的强弱是无法用集中度或企业数和市场占有率这些尺度来衡量,因为竞争源于企业家的创业精神,而这种创业精神又是其他企业所无法夺去的。因此,只要确保自由的进入机会,充满旺盛的创业精神的市场就能形成充分的竞争压力,而与该市场的集中度高低无关。在新奥地利学派看来,市场过程也是自然淘汰的过程,只要不是因为行政干预,垄断企业实际上是经历了市场激烈竞争而生存下来的最有效的企业。对于进入壁垒,新奥地利学派的观点与哈佛学派也存在着很大的分歧:新奥地利学派认为,传统的作为进入壁垒因素的规模经济性,产品差别化和绝对费用等都不能排除竞争,因为新企业能否进入市场根本上取决于企业家的努力。只要新企业的供给符合消费者的需求,进入的大门始终是敞开的,在他们看来,唯一成为进入壁垒的是政府的进入规制政策和行政垄断政策。因此最有效的促进竞争政策首先应该是废除那些过时的规制政策和不必要的行政垄断。

（四）可竞争市场理论

1982年,鲍莫尔以及帕恩查(J. C. Panzar)和伟利格(R. D. Willing)三人在芝加哥学派产业组织理论的基础上合著并出版了《可竞争市场与产业结构理论》一书,标志着可竞争市场理论的形成。

可竞争市场理论的基本假设条件是:

1. 企业进入和退出市场(产业)是完全自由的,相对于现有企业,潜在进入者在生产技术、产品质量、成本等方面不存在劣势。

2. 潜在进入者能够根据现有企业的价格水平评价进入市场的盈利性。

3. 潜在进入者能够采取"打了就跑"(hit and run)的策略。甚至一个短暂的赢利机会都会吸引潜在进入者进入市场来参与竞争;而在价格下降到无利可图时,它们会带着已获得的利润离开市场。即它们具有快速进出市场的能力,更重要的是,它们在撤出市场时并不存在沉没成本,所以,不存在退出市场的障碍。

可竞争市场理论的主要内容可概括为以下两点:

（1）在可竞争市场上不存在超额利润;

（2）在可竞争市场上不存在任何形式的生产低效率和管理上的X低效率(X-Inefficiency)。

该理论认为,良好的市场效率和技术效率等市场绩效,在传统哈佛学派思想的市场结构以外仍然是可以实现的,而无需众多竞争企业的存在。它可以是寡头市场,甚至是独家垄断市场,但只要保持市场进入的完全自由,只要不存在特别的进入市场成本,潜在竞争的压力就会迫使任何市场结构条件下的企业采取竞争行为。在这种环境下,包括自然垄断在内的高集中度的市场结构是可以和效率并存的。

按照可竞争市场理论,在近似的完全可竞争市场上,自由放任政策比通常的反托拉斯政策和政府规制政策更为有效。少数几家大企业纵向兼并或横向兼并,传统的观点都认为会带来垄断弊端,而在可竞争市场条件下,它们都变成无害的甚至可能是更有效率的了。当然,可竞争市场理论并不认为无约束的市场能够自动解决一切经济问题,也不认为所有实质上的政府规制和反托拉斯措施都是不应该的,都是有害的干预。但在鲍莫尔等人看来,政府的竞争政策与其说应该重视市场结构,倒不如说更应该重视是否存在充分的潜在竞争压力,而确保潜在竞争压力存在的关键是要尽可能降低沉没成本。为此,他们主张一方面积极研究能够减少沉没成本的新技术、新工艺,另一方面要排除一切人为的不必要的进入和退出壁垒。

（五）新产业组织理论

产业组织理论一方面沿着SCP范式的方向发展成为"新产业组织学"。新产业组织理论在研究方向上不再强调市场结构,而是突出市场行为,将市场的初始条件及企业行为看作是一种外生力量,而市场结构则被看作内生变量,并且不存在反馈线路,寻求将产业组织理论与新古典微观经济学进行更加紧密的结合。在研究方法上,1980年代前后,以泰勒尔、克瑞普斯等人为代表的经济学家将博弈论引入产业组织理论的研究领域,用博弈论的分析方法对整个产业组织学的理论体系进行了改造,逐渐形成了"新产业组织学"的理论体系。新产业组织理论的特点可以归纳为三个主要方面:从重视市场结构的研究转向重视市场行为的研究,即由"结构主义"转向"行为主义";突破了传统产业组织理论单向、静态的研究框架,建立了双向的、动态的研究框架;博弈论的引入。

另一方面是近年来崛起的以科斯(R. H. Coase)等人的交易费用理论为基础,从制度角度研究经济问题的"新制度产业经济学",也被称为"后 SCP 流派",其代表人物有科斯、诺斯(North)、威廉姆森(O. E. Williamson)、阿尔钦(Alchian)等人。该学派的主要特点在于引入交易费用理论,认为企业的边界不单纯由技术因素决定,而是由技术、交易费用和组织费用等因素共同决定,其主要观点如下:借助于资产专用性、有限理性和机会主义等概念,认为当市场交易活动产生的交易费用大于企业内部的组织费用时,企业规模应当扩大,企业之间应当实行兼并、联合;反之,企业规模应当缩小。指出,企业组织也是对资源配置的一种合理、有效的方式,企业组织这只"看得见的手"和市场机制这只"看不见的手"共同参与对资源的配置。

另外,企业代理理论集中探讨代理人目标偏离及其治理问题。例如:法玛、霍姆斯特姆和哈特提出的"现代企业外部约束机制"理论,指出完善的经理人市场是约束治理者行为的一种有效机制;爱德华兹和汉南等人提出,若能保持产品市场上的充分竞争,产品市场也是一种有效的约束机制;法玛在《代理问题与企业理论》一文中指出,有效率的股票市场同样也是一种约束代理人的有效机制;詹森和麦克林在《企业理论:经营者行为、代理费用与产权结构》一文中提出了"企业融资约束机制"理论,指出通过债权和股权两种融资方式的合理搭配,可以产生一种对经营者行为的约束机制。在企业产权理论中格罗斯曼和哈特以及哈特和莫尔的经典文献被合称为 GHM 理论,构成了产权理论原始意义上的基本框架,后来经过哈特的进一步工作而使该理论在体系上趋于完善。PRT 把契约权利分为两种类型:特定权利和剩余权利,当在契约中列出所有的针对资产的特定权利的代价很高时,让某一参与人购买所有的剩余权利可能是最优的。不可缔约性越强,剩余控制权的作用就越重要。PRT 得到的一些重要命题如下:在任何一种所有权结构下,都存在关系专用性资产的投资不足;假如一方的投资决策是无弹性的,那么最好就是把所有的控制权给予另一方;假如一方投资是相对缺乏生产力的,那么另一方就应该拥有全部控制权;假如两种资产是互为独立的,那么非合并就是最佳的;假如两种资产是严格互补的,那么某一种形式的合并就是最佳的;假如一方的人力资本是必要的,那么该方拥有全部控制权是最佳的;假如双方的人力资本都是必要的,那么所有的所有权结构都同样好。

(六)产业规制理论

规制经济学(Economic Regulation)是 1970 年代以后逐步发展起来的一门新兴学科。它主要研究在市场经济体制下政府或社会公共机构如何依据一定的规则对市场微观经济行为进行制约、干预或管理，即主要是沿着规制机构对经济主体的进入和退出、价格、产量及服务质量等有关行为这一思路展开的。代表人物有：施蒂格勒、乔斯科(Joscow)和诺尔(Noll)、鲍莫尔和奥茨等。主要包括规制俘获理论、规制的经济理论、激励性规制理论。

规制俘获理论认为：政府规制是为了满足产业对管制的需要而产生的（即立法者被产业所俘获），而规制机构最终会被产业所控制（即执法者被产业所俘获）。这一理论的最大贡献者施蒂格勒于1971年指出："经济规制的中心任务是解释谁是规制的收益者或受害者，政府规制采取什么形式和政府规制对资源分配的影响。"他通过完整的研究得出了受规制产业并不比无规制产业具有更高的效率和更低的价格。威廉姆森(Williamson)认为政府规制是在消费者与企业之间、企业与企业之间组织交易的一种方法，这种方法在不存在政府规制的情况下，让具有不同市场力量的消费者和企业实现外部交易更为有效。

规制的经济理论在国家控制资源、各利益主体具有自己最大化效用的理性的前提下，指出规制是因应利益集团最大化自己的收入的要求而产生的。施蒂格勒与佩尔特茨曼的分析认为：

（1）规制立法机构起着重新分配社会财富的作用；

（2）立法者的行为受谋求继续在位的动机驱动，即立法是为了最大化立法者的政治追求；

（3）利益集团之间互相竞争者向立法者提供政治支持以换取对自己有利的立法。

由上面三个因素得出的一般结论就是，立法总是对那些组织良好的利益集团有利（他们能够更有效地提供政治支持），所以这些利益集团能够从规制立法中受益较多（所以他们才愿意花费资源来取得政治支持）。更明确地讲，规制立法总是对小利益集团更为有利，因为小利益集团比大利益集团更能体会到从有利的立法中获得的好处。

随着规制的存在，规制失灵和规制成本上升将不可避免，同样也不可忽视。为了对继续保留的规制进行改革，激励性规制理论随着信息经济学的发展也应运而生。该理论的要点是，由于存在不对称信息，效率与信息租金是一对共生的矛盾。也就是说，在得到效率的同时，必须留给企业信息租金，而信息租金会带来社会成本。这一结果的意义在于它说明了规制的控制并不是免费的午餐：虽然规制可以避免企业得到垄断利润，但必须付出效率的代价。此外，为了得到最好的规制政策，政府需要尽可能地利用企业的私有信息，实现企业的自我选择。为此，政府可以运用诸如成本补偿机制和定价政策等某些特定的规制工具实现最优规制。其中，具有不同激励强度的成本补偿机制就是激励规制。

第二节　规模经济与范围经济

市场经济中，产业之间总存在着程度不同的经济特征。有些行业由小企业占主导，而一些行业则大企业占主导，还有一些行业两者都存在。我们不禁要问：什么原因造成了这些产业之间如此大的差别?企业规模的大小究竟由什么决定?企业是否存在一个适度的规模?事实上,这些截然不同的市场结构,是同规模经济和范围经济紧密相关的。在不同的产业,企业的规模经济和范围经济存在很大差别。因此,研究规模经济和范围经济就具有特殊的意义。

一、规模经济和范围经济的定义

规模经济和范围经济是两个既相联系又存在区别的概念。在很多场合下,企业(或组织)既存在规模经济又存在范围经济。一般来说,企业存在两方面的边界:横向边界(horizontal boundaries)与纵向边界(vertical boundaries)。简单地讲,横向边界指企业生产的产品种类和数量,纵向边界指该企业与其上游、下游企业之间的关联程度。本章所论述的规模经济和范围经济,局限于企业的横向边界。

(一) 规模经济的含义

一般认为,规模经济(economies of scale)是指当生产或经销单一产品的单一经营单位因规模扩大而减少了生产或经销的单位成本而导致的经济。或者说,当企业的平均成本随着产出的增加而下降时,则企业实行了规模经济。因此,规模经济是描述企业在生产过程中平均成本下降特征的一个指标。经济学家一般用边际成本和平均成本的关系来描述规模经济和规模不经济。

$$如果\ MC < AC \Leftrightarrow 规模经济$$

$$如果\ MC > AC \Leftrightarrow 规模不经济$$

$$如果\ MC = AC \Leftrightarrow 不变规模报酬$$

根据上述三式,我们可采用判定系数 FC(function coefficient)来描述企业的规模经济特征。判定系数被定义为平均成本与边际成本之比,即 $FC = AC/MC$。如果 $FC > 1$,边际成本小于平均成本,随着产量增加,平均成本将下降,存在规模经济;如果 $FC < 1$,边际成本大于平均成本,随着产量增加,平均成本将上升,存在规模不经济;如果 $FC = 1$,边际成本等于平均成本,规模报酬不变,在一定的产量范围,平均成本曲线呈水平状态。

在图2.1中,根据不同产量区间企业所显示出的生产特征,可以把产量划分为三个区

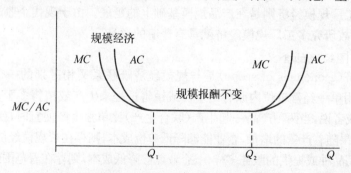

图 2.1 规模经济与规模不经济

域：规模经济区域 OQ_1，不变报酬区域 Q_1Q_2，规模不经济区域 Q_2Q。当企业产量低于 Q_1 时，边际成本线 MC 在平均成本线 AC 的下方，这意味着当企业产出增加时，平均成本线向右下方倾斜，即单位产品的平均成本递减，企业的生产体现了规模经济性。当企业产量处于 Q_1Q_2 之间时，平均成本线与边际成本线重合，企业每额外生产一单位产品的边际成本和平均成本相等，这时企业的生产体现了规模报酬不变。当企业产量大于 Q_2 时，边际成本线在平均成本线的上方，这样当产出增加时企业的平均成本递增，体现了规模不经济的特征。

最小有效规模 MES(minimum efficient scale)是指企业的平均成本逐渐减少至最低点时所对应的企业最小规模，其含义是企业在选择生产能力规模或进行投资时，至少要大于这一产量水平。图 2.1 中的 Q_1 点，即为最小有效规模 MES。

那么，企业的规模是否越大越好呢？不是的。就经济效益的观点而言，企业存在一个与最小有效规模相对应的最大有效规模。所谓最大有效规模（maximum efficient scale），指企业的规模达到该点后，如果继续增加企业产量，则该企业的平均成本将上升。因此，企业在选择生产能力规模或进行投资时，不能超过最大有效规模，否则就是规模不经济。图 2.1 中的 Q_2 点，即为最大有效规模。

我们把最小有效规模和最大有效规模之间的规模区间，称为企业生产的有效规模。需要强调指出的是，虽然有效规模是从企业成本这个角度出发来衡量企业的生产效率，但它是个动态的概念。因为，有效规模不仅与企业的生产技术，而且也与企业的产品市场范围有关。随着时间的推移，企业的技术水平将逐步提高，市场范围也愈益扩大。因此，同原来的技术水平和市场范围相对应的企业最小有效规模和最大有效规模的指标就会发生变动。从这个角度来说，任何最小有效规模和最大有效规模的概念只有在相对稳定的技术水平和市场范围内才具有现实的意义。也就是说，企业不存在某个一成不变的有效规模。

规模经济可分为三个层次或种类，即产品规模经济、单工厂规模经济、多工厂规模经济。产品规模经济，是最基本的规模经济形态。由于分工和专业化，导致了产品生产方面的规模经济，此即所谓的产品规模经济。单工厂规模经济，是指由生产技术引致生产设备或生产过程的革新所产生的规模经济形态。而多工厂规模经济，也就是通常意义上的企业规模经济，是指若干个生产同类产品的工厂或处于生产过程不同阶段的工厂，通过水平一体化、垂直一体化或混合一体化等形式组成一个企业所产生的规模经济。

在三个层次的规模经济中，产品规模经济是所有规模经济的基础形态，而单工厂规模经济和多工厂规模经济则是在产品规模基础上的延展。由于现代企业的基本特征是多工厂生产，故研究多工厂规模经济就具有普遍的意义。

（二）范围经济的含义

范围经济(economies of scope)是与规模经济既联系又相区别的一个概念。范围经济是指利用单一经营单位内原有的生产或销售过程来生产或销售多于一种产品而产生的经济。或者说，当两种产品一起生产（联合生产）比单独生产便宜时，就有范围经济。简单地讲，如果随着产量的增加，企业能够降低单位成本，则存在着规模经济；如果随着企业生产的产品品种或提供的服务多样化，企业能够降低成本，则存在着范围经济。

一般而言，我们用平均成本函数的下降来定义规模经济，而用相对总成本的节约来定义范围经济。也就是说,如果企业作为一个整体来生产多种产品与分离成两个或更多的企业进行生产时,整体生产的总成本低于分离生产的总成本,则存在范围经济。

令 $TC(Q_x, Q_y)$ 为企业生产 Q_x 单位的产品 X 和生产 Q_y 单位的产品 Y 的总成本,$TC(Q_x, 0)$ 为企业仅生产 Q_x 单位的产品 X 时的总成本,$TC(0, Q_y)$ 为企业仅生产 Q_y 单位的产品 Y 时的总成本。根据定义,范围经济可表示为:

$$TC(Q_x, Q_y) < TC(Q_x, 0) + TC(0, Q_y) \qquad (2.1)$$

该式的含义:企业同时生产产品 X 和产品 Y 要比分别由两个企业各自生产的总成本要小。更进一步,如果企业生产 0 单位的产品 X 和 0 单位的产品 Y 的成本为零,即 $TC(0, 0) = 0$,则上面的公式可写成:

$$TC(Q_x, Q_y) - TC(0, Q_y) < TC(Q_x, 0) - TC(0, 0) \qquad (2.2)$$

上述式子的含义:当企业生产 Q_y 单位的产品 Y 的同时再生产 Q_x 单位的产品 X,要比仅生产产品 X 而不生产产品 Y 时所发生的增量成本要小。

当企业生产 Q_x 单位的产品 X 和生产 Q_y 单位的产品 Y 时,其范围经济可以这样来衡量:$SC = \dfrac{[C(q_X, 0) + C(0, q_Y) - C(q_X + q_Y)]}{C(q_X, q_Y)}$。这里,$SC$ 衡量企业联合生产 X 和 Y 比分开生产时所导致的成本相对减少。如果 SC 为正数,则存在范围经济;否则,分开生产就更有利。

二、规模经济的成因分析

(一) 规模经济的一般来源

通常,规模经济可以由以下几方面因素产生:

1. 固定成本的不可分割性和分摊。当企业的投入不能随产量的变化而调整时,意味着企业因投入的不可分性而产生了固定成本。即使企业的产出很小,也需要付出固定成本方面的支出。但是,在企业生产技术允许的规模范围内,当企业的产出增大后,固定成本将在越来越多的产量中进行分摊,产生规模经济效益。例如,铁路、航空运输、通讯、煤气、自来水等具有固定网络的经济活动就是极好的例子。多数工业生产表明,全自动化工厂在高产出水平上占优势,而在低产出水平上处于劣势。与之相反,半自动化工厂在低产出水平上占优势,而在高产出水平上处于劣势。因此,在给定的规模之下,由于生产能力的充分利用而导致的成本的节约为短期规模经济;由于采用高固定成本/低变动成本新技术或更大工厂规模而带来的成本节约为长期规模经济。

2. 分工和专业化生产。企业规模的扩大,为劳动分工和专业化协作创造了条件。英国古典经济学家亚当·斯密在《国民财富的性质和原因的研究》(1776)一书中指出:"有了分工,同数量劳动者就能完成比过去多得多的工作量,其原因有三:

(1) 劳动者的技巧因业专而日进;

(2) 由一种工作转到另一种工作,通常须损失不少时间,有了分工,就可以免除这

种损失;

(3) 许多简化劳动和缩减劳动的机械的发明,使一个人能做许多人的工作。"事实上,分工和专业化是规模经济的基础。

3. 存货。企业必须储备存货时也能产生规模经济。企业储备存货是为了把缺货的可能性减少到最低限度。储备存货,经济学上又称之为存货投资。储备存货对企业而言,意味着一部分资源暂时没有被充分利用,对企业来说当然是一种损失。但是,当缺货成本高于储备货物的成本时,存货就变得很重要了。通常,存货成本增加了已售货物的平均成本。存货比例越大,已售货物的平均成本也越大。储备存货之所以能够带来规模经济,道理在于:在同等缺货水平的情况下,大业务量企业所必需的存货比例要小于小业务量的企业,从而也就减少了大企业已售货物的平均成本。

4. 生产的物理特性。在一些生产过程中,物理特性也能产生规模经济。

5. 营销和购买的经济性。企业营销的规模经济效果来源于广告费用的分摊和声誉效应,而购买的规模经济效果来源于交易费用的节约及其数量折扣。如果通过大规模生产、分销和零售比小规模更能够发挥成本优势,则存在规模经济。从而,规模经济不仅影响企业规模和市场结构,而且还会影响企业的战略决策。比如,企业能否通过合并,通过市场扩张来获得长期成本优势等。

(二) 规模不经济的原因

虽然规模经济能够给企业带来成本的节约和效率方面的改善,但这并不意味着企业规模越大越好,因为存在规模经济的限制。现实中,造成规模不经济的原因主要有三个:人工成本上升;激励和官僚影响;专门化资源的分摊。

1. 一般而言,企业越大,其支付的工资也越高。同时,大企业支付高额工资换取的是比小企业低的离职率。

2. 企业规模愈大,对员工的激励也就更为困难。斯蒂格勒指出:"规模收益会由于大企业管理困难而出现减少。企业越大,为了给中央决策提供必要的信息和执行这些决策所必需的批准手续,它的行政机构就必定越大越正规;庞大的机构必定较不灵活——政策不能经常变化,还要细心加以控制。"

3. 随着企业规模的扩大,信息在企业各职能机构之间的传递容易产生失真,因而增大了生产、管理及决策的交易费用,导致决策失误。

4. 某些专门化资源很难随企业规模的扩大而复制,从而限制了企业的规模。当企业发展所必需的专门化资源的扩展速度赶不上企业规模的扩展速度时,专门化资源的过度分摊将使企业规模的扩张难以为继,导致规模不经济。

三、范围经济的成因分析

(一) 范围经济的一般来源

规模经济和范围经济往往密切相关,这表现为:同一因素,既可以带来规模经济,也可以带来范围经济。上述规模经济的某些成因,如大批量采购和销售的经济性、大批量运输的经济性等,也是范围经济的成因。此外,范围经济的产生,还包括以下几方面的因素：

1. 生产技术设备的通用性。现代生产设备的制造一方面朝标准化、系列化、专门化方向发展，另一方面也朝着通用化方向发展。那些以通用化为目的的生产设备，就可用来生产多种不同产品，从而提高生产设备的利用效率。

2. 中间产品或零部件的多用途性。某些中间产品或零部件，具有多种组装功能，可以用来组装为不同的产品，因此，增加中间产品或零部件的生产规模，可以取得规模经济和范围经济的双重效果。

3. 研究与开发的外溢效应。当一项研究产生的观念对另一项研究有帮助，或者某项研究与开发成果能够用于多种产品的生产，这时就发生了研究与开发的外溢效应。企业充分利用研究与开发的技术成果，可以极大地降低单位产品的研究和开发成本。

4. 声誉效应。一般来说，生产多种产品或在更大的市场中销售产品的企业，利用广告不仅可以实现规模经济，也可以实现范围经济。在更大的市场上，潜在的客户越多，传递有效信息的广告费用就会大幅度下降。如果企业在市场上已建立起良好的声誉，那么当企业对同一品牌的其他产品进行广告宣传和销售时，其成本也会降低。

（二）范围不经济的原因

与规模经济类似，范围经济也存在一定的限制。企业的产品种类也不是越多越好，超过某个临界范围，就会变成范围不经济。一般而言，造成规模不经济的某些因素往往也是造成范围不经济的原因。譬如，随着企业规模的不断扩展，企业内部的组织管理将愈来愈复杂，信息的交流和对企业雇员的激励也就变得十分困难。而且，现代企业大多进行多种产品的生产，这样，规模的过度扩张在产生规模不经济的同时，也会产生范围不经济。

概括地说，企业的产品种类确定在哪个范围并没有现存的规定。不同产业，或同一产业的不同时期，以及同一产业的不同产品周期，企业的范围经济都可能存在差别。此外，政府的产业政策、金融服务政策、宏观经济环境、法律法规等多种因素，往往也会影响到企业生产经营的产品种类。从这个角度而言，范围经济或范围不经济都是一个动态的概念，现实世界并没有持久的范围经济或范围不经济。

第三节 市场结构

市场结构是对市场内竞争程度及价格形成等产生战略性影响的市场组织的特征。市场结构的主要决定因素有三个：市场集中度、产品差别化和进入壁垒。

一、市场集中度

由于市场是由买卖双方组成的，因此，市场集中可分为买方市场集中和卖方市场集中。但由于买方市场以分散为特征，买方市场集中仅限于某些特殊产业（如军火产业），所以，市场集中通常是指卖方市场集中。又由于产业是从卖方的角度定义的，因此，市市场集中又叫产业集中。市场集中是指在特定产业中,若干家最大企业所具有的经济支配能力。它通过若干家最大企业的销售额等指标在整个产业经济总量中所占的比重(即市场集中度)反映出来。市场集中度是指在某一特定产业中,市场份额控制在少数大企业手中的程度,它是反映特定产业市场竞争和垄断程度的一个基本概念。

(一)绝对集中度

它一般是以产业中最大的 n 个企业所占市场份额的累计数占整个产业市场的比例来表示。设某产业的销售总额为 X,第 i 企业的销售额为 x_i,第 i 企业的市场份额为 $S_i\left(\dfrac{x_i}{X}\right)$,又设 CR_n 为产业中最大的 n 个企业所占市场份额之和,则有:

$$CR_n = \sum_{i=1}^{n} \dfrac{x_i}{X} = \sum_{i=1}^{n} S_i \qquad (2.3)$$

利用这一指标,根据某产业的 $CR_1,CR_2\cdots\cdots CR_n$ 数值绘成曲线,可以反映和比较特定产业大企业的规模分布状况。

由于 CR_n 指标计算简便,直观易懂,容易获得所需资料,因而它被广泛应用于市场集中的实证研究中。但这一指标也存在一定缺陷:

(1)在比较两产业的集中度时,对 n 的不同取值会有不同的结论。

(2)这一指标只反映了 n 个最大企业的情况,而忽视了产业中 n 个企业以外的企业数量及其规模分布情况。

贝恩最早运用绝对集中度指标对产业的垄断和竞争程度进行了分类研究,他将集中类型分为 6 个等级,并依据这种分类对当时美国产业的集中度进行了测定,见表 2-1:

表 2-1 贝恩对产业垄断和竞争类型的划分及实例(美国)

类型	前四位企业市场占有率(CR_4)	前八位企业市场占有率(CR_8)	该产业的企业总数	列入该类型的产业
Ⅰ.极高寡占型 {A / B}	75%以上 / 75%以上		20家以内 / 20—40家	轿车、电解铜、氧化铝卷烟、电灯、石膏制品、平板玻璃
Ⅱ.高集中寡占型	65%—75%	85%以上	20—100家	轮胎、洋酒、变压器、洗衣机
Ⅲ.中(上)集中寡占型	50%—65%	75%—85%	企业数较多	粗钢、钢琴、轴承
Ⅳ.中(下)集中寡占型	35%—50%	45%—75%	企业数很多	食用肉类制品、壁纸、杀虫剂
Ⅴ.低集中寡占型	30%—35%	40%—45%	企业数很多	面粉、男式鞋、女式鞋、水果和蔬菜罐头、涂料
Ⅵ.原子型			企业数极其多,不存在集中现象	妇女服装、纺织、木制品中的大多数

1980年代以来,产业经济学界争论较大的一个焦点问题是:如何测定在开放经济条件下的市场集中度问题,以及根据集中度指标对垄断企业实行政府管制时,是否要考虑国际竞争力问题。显然,(2.3)式的绝对集中度测定模型是以不发生产品进出口的封闭经济为前提的。但现代经济是一种开放型经济,因此,有必要对上述模型作必要的调整。对此,尤顿(Utton)和摩根(Morgan)曾提出一个考虑到国际贸易因素的绝对集中度测定模型:

$$CR_n = \frac{(Q_n - X_n)}{Q - X + M} \times 100\% \tag{2.4}$$

在上式中,CR_n为n家最大企业的绝对集中度;Q_n为n家最大企业在国内外市场上的销售额;X_n为n家最大企业的出口额;Q为整个产业的销售总额;X为整个产业的出口总额;M为整个产业的进口总额。

由于出口对国内市场的竞争没有影响,因此,要从国内外销售总额中扣除;相反,进口会增加国内市场的产品供应量,强化企业间的竞争,所以应该在分母中加进这一因素。把进出口因素归入绝对集中度测定模型后,就会降低绝对集中度,其下降的程度取决于对外开放的程度以及进出口在销售总额中的比例。进出口比例越大,绝对集中度就会越低。

(二) 相对集中度

相对集中度指标是反映产业内部企业的规模分布状况的市场集中度指标,常用洛伦兹曲线、基尼系数和赫希曼-赫芬达尔指数。

1. 洛伦兹曲线。洛伦兹曲线描绘的是市场占有率与市场集中由小到大的企业的累计百分比之间的关系。

在图2.2中,对角线上的任何一点到横轴和纵轴的距离均相等,意味着企业规模均等分布,对角线右下方的曲线是特定产业的企业规模相对分布曲线,即洛伦茨曲线,它偏离对角线的距离越大,企业规模分布越不均匀,即大企业的相对集中度较高。

2. 基尼系数。基尼系数是均等分布线与洛伦茨曲线之间的阴影面积(记为S_1)和等边三角形面积(记为S_1+S_2,其中S_2为等边三角形面积减去S_1的剩余部分)的比率。即:

$$基尼系数 = \frac{S_1}{S_1 + S_2} \tag{2.5}$$

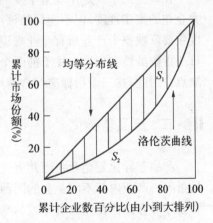

图2.2 洛伦兹曲线

基尼系数的经济含义是:如果S_1为零,基尼系数也为零,表明企业规模完全均等;如果S_2为零,基尼系数为1,表明产业内只存在一家企业。对绝大多数产业来说,基尼系数总是在0和1之间,基尼系数越接近于零,企业规模分布越是均等,而基尼系数越接近于1,说明企业规模分布的差异越大,市场集中度越高。

相对集中度指标的主要缺陷是：

（1）虽然不同的洛伦茨曲线表示不同的企业分布，但所得出的基尼系数可能相同；

（2）无论产业内企业数量多少，只要它们大小相同，则基尼系数都为零，但事实上，产业内各企业即使规模相同，只要企业数量不同，该产业的集中度也是不同的。

这就是说，相对集中度忽视了产业内企业数量差异对集中度的影响。

3. 赫希曼-赫芬达尔指数。赫希曼-赫芬达尔指数（Hirschman-Herfindahl Index，简记 H.I 指数），最初由 A. 赫希曼提出，1950 年由哥伦比亚大学的赫希曼在他的博士论文《钢铁业的集中》中进行了阐述。由于它兼有绝对集中度和相对集中度指标的优点，同时能避免两者缺点的特点，因而日益被人们所重视。该指数用公式表示为：

$$HI = \sum_{i=1}^{N}\left(\frac{x_i}{X}\right)^2 = \sum_{i=1}^{N} S_i^2 = \sum_{i=1}^{N} S_i \cdot S_i \qquad (2.6)$$

(2.6)式中，N 为产业市场中企业总数，其他字母的含义同前。这一指标的含义是：它给每个企业的市场份额 S_i 一个权数，这个权数就是其市场份额本身。可见，它对大企业所给的权数较大，对其市场份额也反映得比较充分。指数值越大，集中度越高，反之则越低。

赫希曼-赫芬达尔指数以 H.I=1（完全垄断时）为一极，H.I=0（完全竞争时）为另一极，能够测定各个产业的市场集中度。该指标的不足之处是：它用相对规模（市场份额）的平方和来测定市场集中度，会过高地估计本来就比较大的市场份额。此外，在实践中一般按照企业规模进行分组统计，难以取得单个企业的数据。如果假定同组企业的规模相等并由此来计算赫希曼-赫芬达尔指数，就会产生系统偏差，使所得的指数值小于真值。

在以上三个测定市场集中度的指标中，绝对集中度主要反映特定产业中若干家最大企业的集中程度，但不能反映该产业内的企业数量和企业规模均不齐程度；相对集中度主要反映整个产业所有企业规模的差异，但不能较好地反映领先企业的集中程度；而 H.I 指数虽然在理论上优于前两个指标，但也存在直观性差、对小企业所给权数较小的缺点。因此，这三个指标应综合使用，相互补充，才能较准确地反映市场集中度。

二、产品差异化

产品差异化是企业在经营上进行竞争的一种重要手段，也是一种非价格壁垒，具体是指同一产业内部不同企业的同种产品在质量、款式、性能、销售服务、信息提供和消费者偏好等方面存在差异所导致的产品间不完全替代的情况。产品差异之所以为企业所青睐，是因为其使企业面临一条向下倾斜的剩余需求曲线，使企业拥有将价格提高到高于边际成本的能力，也就是说，具有市场势力。

产品差异化分为垂直差异和水平差异，垂直差异是指比竞争对手更好的产品；水平差异是与竞争对手不同的产品。而在现实生活中，通过垂直差异化和水平差异化两种手段交替使用而成功地推出自己的品牌的例子不胜枚举。

从消费需求角度来看，产品差异包括消费者对类似产品的不同态度。因而，产品差

异的原因就包括了引起购买者决定购买某种产品而非另一种产品的各种原因。具体地,产品差异的原因可以概括如下:

1. 物理差异。产品的设计、结构、功能等方面的差异。通过改变产品设计、质量、外观、售后服务等,争取购买者的偏好,是企业非价格竞争的主要内容。其主要方式有:一是不增加成本开支的情况下,改变质量、外观和服务;二是利用高技术设备和高质量原料,以及不断投入新的设计和服务来改进产品。

2. 心理差异。企业的广告宣传和其他促销手段而造成消费者主观上认识的差异。广告宣传的方式主要有:一是直接介绍产品的性能,使得购买者了解可以选择的替代品;二是说服性广告。

3. 服务差异。企业在售前和售后提供的服务内容和服务质量方面所存在的差异。

4. 空间差异。生产和销售同一产品的企业分布在不同的地点,导致了产品间的差别。购买者与销售者的距离不同,使购买活动在方便程度、耗费时间等方面表现出差异。对购买者来说,由于企业和销售点的距离不同,购买产品的价格也不同。

虽然产品差异的原因各种各样,但在不同行业中造成差异化的原因却有所不同。例如,由于消费者信息闭塞,易受广告宣传的引诱,所以,广告在产生产品差异方面扮演着重要的角色,这尤其表现在肥皂、香烟和酒等产品的差异上;而电气装置和汽车则主要是产品设计上的差异。同时,研究者还发现,消费品行业比生产品行业的产品差异程度要大,因为在后一行业里,消费者对所购产品的质量及技术情况了解甚多,许多产品又是标准化的,因而,产品有形差异并不多。显然,在农业、林业、水产业及矿业等行业中,产品差异显得微不足道,而在批发、零售、服务业、建筑业、运输业中,产品差异却显得很大。

大体说来,企业可通过以下行为实现产品差异化:

1. R&D行为。企业为使自己的产品区别于同类企业的产品并建立竞争优势,就要大力开展研究和开发工作,努力使产品在质量、式样、造型等方面发生改变,不断推出新产品,满足顾客需要。

2. 地理行为。企业产品的生产地和销售地的选择均以地理便利为基础,由此带来位置和运输上的好处。这种地理差异对于企业节省成本、广揽顾客有着重要作用。

3. 促销行为。产品差异对消费者的偏好具有特殊意义,尤其是对购买次数不多的商品,许多消费者并不了解其性能、质量和款式,所以,企业应通过广告、销售宣传、包装吸引力以及公关活动给消费者留下偏好和主观形象。

4. 服务行为。在现代市场营销观念中,服务已成为产品的一个重要组成部分。企业可通过训练有素的职员为消费者提供优质服务、缩短结账过程等,满足消费者的合理的差异需求。事实上,许多消费者不仅乐于接受优质服务,而且愿意为产品中包含的信息和训练支付费用。

三、进入壁垒

(一) 进入壁垒的含义和特征

进入壁垒就是新企业进入特定产业(或市场)所面临的一系列障碍。进入壁垒的特征可以概括为以下几个方面：

(1) 进入壁垒是针对特定产业或企业；

(2) 进入壁垒是可变的；

(3) 进入壁垒是企业针对竞争对手采取策略性行为的主要方式，具有针对性；

(4) 进入壁垒具有多样性，一般可以分为经济性进入壁垒与非经济性进入壁垒。

经济性壁垒具有自发性，它是新企业在对进入产业后的预期收益和竞争对手分析的基础上，形成进入新市场（产业）的一系列障碍因素。与此同时，经济性壁垒具有平等性，它对所有企业都会产生阻碍，甚至对于行业中已有的企业。而非经济性壁垒则具有外在强制性，企业只能主动地适应这种壁垒，大部分行政性、法律性和技术性因素导致的进入壁垒往往属于非经济性壁垒。非经济性壁垒一般具有特定范围，而且在这个范围内存在着对不同经济主体的歧视性。

（二）经济性进入壁垒的分类与产生原因

经济性进入壁垒通常分为：绝对成本优势、规模经济、产品差异化和对特有的经济资源的占有等。

1. 绝对成本优势。根据贝恩的观点，绝对成本优势是指在特定的产量水平上，行业内原有企业（established firm）比潜在的或新进入的企业（Prospective entrant）通常具有的低成本生产能力。由于这种能力的存在，使得潜在的或新进入的企业在试图进入市场过程中或进入市场之后，与原有企业相比处于一种竞争劣势。

斯蒂格勒认为，绝对成本优势壁垒按其产生的原因可以分为三类：

(1) 现有企业通过专利申请而垄断工艺技术或产业标准；

(2) 原有企业拥有高级的技术人员、管理人员而具有的人力资本优势；

(3) 原有企业通过与供应商订立长期原材料等要素供应而具有的优势。

专利技术是产生绝对成本优势的一个重要原因。因为专利限制了新企业取得最新技术的机会。专利保护的有效性，决定了新企业进入产业或市场的难易程度。撇开专利保护的非经济性，一般专利保护的经济性壁垒是通过新技术被仿制的成本来衡量。而最简单的方法是用仿制所需要的时间来表示专利技术的绝对优势的大小。美国经济学家曼斯费尔德（Mansfield）等，在 1981 年考察了由 48 种产品构成的创新的样本，发现仿制成本大约是原来创新成本的 2/3，有 60% 的专利产品需要 4 年左右才被仿制出来。

2. 规模经济优势。根据产业内企业规模经济要求，新进入市场的企业必须具有与原有企业一样的规模经济产量或市场销售份额，才能与原有企业竞争，才能在进入后在行业中立足。这之前，新企业的平均总成本（由平均生产成本与平均交易成本确定）一定高于原企业，从而处于竞争劣势。

如果新企业试图以最低经济规模进入市场并获取规模经济利益，从而会导致行业总供给量的大大增加。当需求富有价格弹性时，供给超过原来的需求水平，从而导致产品市场价格大幅度下跌，甚至低于单位平均成本，结果新企业将得不偿失。

3. 产品差异化。在产品差异化程度较高的行业市场中，原有企业实施差异化往往是构成进入壁垒的一个更为重要因素。产品差异化（product differentiation）是指企业在其提供给顾客的产品上,通过各种方法造成足以引发顾客偏好的特殊性,使顾客能够把它与其他竞争产品有效地区别开来,从而使企业在市场中获得竞争优势。产品差异化作为厂商的一种理性的策略行为一般视为非经济性壁垒,但由于存在产品差异化成本与收益,因此将它作为一种经济性壁垒。简单地将产品差异化理解为非价格竞争行为是不正确的,当然产品差异化表现方式与价格歧视不同。

4. 对特有的经济资源的占有。特有的经济资源主要是指专利权、特许权和关键性的金属或非金属资源。通过控制这些资源也可以阻止别的企业进入某一特殊市场或产业。如我国是世界上稀土金属资源拥有最多的国家,控制稀土资源出口就可以阻止国外一些公司进入高档音响、高档光学仪器生产行业,因为在这些行业需要用稀土作为关键原料投入生产。

(三) 非经济性进入壁垒的种类与产生的原因

非经济性进入壁垒一般包括:政策法律制度、阻止进入的策略性行为等。

1. 政策法律制度构成新进入企业的进入壁垒。政府在经济管理过程中所制定的政策法律制度是构成行业外潜在进入者进入壁垒的一个重要方面。

德姆塞茨等人认为,在某些产业中,企业经营需要获得批准和执照,企业进出口需要获得有关许可证,资金筹措也要受到政府限制,还有差别性的税收壁垒、专利制度,这都将成为阻碍新企业进入的壁垒。并且这些壁垒很难用降低成本或增加广告费等手段加以克服。

例如,对于电力、石油化工、钢铁等规模经济极其显著的装置性行业,国家严格限制规模不经济企业进入产业。对自来水、煤气、电力等公共基础设施产业,国家对企业进入也实行严格控制。

2. 阻止进入的策略性行为。阻止进入的策略性行为主要指寡头垄断行业中现有企业通过相互协调,实施控制产业利润率、形成过剩供给、针对新企业的歧视性价格等一些阻止进入的策略和行为,由此形成阻碍新企业的壁垒,这是产业内原有企业为保持其在市场上垄断地位而设置的一系列战略性进入障碍。

从潜在竞争企业角度分析,潜在竞争企业进入市场的决策是建立在进入市场后能够取得利润这一信念基础上的。只有当进入市场后预期收益超过预期成本时,新企业才会进入市场。因此,市场上原有企业为了阻碍潜在竞争者制定进入决策,就会想方设法动摇潜在竞争企业的信念。

典型的阻止进入策略行为,往往是指原有企业为了长期占领市场,在短期内不惜采取掠夺性定价战略,使进入企业进入后无利可图。除此之外,原有企业通过事先收买专利,致使潜在竞争者难以有取得竞争力的技术,从而抑制其进入市场,从而保持其市场垄断地位,获取垄断利润。

有大量实证资料可以证明,原有企业在获得专利方面的刺激往往超过潜在的竞争者。尽管某种专利技术含量低于原有企业已经拥有的技术水平,但原有企业也会购买这种专利。由此可见,阻止进入的策略性行为理论,为原有企业购买专利后束之高阁的现象提供了一种解释。

除此之外,策略性进入壁垒还表现在:为今后获得源源不断的垄断利润,设法通过第一阶段大量投资来取得第二阶段的低成本技术,从而为阻止竞争对手进入创造条件;或者在第二阶段生产出相互兼容的第二代产品,增加用户的转换成本(switching cost),对两代产品实施捆绑销售(tie in sale);或者在第一阶段通过策略性投资,进行垂直一体化以阻止竞争对手进入等。

第四节 市 场 行 为

市场行为是指企业在基于市场供求条件下并充分考虑与其他企业关系的基础上所采取的各种决策行为,主要是指寡头垄断条件下的市场行为,而不是指在完全竞争或完全垄断条件下的市场行为。相互依存是寡头垄断市场的基本特征。由于厂商数目少且占据市场份额大,不管怎样,一个厂商的行为都会影响对手的行为,影响整个市场。所以,每个寡头在决定自己的策略和政策时,都非常重视对手对自己这一策略和政策的态度和反应。作为厂商的寡头垄断者是独立自主的经营单位,具有独立的特点,但是他们的行为又互相影响、互相依存。这样,寡头厂商可以通过各种方式达成共谋或协作。其形式多种多样,可以签订协议,也可以暗中默契。在完全竞争的原子型市场结构中,企业是市场价格的接受者,任何一个企业的市场行为都不会对其他企业的行为产生影响。同样,在完全垄断的市场结构中,垄断企业独自决定市场价格,它不受任何竞争者的威胁,可以完全不考虑竞争对手的市场行为。

产业组织研究中的寡占,通常是指既不是完全竞争又不是完全垄断的,而是出于中间状态的市场形态。市场定位行为主要涉及企业的价格策略、产品策略和排挤竞争对手的策略等内容。

一、企业的价格行为

由于寡占企业间存在相互依存关系,个别企业单独采取行动往往会两败俱伤,因此企业间通常通过协定或暗中配合等协调方式来共同采取行动,以达到控制市场、增大利润的目的。常见的有卡特尔、价格领导串谋行为。

(一)卡特尔

卡特尔(cartel)由一系列生产类似产品的独立企业所构成的组织,目的是提高该类产品价格和控制其产量。卡特尔(Cartel)是一种正式的串谋行为,它能使一个竞争性市场变成一个垄断市场,属于寡头市场的一个特例。卡特尔以扩大整体利益作为它的主要目标,为了达到这一目的,在卡特尔内部将订立一系列的协议,来确定整个卡特尔的产量、产品价格,指定各企业的销售额及销售区域等。生产同类商品的企业作为卡特尔成员,各自在法律上保持其法人资格,独立进行生产经营,但必须遵守协议所规定的内容。

卡特尔成立时,一般签订书面协议,有的采取口头协议形式。成员企业共同选出卡特尔委员会,其职责是监督协议的执行,保管和使用卡特尔基金等。由于成员企业之间的经济实力对比会因经济发展而变化,故卡特尔的垄断联合缺乏稳定性和持久性,经常需要重新签订协议,甚至会因成员企业在争取销售市场和扩大产销限额的竞争中违反协议而瓦解。

卡特尔在决策时就像一个垄断企业一样,根据整个卡特尔所面临的需求曲线和总成本曲线,使得 $MR = MC$,确定出最优的总产量和相应的价格,然后在成员企业之间分配这个总产量,同时指令成员企业执行卡特尔制定的价格。而分配产量的原则与多工厂生产时企业分配产量的原则一样:使得每个成员企业的边际成本相等。

按协议内容卡特尔可以分成规定销售条件的卡特尔、规定销售价格的卡特尔、规定产品产量的卡特尔、规定利润分配的卡特尔、规定原料产地分配的卡特尔等。价格卡特尔,是指两个或两个以上具有竞争关系的经营者为牟取超额利润,以合同、协议或其他方式,共同商定商品或服务价格,从而限制市场竞争的一种垄断联合。数量卡特尔对生产量和销售量进行控制,以降低市场供给,最终使价格上升。销售卡特尔对销售条件如回扣、支付条件、售后服务等在协定中进行规定。技术卡特尔俗称新技术限制"卡特尔",限制购买新技术、新设备或者限制开发新技术、新产品的行为。辛迪加是指在生产上和法律上仍然保持自己的独立性,但是丧失了商业上的独立性,销售商品和采购原料由辛迪加总办事处统一办理。其内部各企业间存在着争夺销售份额的竞争。

(二) 价格领导

价格领导制(Price Leadership)是不公开的串谋定价的主要形式。经济学家普遍同意价格领导制存在三种类型:支配型价格领导制(Dominant-firm Price Leadership)、串谋式价格领导制(Collusive Price Leadership)和晴雨表式价格领导制(Barometric Price Leadership)。这是根据结构与行为方面的特点加以分类的。在现实中,这样的分类并不绝对,有些价格领导行为兼具两类或三类价格领导制的特征;还有可能是,一个产业的价格领导行为在一个时期属于某一类型,下一个时期就变成了另外一种类型。

1. 支配型价格领导制。在现实中,存在着一种独特的寡头市场模式:支配型企业控制的市场。在这类市场中,一个大企业拥有整个产业大部分市场份额(通常50%以上),其他小企业分享余下的市场份额,这家大企业被称为"支配型企业"(Dominant Firm)。我国的微波炉产业就是一个典型,格兰仕微波炉占全国市场50%以上的份额,而其他任何一家微波炉厂家的市场份额都不足10%。

在这样的市场结构中,支配型企业处于类似垄断者地位,是一个"价格的决定者",而其他小企业则像是完全竞争企业,属于"价格接受者"。因此,支配型企业自然而然地成为该行业的"价格领袖",由它来确定一个使自己利润最大化的价格,其他小企业将大企业所确定的价格作为既定的市场价格,并据此确定利润最大化的产量。

2. 串谋式价格领导制。串谋式价格领导制通常出现在由若干个规模相当的大企业控制的寡头垄断产业中。它们会相互适应,把价格调节到一个合理的水平,这一水平能使它们的共同利润达到最大,每个企业都从这一价格水平中获得利益。因此,只要市场条件不变,没有一家企业会主动打破这一价格的稳定。当市场需求旺盛、产业开工率很高的情况下,串谋式价格领导制是有希望维持稳定的。但是,当市场需求发生波动,生产能力放空时,串谋式垄断价格可能会受到秘密或公开削价的挑战,最后可能演变为整个产业的价格战。

马克哈姆提出了产生"串谋式价格领导制"的五个市场结构条件：

(1) 产业集中度高，大企业规模大致相同，每个企业对价格都有相当的影响力；

(2) 进入壁垒较高；

(3) 各企业之间产品尽管不要求完全同质，但要求具有高度替代性，价格是相互依存的；

(4) 市场需求缺乏弹性，从而保证对产量的限制能够有利可图；

(5) 各企业的成本条件大致相同，从而利润率比较接近。

3. 晴雨表式价格领导制。晴雨表式的价格领导制发生在竞争程度较高的市场结构中，当市场需求、成本条件发生变化时，有的企业首先表示应该变动价格，其他企业以不断的调价行为表示响应。率先表示调价的企业成了"晴雨式"的价格领袖，这种价格领袖的地位带有"临时性"的特征，通常由最先感受或预测到市场条件变化的企业担任，可能是大企业，也可能是小企业。

这种价格领导行为常与以下四个方面的条件相关：

(1) 有相对较低的市场集中度；

(2) 有一批小企业；

(3) 参加价格串谋企业的产品与其他同行业企业的产品具有高度替代性；

(4) 进入壁垒较低。

前两个条件说明现有企业对价格的控制力有限；后两个条件说明串谋企业的外部控制力较弱。

二、企业产品行为

(一) 产品差异化行为

产品差异化指企业在提供给顾客的产品上，通过各种方法造成足以引发顾客偏好的特殊性，使顾客能够把它同其他竞争性企业提供的同类产品有效区别开来，从而达到使企业在市场竞争中占据有利地位的目的。差异化战略的方法多种多样，如产品的质量差异化、服务差异化和形象差异化等。实现差异化战略，可以培养用户对品牌的忠诚。因此，差异化战略是使企业获得高于同行业平均水平利润的一种有效的竞争战略。

产品质量的差异化战略。产品质量的差异化战略是指企业为向市场提供竞争对手不可比拟的高质量产品所采取的战略。产品质量优异，能产生较高的产品价值，进而提高销售收入，获得比对手更高的利润。例如，奔驰汽车依靠其高质量的差异，售价比一般轿车高出近一倍，从而为公司创造了很高的投资收益。

产品可靠性的差异化战略。产品可靠性的差异化战略是与质量差异化相关的一种战略。其含义是，企业产品具有绝对的可靠性，甚至出现意外故障时，也不会丧失使用价值。

产品创新的差异化战略。拥有雄厚研发实力的高技术公司，普遍采用以产品创新为主的差异化战略。这些公司拥有优秀的科技人才和执著的创新精神，同时建立了鼓励创新的组织体制和奖励制度,使技术创新和产品创新成为公司的自觉行动。

产品特性的差异化战略。如果产品中具有顾客需要,而其他产品不具备的某些特性,就会产生别具一格的形象。因此,计算机公司可以在计算机中配置一种诊断性程序,以能自动测知故障来源,也可以包括一整套培训服务。

产品的差异化战略可以为企业带来竞争优势。

1. 差异化产品可以更好地满足消费者需求,同时也就促使企业提高销售量或允许企业制定更高的价格。

2. 企业提供差异性产品无形中也为潜在进入者设置了一道进入壁垒。现有产品的特色、种类以及所建立的商品信誉可以减少该产品市场的进入点,使潜在进入者难以介入。

3. 差异化战略可以缓解公司所面临的竞争压力。

企业产品行为的实施将导致寡占产业产品整体质量和性能的提高。但是,由于竞争的强制作用,单个企业产品行为的实施所带来的收益,很快会被其他竞争企业改善产品质量、扩大广告宣传而抵消。产品竞争的结果使得该企业的总生产成本上升,这对所有的企业都不利。一次产品竞争最终会导致企业间产品策略的协调行为,称为产品串谋行为。一般说来,产品行为与价格行为相比其协调性程度比较低,单个企业独自采取活动的余地比较大。

(二) 广告和各种销售活动方面的行为

在产业组织理论中,针对广告具有三种不同观点:一种是广告具有劝说性。该观点认为,广告能改变消费者的口味并建立虚假产品差异化和品牌忠诚;第二种是广告能够提供信息,由于消费者具有不完全信息,广告可以解决市场信息不足的问题;第三个观点是广告对所做广告的产品具有补充性,这一观点假定消费者对产品具有稳定偏好,广告对产品增加了产品的时尚等因素,对产品构成补充,从而使消费者更乐意购买。

这些行为主要包括三个方面的内容:

1. 确定广告宣传费用和形式,根据产业特点、产品差别化形成的主要原因和企业的市场地位确定广告费规模,选择适当的广告媒介。并确定广告宣传的具体内容和实施步骤。

2. 确定销售活动的内容与行为,主要包括为用户代订货、邮购、包装、运输、安装、调试、维修等方面的政策。

3. 确定销售渠道行为,企业的主要销售渠道有自销、销售子公司、批发商、零售商、专销商和代理商;企业销售渠道的选择与组合往往与企业的规模大小、市场集中度高低和产品差异化程度有关。

三、企业排挤竞争对手行为

企业排挤竞争对手的行为可以分为两类:一类是合理的排挤行为,这是通过正常的竞争手段使另外一些企业被排挤出市场或被兼并;另一类是不合理的排挤行为,这是通过限制竞争和不公平的手段来排挤、打击和控制竞争对手。

典型的不合理的排挤竞争对手的行为有如下几种类型。

(一) 掠夺性定价行为

所谓掠夺性定价是指在位厂商将价格削减至对手平均成本之下，以便将对手驱逐出市场或者遏制进入，即使遭受短期损失。一旦对手离开市场，在位厂商就会提高价格以补偿掠夺期损失。

首先，掠夺性定价是一种不公平的低价行为，实施该行为的企业占有一定的市场支配地位，他们具有资产雄厚、生产规模大、分散经营能力强等竞争优势，所以有能力承担暂时故意压低价格的利益损失，而一般的中小企业势单力薄，无力承担这种牺牲。其次，掠夺性定价是以排挤竞争对手为目的的故意行为，实施该行为的企业以低于成本价销售，会造成短期的利益损失，但是这样做的目的是吸引消费者，以此为代价挤走竞争对手，行为人在一定时间达到目的后，会提高销售价格，独占市场。

掠夺性定价理论主要包括认为掠夺性定价非理性、不符合厂商的长期利润最大化目标的芝加哥学派理论，以及通过引入信息不对称、认为掠夺性定价是厂商理性行为的后芝加哥学派理论。二者之所以得出截然相反的结论，是因为关于信息的假定不一致。信息在掠夺性定价理论的发展中起了至关重要的作用。因为掠夺性定价是厂商的一种策略性行为，策略性行为就涉及厂商之间的互动，互动就需要了解对手，猜测对方。因而不同的信息假定得出不同的结论。信息可以分为完全信息和不完全信息。芝加哥学派的结论建立在完全信息的基础之上；而后芝加哥学派则是通过引入信息不对称——单边或双边不确定，利用博弈论方法来研究掠夺性定价是否理性的问题。

(二) 价格压榨

当产品生产和流通过程中的某一环节被某个大企业控制时，这家大企业在最终产品的销售中与其他竞争企业相比处于优势地位。例如，当原材料生产被一家大企业控制时，其他企业要生产同类产品，必须向其购买原材料，因此控制原材料的大企业就可以高价出售原材料。导致其他企业产品的生产成本提高，其他企业不得不依附于大企业。

(三) 排他性交易、相互购入和搭配销售

排他性交易是指处于市场支配地位的企业的经销商在特定市场内只经销自己的商品，不得经销其他企业的同种或同类商品，包括经销商只向制造商独卖、制造商只向经销商独卖。这会使制造商和经销商保持长期稳定的供销渠道，降低交易成本；使经销商从事单一的或固定的商品的经营，从而集中力量促销；可以提前开展促销活动，增强一定的竞争效果。但同时，会阻止其他制造同类产品的制造商进入市场，也会限制经销商的营业自由而损害效率。

相互购入是指企业间通过某种协定来规定相互购入对方产品，从而使双方企业既作为买方又作为卖方的交易行为，从而阻止相关企业的竞争。

搭配销售是指在商品交易过程中，拥有经济优势的一方利用自己的优势地位，在提供商品或服务时，强行搭配销售购买方不需要的另一种商品或服务，或附加其他不合理条件的行为。搭售的目的是为了将市场支配地位扩大到被搭售产品的市场上，或防止潜在的竞争者进入这个市场。

第五节 市场绩效

市场绩效是指在特定的市场结构中,通过一定的市场行为使某一产业在价格、成本、产量、利润、产品质量、品种及技术进步等方面达到的最终经济成果。它实质上反映的是在特定的市场结构和市场行为条件下市场运行的效率。

产业组织理论之哈佛学派构建了现代产业组织的描述性研究范式,即 SCP 分析框架。SCP 分析范式假定,可以对市场绩效进行客观的度量,并认为市场绩效取决于市场行为,而市场行为又取决于市场结构。由于存在这种单向的决定关系,故可以用市场结构来解释市场绩效。

根据 SCP 分析范式,企业产品的价格 P 与其边际成本 MC 的关系以及经济利润的大小取决于市场结构。因此,在垄断产业中,企业具有市场力量,可以将价格提高到边际成本以上,从而获得经济利润,资源配置效率较低,市场绩效也就比较差。企业之间的竞争程度越高,企业的市场势力就越小,价格越接近边际成本,难以获得经济利润,资源配置效率就比较高,市场绩效好。

市场绩效既反映了在特定的市场结构和市场行为的条件下市场运行的实际效果,也表示最终实现经济活动目标的程度。产业组织学探讨的经济活动目标,主要不是企业层次上的,而是产业和整个国民经济层次上的。主要从产业的资源配置效率、产业的规模结构效率、产业技术进步状况等若干方面进行分析。

一、产业的资源配置效率

资源配置效率是指配置资源的有效性,它是同时从消费者的效用满足程度和生产者的生产效率高低的角度来考察资源的利用状态。它包括以下三方面的内容。

1. 有限的消费品在消费者之间进行分配,使消费者获得的效用满足程度。
2. 有限的生产资源在生产者之间进行分配,使生产者所获得的产出大小程度。
3. 同时考虑生产者和消费者两个方面,即生产者利用有限的生产资源所得到的产出的大小程度和消费者使用这些产出所获得的效用满足程度。

现代产业组织理论认为,资源配置效率是反映市场绩效优劣的重要指标,这个指标在实际运用中常常使用收益率标准。一般的价格理论认为,竞争的市场机制能保证稀缺资源的最优配置,因为在完全竞争条件下,价格由自由竞争的市场决定,资源在产业间和企业间的自由流动,使得产业间的利润率趋于平均化,所有的产业和企业都能获得正常利润,不存在垄断利润。所以,可以用产业和企业的收益率作为衡量资源配置效率的指标。

一般情况下,市场竞争越充分,资源配置的效率就越高;与此相反,市场垄断程度越高,资源配置的效率越低。福利经济学第一定理表明:完全竞争市场经济的一般均衡是最优的。一般均衡表明整个经济处于效率状态,因此,所有的消费活动都是有效率的,所有的生产活动也都是有效率的,而且消费和生产活动是协调一致的,即对于任何两种资源,所有消费者的边际消费率全部相等,所有生产者的边际技术替代率都相等,且边际消费率与边际技术替化率也相等。虽然这个定理本身也有某些不严密性,受到了某些学者的质疑,但对于完全竞争的市场结构能够实现资源配置的最优状态这一点,绝大部分经济学家是深信不疑的。

与理想的完全竞争相比,垄断市场的供应量比完全竞争市场低,而垄断价格通常比竞争价格高。经济学的分析表明,与完全竞争的市场相比,垄断企业通过比较高的价格和较低的产量提供商品,攫取了一部分消费者剩余,使消费者剩余减少;与此同时,还导致了一部分剩余的永久性损失,即所谓的社会福利的净损失,或称效率损失。当然,垄断所导致的社会福利的损失不仅仅表现在上述一方面,垄断企业为了谋取和巩固其垄断地位还经常采取一些特殊的手段并为此支付巨额的费用,诸如广告和特殊产品差异化、设置人为的进入壁垒等。经济学家认为,只要是为竞争市场所不必要的手段及其开支,都可以看作一种社会资源的浪费。

二、产业的规模结构效率

产业组织的规模结构效率,又称产业组织的技术效率,反映产业经济规模和规模效益的实现程度。产业的规模结构效率既与产业内单个企业的规模经济水平密切相关,也反映出产业内企业之间的分工协作水平的程度和效率。衡量某个特定产业的规模结构效率可以从以下三个方面来进行:

(1)用达到或接近经济规模的企业产量占整个产业产量的比例来反映产业内经济规模的实现程度;

(2)用实现垂直一体化的企业的产量占流程各阶段产量的比例来反映经济规模的纵向市场程度;

(3)通过考察产业内是否存在企业生产能力的剩余来反映产业内规模能力的利用程度。这有两种情况:一是某些产业特别是集中度低的产业,企业未达到经济规模,但又存在开工不足、利润率低的情况;二是多数企业达到经济规模,但开工不足、能力过剩。

产业内企业规模经济性的实现可以分为如下三种状态:

1. 低效率状态。即产业市场上未达到获得规模经济效益所必需的经济规模的企业是市场的主要供应者。这种状态表明该产业未能充分利用规模经济效益,存在着低效率的小规模生产,如我国处在起步阶段的家电产业、汽车产业等。

2. 过度集中状态。即市场的主要供应者是超过经济规模的大企业。由于过度集中,无法使产业的长期平均成本降低,在这种情况下,大企业的市场力量得到了过度的增强,反而不利于提高产业资源配置效率,如我国在改革前的电信、石油、电力等一些国家垄断产业。

3. 理想状态。即市场的主要供应者是达到和接近经济规模的企业。这表明该产业已经充分利用了规模经济效益,产业的长期平均成本达到最低,产业的资源配置和利用效率达到了最优状态。

在市场经济发达国家,如美国、欧洲和日本,多数产业(贝恩对美国的研究结果是70%—90%)已经实现了产业规模经济水平的理想状态,即主要生产企业都是达到经济规模的企业。尤其是那些规模经济性显著的产业,如钢铁、石油化工、汽车和家电等。而在另外一部分产业中,存在着超经济规模的过度集中。贝恩发现,许多过度集中的产业中大企业的生产成本比规模较小的企业高,可见,过度集中实际上是降低了产业的规模结构效率。

影响产业的规模结构效率的主要因素:

(1) 产业内的企业规模结构。产业内的企业规模结构是指产业内不同规模企业的构成和数量比例关系,它同时反映了大企业和中小企业所占的比例。根据不同产业的特点,形成大型、中型、小型企业按照一定的比例组合的规模结构,有利于整个产业实现生产的协同效应。在这样的规模结构中,大企业负责开拓市场、设计新产品、使用大型自动化生产线完成产品总装的工作,中小企业则通过专业化为大企业提供零部件等配套产品,通过这样的协作可以从整体上发挥产业的规模经济水平。

(2) 市场结构。市场结构是影响产业规模结构效率的直接因素。大量实证研究表明,产业市场的过度集中和分散都会降低产业的规模经济水平。

三、产业技术进步程度

产业技术进步是指产业内的发明、创新和技术转移(扩散)的过程。技术进步渗透于产业的市场行为和市场结构的方方面面,并且最终通过经济增长表现出来。产业技术进步反映了一种动态的经济效益,它是衡量经济绩效的一个重要指标。

不同规模的企业在技术进步过程中的作用和地位,是研究产业组织和技术进步关系的重要内容。对于这个问题,不同的经济学家有不同的看法。

熊彼特等人认为,大企业对技术进步的作用最大,其理由是:

1. 技术进步创新的成本巨大,只有大企业才能承担。反过来说,一旦创新失败,也只有大企业才有能力承担亏损,并用其他成功项目的利润加以弥补,由此可见,大企业更有能力承担技术进步过程的风险。

2. 研究与开发中也存在规模经济,大企业的研究与开发也存在规模经济,大企业比小企业更有能力利用和发挥这种规模经济的效益。

3. 由于大企业拥有的市场份额更高,并且大多从事多元化经营,因此大企业能够从发明和创新活动的成果中获取更高的收益。

4. 维护和巩固垄断地位的需要迫使大企业开展更多的技术发明和创新活动。

谢勒等人认为,小企业在推动技术进步方面的作用更大,其理由是:

1. 大企业在试图形成垄断力量的过程中确实会从事技术进步活动,但是垄断地位一旦形成,技术进步的动力和行为就会消失,市场支配能力反而成为限制技术进步的障碍,因此,竞争才是技术进步的原动力。

2. 大企业拥有的巨大规模在技术进步的过程中也会成为劣势,如决策过程低效率、技术开发人员之间的相互倾轧、管理层对某些独特的创新活动的忽略和不支持等。

3. 实践表明，在许多产业中，小企业能对某些独特的创新活动做出重要的贡献。

在一定的规模临界点以内，研究与开发投入随企业规模扩大而增长，研究与开发的成果也随之增加，这种规模临界点因产业而不同。大量研究表明，在研究与开发能力方面，大企业确实比小企业强。经济学家所做的部分研究数据表明，大企业在发明和创新的投入中占的比重大于其规模的比重，可见在研究与开发的实际投入方面大企业的确占据了主导地位。这不仅证明了大企业投入的能力，而且也不可否认地表明了大企业技术投入的意愿。就实际贡献来说，实证研究表明，大、中、小型企业在发展和创新方面的作用与产业类别、技术进步阶段的特点、专业化分工程度以及政府政策这些因素有着密切的关系，大型企业和中型、小型企业的作用经常是互相补充和联系的，正是小企业的技术发明和创新对处于垄断地位的大企业构成了一定程度的挑战和竞争压力，从而加速了技术进步的进程。因此，我们的结论是：技术进步并不限于某个特定规模的企业，所有规模的企业在技术进步上都可以有所作为。

四、X 非效率

哈佛大学雷本斯坦教授于 1966 年首次提出的 X 非效率（X-Inefficiency）理论，也称内部低效率理论，它是反映市场绩效优劣的一个指标。该理论认为，垄断性大企业由于外部市场竞争压力小，组织内部层次多、机构庞大，加上所有权和控制权的分离，他们往往并不追求成本最小化。这种现象被统称为"X 非效率"，它是"X 效率"的对称。

雷本斯坦 X 非效率理论涉及市场环境（ME）、企业组织（EO）和经济效益（EE）三个变量之间的关系，其中经济效益是市场环境和企业组织的函数，即 $EE=f(ME,EO)$。在变量 ME 为给定（即没有市场竞争压力）的条件下，变量 EE（即 X 非效率的程度）就取决于变量 EO（即垄断厂商适应环境的情况。X 非效率理论的整个分析框架是建立在"庇护下的厂商追求利润极小化"这个前提假设之上的，并一反传统理论中的"经济人"假设，将人性的弱点假定为"惰性"以及由此形成的"习惯"，即企业行为=f（惰性，环境）。因此，在没有压力的市场环境（ME）中，最高决策者（经理）的行为模式是"极小型"的，因而，他就不可能把压力从最高层逐级向下传导下去。于是，垄断企业全体员工的这种利润极小化行为模式就"集体"地构成了企业组织（EO）的行为模式。在没有压力的市场环境下，经济效益（EE）的值就不可能 X 效率，而只能是 X 非效率。

复习思考题

1. 简要讨论 SCP 框架。
2. 简述产业组织理论的形成与发展过程。
3. 简述"哈佛学派"与"芝加哥学派"的主要观点与政策倾向。
4. 简述规模经济与范围经济的含义及其关系。
5. 请给出最小有效规模、最大有效规模的含义，以及衡量方法。
6. 何谓企业的适度规模？影响企业适度规模的因素及其衡量方法。

7. 请指出规模经济和范围经济的来源。
8. 测定市场集中度的三个主要指标是什么,它们各有什么特点?
9. 请简单谈谈企业应通过哪些手段来扩大产品差别化程度。
10. 为什么说广告行为是企业在市场上经常采用的一种主要的非价格竞争方式?
11. 价格策略性行为有哪些?
12. 掠夺性定价有哪些特征?其实现的条件是什么?
13. 绩效的评价指标有哪些?各有什么特点?

第三章 寡头竞争理论

学习要点

1. 熟练掌握各个寡头竞争模型。
2. 领会各模型结论差异的根源及政策含义。

第一节 同质产品寡头竞争

一、古诺竞争模型

非合作寡头垄断理论始于安托万·奥古斯丁·古诺(Antoine Augustin Cournot) 1838年在法国出版的《关于财富理论的数学原理的研究》一书。在该书中,古诺曾提出一种寡头垄断分析方法。今天,我们把这种方法看作是与寻找企业将产量水平作为策略的博弈中的纳什均衡相同的。1821年,古诺以一篇关于机械与天文的重要论文,获得理学博士学位。古诺的论著超出了经济学的范畴,延伸到数学、科学哲学和历史哲学。古诺对现代数理经济学的创立做出了重要贡献。就垄断而言,常见的边际收益等于边际成本的条件,直接来自于古诺的工作(Shubik,1987)。

(一) 古诺双寡头

1. 模型基本假设。古诺模型的基本假设包括:
(1) 市场中只有两家厂商,其他厂商不能进入。
(2) 两家厂商生产的产品同质,且生产成本为零,不考虑固定成本。
(3) 两家厂商同时进行产量竞争,且在市场上只存续一期。
(4) 市场需求函数已知,且为线性需求曲线。
2. 模型均衡的推导。设厂商1、厂商2的利润为π_1、π_2,产量为q_1、q_2,市场需求函数为$p=a-bQ(a>0,b>0)$,其中Q为市场需求总量,且$Q=q_1+q_2$。

那么厂商1的利润函数为:

$$\pi_1 = pq_1 = [a-b(q_1+q_2)]q_1 \tag{3.1}$$

在q_2给定的情况下,对π_1求极值的一阶条件为:

$$\frac{\partial \pi_1}{\partial q_1} = a - bq_2 - 2bq_1 = 0 \qquad (3.2)$$

从而可以得到厂商 1 的最优产量：

$$q_1 = \frac{a - bq_2}{2b} \qquad (3.3)$$

上式意味着给定厂商 2 的产出水平，厂商 1 就能确定最优的产量水平。我们可以将厂商 1 的利润最大化产量与厂商 2 的产量之间的关系总结为一个方程：

$$q_1 = R_1(q_2) \qquad (3.4)$$

这叫做最优反应函数(或反应函数)，反映了当一个企业给定它关于对手行动的信念时企业的最优(利润最大化)行动(产量)。

同理，我们也可以推导出厂商 2 的最优反应函数：

$$q_2 = R_2(q_1) = \frac{a - bq_1}{2b} \qquad (3.5)$$

即，对于厂商 1 的每一个产量 q_1，厂商 2 都会做出最优反应，确定能够实现自身利润最大化的产量 q_2。

联立式(3.3)和式(3.5)，我们可得古诺均衡解：

$$q_1 = q_2 = \frac{a}{3b}$$

正如图 3.1 中表示，两家企业的最优反应曲线相交于点 $E\left(\frac{a}{3b}\right)$，而这点正是两家企业实现各自利润最大化的点。

在古诺均衡时，两家厂商的产量都为 $\frac{a}{3b}$，总产量为 $\frac{2a}{3b}$，均衡价格为 $\frac{a}{3}$，两家厂商的利润为 $\frac{a^2}{9b}$。

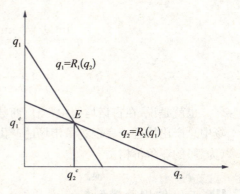

图 3.1　古诺竞争中厂商的最佳反应曲线

(二) N 家厂商的古诺均衡

1. 模型推导。现在假设市场中有 N 家同质厂商，$N \geqslant 1$，其他基本假设同前。那么厂商 i 的利润函数为：

$$\pi_i = pq_i = \left(a - b\sum_{i=1}^{N} q_i\right) q_i \qquad (3.6)$$

一阶条件为：

$$\frac{\partial \pi_i}{\partial q_i} = a - 2bq_i - b\sum_{j=1, j \neq i}^{N} q_j = 0 \qquad (3.7)$$

因此,企业 i 的最优反应函数由下式给出:

$$q_i = R_i(q_{-j}) = \frac{a - b \sum_{j=1, j \neq i}^{N} q_j}{2b} \tag{3.8}$$

由于所有厂商同质,那么在均衡情况下,所有厂商的产量水平都相同,假设每个厂商的均衡产量为 q^c,代入上述反应函数,可得:

$$q^c = \frac{a}{(N+1)b} \text{ 与 } Q^c = \frac{Na}{(N+1)b} \tag{3.9}$$

均衡价格与每家厂商的利润水平分别为:

$$p^c = \frac{a}{N+1} \text{ 与 } \pi_i^c = \frac{a^2}{(N+1)^2 b} \tag{3.10}$$

2. 进一步分析。我们进一步考虑,当改变市场中厂商数量时,古诺价格、产量和利润水平将如何变化。第一,当 $N=1$ 时,可得到完全垄断情况下的解。第二,当 $N=2$ 时,可得到古诺双寡头竞争的解。

当厂商数量无限大,即 $N=\infty$ 时,我们可得:

$$\lim_{N \to \infty} q^c = 0 \tag{3.11}$$

$$\lim_{N \to \infty} Q^c = \lim_{N \to \infty} \left(\frac{a}{b}\right)\left(\frac{N}{N+1}\right) = \frac{a}{b} \tag{3.12}$$

$$\lim_{N \to \infty} p^c = \lim_{N \to \infty} \frac{a}{N+1} = 0 \tag{3.13}$$

也就是说,在古诺均衡中,当厂商数量无限大时,每家厂商的产出水平接近于零,市场中总产出接近于完全竞争市场的产出水平,古诺均衡价格接近于厂商单位产品成本(为零)的竞争价格。

二、伯川德模型

伯川德模型是由法国数理经济学家伯川德(J. Bertrand)在 1883 年对古诺模型进行批评与修正基础上提出的。伯川德认为,寡头市场的厂商之间应该存在激烈的价格竞争,因而古诺模型中假设厂商选择产出作为决策变量是不合适的,应该选择价格作为决策手段。

(一) 伯川德模型的基本假设

伯川德模型与古诺模型在前提假设上的唯一区别是:在伯川德模型中厂商的决策变量是价格而不是产量。因此,伯川德模型的基本假设包括:

(1) 市场中只有两家厂商,其他厂商不能进入。
(2) 两家厂商生产的产品同质,且生产成本为常数。

(3) 两家厂商同时进行价格竞争,且在市场上只存续一期。
(4) 市场需求函数已知,且为线性需求曲线。

(二) 伯川德均衡的推导

设厂商1、厂商2的利润为 π_1、π_2,价格分别为 p_1、p_2,边际成本均为 c,市场需求函数为 $Q = a - bp(a > 0, b > 0)$。那么厂商1的利润函数为:

$$\pi_1(p_1, p_2) = (p - c) \cdot q_1(p_1, p_2) \tag{3.14}$$

其中 q_1 为厂商1所面对的需求函数,这一需求函数可以表示为:

$$q_1(p_1, p_2) = \begin{cases} a - bp_1, & p_1 < p_2 \\ \dfrac{a - bp_1}{2}, & p_1 = p_2 \\ 0, & p_1 > p_2 \end{cases} \tag{3.15}$$

从式(3.15)可知,当厂商1的定价 p_1 低于厂商2的定价 p_2 时,厂商1将获得整个市场份额,得到全部利润;当厂商1的定价 p_1 高于厂商2的定价 p_2 时,厂商1将失去整个市场,相应的利润也就为零;当两家厂商的定价相同时,由于两家厂商生产的产品同质,具有完全的替代性,因此两个厂商将均分市场份额。同理,我们也可以得到厂商2的利润函数 π_2 和需求函数 q_2。

根据伯川德的基本假设以及我们对厂商利润的上述分析,可以得到伯川德均衡,其最后的解为 $p_1^* = p_2^* = c$,且这一均衡是稳定的。

我们可以通过反证法证明。不妨设均衡解为 $p_1^* = p_2^* > c$。此时,两家厂商平分整个市场需求,都获得正的利润 $\pi_i^* = \dfrac{1}{2}(p_i^* - c)(a - bp_i^*)$。然而,这个解并不稳定:当厂商1略微将价格降为 $\hat{p}_1 = p_1^* - \varepsilon$($\varepsilon$ 是一个非常小的量),那么厂商1将获得整个市场并将利润提高到 $\hat{\pi}_1 = (p_1^* - \varepsilon - c)[a - b(p_i^* - \varepsilon)]$,显然 $\hat{\pi}_1 > \pi_1^*$。因此,厂商1有激励向下偏离价格。同理,厂商2也有激励降价,并且两家厂商将交互降价,直到 $p_1^* = p_2^* = c$。此时,两家厂商都没有激励降价,并且获得零利润。同理,我们可以证明其他所有情况也不是均衡结果,如 $p_1^* > p_2^* = c$,$p_2^* > p_1^* = c$,$p_1^* > p_2^* > c$,$p_2^* > p_1^* > c$ 等情况。

(三) 伯川德悖论

伯川德均衡的含义在于,如果市场中的两家厂商生产同样的产品,并且成本相同,那么他们之间的价格战必定使得每家厂商都按照 $p = MC$ 的原则定价。由此可见,伯川德模型的均衡价格、均衡产量与完全竞争市场中的长期均衡价格、均衡产量完全一样,这显然与实际经验不符,因此伯川德均衡也被称为伯川德悖论(Bertrand Paradox)。

与古诺模型相比,伯川德模型关于厂商选择价格而不是产量作为决策变量的假设似乎更贴近现实。但是,古诺模型关于寡头市场的经济绩效介于完全竞争与垄断之间的结论相对于伯川德均衡的极端结论似乎又更符合直觉。因此,伯川德悖论也被称为古诺—伯川德悖论。

伯川德模型之所以会得到这样的结论,与它的前提假设有关:产出是同质的,市场只存续一个时期,而且任何企业都可以用不变的边际成本生产任意数量的产品。如果放松其中任一假设,伯川德价格就不等于边际成本。在这种情况下,围绕伯川德悖论展开的研究成为此后寡头市场理论发展的一个重要主题。

三、斯塔克尔伯格模型

斯塔克尔伯格(Heinrich von Stackelberg)于1932年提出了第三个重要的寡头垄断模型,即斯塔克尔伯格模型,在该模型中,厂商决策变量为产量,并且一个厂商在其他厂商行动之前行动。先行动的厂商为领导厂商。领导厂商选择产量水平,而后其他厂商根据领导厂商的产出水平,决策自己的最优产量水平。

(一)斯塔克尔伯格模型的基本假设

斯塔克尔伯格模型的基本假设主要包括:

(1)市场中只有两家厂商,并且地位不相等,其中厂商1为领导者,厂商2为追随者。

(2)两家厂商生产的产品同质,且生产成本为零。

(3)两家厂商的决策变量为产量。

(4)市场需求函数已知,且为线性需求曲线。

(二)斯塔克尔伯格模型均衡推导

在斯塔克尔伯格模型中,由于两个寡头厂商在市场中所处的地位不同,因而存在着行动次序的区别。产量的决定依据以下顺序:领导厂商首先自行决定获得利润最大化的产量,然后跟随厂商根据领导厂商的产量来决定自己的产出水平。并且由于完美信息,领导厂商在决定自己产量的时候,能够充分了解跟随厂商的行动。也就是说,领导厂商知道跟随厂商的最优反应函数,所以领导厂商决定的产量是一个以跟随厂商的反应函数为约束的利润最大化产量。

我们设厂商1、厂商2的利润为π_1、π_2,产量为q_1、q_2,市场需求函数为$p = a - bQ(a > 0, b > 0)$,其中Q为市场需求总量,且$Q = q_1 + q_2$。假设厂商1为领导厂商,厂商2为跟随厂商。依据逆向归纳法,从动态博弈的最后一步往回推,以求解动态博弈的均衡结果。

也就是说,首先分析厂商2的决策。由于厂商2在决策前已观察到厂商1的产量,所以厂商2将厂商1的产量作为给定的常量。那么,在给定q_1的条件下,厂商2的利润函数为:

$$\pi_2 = pq_2 = [a - b(q_1 + q_2)]q_2 \tag{3.16}$$

那么,厂商2利润函数的一阶条件为:

$$q_2 = \frac{a - bq_1}{2b} \tag{3.17}$$

上式意味着给定领导厂商的产量，跟随厂商的最优产量反应函数为：

$$q_2 = R_2(q_1) = \frac{a - bq_1}{2b} \tag{3.18}$$

接下来分析博弈的第一阶段，厂商1的目标函数为：

$$\pi_1 = pq_1 = [a - b(q_1 + q_2)]q_1 \tag{3.19}$$

将式(3.18)代入式(3.19)中，可得

$$\pi_1 = \left[a - b\left(q_1 + \frac{a - bq_1}{2b}\right)\right]q_1 = \frac{1}{2}q_1(a - bq_1) \tag{3.20}$$

由利润最大化一阶条件等于零，可得厂商1的最优产量：

$$q_1^* = \frac{a}{2b} \tag{3.21}$$

将式(3.21)代入式(3.18)，可得追随厂商2的最优产量：

$$q_2^* = \frac{a}{4b} \tag{3.22}$$

相应的，在斯塔科尔伯格均衡下，市场均衡价格为 $a/4$，领导厂商与追随厂商各自获得的利润为 $a^2/8b$ 和 $a^2/16b$。作为跟随者，厂商2获得的利润只有领导厂商利润的一半，这说明在斯塔科尔伯格模型中，先动者具有相对优势，而后动者具有相对劣势。

（三）斯塔科尔伯格均衡的绩效分析

表3-1列出了相同市场需求和供给（市场反需求函数为 $p = a - bq$，生产成本为零）条件下，不同市场类型的均衡产量水平、价格水平以及厂商利润水平。

表 3-1

市场类型	产量	价格	厂商利润
垄断	$a/2b$	$a/2$	$a^2/4b$
古诺双寡头	$a/3b + a/3b = 2a/3b$	$a/3$	$a^2/9b + a^2/9b = 2a^2/9b$
斯塔克尔伯格	$a/2b + a/4b = 3a/4b$	$a/4$	$a^2/8b + a^2/16b = 3a^2/16b$
完全竞争	a	0	0

如表3-1所示，处于均衡状态时，与古诺厂商相比，斯塔克尔伯格领导者的产量较高，而跟随厂商的产量较少，斯塔克尔伯格均衡时的总产量比古诺总产量大，但少于完全竞争市场中的产量水平。相应的，斯塔克尔伯格均衡时的价格高于完全竞争市场的均衡价格，但低于古诺竞争中的均衡价格。

四、价格领导者模型

斯塔克尔伯格模型中的跟随者是产量跟随，那么，如果先动厂商确定价格，跟随厂

商采取跟随价格策略,寡头间的博弈将会产生什么样的结果呢?我们可以用价格领导者模型进行分析。

(一)价格领导者模型的基本思路

假定市场中只存在两家厂商。其中厂商 1 为领导者,是市场价格的确定者;厂商 2 为跟随者,是价格的跟随者。当然,由于完美信息,领导厂商 1 在确定价格水平时,已充分考虑了跟随厂商 2 的反应。同样的,依据逆向归纳法,我们先分析跟随厂商的行为,再分析领导厂商的先动行为。

假定厂商 1 确定的价格水平为 p,厂商 2 作为价格的接受者,通过最优化产量水平,获得最大化利润。厂商 2 的利润函数可用下式表示:

$$\pi_2 = pq_2 - C_2(q_2) \tag{3.23}$$

相应的,利润最大化的一阶条件为:

$$p = MC_2(q_2) \tag{3.24}$$

也就是说,厂商 2 按照边际收益等于边际成本原则确定自己的最优产量水平,相应的供给函数设定为 $S_2(p)$。那么,厂商 1 面临的剩余市场需求 $R(p)$ 则为市场总需求 $D(p)$ 扣除厂商 2 的供给 $S_2(p)$,即:

$$R(p) = D(p) - S_2(p) \tag{3.25}$$

对于厂商 1 来说,在决定价格 p 时,必须充分考虑到一旦将价格定为 p,自己将面临的剩余需求则为 $R(p)$。在这种情况下,厂商 1 必须按利润最大化原则首先测算 q_1,然后确定最优 p。

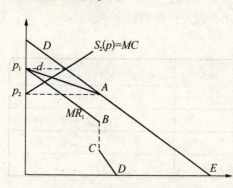

图 3.2 价格领导厂商定价策略

如图 3.2 所示,D 为市场需求曲线,$S_2(p)$ 为厂商 2 的供给曲线,假如领导厂商将价格定为 p_1,市场需求完全由厂商 2 供给,消费者对厂商 1 的需求量为零。如果领导厂商将价格定为 p_2,则市场需求完全由厂商 1 供给,消费者对厂商 2 的需求量为零。由此,厂商 1 面临的剩余需求曲线为 d 曲线,$p_1 AE$[即 $d = R(p) = D(p) - S_2(p)$]。对于剩余需求来说,厂商 1 可以像完全垄断者一样行动:依据边际收益等于边际成本确定最优产量与价格水平。

(二)价格领导者模型均衡推导

假设市场需求函数为 $D(P) = a - p$,且两家厂商生产产品成本为 $C(q) = \dfrac{1}{2}q^2$。

作为价格跟随者的厂商 2 根据 $p = MR_2 = MC_2$ 原则决定其供给。那么,相应的供给函数为:

$$S_2(p) = q_2 = p \tag{3.26}$$

此时,厂商 1 面临的剩余需求为:
$$R(p) = D(p) - S_2(p) = a - 2p \qquad (3.27)$$

厂商 1 的利润函数为:
$$\pi_1 = pq_1 - C_1(q_1) = \left[\frac{a}{2} - \frac{1}{2}q_1\right]q_1 - \frac{1}{2}q_1^2 \qquad (3.28)$$

最大化厂商 1 利润的一阶条件为:
$$\frac{\partial \pi_1}{\partial q_1} = \frac{a}{2} - 2q_1 = 0 \qquad (3.29)$$

即,$q_1 = \dfrac{a}{4}$

那么,$p = \dfrac{3a}{8}$

由于 $S_2(p) = q_2 = p$,所以 $q_2 = \dfrac{3a}{8}$。也就是说,作为领导者的厂商 1 将价格确定为 $p = \dfrac{3a}{8}$ 时,两家寡头厂商的产量分别为 $q_1 = \dfrac{a}{4}$,$q_2 = \dfrac{3a}{8}$。这表明,在成本相同的情况下,价格领导者的收益将低于价格跟随者的收益。与产量领导模型相反的是:在成本相同情况下,寡头厂商更愿意选择价格跟随策略而不是价格领导策略。

五、卡特尔

前面讨论了寡头企业间的非合作竞争行为,不过,现实中的厂商也常常选择合作行为,以提供高预期收益。其中,卡特尔是合作策略性行为的一种典型形式,它是通过协议(或默契合谋)统一协调行动的厂商之间结成的联盟。

(一)卡特尔合作的模型推导

假设市场中有两家厂商,$i=1, 2$,各自产量为 q_i,成本为 $C_i(q_i) = cq_i$,市场需求函数为 $p = a - bq$,决策变量为产量。

1. 非合作博弈——古诺博弈。厂商的利润函数为:
$$\max \pi_i(q_1, q_2) = q_i p(q_1, q_2) - c_i(q_i) \qquad (3.30)$$

利润最大化的一阶条件为:
$$\frac{\partial \pi_i}{\partial q_i} = p(q_1, q_2) + q_i p'(q_1, q_2) - c_i'(q_i) = 0 \qquad (3.31)$$

将 $C_i(q_i) = cq_i$ 与 $p = a - bq$ 代入上式,可得:
$$q_1^* = q_2^* = \frac{1}{3b}(a - c) \qquad (3.32)$$

$$\pi_1 = \pi_2 = \frac{1}{9b}(a-c)^2 \tag{3.33}$$

2. 合谋——卡特尔。此时两家厂商的目标是最大化整个卡特尔组织的利润,即类似于完全垄断企业的行为。那么,卡特尔组织的利润函数为

$$\pi = q(a - bq) - cq \tag{3.34}$$

那么,利润最大化的一阶条件为:

$$\frac{\partial \pi}{\partial q} = a - 2bq - c = 0 \tag{3.35}$$

即

$$q^m = \frac{1}{2b}(a-c) \tag{3.36}$$

$$\pi_1^* = \pi_2^* = \frac{1}{8b}(a-c)^2 \tag{3.37}$$

比较(3.32)式与(3.37)式,可以看出厂商更愿意合谋而不是竞争。

(二) 卡特尔的形成与执行

1. 有利于卡特尔形成的因素。

(1) 提高市场价格的能力。只有预期卡特尔能够提高价格并将其维持在较高水平的情况下,企业才愿意加入。卡特尔面对的需求曲线弹性越小,它能够制定的价格越高,得到的利润也越大。如果卡特尔的需求曲线是没有弹性的,那么提高价格能够明显地提高收益。相反,如果卡特尔面对高弹性的需求曲线,其提高价格将导致收益下降。

(2) 缺乏严厉惩罚。只有当成员预期不会被政府抓到,并受到严厉惩罚时,卡特尔才会成立。较大的惩罚预期能够降低组建卡特尔的预期价值。

(3) 较低的组织成本。即使卡特尔在长期来看,能够提高价格且不被发现,如果组织成本过高,卡特尔也难以形成。具体来说,有四方面的因素能够降低组织成本,有利于卡特尔的形成:涉及企业数量少,能够降低政府察觉并进行惩罚的可能性;市场集中度高,能够保证少数几家企业就可以协调卡特尔合谋行为并抬高价格,而不涉及市场中的较小企业;产品同质,能够更易于卡特尔察觉成员企业的欺骗行为;而行业协会,能够降低市场中企业协调成本。

2. 卡特尔协议的执行。

(1) 市场中企业数量较少。此时,卡特尔能够更容易地对每家企业进行监督。在这种市场环境中,某家企业市场份额的提高就更容易被发现,相应的,发现这家企业背叛(降低价格)行为也更为容易。

(2) 价格波动小。如果市场的需求、投入成本以及其他因素频繁发生变动,那么市场产品价格也不得不经常调整。在这种情况下,背叛卡特尔协议的欺骗就很难发现。因为,人们很难区分价格波动的真实原因。

(3) 价格信息公开。价格信息的公开获得，能够极大简化卡特尔协议的执行。当所有企业在它们的所有销售中都使用同一个销售代理人或代理组织时，就会出现信息分享的极端情况。

(4) 在产业链同一环节销售同质产品。如果某些企业是纵向一体化的，卡特尔就很难确定背叛行为发生在哪个环节。而如果所有企业都把产品销售给同一类型客户，则背叛行为就很容易被发现。

案例：美起诉中国维 C 企业合谋涨价

占美国维生素 C 市场 80% 份额的中国产品，将再次面临反垄断诉讼的压力，据估计最坏的情况是赔偿损失的三倍。

据彭博社报道，纽约布鲁克林联邦法院的一个陪审团将在 15 日开始商讨。代表原告方美国食品供应公司和维生素 C 制造商的律师 14 日在一份民事起诉书中称，中国维生素 C 制造商违规涨价。美方原告诉讼理由可谓一成不变。美国维生素 C 反垄断案始于 7 年前，美国商务部早在 2006 年就表示对此事"很感兴趣"。美国一些企业控诉中国若干维生素生产商由 2001 年 12 月开始共谋控制出口到美国和世界各地的维生素 C 的价格及数量，触犯了美国反垄断法。但相关中国公司没有真正面对法院审理，因为法院驳回美国维生素 C 反垄断诉讼原告对公司的全部诉讼请求。法院认定原告对公司行使管辖权缺乏法律依据，故驳回原告起诉的动议。此次法院有可能受理并进行审判。不过美方公司的代理律师赛罗塔称，此次将成为首起中国公司在美国面临的反垄断诉讼。中国制药集团、华北制药公司被列为此次的被告。

此案历时漫长，最初接手该案的地方法官在 2011 年已经去世。现在负责该案审理的是纽约布鲁克林地方法官柯根。原告方德克萨斯州的"动物科学制品"公司和新泽西的食品公司"拉尼斯"在 2005 年就提起诉讼，称中国公司通过减少供给量来操纵价格。原告称中国公司操纵价格，令当时维生素 C 从每千克 2.5 美元上升至 15 美元。

来源：经济参考报　日期：2013-03-15

第二节　差异化产品市场竞争

一、豪泰林模型

在研究横向产品差异化的模型中，最常用的方法是区位模型。Hotelling(1929)在《竞争中的稳定性》一文中，开创性提出了产品差异化空间模型方法——豪泰林产品差异化模型，也叫线性城市模型。

在空间差异化模型中，消费者认为每家厂商的产品在地理或产品（特征）空间中均有一个特殊的位置,其中,不同的消费者定位于不同的地方,即消费者具有不同的偏好。两种产品在地理或特征空间中越接近,它们就越是好的替代品。根据产品区别化战略原则,各企业一般都不愿意在产品空间中定位于同一位置。其原因仅仅在于伯特兰悖论:生产完全可替代产品的两家企业,面对无约束的价格竞争。与此相对,产品差别化建立了固定客户,并且允许企业对他们享有某些市场权力。因此,企业通常愿意把自己与其他企业区别开来。下面我们就介绍这个模型,主要关心三个问题:最优定价、最优定位和最优数量。我们这里仅考虑其定价问题。

(一)豪泰林模型基本假定

1. 在一个长度为1的线性城市中存在两家商店,他们提供的产品或者服务是同质的;商店分别位于城市的两端,商店1位于$x_1=0$处,商店2位于$x_2=1$处,空间上的差异决定了各个商店的产品是差别的;商店1和商店2的边际成本均为$c_1=c_2=c$,p_i为商店i的价格,q_i为需求函数,$i=1,2$。

2. 消费者均匀分布于城市的$[0,1]$区间内,消费者可以用$x\in[0,1]$表示;消费者具有单位需求,即消费者只购买1个单位的产品;记每个消费者购买单位产品所支付的交通成本为t,则对于$x\in[0,1]$上任意一点x的某个消费者来说,购买商店1产品的交通成本为tx,购买商店2产品的交通成本为$t(1-x)$。因此,消费者向商店1购买的总成本为p_1+tx,向商店2购买的总成本为$p_2+t(1-x)$。

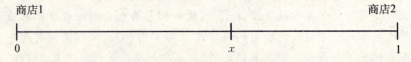

图3.3 豪泰林(Hotelling)模型示意图

(二)豪泰林模型推导

现考虑两家商店之间的定价竞争。假定两个商店同时选择自己的销售价格,如果住在x的消费者在两个商店之间购买是无差异的,那么,所有住在x左边的都将在商店1购买,而住在x右边的将在商店2购买。

为得到商店1和商店2的需求函数,考虑向两个商店购买无差异的消费者$x(p_1,p_2)$,由

$$p_1+tx=p_2+t(1-x) \tag{3.38}$$

解上式得

$$x=(p_2-p_1+t)/2t \tag{3.39}$$

因此,商店1和商店2的需求函数分别为

$$q_1=(t+p_2-p_1)/2t \tag{3.40}$$

$$q_2=1-q_1=(t+p_1-p_2)/2t \tag{3.41}$$

因此,商店的利润分别为

$$\pi_1 = (p_1 - c)q_1 = (p_1 - c)(t + p_2 - p_1)/2t \tag{3.42}$$

$$\pi_2 = (p_2 - c)q_2 = (p_2 - c)(t + p_1 - p_2)/2t \tag{3.43}$$

由利润最大化一阶条件为 0 可得

$$\frac{\partial \pi_1}{\partial p_1} = p_2 + c + t - 2p_1 = 0 \tag{3.44}$$

$$\frac{\partial \pi_2}{\partial p_2} = p_1 + c + t - 2p_2 = 0 \tag{3.45}$$

解上述两个一阶条件得最优解为

$$p_1^* = p_2^* = c + t \tag{3.46}$$

每个企业的均衡利润为

$$\pi_1 = \pi_2 = t/2 \tag{3.47}$$

不难得到以下结论：豪泰林所分析的产品差异是由消费者所处的地理位置引起的。在一定条件下，当交通成本 t 越高，产品对于消费者来说差异性越大，厂商对市场就越有操纵力量，不同厂商出售的产品之间的替代性就会降低，借此厂商就可以制定较高的市场价格，获得高额的垄断利润。

在特殊情况下，当交通成本为零时，商品被认为是无差异的。所以，任何一家商店的产品均有完全可替代性，两个商店也不可能将价格定在成本之上，最优价格等于成本，商店的最优利润为零。

二、塞洛浦圆周模型

上面关于线性城市的研究中，探讨了差异化产品的价格竞争问题。由于线性城市存在两个端点，从而有可能导致企业利润函数不连续，进而导致均衡不存在。塞洛普（Salop）在 1979 年提出了圆周模型，该模型是对豪泰林区位模型的扩展。该模型考察一个圆形的城市，假设消费者均匀分布于该圆周上，由于圆形城市是一个封闭的体系，没有特定的起点和终点，那么就可以克服线性城市模型的缺陷，从而保证了均衡的存在性。圆形城市研究的是，除了固定成本或者进入成本以外没有其他"进入壁垒"情况下的进入和定位问题，主要论证了企业数目是内生给定的。

（一）塞洛普圆周模型的基本假设

1. 假设 N 家企业均匀分布于周长为 1 的圆周上，每个企业生产一种品牌的产品；每个企业面临的成本函数为 $C_i(q_i) = F + cq_i (i = 1, 2, \cdots, N)$，其中 F 为固定成本，c 为边际成本，q 为产量；利润函数为 $\pi_i(q_i) = (p_i - c)q_i - F$，其中 p 代表产品价格。

2. 消费者均匀分布在周长为 1 的圆周上，每个消费者只购买 1 单位的产品；消费者的单位距离的交通成本为 t。消费者的目标是最小化购买价格与交通成本之和。

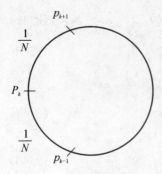

图 3.4 Salop 模型示意图

(二) 塞洛普圆周模型均衡推导

考虑一个两阶段博弈：在第一阶段，潜在的进入者同时选择是否进入，这些企业并不选择他们的地址，而是一个自动等距离地坐落于圆上。这样最大的差异化就是外生地给定了。在第二阶段，在地址给定的情况下，诸多企业在价格上进行竞争。

为了研究方便，我们将圆形城市的局部拉直成一条直线，我们分析其中一个企业 k，企业 k 只有两个真正的竞争对手：一个是位于其左侧的 $k-1$，另一个是位于其右侧的 $k+1$。

图 3.5 塞洛普(Salop)模型局部示意图

由于企业是对称的，我们假定企业 $k-1$ 和 $k+1$ 制定的价格为 $p_{k+1}=p_{k-1}=p$，那么，到企业 k 和到企业 $k-1$ 或企业 $k+1$ 购买无差异的消费者距离企业 k 应满足：

$$p_k + tx = p + t(1/N - x) \tag{3.48}$$

则企业面对的需求函数为

$$q_k(p_k, p) = 2x = (p - p_k)/t + 1/N \tag{3.49}$$

因而，企业 k 的利润函数为

$$\pi_k(p_k, p) = (p_k - c)q_k - F = (p_k - c)\left(\frac{p - p_k}{t} + \frac{1}{N}\right) - F \tag{3.50}$$

利润最大化的一阶条件为

$$\frac{\partial \pi_k}{\partial p_k} = \frac{p + c - 2p_k}{t} + \frac{1}{N} = 0 \tag{3.51}$$

由于 $p_{k+1} = p_{k-1} = p$，所以，对称的塞洛普纳什均衡为

$$p_k^s = p^s = c + t/N; \quad q_k^s = q^s = 1/N(k = 1, 2, \cdots, N) \tag{3.52}$$

由上式可知，均衡价格是商店数目的递减函数。这是显然的，市场中企业越多，相互之间的竞争越激烈，从而价格越低。如果市场进入是自由的，正利润必然吸引新的进入者，最终每家企业只能获得零利润。零利润条件决定了市场中的企业数目。根据对称性，均衡使得每家企业的需求为 $1/N$。为分析自由进入条件下均衡的企业数量，由自由进入均衡的零利润条件，即

$$\pi_k(p^s) = (p^s - c)\frac{1}{N} - F = \frac{t}{N^2} - F = 0 \tag{3.53}$$

得到

$$N^f = \sqrt{\frac{t}{F}}; \quad p^f = c + \frac{t}{N} = c + \sqrt{tF}; \quad q^f = \frac{1}{N} = \sqrt{\frac{F}{t}}$$

由上式,可得到以下基本结论:

1. $N^f = \sqrt{\frac{t}{F}}$,企业数目同单位交通成本成正向关系,同固定成本成反向关系。单位交通成本越高,消费者越不愿意到离自己比较远的地方购买产品,每家企业的覆盖率就很小,这将诱使新企业进入。固定成本越高,市场进入成本越高,从而限制了企业数目。反过来说,在高固定成本下,企业数目越多,每家企业的需求就越小,但竞争更加激烈,均衡价格越低,从而进入利润将无法弥补固定成本。

2. $p^f = c + \frac{t}{N} = c + \sqrt{tF}$,企业实行单位成本加成定价,加成幅度随交通成本和固定成本的增加而增大。显然,交通成本越大,固定成本越大,企业数目减少。这将导致企业的市场力量增强。

3. $q^f = \frac{1}{N} = \sqrt{\frac{F}{t}}$,产量等于企业数目的倒数。消费者均匀地分布于单位圆周上,具有单位需求,故总需求为1;因为有 N 家对称的企业,故每家企业得到 $\frac{1}{N}$ 的市场份额。

现在进行简单的福利分析。社会计划着所关心的问题是:这个均衡与社会最优化有关的企业数量是太多还是太少?为此,社会计划着将选择最优的企业数量,使得固定成本和消费者的交通成本最小:

$$\min_n \left[NF + t\left(2N\int_0^{1/2N} x\mathrm{d}x\right) \right]$$

我们可以证明,最优的企业数量为:$N^* = \frac{1}{2}\sqrt{\frac{t}{F}}$。这个数量是此模型均衡的企业数量的一半。从而圆形城市模型造成了太多的企业或者品牌。

案例:一个系列化问题

1972 年,美国联邦贸易委员会(FTC)对美国四家最大的即食早餐麦片(RTE 麦片)的生产企业提出诉讼,指控它们违背了数项反垄断法,包括通过品牌多样化进行合谋,以及差异化相似的产品来阻止企业的进入。尽管 FTC 没能胜诉,这个争论在理论上还是很有意思的。

理查德·司马伦西(Richard Schmalensee)和 F·M·谢勒(F. M. Scherer)使用本地竞争模型解释了 FTC 的论点。在该模型中,消费者基于麦片的特征进行选择，比如甜度和口感。每个品牌都位于特征空间中。给定品牌必须在其所处的产品空间和邻近品牌争夺消费者。如果公司拥有被它自己的其他类似品牌围绕的品牌，那么它自己的品牌之间就会相互竞争。克洛格公司的麦片和"特别 K"可能就是非常相近的替代品。

根据这一品牌扩散理论，如果一家企业创造了足够多的外围品牌或者"防御性"品牌，那么其他企业就可能难以争取到足够多的消费者，以在产品空间的该区域内有利可图地建立一个品牌。类似地，数家企业可以密谋在产品空间的一个给定区域共同建立许多品牌（品牌数量超过短期利润最大化所需要的品牌数），从而阻止新企业进入。

无论企业是否进行了合谋，最大的六家企业占据了麦片市场 95% 的销售额。而且，在 1950~1972 年期间，六家领导企业在销售中引入的品牌超过 80 种。

但是，在 1970 年代早期，"健康"麦片开始畅销。由于在位企业原先没有开拓这一产品空间，因此新企业（包括高露洁、国际多样化食品、佩特和皮尔斯巴里等巨头）能够进入。到 1974 年年中，这些"天然"麦片占据了 10% 的市场。但是很明显，这些前期进入的新企业没能阻止在位企业进入这一产品空间区域。随着在位企业的进入，以及 1974 年需求高峰过后这一细分市场的需求下降，到 1977 年后期，除了一家新公司（佩特）外，所有其他新企业都从这一产品空间区域中驱逐出去了。

资料来源：Schmalensee(1978)，Scherer(1979) 等。转引自《现代产业组织》（第四版）中文版第 219—220 页。

复习思考题

1. 假设某一市场存在两家厂商，生产同质产品，且生产成本为 c；假设市场需求函数为 $p = a - bQ$。试求古诺均衡情况下的两家厂商各自的产量水平以及利润水平，并求出市场均衡价格。

2. 假设条件与题 1 相同，但是厂商 1 先行动，厂商 2 后行动。试求古诺均衡情况下的两家厂商各自的产量水平以及利润水平，并求出市场均衡价格。并与题 1 结果做比较分析。

3. 假设条件与题 1 相同，但是两家厂商合谋形成卡特尔。试求卡特尔均衡情况下的两家厂商各自的产量水平以及利润水平，并求出市场均衡价格。并与题 1 结果做比较分析。

4. 在什么情况下适用 Hotelling 模型？是产品存在差异化，还是厂商地址的空间距离？为什么？

第四章 产业结构理论

学习要点

1. 了解各种产业分类方法的依据。
2. 掌握产业结构的含义及其演变规律。
3. 掌握产业关联效应的测度方法。

案例：

"再工业化"是指重新重视和发展工业，包括改造提升现有工业和发展新工业的过程，它是以美国为代表的发达国家基于工业在国民经济中的地位不断降低、工业品在国际市场上的竞争力相对下降、国内工业性投资相对不足而提出的一种"回归"战略。自进入后工业化时代以来，美国经历了一个"去工业化"的过程，劳动力迅速从第一、第二产业向第三产业转移，制造业大规模向新兴工业化国家转移，使得制造业在国民经济中的比重、地位持续下降。从进出口来看，美国 2008 年货物贸易出口 13 010 亿美元，进口 21 600 亿美元，赤字 8 590 亿美元，服务业出口 5 220 亿美元，进口 3 640 亿美元，顺差为 1 580 亿美元，服务贸易顺差仅为货物贸易赤字的 18.4%；从占世界制造业的比重来看，从 1980 年到 2009 年美国制造业增加值占世界的比重从 20.83% 下降到 18.41%，而中国从 4.74% 增加到 21.22%，从总量上看，2009 年美国已落后于中国；从就业人数来看，从 1980 年到 2009 年，美国总就业人数增加了 3 719 万人，达到 13 092 万人，但制造业就业人数却减少了 841 万人，制造业就业占总就业比重仅为 9.1%。自金融危机以来，美国的失业率一直居高不下，金融危机前 2008 年 1 月为 5%，危机爆发后到 2009 年 11 月达到 10.2%，之后虽有所回落，但基本仍维持在 9.6% 左右。

美国通过对外投资、外包等方式将制造业中技术含量较低的环节转移到发展中国家，充分利用其廉价劳动力资源，提升了自身的经济效益和竞争力，但产业的大规模转移也造成了产业空心化、失业、贸易逆差等问题，引起了美国民众的强烈不满。尤其 2008 年金融危机爆发，美国开始反思经济过分"避实就虚"和"避重就轻"的危害，认为应改变债务推动型的增长模式，回归实体经济，依靠出口推动和制造业增长重新走上可持续增长道路。

> 奥巴马政府为了保障"再工业化"的实施,出台了一系列政策措施:2009年2月,奥巴马签署《2009年美国复兴与再投资法》,推出了总额为7 870亿美元的经济刺激方案,其中基建、科研、教育、可再生能源与节能项目、医疗、环保等成为投资重点;2009年12月,白宫发布《振兴美国制造业框架》,计划从7个方面破解再工业化难题;2010年1月,奥巴马在《国情咨文》中又提出"出口倍增计划",旨在未来5年使美国的出口翻一番,并在国内创造200万个就业岗位;2010年,美国在清洁能源技术和产业、医疗卫生、环境与气候变化、信息通讯、材料与先进制造等领域出台了一系列新的计划与政策措施;2011年,奥巴马政府推出"高端制造合作伙伴"计划,推动产学研协同发展;2012年,奥巴马政府又推出"金钥匙"计划,拟推动中小企业进入中国。这些政策措施主要体现在强调实体经济与虚拟经济协调发展、大力发展战略性新兴产业、鼓励科技创新、扶持中小企业发展、重视产学研合作等方面。
>
> 资料来源:沈坤荣和徐礼伯:《美国"再工业化"与江苏产业结构转型升级》,《江海学刊》,2013年第1期。

第一节 产业结构理论概述

一、产业的分类

产业分类就是人们为了满足不同需要而根据产业的某些相同或相似特征将进行各种不同的经济活动的企业进行分解和组合以形成多层次的产业门类的过程。产业分类是进行产业结构研究的基础,也是产业政策制定和国民经济宏观管理的需要。从产业发展的历史和研究的角度出发,人们对产业进行了不同的分类,因此存在的产业分类方法有许多种,这里对几种具有代表性的分类方法进行介绍。

(一) 三次产业分类法

三次产业分类法是由新西兰经济学家费希尔(A. S. Fischer)首先创立的。他在1935年所著的《安全与进步的冲突》一书中系统地提出了三次产业的分类方法及其分类依据。费希尔的划分以社会生产发展阶段为依据,以资本流向为主要标准,从世界经济史的角度对三次产业分类方法进行了理论分析。他指出,人类的经济活动可以分为三个产业,即所谓的第一产业(Primary Industry)、第二产业(Secondary Industry)和第三产业(Tertiary Industry)。第一产业是人类初级生产阶段,主要生产活动是农业和畜牧业,产业活动包括种植业、畜牧业、狩猎业、渔业和林业;第二产业的形成始于英国18世纪60年代开始的第一次产业革命,以机器大工业的迅速发展为标志,包括采掘业、制造业、建筑业、运输业、通讯业、电力业和煤气业等;到20世纪初,随着大量的资本和劳动力进入非物质生产部门,第三产业开始形成,包括商业、金融业、饮食业以及科学、卫生、文化教育、政府等公共行政事务。

费希尔虽然提出了三次产业分类法,但他并没有做规律性总结。在费希尔三次产业分类的基础上,英国经济学家、统计学家科林·克拉克在其1940年发表的著名经济学著作《经济进步的条件》一书中,首次运用三次产业分类法分析经济发展的某些条件,并在此基础上初步揭示了经济发展同产业结构变化之间的联系和规律。随后,三次产业分类的理论首先得到了澳大利亚和新西兰统计学界的认可,并正式出现在两国政府的统计手册中。不久,这种分类方法在全世界流传开来。

三次产业分类法从深层次反映了社会分工深化与产业结构演进的关系,成为目前研究产业结构理论的一个最主要的分类方法,并得到广泛应用和普及。由于费希尔和科林·克拉克在研究三次产业分类法中所做的贡献,两人一起被公认为三次产业分类法的创始人。

随着科学技术的迅猛发展和人类经济活动的日益复杂化,三次产业分类法的缺陷变得越来越明显。例如第三产业中包含的行业差异显著,可以包括从最简单的修鞋、理发到最复杂的航天、科研;可以包括对技术要求最简单的劳动密集型产业如餐饮业到技术要求很高的知识密集型产业如信息业、生物技术等;也可以包括公共行政事业单位和国防部门。因此,这种传统的产业分类法已经难以适应当代经济发展的需要,探讨一种新的产业分类方法来更科学地进行产业分类已成为产业理论界的一项迫切任务。

在前人理论的基础上,经济合作与发展组织(OECD)提出了自己的划分方法:以经济活动与自然界的关系为标准将全部经济活动划分为三大类,即第一产业是指直接从自然界获取产品的物质生产部门,第二产业是指加工取自自然界资源的物质生产部门,而将从第一、第二产业的物质生产活动中衍生出来的非物质生产部门划分为第三产业。根据这一划分标准,第一产业是指广义上的农业,主要包括种植业、畜牧业、渔业、狩猎业和林业;第二产业是指广义上的工业,主要包括制造业、建筑业、采掘业和矿业以及公共事业(煤气、电力、供水等);第三产业是指广义上的服务业,其活动是为了满足人们生活中不同于物质需要的需要,主要包括运输业、通讯业、商业贸易、金融业、房地产业、餐饮业、旅游业、娱乐、生活服务、文化教育、科学、新闻传播、公共行政、国防等。目前,欧美大多数国家都采用这种划分方法。

(二) 标准产业分类法

标准产业分类法是为了统一国民经济统计的口径而产生的,由权威部门按统一口径对产业进行划分。标准产业分类法又可以分为国家标准分类法和国际标准分类法。

1. 国家标准分类法。国家标准分类法是指一国(或一地区)政府为了统一该国(或该地区)产业经济研究的统计和分析口径(如表4-1),以便科学地制定产业政策和对国民经济进行宏观管理,根据该国(或该地区)的实际而编制和颁布的划分产业的一种国家标准。该分类法具有以下特征:

(1) 权威性,它是由一国(或一地区)的政府或其技术标准管理部门编制和颁布,而不是由个人或产业研究机构自己编制的,因而具有权威性;

(2) 强制性,它是一国(或一地区)的国家标准,是为了统一统计口径和分析口径以便科学地制定产业政策并对国民经济进行宏观管理,因此在运用上具有强制性,不能随意更改；

（3）科学性，该分类法比较能反映该国（或该地）的产业发展和变化情况，也比较能适应其产业发展和变化的需要；

（4）广泛的适应性，即这种产业分类法能便于进行比较分析。

表 4-1 《国民经济行业分类与代码》2002—2011 对照表

GB/T4754-2011 门类	大类	中类	小类	GB/T4754-2002 门类	大类	中类	小类
A. 农、林、牧、渔业	6	23	60	A. 农、林、牧、渔业	5	18	38
B. 采矿业	7	19	37	B. 采矿业	6	15	33
C. 制造业	31	178	532	C. 制造业	30	169	482
D. 电力、热力、燃气及水的生产和供应业	3	7	12	D. 电力、燃气及水的生产和供应业	3	7	10
E. 建筑业	4	14	21	E. 建筑业	4	7	11
F. 批发和零售业	2	18	115	F. 交通运输、仓储和邮政业	4	7	11
G. 交通运输、仓储和邮政业	8	20	40	G. 信息技术、计算机服务和软件业	3	10	14
H. 住宿和餐饮业	2	7	12	H. 批发和零售业	2	18	93
I. 信息传输、软件和信息技术服务业	3	12	17	I. 住宿和餐饮业	2	7	7
J. 金融业	7	21	29	J. 金融业	4	16	16
K. 房地产业	1	5	5	K. 房地产业	1	4	4
L. 租赁和商务服务业	2	11	39	L. 租赁和商务服务业	2	11	27
M. 科学研究和技术服务业	3	17	31	M. 科学研究、技术服务和地质勘查业	4	19	23
N. 水利、环境和公共设施管理业	3	7	21	N. 水利、环境和公共设施管理业	3	8	18
O. 居民服务、修理和其他服务业	3	15	23	O. 居民服务和其他服务业	2	12	16
P. 教育	1	6	17	P. 教育	1	5	13
Q. 卫生和社会工作	2	10	23	Q. 卫生、社会保障和社会福利业	3	11	17
R. 文化、体育和娱乐业	5	25	36	R. 文化、体育和娱乐业	5	22	29
S. 公共管理、社会保障和社会组织	6	14	25	S. 公共管理和社会组织	5	12	24
T. 国际组织	1	1	1	T. 国际组织	1	1	1
合计：20 个	100	430	1 096	合计：20 个	95	396	913

世界上许多国家都有各自的国家标准分类法。美国于1972年编制和颁布了它的国家标准分类法。美国的分类法设有7位数字的编码,第一位数字代表产业部门,第二、第三位数字代表产品类,共99种主要类,然后再层层细分,一直细分到7位数字,共分为7 500余种产品类型。英国编制的国家标准分类法有27个主要产业种类,181个产业分类。

我国也有对产业进行科学分类的国家标准,即《国民经济行业分类与代码》(GB/T 4754-2011)。该标准采用经济活动的同质性原则划分国民经济行业,即每一个行业类别都按照同一种经济活动的性质来划分,而不是依据编制、会计制度或部门管理等划分。与《国民经济行业分类与代码》(GB/T 4754-2002)相比,它有以下显著特点:

(1) 按照国际通行的经济活动同质性原则划分行业,进一步打破了部门管理界限,对原标准中不符合这一原则的分类进行了调整;

(2) 根据我国社会经济活动的发展状况,重点加强了第三产业的分类,新增了大量服务业方面的活动类别;

(3) 对新标准的每一个行业小类,全部与国际标准产业分类(ISIC/Rev.3)的最细一层分类建立了对应关系,即通过软件可使我国的新标准直接转换到国际标准,实现了与国际标准的兼容,改变了我国统计资料与国际难以直接对比的状况;

(4) 2003年版《三次产业划分规定》与《国民经济行业分类(GB/T 4754-2002)》又作了对接(参见表4-1)。

2. 国际标准分类法。联合国为了统一世界各国的产业分类,于1971年编制和颁布了《全部经济活动的国际标准产业分类索引》。国际标准分类法把全部经济活动首先分解为10个大项,然后将各个大项分为若干个中项,再将各个中项细分为若干个小项,最后将各个小项细分为若干个细项;从而把全部经济活动分为大、中、小、细四个层次,并规定了相应的统计编码。其10个大项是:

A　农业、狩猎业、林业和渔业;
B　矿业和采石业;
C　制造业;
D　电力、煤气、供水业;
E　建筑业;
F　批发与零售业、餐馆和旅店业;
G　运输业、仓储业和邮电业;
H　金融业、不动产业、保险业和商业性服务业;
I　社会团体、社会及个人的服务业;
J　不能分类的其他活动。

国际标准分类法实际上同三次产业分类法是一致的,且比后者更细致。它同三次产业分类法有着密切的相关联系,其分类的10个大项可以分成三个部分,从而同三次产业分类法的三次产业相对应:第一大项为第一次产业,第二至第五大项为第二次产业,第六至第十大项为第三次产业。因此,根据国际标准分类法所做的统计具有很高的可比性,为产业经济问题的研究提供了很大的方便,从而被广泛运用。

(三) 两大部类分类法

两大部类分类法是马克思创立的产业分类法。马克思在对社会再生产过程进行分析时，按照物质产品的最终经济用途，将社会总产品区分为生产资料和消费资料两大类。与此相适应，全社会的物质生产部门也划分为制造生产资料的部门即第Ⅰ部类和制造消费资料的部门即第Ⅱ部类。第Ⅰ部类生产各种生产资料，主要产品是各种生产工具、设备、原料、材料等，其产品用于生产性消费；第Ⅱ部类生产各种个人消费品，其产品主要用于个人消费。两大部类分类法是马克思研究资本主义社会再生产过程的理论基础。马克思通过对两大部类产品消耗和补偿关系的研究，得出了社会进行简单再生产和扩大再生产的条件，并揭示了剩余价值产生的秘密。马克思的产业分类法对研究资本主义再生产关系和指导社会主义经济实践有重大意义。

(四) 农轻重分类法

农轻重分类法是将社会经济活动中的物质生产分为农、轻、重三个部门。这里的"农"，指的是广义的农业中的各个部门，包括种植业、畜牧业、渔业、林业等；"轻"是指轻工业，其生产的产品主要为消费资料，主要的轻工业部门有纺织业、食品业等；"重"是指重工业，其产品主要是生产资料，典型的重工业部门有钢铁工业、石油工业、煤炭工业、电力工业、化工工业等。

农轻重分类法是马克思的两大部类分类法在实际工作中的应用。它的应用实践证明，该方法具有比较直观和简便易行的特点，可以大致反映出社会再生产过程中两大部类之间的关系，对宏观上进行国民经济的计划和控制有相当的实用价值。因此，这种分类法不仅在社会主义国家被采用，而且也被一些其他制度的国家以及一些世界性组织所采用。

(五) 生产要素集约程度分类法

任何一种经济活动，都要投入一定的生产要素。根据不同产业在生产过程中对主要生产要素(劳动、资本、技术)依赖程度的差异，可将国民经济各产业划分为劳动密集型产业、资本密集型产业、技术密集型产业三种。

劳动密集型产业，是指在其生产过程中对劳动力需求的依赖程度较大的产业。这里的"劳动"，通常是指体力劳动。在劳动密集型产业中，资本的有机构成较低，在生产过程中消耗的主要是活劳动，如服装工业、食品工业、餐饮业等都属于劳动密集型产业。

资本密集型产业，是指在其生产过程中对资本需求的依赖程度较大的产业。这类产业的资本有机构成较高，如钢铁工业、石化工业等就是典型的资本密集型产业。

技术密集型产业(也称为知识密集型产业)，是指在其生产过程中对技术需求的依赖程度较大的产业。这类产业的产品表现出低物耗而高附加值的特点，一些新兴的产业，如计算机工业、网络产业、新材料新能源工业、航天工业等都属于技术密集型产业。

按生产要素集约程度进行分类，能比较客观地反映一国的经济发展水平。例如，劳动密集型产业的比重越大，表明该国的经济发展水平越低；技术密集型产业的比重越大，表明该国的经济发展水平越高。此外，生产要素集约程度分类法还反映了产业结构优化的趋势，即劳动密集型产业占主导地位的产业结构向资本密集型产业占主导地位的产业结构过渡，最后过渡到技术密集型产业占主导地位的产业结构。这有利于一国根据产业结构变化的趋势制定相应的产业政策。

但该分类法对产业的划分是一种相对的划分,不存在绝对的划分基础,划分界限比较模糊,容易受主观因素影响。由于各种生产要素在生产过程中具有一定的可替代性,导致了同一产业在不同地区对各生产要素需求程度的差异,其结果是同一产业在不同的地区,可能就会划分为不同的类型。因此,从这一点来说,该分类法也存在着局限性。

(六) 霍夫曼产业分类法

霍夫曼产业分类法是德国经济学家霍夫曼(W. G. Hoffmann)在对工业化过程进行分析和考察时运用的一种分类方法。他出于研究工业化发展阶段的需要把产业分成三类,即:消费资料工业、资本资料工业和其他工业。其中消费资料工业包括食品工业、纺织工业、服装工业、皮革工业、家具制造业等;资本资料工业包括冶金及金属制品业、一般机械工业、运输机械工业、化学工业等;其他工业包括木材加工业、造纸工业、橡胶工业、印刷工业等。霍夫曼运用这种划分方法的目的是为了分析消费资料工业净产值与资本资料工业净产值的比例(即霍夫曼比例)问题。分类原则是将产品用途有75%以上用于消费品的归于消费资料工业,产品用途有75%以上用于资本资料的产业划分为资本资料工业,介于两者之间的划分为其他产业。这一划分法的缺点是确定的75%的划分界线在实际工作中是难以划分和量度的,因而这一分类方法在特定条件下才具有实际应用价值。

(七) 钱纳里—泰勒分类法

钱纳里—泰勒分类法是指美国经济学家钱纳里和泰勒在考察生产规模较大和经济比较发达的国家的制造业内部结构的转换和原因时,为了研究的需要,将不同经济发展时期对经济发展起主要作用的制造业部门划分为初期产业、中期产业和后期产业的一种分类方法。

根据这一分类法,初期产业是指在经济发展初期对经济发展起着主要作用的制造业部门,包括食品业、纺织业、皮革业等。初期产业一般具有如下共同特征:其产品主要用于满足基本生活需要;具有较强的最终需求性质,后向关联系数较小;具有较小的收入需求弹性;生产技术和工艺比较简单。

中期产业是指在经济发展中期对经济发展起主要作用的制造业部门,包括非金属矿工业、橡胶工业、木材与木材加工业、石油工业、化学工业、煤炭工业等。中期产业一般具有如下共同特征:它包括中间产品和部分最终产品;也有明显的最终需求性质,前向关联系数较大;具有较高的需求收入弹性;在很多场合能较快结束初期产业发展中的进口替代政策。

后期产业是指在经济发展后期对经济发展起主要作用的制造业部门,包括服装和日用品、印刷出版、纸制品、金属制品和机械制品等。后期产业一般具有如下共同特征:是前向关联系数较大的制造业部门;具有很强的中间需求性质,也是后向关联系数较大的部门;具有较高的收入需求弹性。

这种分类法,一方面有利于在经济发展的长期过程中深入考察制造业内部各产业部门的地位和作用的变化,进而揭示制造业内部结构转换的原因,即产业间存在着关联效应;另一方面,有利于相关政府部门根据不同经济发展时期产业的不同特征制定产业政策,促进制造业内部结构优化,从而推动经济的快速发展。

(八)战略关联分类法

战略关联分类法是以产业在一国经济中的地位和作用的不同为标准进行产业分类。按照战略地位的不同划分的产业主要有:主导产业、先导产业、支柱产业、先行产业、重点产业等。

根据罗斯托的阐述,主导产业是指能够依靠科技进步或创新获得新的生产函数,能够通过快于其他产品的"不合比例增长"的作用有效地带动其他相关产业快速发展的产业或产业群。他认为,主导产业应同时具备如下三个特征:

(1)能够依靠科技进步或创新,引入新的生产函数;

(2)能够形成持续高速的增长率;

(3)具有较强的扩散效应,对其他产业乃至所有产业的增长起着决定性的影响。主导产业的这三个特征是有机整体,缺一就不可成为主导产业。

主导产业往往既对其他产业起着引导作用,又对国民经济起着支撑作用。

先导产业是指在国民经济体系中具有重要的战略地位,并在国民经济规划中先行发展以引导其他产业向某一战略目标方向发展的产业或产业群。这类产业对其他产业的发展往往起着引导作用,但未必对国民经济起支撑作用。

支柱产业是指在国民经济体系中占有重要的战略地位,其产业规模在国民经济中占有较大份额,并起着支撑作用的产业或产业群。这类产业往往在国民经济中起着支撑作用,但不一定能起到引导作用;同时,往往由先导产业发展与壮大,达到较大产业规模以后就成了支柱产业,或先成为对其他产业的发展既起引导作用又对国民经济起支撑作用的主导产业,然后再发展成为对其他产业的发展不再起引导作用而只对整个国民经济起支撑作用的支柱产业。

先行产业的内涵有狭义和广义之分。狭义的先行产业是指根据产业结构发展的内在规律或自然规律必须先行发展以免阻碍其他产业发展的产业,这类先行产业包括瓶颈产业和基础产业。另一类先行产业是指根据国民经济战略规划的需要人为地确定必须先行发展以带动和引导其他产业发展的产业,即先导产业。广义的先行产业包括狭义的先行产业和先导产业。

重点产业是指在国民经济体系中占有重要的战略地位并在国民经济规划中需要重点发展的产业。重点产业的概念比较模糊,缺乏科学性,它可以包括主导产业、先导产业、支柱产业、先行产业等。

二、产业结构的含义

产业结构这个概念最初出现在1940年代。当时产业结构的含义还不规范。1957年,日本经济学家筱原三代平发表了题为《产业结构与投资分配》的论文,文中用 inter-industry 解释产业结构(industrial structure),认为产业结构就是"产业之间"的结构,即一个国家所有产业的净产值或投入的资本等经济指标在各产业的分布状况或比例关系。

产业结构,既可以解释为某个产业内部的企业间关系,也可以解释为各个产业之间的关系。直到1960年代初对于产业结构的理解还是两者并存的。以产业组织理论创始人贝恩(J. S. Bain)1959年出版的《产业组织》一书为标志,"产业内部的企业间关系"被"产业组织"概念所界定,随后在1970年代,日本经济学家对此概念极力澄清,认为产业结构仅指产业间的关系。

在我国,一般把产业结构定义为产业间的关系,指的是在社会再生产过程中,国民经济各产业之间的生产技术经济联系与数量比例关系。这一概念有以下含义。

1. 产业结构是在社会再生产过程中形成的。
2. 产业结构是以国民经济为整体,以某种标志将国民经济分为若干个产业。
3. 产业之间的生产技术经济联系主要反映产业间相互依赖、相互制约的制度和方式。其中:

(1) 产业间的生产联系,是指每一产业的经济活动依赖于其他产业的经济活动,以其他产业部门的产出或成果作为自己的生产要素的投入;同时又以自己的产出或成果,直接或间接地为其他产业部门的生产服务。

(2) 产业间的技术联系,是指每一产业的技术发展都直接或间接地影响或受影响于其他产业的技术发展。

(3) 产业间的经济联系,是指产业之间的生产联系的紧密程度和范围,直接取决于该产业与其他产业之间在一定交换关系下的经济利益关系,它通过产业间产品或劳务的交换关系体现出来。

4. 产业间的数量比例关系,首先反映的是各类经济资源在各产业间的配置情况,如资金、劳动力、技术等生产要素在各产业之间的分布;其次,反映的是国民经济总产出在各产业的分布情况,如一定时期内的总产值、总产量和劳务、利税在各产业间的分布。

三、产业结构理论的历史背景

如何有效合理地配置资源,实现一定的经济目标,是经济学家研究的根本问题。围绕这一问题,经济学家对各种经济现象进行深入的研究,形成了不同的经济理论。产业结构理论是人们将经济分析深入到产业结构层次,在对产业结构进行分析和产业结构政策实践的探索过程中逐步产生、发展起来的。

西方不同经济学科的形成和发展都是起源于一定的历史背景,与资本主义经济发展的某一阶段相对应,并伴随着经济的发展不断变化,大体经历了一个从个量分析到总量分析再到产业分析的漫长过程。

以完全竞争为假设条件的古典经济理论,其分析侧重于个量分析。其重要结论是,市场机制通过"看不见的手"能自我调节资源的有效配置,不需要任何外界的干扰,主张政府不作为。可以看到,这种个量分析对于说明单个产品市场的局部均衡是有相当大的说服力的。但是该理论的前提——完全竞争——在现实市场上是不存在的,甚至可以说自由竞争本身就孕育着垄断。1929年爆发的经济危机,使古典经济理论发生了严重危机,市场失效了,"看不见的手"不灵了。正是在这种情况下,出现了凯恩斯主义经济理论,试图为解决危机开出一剂良方,主张政府干预经济,弥补市场机制的不足。

凯恩斯及其追随者,将经济分析投向宏观层次,即总量分析,诞生了以国民经济总量为研究对象的宏观经济理论。其重要结论是,由于各种因素的影响,通常情况下有效需求不足,"非自愿失业"总会存在,充分就业只是偶尔的、暂时的,市场机制本身没有足够的力量使总需求等于总供给,这样就不可避免地会出现失业和产出小于充分就业时的产出水平。因此,政府有必要且有能力发挥调节市场的作用,即通过财政政策和货币政策来弥补市场机制的缺陷。凯恩斯的主张一度获得了成功,在一定程度上刺激了经济,帮助国家摆脱了经济危机,但同时孕育了更大的失衡,造成国家财政赤字不断膨胀。凯恩斯主义受到了质疑。

凯恩斯主义的失效,使资产阶级经济学家面临着两难处境:回到古典主义经济理论去搞完全竞争,实践证明行不通;实行凯恩斯主义,又使财政赤字、通货膨胀居高不下。由此,经济学家们在两者之间寻找出路,把研究的目光投向了社会再生产过程的中观层次——产业层次,进行产业分析,去寻找活跃市场机制和弥补市场缺陷的具体途径和方法。这样,就促进了产业结构理论的形成。

四、产业结构理论的思想渊源

早在17世纪,英国经济学家威廉·配第将世界各国存在国民收入水平差异和处于不同的经济发展阶段的原因归结于各国产业结构的不同。在1672年出版的《政治算术》一书中,配第通过考察得出结论:与农业相比,工业的收入多,商业的收入又比工业多,即工业比农业的附加值高,服务业比工业的附加值高。这一发现后来被称为配第定理。配第定理为英国经济学家柯林·克拉克重新发现并第一次研究了产业结构的演进趋势奠定了基础。

到18世纪,法国古典政治经济学家、重农学派的创始人魁奈分别于1758年和1766年发表了重要著作《经济表》和《经济表分析》。在这两部著作中,魁奈提出了关于社会阶级结构的划分,把整个社会划分为三个阶级:

(1) 生产阶级,即从事农业生产的阶级,包括农业工人和租地农场主;

(2) 土地所有者阶级,即通过地租和赋税从生产阶级那里取得收成的阶级,包括地主、官吏、君主及其仆从等;

(3) 不生产阶级,即不直接从事农业生产的阶级,包括工商资本家和工人。可以说,配第和魁奈的发现和研究是产业结构理论形成的重要思想来源。

德国国家主义学派的经济学家李斯特(F. List)在1841年出版的《政治经济学国民体系》一书中,提出了产业结构演进的五个阶段:原始未开化时期、畜牧时期、农业时期、农工业时期、农工商时期①。他还提出了采用国家干预经济、促进产业结构优化的理论。李斯特的产业演进论及国家干预经济的思想对于后来产业经济学的发展有很大

---

① 李斯特:《政治经济学的民国体系》,北京:商务印书馆1961年版,第155页。

的影响和作用,有些政策主张后来被日本、韩国等国家和地区所采用。

五、产业结构理论的形成与发展

(一) 产业结构理论的形成

20世纪30—40年代是现代产业结构理论的形成时期。这个时期对产业结构理论的形成做出突出贡献的有德国经济学家霍夫曼、日本经济学家赤松要、英国经济学家克拉克、美国经济学家库兹涅茨和列昂惕夫等人。

霍夫曼(1931)提出的霍夫曼定理揭示了工业结构重工业化的趋势。赤松要(1935)提出了产业发展的"雁行形态理论"。克拉克(1940)提出了三次产业的结构变化与国民收入变化之间的规律,开创了产业结构研究的新局面。库兹涅茨(1941)阐述了国民收入与产业结构之间的重要联系。列昂惕夫是投入产出分析理论的创始人,早在1941年他就系统地分析了美国的经济结构,撰写的《1919—1929年美国经济结构》一书是产业结构理论的经典之作。

从这个阶段开始,关于产业结构的研究逐步从最初的实证分析转向理论研究,促进了产业结构理论的形成。

(二) 产业结构理论的发展

产业结构理论在20世纪50—60年代得到了较快的发展。这个时期对产业结构理论研究有突出贡献的代表人物包括列昂惕夫、库兹涅茨、刘易斯、赫希曼、罗斯托、钱纳里、霍夫曼、丁伯根、希金斯和筱原三代平等。

列昂惕夫建立了投入产出分析体系,用于分析经济体系的结构与各部门在生产中的关系,研究经济的动态发展与技术变化对经济的影响,分析对外贸易与国内经济的关系、国内地区间经济关系及各种经济政策所产生的影响。库兹涅茨在克拉克的研究成果基础上,研究了三次产业所实现的国民收入比例关系及其变化。刘易斯在其著名论文《劳动无限供给条件下的经济发展》中,提出了一个二元经济结构模型,来解释发展中国家的经济问题。赫希曼总结了拉丁美洲发展中国家的发展经验,设计了一个不平衡增长模型,认为发展中国家应当把有限的资源有选择地投入某些行业,最大限度地发挥有限资源促进经济增长的作用。罗斯托提出了著名的主导产业扩散效应理论和经济成长阶段理论。钱纳里提出了"发展型式"理论,认为在经济发展过程中资本和劳动的替代弹性不变,产业结构会发生变化,对外贸易中初级产品出口将会减少,逐步实现进口替代和出口替代。霍夫曼根据霍夫曼比例,把工业划分为四个发展阶段,特别符合工业化的前期发展趋势。丁伯根制定经济政策的理论中包含丰富的产业结构理论。希金斯描绘了不发达国家二元经济结构的特征。筱原三代平为日本规划产业结构时提出了"筱原两基准"。

产业结构理论的形成与发展和产业结构政策的实践也有着密切的联系。第二次世界大战以后,作为战败国的日本,到处是一片废墟,经济濒临崩溃。如何医治战争的创伤,重建和振兴经济,是日本政府面临的严峻问题。日本政府通过规划产业结构高度化发展目标,设计产业结构高度化的途径,确定不同时期的主导产业,并通过政府一系列的相应政策来确保主导产业的崛起，从而引导整个国民经济按既定的目标发展。日本政府不同时期实施的各有侧重的产业结构政策促使了该国经济的迅速增长。战后短短二十年，日本走完了西方发达国家要一两百年才能走完的历程，令世人瞩目！

日本的"亚洲奇迹"引起了世界各国经济学界、政界和世界组织的广泛关注。各国经济学家在对日本经济成功经验进行仔细研究后发现：日本的产业结构政策在完成这一经济复兴中起到了举足轻重的作用。这样，产业政策的概念在全世界范围内流行起来，促进了人们对产业结构理论的研究。

六、产业结构理论的研究对象及基本体系

按产业结构研究的内涵和外延的不同，对产业结构的研究有"广义"和"狭义"之分。一种观点认为：产业结构是研究分布在国民经济各产业中经济资源之间的相互联系、相互依存、相互提升资源配置效率的运行关系，这是"产业发展形态理论"的观点。另一种观点认为：产业结构是研究产业间技术经济的数量比例关系，即产业间的投入和产出的数量比例关系，这是"产业联系理论"的观点。广义的产业结构理论是这两种观点的综合。

产业发展形态理论是从"质"的角度动态地揭示产业间技术经济的相互联系形态和发展趋势，它是一个国家或地区的劳动力、资金、各种自然资源与物质资料在国民经济各部门的配置状况及相互制约的方式，反映一国经济的发展水平、发展程度、内在活力与增长潜力，它一般由两个指标来测量：一个是价值指标，如某一产业部门创造的国民收入占全部国民收入的比例，或某一产业的资本额占全社会资本额的比例；另一个是就业指标，如某一产业部门就业人数占总就业人数的比例。

产业联系理论是从"量"的角度静态地研究和分析产业间联系方式的技术经济数量比例关系，即产业间的投入产出关系，这种关系说明国民经济各产业间的联系：一个产业的产出是另一个产业的投入，一个产业的投入是另一个产业的产出，投入产出关系就是产业间在投入与产出上的相互依存关系。

产业结构通过产业间质的组合和量的规定，构成了产业间经济资源的分布结构，这种结构既是产业间数量比例关系，又是产业质的联系的有机结合；既是静态比例的关系，又是动态关联的发展。

产业结构理论是以研究产业之间的比例关系为对象，寻找最优经济增长途径为目的的应用经济理论，主要运用动态的比较方法，研究一国或国际间产业结构的历史、现状与未来，摸索出产业结构发展与变化的一般趋势，为规划未来的产业结构提供理论依据。

产业结构理论的基本体系主要由产业结构形成理论、产业结构演变理论、产业结构影响因素理论、产业结构优化理论、产业结构分析理论、主导产业选择理论、产业结构政策理论以及产业结构关联理论等几部分组成。

第二节　决定和影响产业结构的因素

研究和了解哪些因素决定和影响产业结构,可以帮助我们认识产业结构的现状、产业结构变动的趋势和规律以及产业结构变动的内在原因,进而制定相应的产业结构政策来改变这些因素,以调整产业结构,促进产业结构向合理化、高级化演进。一般来说,决定和影响产业结构的因素有如下几个方面。

一、需求结构与产业结构

需求结构有三个层次,它们共同决定和影响产业结构。

（一）个人消费结构

个人消费结构主要影响生产消费资料的产业构成。个人消费结构的形成和变化首先取决于一个国家的人均收入水平。随着人均收入水平的提高,个人消费结构会发生相应的变化,人们用于食、衣、住、行的支出结构将发生变动。消费结构的这种变化不仅影响生产消费资料的产业的构成,而且还将影响整个国家的产业结构。

（二）中间需求和最终需求的比例

中间需求是各个生产部门对一次就将其本身的全部价值转移到产品中去的生产资料的需求,比如原材料等的需求。最终需求是个人消费、设备投资、增加库存、出口、政府采购等构成的需求之总和。中间需求的结构决定了生产中间产品的产业的内部结构。最终需求的结构和规模的变化是推动产业结构之演变的最重要的动因之一。决定一个国家中间需求和最终需求的比例的一个重要因素是这个国家整个国民经济的经济效益。中间需求和最终需求的比例决定了生产中间产品的产业和生产最终产品的产业的比例关系。

（三）最终需求中消费和投资的比例

最终需求中消费和投资的比例关系决定了消费资料产业同资本资料产业的比例关系,并制约这两类产业部门的发展。影响消费需求总规模的是消费倾向。当代发展经济学家如刘易斯、钱纳里等人,在研究发展中国家工业化过程中的结构变化问题时,都充分利用了消费倾向理论。他们指出,伴随着收入水平提高而出现的边际消费倾向递减,以及边际储蓄倾向递增的现象,是发展中国家工业化过程的启动以及制造业中资本密集型部门逐步增加的基本因素。

二、投资结构与产业结构

投资结构是指投资在国民经济各部门、各行业、各地区之间的分配比例,它影响一国产业结构的形成及其变动。投资既是构成现实最终需求的一个重大要素,也是形成新的生产能力的基础。投资在各产业部门的分布是改变已有产业结构的直接原因,也是通过产业结构增量变化来调整产业结构存量的途径。一般地说,投资结构的变化是和整个需求结构变化相一致的,同时还将受生产工艺、生产技术以及资本有机构成的变化的影响。

对投资结构的衡量可以从两个方面进行:
(1) 从投资的流向确定其结构关系;
(2) 从投资形成的资本存量来确定其结构关系。

在我国,投资的部门结构包括:农、轻、重的投资比例;工业内部燃料动力工业、原材料工业、加工工业的投资比例;生产性投资和非生产性投资的分配比例等。

三、资源结构与产业结构

(一) 自然资源禀赋

自然资源禀赋在很大程度上制约一个国家的产业结构。地下资源状况对于采掘工业、燃料动力工业以及重工业结构有决定性的影响。缺乏矿产资源的国家当然无法形成大规模的采掘工业,或者是采掘工业在整个产业结构中的比重相对的要低些。相反,如果一国某种资源特别丰富,则就可能形成以这一部门为主的产业占重要地位的局面。比如,中东诸国以石油业为主的产业结构。

(二) 劳动力和资本的拥有状况

一个国家能否向新的或发展壮大中的产业源源不断地输送劳动力,是产业结构不断演进的重要条件。美国经济学家西奥多·舒尔兹(Theodore W. Schultz)认为,资本不光是有形的、物质的,学校教育、在职训练、保健、人口流动等方面的投资也可以增加一国的资本存量并加快经济发展的速度。经济发展主要取决于人的质量,而不是自然资源的丰瘠或资本存量的多寡。人的质量可以成为自然资源例如土地的替代物。劳动力的多寡、质量的高低,在很大程度上决定了产业结构的发展水平。

随着现代化技术的发展和生产设备日益大规模化,特别是在发展重工业和新兴工业上,没有庞大的资金注入就寸步难行。因此,一个国家的资本积累程度也是制约产业结构演进的一个重要因素。

劳动力和资本都是有价格的。劳动力的价格体现在工资水平上,而资本的价格则体现在使用它时所比必须付出的股息和利息上。在市场经济条件下,劳动力和资本的相对价格决定劳动力和资本之间的替代关系,从而影响产业结构及其变动。一般说来,工资水平较低有利于发展劳动密集型产业,资本价格较高则阻碍重工业、新兴工业这类资本有机构成相对较高的产业部门的发展。

四、科学技术进步与产业结构

(一) 技术进步影响需求结构,从而导致产业结构的变化

技术进步使产品成本下降,市场扩大,需求随之变化;技术进步使资源消耗弹性下降,使可替代资源增加,改变了生产需求结构;技术进步使消费品升级换代加快,改变了

消费需求结构。

（二）技术进步影响供给结构，从而直接导致产业结构的变化

技术进步的结果是社会劳动生产率的提高，从而导致产业分工的加深和产业经济的发展；技术进步促使新兴产业出现，产业结构不断向高级化发展；技术进步改变国际竞争格局，从而影响到一国产业结构的变化。

技术进步促进产业结构变化的机理是：当某一产业的产品需求价格弹性较小时，技术进步使得其产出量增加，而生产部门的收益却有所下降。在这种情况下，该产业的某些生产要素就会流向其他产业。相反，当某一产业的产品需求价格弹性较大时，技术进步既能促进产出量的增加，也能提高该产业部门的收益。于是，生产要素就会有一部分从其他产业流向该产业。新的要素流入又促进了该产业部门的发展并加快了需求价格弹性小的产业部门的衰退。

从经济发展过程的历史或从全球不同经济水平的国家来看，社会技术结构的变化与国民经济产业结构的变化之间存在着密切相关性。在发展过程中，技术结构与产业结构表现出一一对应关系。由此而导致另一经济现象，即先进的技术水平、合理的产业结构和较高的经济增长三者在一段时间内往往趋于一致。

五、世界经济与产业结构

（一）国际贸易与产业结构

在当今世界上，国与国之间的经济贸易关系越来越紧密，相互的依赖性也越来越强。有的国家是依赖于世界市场而求得生存与发展的。如果说需求对产业结构有很大影响的话，那么世界市场的需求则是一个重要的组成部分。国外商品的进口可以弥补本国生产某种商品的产业发展之不足，而且，进口某些国外新产品还具有借以开拓本国市场、为本国发展同类产业创造条件的作用。同时，某些进口还可以产生压抑本国某产业发展的作用。

（二）要素国际间流动与产业结构

资本、技术、人才和劳动力等生产要素在国际间的移动，无论对出口国还是对进口国的产业结构都会发生影响。跨国公司跨国投资，国际资本以直接投资或间接投资方式流动，正在给世界上许多国家——无论是宗主国还是东道国——的产业结构产生重大影响。

六、不同时期的重大经济政策

一个国家在不同阶段、不同发展时期所制定的和实行的重大经济政策都在很大程度上对产业结构及其变化产生重大的影响。例如，一个国家的产业结构政策、产业调整政策、重点产业部门的选择和扶持政策等，会对产业结构有直接的影响。在改革开放前，我国实行优先发展重工业战略，在相当长的时期内片面发展重工业，结果形成畸形的产业结构，农业和轻工业严重落后国民经济的总体水平，重工业却由于自身循环而大大超过国民经济发展的需要。

除了上述介绍的几种因素外,一个国家历史的、政治的、文化的、社会的各种情况和传统也会影响产业结构。所有这些因素都不是孤立地影响产业结构,它们相互促进、相互制约,以致相互抵触,综合地影响和决定着产业结构及其变化。

第三节 产业结构演变规律

一、马列主义的再生产理论与两大部类增长规律

(一) 两大部类增长规律的内容

马克思在分析社会资本再生产过程时,就生产资料生产部门与消费资料生产部门的比例关系进行了深入的研究,特别是列宁在考虑了资本有机构成变化对社会再生产的影响后,明确得出了生产资料生产优先增长的结论。列宁指出:"资本发展的规律就是不变资本比可变资本增长得快,也就是说,新形成的资本愈来愈多地转入制造生产资料的社会经济部门。因而,这一部门必然比制造消费品的那个部门增长得快。""这样我们看到,增长最快的是制造生产资料的生产资料生产,其次是制造消费资料的生产资料生产,最慢的是消费资料生产。"

必须明确指出的是,生产资料生产的增长占优先地位,并不意味着生产资料的生产可以脱离消费资料的生产而孤立地、片面地发展。因为,生产资料的生产归根到底还是为了以更多的技术设备和原材料去供应消费资料的生产部门,以满足这些部门的生产需要。生产生产资料的各个部门,总是要通过直接或间接的交换去和生产消费资料的各个部门发生联系,生产资料生产的发展终究要依赖消费资料生产的发展。如果没有消费资料生产的相应发展,生产资料生产的扩大就迟早要遇到困难。

(二) 两大部类增长规律的应用

既要承认这一规律的存在及其对国民经济发展的指导作用,又不能片面理解,夸大其作用,否则是要吃大亏的。改革开放前,我们对这一规律的理解是片面的、夸大的,改革开放后,我们在不断地纠正这种错误,调整国民经济结构。但是,近年来,实际经济运行的情况表明,这一规律又有被淡忘的迹象,这应引起我们的重视。

二、配第-克拉克定理

配第-克拉克定理是研究经济发展中的产业结构演变规律的学说。这个定理是英国经济学家科林·克拉克在威廉·配第研究成果基础之上,深入地分析了就业人口在三次产业中分布结构的变动趋势后得出来的。克拉克认为,他的发展只是印证了配第的观点,故称之为配第定理。后来,人们把克拉克的这一发现称为配第-克拉克定理。

(一) 配第-克拉克定理的主要内容

1. 配第-克拉克定理的理论前提。配第-克拉克定理的理论有三个重要的前提:

（1）克拉克对产业结构演变规律的探讨,是以若干国家在时间的推移中发生的变化为依据的。这种时间系列意味着经济发展,即这种时间系列是和不断提高的人均国民收入水平相对应的。

（2）克拉克在分析产业结构演变时,首先使用了劳动力这个指标,考察了伴随经济发展,劳动力在各产业中的分布状况发生的变化。后来,克拉克本人,美国经济学家库兹涅茨和其他人,又以国民收入在各产业的实现状况,对产业结构作了进一步的研究,发现了一些新的规律。

（3）克拉克对产业结构的研究是以三次产业分类法,即将全部经济活动分为第一次产业、第二次产业、第三次产业为基本框架的。

2. 配第-克拉克定理的内容。根据以上三个重要前提,克拉克搜集和整理了若干国家按照年代的推移,劳动力在第一次、第二次和第三次产业之间移动的统计资料,得出了如下的结论：随着经济的发展,即随着人均国民收入水平的提高,劳动力首先由第一次产业向第二次产业移动；当人均国民收入进一步提高时,劳动力便向第三次产业移动；劳动力在产业间的分布状况,第一次产业将减少,第二次、第三次产业将增加。

3. 配第-克拉克定理的印证。劳动力产业间移动不仅可以从一个国家经济发展的时间序列分析中得到印证(表4-2,表4-3),而且还可以从处于不同发展水平上的国家在同一时点上的断面比较中得出结论(见表4-4)。人均国民收入水平越高的国家,农业劳动力在全部劳动力中所占的比重相对来说就越小；反之,人均国民收入水平越低的国家,农业劳动力所占比重越大,而第二、第三产业劳动力所占比重相对越小。

表4-2　韩国雇用人数在各产业中的地位　　　　　　　单位：%

年　　份	1965	1970	1975	1980	1985	1990	1994	2000	2003
第一产业	59.4	51.5	46.2	34.9	29.0	18.3	13.8	10.9	8.9
制造业	9.4	13.2	18.6	21.6	20.4	27.2	23.7	28.0	27.6
服务业	31.2	35.3	35.2	43.5	50.6	54.5	62.5	61.1	63.5
三产业合计	100.0	100.0	100.0	100.0	100.0	100.0	100.0	100.0	100.0

资料来源：〔韩〕国家统计办公室：《有效人口调查年度报告》。转引自李鹤容：《韩国的经济增长与结构变化》,载金碚、丁易编著：《转轨时期的产业调整——国际经验与中国的实践》,经济管理出版社1997年版,第70页。

表4-3　我国就业人口在三次产业中的分布　　　　　　　单位：%

年　　份	1952	1978	1985	1990	1995	1999	2001	2005	2011
第一产业	83.5	70.5	62.4	60.1	52.2	50.1	50.0	44.8	34.8
第二产业	7.4	17.3	20.8	21.4	23.0	23.0	22.3	23.8	29.5
第三产业	9.1	12.2	16.8	18.5	24.8	26.9	27.7	31.4	35.7
三产业合计	100.0	100.0	100.0	100.0	100.0	100.0	100.0	100.0	100.0

资料来源：《中国统计年鉴》(综合多年数据制表)。

产业经济学

表4-4 劳动力在三次产业中分布的六国比较

单位：%

国家	产业	19世纪70年代	19世纪90年代	20世纪10年代	20世纪30年代	20世纪40年代	20世纪50年代	20世纪60年代	20世纪70年代	20世纪80年代	20世纪90年代	21世纪10年代
中国	第一产业						[1952] 83.5	[1965] 81.6	[1978] 70.5	[1985] 62.4	[1995] 52.2	[2009] 38.1
	第二产业						7.4	8.4	17.3	20.8	23.0	27.8
	第三产业						9.1	10.0	12.2	16.8	24.8	34.1
日本	第一产业	[1872] 85	[1897] 72	[1912] 62	[1930] 52	[1936] 45	[1958] 37	[1963] 29	[1971] 16	[1980] 11	[1990] 7	[2009] 3.9
	第二产业	5	13	18	19	24	26	31	35	35	34	25.9
	第三产业	10	15	20	29	31	37	40	49	54	59	69.0
美国	第一产业	[1870] 50	[1890] 42	[1910] 31	[1930] 22	[1940] 17	[1950] 12	[1960] 7	[1971] 4	[1980] 4	[1990] 3	[2009] 1.5
	第二产业	25	28	31	31	31	35	34	31	31	26	17.1
	第三产业	25	30	38	47	52	53	59	65	65	71	80.9
英国	第一产业		[1895] 36	[1911] 8	[1931] 6	[1938] 6	[1951] 5	[1966] 3	[1971] 2	[1980] 2	[1995] 2	[2009] 1.1
	第二产业		39	47	47	46	47	45	40	24	20	19.5
	第三产业		25	45	47	48	48	52	58	74	78	78.7
德国	第一产业				[1933] 29	[1939] 27	[1950] 23	[1963] 12	[1971] 3	[1990] 2	[1995] 3	[2009] 1.7
	第二产业				41	41	44	48	48	24	25	28.7
	第三产业				30	32	33	40	44	74	72	69.6
法国	第一产业	[1866] 43			[1931] 24	[1946] 21	[1962] 20	[1971] 13	[1980] 9	[1990] 5	[2009] 2.9	
	第二产业	38			41	35	37	39	35	30	22.6	
	第三产业	19			35	44	43	48	56	65	74.1	

资料来源：〔日〕安藤良雄编：《近代日本经济史要览》，东京大学出版社，1979年第2版，第25页。转引自杨治：《产业经济学导论》，中国人民大学出版社，1985年版，第41页，表2-1。转引自李鹤荣：《韩国的经济增长与结构变化》，载金培、丁易编著：《转轨时期的产业调整——国际经验与中国的实践》，经济管理出版社，1997年版，第70页。转引自陈仲常：《产业经济理论与实证分析》，重庆大学出版社，2005年4月第1版，第50—51页。《中国统计年鉴》，综合多年数据制表。

（二）配第 克拉克定理的解释

克拉克认为，劳动力在产业间移动的原因是由经济发展中各产业间出现收入的相对差异造成的。人们总是从收入低的产业向收入高的产业移动的。产业间收入相对差异的现象，17世纪的英国经济学家威廉·配第在他的名著《政治算术》中早就描述过。配第认为，制造业比农业收入高，商业比制造业能够得到多的收入。比如，英格兰的农民每周只能赚 4 先令，而海员的工资加上伙食和其他形式的收入，事实上每周的收入是 12 先令。一个海员的收入最终能顶上 3 个农民的收入。他还指出，人口的大部分从事制造业和商业的荷兰，人均国民收入要比欧洲大陆其他国家高得多。当然，这种不同产业之间相对收入上的差异，就会促使劳动力向能够获得更高收入的部门移动。

导致劳动力产业间移动的深层原因主要有：

(1) 随着经济发展和人均收入水平的提高，人们需求结构发生变化；

(2) 不同产业间技术进步的可能性有很大差别；

(3) 劳动生产率提高。下面将结合三次产业的情况进行具体分析。

1. 第一次产业国民收入及劳动力的相对比重趋于减少的原因。

(1) 第一次产业的属性是农业，主要为人们提供生活必需品，而生活必需品的需求特性是当人们的生活水平、收入水平达到一定程度后，个人收入中用于支付生活必需品的比例减少，即农产品的需求收入弹性小。德国社会统计学家恩格尔(E. Engel)曾对食品的需求的增长速度将随着人们收入水平的提高越来越落后于人们收入增长速度这一点作过论证。他得出的结论是："越是低收入的家庭，饮食费用在整个家庭开支中的比例越高。"这个结论被称为恩格尔定理。

从这个定理出发，可以推论出：随着人们收入水平的提高，用于饮食的费用占整个家庭开支的比例不断减少。这样，随着收入水平的提高，人们对农产品的需求相对减少，对食品的需求的增加不断落后于其他产品和服务。也就是说，随着这种消费结构的变化，国民收入的支出结构就要发生变化，国民收入在产业间的相对分布也发生变化。与此同时，由于需求高增长的产业较易维持较高的价格，从而获得较高的附加价值；相反，需求低增长的产业则只能维持较低的价格和附加价值。这就使农业所实现的国民收入的份额趋于减少，而其他产业的份额则趋于增加。在第一次产业的国民收入相对比重不断减少的情况下，该产业的劳动力也相应地减少，这也是农业人口减少的原因之一。

(2) 由于农业的生产周期长和农业生产的其他特点，农业生产技术的进步比工业要困难得多，因此，对农业的投资很容易出现某种限度，这就是出现"报酬递减"的情况。所谓"报酬递减"就是随着产量的增加，单位产量的费用反而上升，以致增产不增收。而工业的情况则不同。工业的技术进步要比农业迅速得多，因此，工业的投资多处于"报酬递增"的情况。随着工业投资的增加、产量的加大，单位成本下降的潜力很大。农业与工业之间的这种差异使农业在国民收入增长中处于不利的地位。

(3) 农业劳动力生产率也在不断提高，特别是美国、大洋洲和西欧一些国家的农业，大规模地实现了机械化和社会化，劳动生产率的提高是很快的。由于农业具有存在的土地的有限性和农业的低收入弹性的特点，必然从农业中释放出劳动力，转入其他产业。这也是农业劳动力的相对比重减少的必要条件。

2. 第二次产业对国民收入的相对比重上升的原因。以上我们已经对第二次产业国民收入相对比重上升的原因作了一些阐述。需要补充的一点是,不仅人们的消费结构的变化趋势使工业的收入弹性处于有利地位,而且国民收入中支出于投资的部分的增长在不断扩大市场。因此,整个国民收入的支出结构的演变都支持着工业的高收入弹性,从而导致第二次产业所实现的国民收入在全部国民收入中的比重上升。

3. 第三次产业劳动力相对比重上升的原因。第三次产业提供的服务,从发展的观点看,比农业产品具有更高的收入弹性。随着人均收入的提高,人们追求更多的服务,形成消费需求的超物质化,第三次产业国民收入的比重也必然上升,由此吸引了劳动力向第三次产业转移。

(三) 配第-克拉克定理的应用

根据配第-克拉克定理,通过一个国家的时间序列比较和不同国家的横截面的比较,可以判定一个国家产业结构所处的阶段及特点,为制定产业政策提供依据。用这一定理对未来就业需求进行预测,以制定相应的劳动就业政策。

三、库茨涅兹等人对产业结构演变规律的探讨

配第-克拉克定理主要是描述了在经济发展中劳动力在三次产业间分布结构的演变规律,并指出了劳动力分布结构变化的动因是产业之间在经济发展中产生的相对收入的差异。从这一研究成果出发,产业结构演变规律的探讨就必须深入到研究第一、第二、第三次产业所实现的国民收入的比例关系及其变化上来。弄清了国民收入在三次产业分布状况的变化趋势,就可以把它同劳动力分布状况的变化趋势结合起来,深化产业结构演变的动因分析。在这一方面取得了突出成就的当属美国著名经济学家西蒙·库茨涅兹。库茨涅兹擅长国民经济统计,特别是国民收入的统计。在西方经济学界享有"GNP之父"的美名。1971年,由于他在研究产业结构理论方面的成就,获得诺贝尔经济学奖。他对于产业结构理论研究方面的成果,主要表现在《现代经济增长》和《各国经济增长的数量方面》等著述中。库茨涅兹在继承克拉克研究成果的基础上,进一步收集和整理了二十多个国家的庞大数据。对一些国家,如对英国的统计资料则追溯到了19世纪。据此,从国民收入和劳动力在产业间分布这两方面,对伴随经济发展的产业结构变化作了分析研究。

库茨涅兹在研究过程中,把第一、第二、第三次产业分别称为"农业部门"、"工业部门"和"服务部门"。

表4-5 八国国内生产总值(GDP)的产业构成比较 单位:%

国家	产业	1970	1980	1985	1990	1995	2000	2005	2010
中国	第一产业		30.1	28.4	27.1	20.5	14.8	12.5	9.5
	第二产业		48.5	43.1	41.6	48.8	45.9	46.0	44.6
	第三产业		21.4	28.5	31.3	30.7	39.3	41.5	45.9

续表

国家	产业	1970	1980	1985	1990	1995	2000	2005	2010
印度	第一产业	45.2	38.1	33.1	31.0	28.4	24.6	22.2	16.2
	第二产业	21.9	25.9	28.1	29.0	27.9	26.6	26.6	28.4
	第三产业	32.9	36.0	38.8	40.0	43.7	48.8	51.2	55.4
日本	第一产业	6.1	3.7	3.2	2.5	1.9	1.4	1.3	1.5
	第二产业	46.7	41.9	41.0	42.0	38.2	32.2	30.4	28.0
	第三产业	47.2	54.4	55.8	55.5	59.9	66.4	68.3	70.5
韩国	第一产业	25.4	14.5	12.5	8.7	6.5	4.3	3.2	2.6
	第二产业	28.7	40.4	41.0	43.4	43.3	36.2	34.6	36.4
	第三产业	45.9	45.1	46.5	47.9	50.1	59.5	62.2	61.0
美国	第一产业	7.3	2.5	2.1	2.1	1.6	1.6	1.6	1.2
	第二产业	28.7	33.5	31.1	28.0	26.8	24.4	23.0	21.4
	第三产业	64.0	64.0	66.8	69.9	71.7	73.9	75.3	77.4
英国	第一产业	2.9	2.2	2.0	1.9	1.6	1.1	1.0	2.5
	第二产业	44.8	42.8	40.9	35.2	28.5	28.5	26.6	29.1
	第三产业	52.4	55.0	57.1	62.9	70.0	70.5	72.4	68.4
德国	第一产业	3.7	2.3	2.0	2.8	1.1	1.2	1.1	0.8
	第二产业	55.8	48.1	45.5	49.0	30.1	30.8	29.4	26.5
	第三产业	40.6	49.6	52.5	48.2	68.7	68.0	69.5	72.7
法国	第一产业		4.2	3.9	3.4	2.4	2.8	2.7	1.8
	第二产业		33.7	30.5	29.2	26.7	25.5	24.5	19.0
	第三产业		62.0	65.6	67.4	70.9	71.7	72.4	79.2

资料来源:世界银行《世界发展指标》(综合多年数据制表)。

表4-6 若干不同经济发展程度国家的产业结构比较 单位:%

经济发展阶段	国家	三大产业产值分别占GDP的比重(%)			三大产业劳动力占总劳动力比重(%)			人均GDP(2010年美元)
		第一产业	第二产业	第三产业	第一产业	第二产业	第三产业	
发达国家	美国	1.2	21.4	77.4	7.5	30.7	61.8	47 240
	日本	1.5	28.0	70.5	4.2	27.3	67.3	42 130
新兴工业化国家	韩国	2.6	36.4	61.0	7.2	25.0	67.8	19 890
	新加坡	0	28.3	71.7	1.1	21.8	77.1	41 430
发展中国家和转型国家	中国	9.5	44.6	45.9	36.7	28.7	34.6	4 260
	印度	16.2	28.4	55.4	55.8	19.0	25.2	1 340
	俄罗斯	9	42	49	9.7	27.9	62.3	9 910

资料来源:根据中国国家统计局出版的《国际统计年鉴》(2012)的数据整理。

从各国产值和劳动力在产业间分布结构的演变趋势的统计资料中(见表4-5,表4-6),可以得出如下结论:

表 4-7　产业发展形态的概括(三部门的构成)

	(1) 劳动力的相对比重		(2) 国民收入的相对比重		(3)=(2)/(1) 相对国民收入(比较生产率)	
	时间序列分析	横截面分析	时间序列分析	横截面分析	时间序列分析	横截面分析
第一次产业	下降	下降	下降	下降	(1以下)	
					下降	几乎不变
第二次产业	不确定	上升	上升	上升	(1以上)	
					上升	下降
第三次产业	上升	上升	不确定	微升(稳定)	(1以上)	
					下降	下降

注:"不确定"的意思是很难归纳出一般的趋势,从整体来看变化不大,或者略有上升。
资料来源:转引自杨治:《产业经济学导论》,中国人民大学出版社,1985年版,第46页,表2-3。

1. 农业部门(即第一次产业)实现的国民收入的比重,随着年代的延续,在整个国民收入中的比重同农业劳动力在全部劳动力中的比重一样,处于不断下降之中。

2. 工业部门(即第二次产业)的国民收入的相对比重大体来看是上升的,然而,工业部门劳动力的相对比重,将各国的情况综合起来看是大体不变或略有上升。

3. 服务部门(即第三次产业)的劳动力相对比重,差不多在所有的国家里都是上升的。但是,国民收入的相对比重却未必和劳动力的相对比重的上升是同步的。综合起来看,大体不变,略有上升。

以上结论是按时间的推移所作的时间系列分析得出的,这类分析也可以用横截面分析的方法进行,即在同一时点上,对人均国民收入水平不同的国家,由低到高排列起来进行比较。

弄清了劳动力和国民收入在产业间分布结构的演变趋势,就可以把两者结合起来,研究这种演变趋势,也就是产业结构演变的动因。正如前面介绍的,在克拉克看来,产业结构演变的动因是各产业部门在经济发展中必然出现的相对收入的差异;而这种产业间相对国民收入,恰恰是国民收入的相对比重和劳动力相对比重之比。

$$\frac{\text{某一产业的相对国民收入}}{\text{(又称比较劳动生产率)}} = \frac{\text{该产业的国民收入的相对比重}}{\text{该产业的劳动力的相对比重}}$$

从表 4-7 可以得出以下结论:

(1) 第一次产业的相对国民收入(比较劳动生产率)在大多数国家都低于1,而第二次和第三次产业的相对国民收入则大于1。并且从时间分析来看,在农业相对国民收入下降的情况下,国民收入相对比重下降的程度超过了劳动力相对比重下降的程度。因此,在大多数国家,农业劳动力减少的趋势仍没有停止。

(2) 第二次产业国民收入相对比重上升是普遍现象。但劳动力相对比重的变化,由于不同的国家工业化的水平不同而有差异,综合看是微增或没有太大的变化。这说明,工业化达到一定的水平以后,第二次产业不可能大量吸收劳动力。但是,第二次产业相对国民收入上升这一点却说明,在一个国家的经济发展上,在国民收入特别是人均国民收入的增长上,第二次产业有较大贡献。

(3) 第三次产业的相对国民收入(比较劳动生产率),从时间系列分析看,一般表现为下降趋势,但劳动力的相对比重是上升的。这说明第三次产业具有很强的吸收劳动力的特性,所以第三次产业也往往被人们称为劳动力的大蓄水池。特别值得一提的是,第三次产业一般地说是三次产业中规模最大的一个,无论从劳动力的相对比重,还是从国民收入的相对比重上看都占一半以上。

1970年代前后,产业结构变化出现一些新的趋势,表现出一些新的特点:

(1) 第一次产业的劳动力及国民收入的相对比重在1960年代在西方主要发达国家仍保持着下降趋势。进入1970年代后,这种趋势似有减弱。美国、英国的劳动力和国民收入的相对比重都已降到4%以下。

(2) 第二次产业则无论劳动力还是国民收入的相对比重进入1960年代以后都呈下降状态。工业,特别是传统工业在国民经济中的地位在下降。

(3) 唯独第三次产业的上述两项指标都保持着向上的势头,其比重都在50%以上。这种现象被称为"经济服务化"现象,日益受到经济学家瞩目。

四、工业化进程与工业结构演变规律

(一) 工业与工业结构

工业是从自然界取得物资资源和对原材料进行加工的社会物质生产部门。它包括:对矿物资源的开发和对天然林的木材采运,利用矿产品和其他资源生产能源和各种原材料,以及将原材料进一步加工成各种制成品的各个生产部门。

工业结构或工业部门结构,是指工业的再生产过程中形成并建立起来的各个工业部门彼此之间和工业部门内部行业之间的生产联系和数量比例关系。其基本特点是:它既包括工业部门相互之间的横向联系,又包括工业再生产过程的纵向联系;既有不同部门之间的物质替换问题,又有不同部门之间的价值补偿问题。每个工业部门既是其他部门存在和发展的条件,其自身的发展也要受其他部门的制约。

(二) 工业化及其阶段

1. 工业化的含义。工业化是一国经济发展和社会进步的必经阶段,也是社会生产力发展到一定阶段的重要标志。著名发展经济学家H·钱纳里等人对工业化的解释是:工业化是以经济重心由初级产品向制造业生产转移为特征的,其原因是国内需求的变动,工业产品中间使用量的增加,以及随要素比例变动而发生的比较优势的变化。从广义上看,还包括生产率增长的某些方面和政府政策对资源分配的影响。

我们认为,工业化是指大工业在国民经济发展并达到占统治地位的过程,即国民经济结构发生了以农业占统治地位向工业占统治地位的转变,它使一个国家由传统的农业国变为现代的工业国。

2. 工业化的阶段。工业化的阶段与工业化的道路是紧密相关的,不同的工业化道路本身就意味着不同的工业化阶段。从已经实现工业化的许多国家来看,工业化的道路可以分为传统型和后起型两大类。传统型主要是以英国、法国、德国和美国为代表;后起型主要是指前苏联和东欧国家、改革开放前的中国,在"生产资料优先发展方针"指导下实现工业化的路子。目前,理论界有许多人是否定这条道路的,但也有许多人认为这是一条后起国家实现工业化的捷径。这里主要介绍传统型工业化道路的阶段划分。大体来说,整个工业化的过程可归纳为三个阶段。

第一阶段,工业由以轻工业为中心的发展向以重工业为中心的发展推进的阶段,这就是所谓的"重工业化"。反映重工业化水平的指标是重工业化率,它是指在工业所实现的国民收入中,重工业所占的比例。一般来说,资本主义国家的工业化过程是从轻工业起步的。

第二阶段,在重工业过程中,工业结构又表现为以原材料工业为中心的发展向以加工、组装工业为中心的发展演进。这即是所谓"高加工度化"。

第三阶段,在工业结构"高加工度化"过程中,工业结构将进一步表现出"技术集约化"趋势。这种趋势不仅表现为所有工业各部门将采用越来越高级的技术、工艺和实现自动化,而且表现为以技术密集为特征的所谓尖端工业的兴起。

从以上三个阶段可以看出,在整个工业化过程中,从工业的资源结构看,描绘出了从劳动集约型工业为主到资本集约型工业为主,进而发展到技术集约型工业为主的发展轨迹。

(三)工业结构的重工业化——霍夫曼定理

1. 霍夫曼定理的内容。在西方经济学中,对工业化过程中的工业结构演变规律作了开拓性的研究而成名的是德国人霍夫曼(Walther Hoffmann)。他在1931年出版了题为《工业化的阶段和类型》的著作。霍夫曼根据近二十个国家的时间系列数据,分析了制造业中消费资料工业和资本资料工业的比例关系。这一比例关系就是"霍夫曼比例",它是消费资料工业的净产值(或称附加价值 value added)和资本资料工业的净产值之比。

$$霍夫曼比例 = \frac{消费资料工业的净产值}{资本资料工业的净产值}$$

霍夫曼通过分析发现,在工业化的进程中霍夫曼比例是不断下降的。这就是所谓的"霍夫曼定理"。他还根据霍夫曼比例的发展趋势,把工业化的过程分成四个阶段:第一阶段,霍夫曼比例为5;第二阶段,霍夫曼比例为2.5;第三阶段,霍夫曼比例为1;第四阶段,霍夫曼比例为1以下。

霍夫曼认为,在工业化的第一阶段,消费资料工业的生产在制造业中占有统治地位,资本资料工业的生产是不发达的;在第二阶段,与消费资料工业相比,资本资料工业获得了较快的发展,但消费资料工业的规模显然还比资本资料工业的规模大得多;在第三阶段,消费资料工业和资本资料工业的规模达到大致相当的程度;在第四阶段,资本资料工业的规模将大于消费资料工业的规模。

霍夫曼还详细测算了若干国家的霍夫曼比例的数值及变化。据霍夫曼提供的数据,在1920年代,这些国家的工业化程度可作如下分类:处于第一阶段的国家有巴西、智利、印度、新西兰等;第二阶段的国家有日本、荷兰、丹麦、加拿大、南非、澳大利亚等;处于第三阶段的国家有英国、美国、法国、德国、比利时等;处于第四阶段的国家还没有出现。

2. 霍夫曼定理的评价。霍夫曼关于工业化过程中工业结构演变的规律及其工业化阶段的理论,自问世以来,一方面保持了广泛的影响,另一方面也遭到了不少经济学家的诘难。与此同时,也将工业化过程中工业结构演变规律的研究推向了新的水平。

对霍夫曼定理的诘难主要有:

(1) 霍夫曼仅从工业内部比例关系来分析工业化过程是不全面的(梅泽尔斯,A. Maizels);

(2) 霍夫曼比例忽略了各国工业在发展过程中必然会存在的产业之间的生产率差异,比如尽管新西兰和韩国的霍夫曼比例是相同的,但很难说这两个国家处于同一的工业化阶段(梅泽尔斯,A. Maizels);

(3) 库茨涅兹发现在美国的经济中资本形成占国民生产总值的比例是长期稳定的,因此,资本资料工业优先增长的结论是没有根据的;

(4) 日本经济学家盐野谷认为,霍夫曼的分类法是不科学的,因为霍夫曼比例中排除了既非消费资料又非资本资料的"中间资料"。

霍夫曼以75%以上的用途作为划分标准,难以准确地界定某一行业属于消费资料工业还是资本资料工业。

3. 霍夫曼定理与重工业。在霍夫曼定理提出的年代,重工业是资本资料工业的代名词。因此,霍夫曼定理所描述的生产资料工业优先增长现象就说明了工业结构的重工业化过程。但是,在以后的年代里,由于重工业内部的消费资料生产和生产资料生产的比例发生了较大变化,重工业内部的消费资料的生产日益占有较大的比例,使重工业不再是仅指资本资料工业。如汽车和家用电器等耐用消费品在机械工业产品结构中的比重越来越大就是很好的例子。在这种情况下,虽然会出现消费资料生产对资本资料生产的比例关系保持不变,但重工业化率却会大大提高。

以上说明,尽管霍夫曼比例的含义在现代经济条件下有所变化,从而使霍夫曼定理的适用性受到影响,但是,重工业化是客观存在的,不论对已经实现工业化的发达国家,还是正在实现工业化的发展中国家都是如此。

(四) 工业结构的高加工度化

在工业结构重工业化的过程中,会发生工业结构的另一类变化,这种变化无论在轻工业还是在重工业,都会由以原材料工业为重心的结构向以加工、组装工业为重心的结构发展。这就是所谓的工业结构的"高加工度化"。"高加工度化"意味着工业加工程度的不断深化,意味着加工组装工业的发展大大快于原材料工业的发展。当然,这种变化只有在原材料工业发展到一定水平后才显得日益显著。这就是说,重工业化的过程,可以分为以原材料工业的发展为重心的阶段和以加工组装工业的发展为重心的阶段。

日本在1955—1975年间的工业结构变化中可以明显看到工业结构的高加工度化(见表4-8,表4-9)。在表中,日本服装工业的发展速度为纺织工业的4倍多;木器、家具工业的发展速度是木材工业的2.3倍;机械工业的发展速度是钢铁工业的2—3

倍。而纺织对服装、服饰来说，前者是原材料工业，后者是加工组装工业；木材对家具、木器而言，木材是原材料工业，家具、木器是加工组装工业；钢铁是原材料工业，机械工业是加工组装工业。

工业结构"高加工度化"的事实说明，工业的增长对原材料的依赖程度到一定程度会出现相对下降的趋势，从而对能源、资源的依赖程度也将相对下降。

表4-8 日本工业结构的高加工度化

	出厂销售总额(10亿日元)			职工人数(千人)		
	1955	1975	1975/1955	1955	1975	1975/1955
纺　织	1 096	6 457	5.89	1 061	996	0.94
服装、服饰	85	2 180	26.65	144	351	3.69
木　材	274	3 618	13.20	383	465	1.21
家具、木器	65	1 974	30.37	145	315	2.17
钢　铁	650	11 306	17.39	276	506	1.83
有色冶金	280	3 909	13.96	99	209	2.11
普通机械	312	10 611	34.01	383	1 103	2.88
电气机械	251	10 821	43.11	233	1 214	5.21
运输工具	371	14 881	40.11	322	945	2.93
精密仪器	56	1 729	30.88	79	239	3.03
金属制品	219	6 573	30.01	358	855	2.39

资料来源：〔日〕筱原三代平：《经济学入门》下册，日本经济新闻，1979年版，第28页；转引自杨治：《产业经济学导论》，人民大学出版社，1985年版，第66页，表2-10。

表4-9 日本原材料工业与加工工业的结构变化

年　份	1955	1960	1965	1970	1975	1980	1985	1990	1992
原材料工业(%)	60.0	52.0	49.8	47.2	45.1	45.0	38.4	39.1	40.2
加工工业(%)	40.0	48.0	50.2	52.8	54.9	55.0	61.6	60.9	59.4

资料来源：根据铃木多加史《日本的产业构造》第53页数据整理，日本中央经济社1995年版。转引自陈仲常：《产业经济理论与实证分析》，重庆大学出版社，2005年4月第1版，第41页。

（五）工业化与工业资源结构

随着工业化的发展，工业结构的重心由轻工业到重工业、从原材料工业向组装加工工业进行了转移，工业资源结构的重心也会相应转移。

工业化初期，轻工业特别是纺织工业在工业结构中处于重要地位。这一时期，在工业资源结构中劳动力居于最突出的地位。随着工业结构重工业化的进展，重工业中的原材料工业的地位将不断上升；而原材料工业各部门的发展，其首要条件是需要投入大量的资金，用于购买庞大的生产设备。在工业化的这一阶段，在工业资源结构中资本因素将居于突出的地位。进而，随着工业结构的高加工度化的发展，技术又将取代资本的地位，成为工业资源结构中最重要的因素。从这个意义上说，工业化过程又表现为从劳动集约型工业为重心的阶段到资本集约型工业为重心的阶段,再到技术集约型工业为重心的阶段这三个层次。因此,整个工业化的过程要过"三关":一是从第一次产业中释放出劳动力;二是为向重工业推进,特别是为原材料工业的发展积累足够的资金;三是为使工业结构向高加工度化发展,开发和获得高新技术。

五、贝尔"后工业社会"理论

美国社会学家贝尔(Daniel Bell)于1974年发表了《后工业社会的来临》一书,提出了"后工业社会"理论;将人类社会发展划分三个阶段:前工业社会、工业社会和后工业社会。前工业社会即农业社会阶段,人类的发展受制于自然资源,生产主要是为了满足基本生活需要。工业社会阶段即商品生产的社会阶段,其基础是社会化的机器大生产。后工业社会即服务经济社会,这个社会的基础是服务,财富的来源不再是体力、能源,而是信息与服务。贝尔列出了与上述发展阶段相对应的人均收入水平:前工业化社会人均收入大约在50—200美元(1974年美元,下同)左右;早期工业化阶段人均收入在200—600美元左右;工业化阶段人均收入在200—1 500美元左右;发达工业化阶段的人均收入为1 500—4 000美元。而后工业社会人均收入则为4 000—20 000美元。

贝尔相应地将服务业的发展分为三个阶段,农业社会的服务业以个人服务业和家庭服务为主,工业社会以与商品生产有关的服务业如商业为主;而后工业社会的服务业则以知识型服务和公共服务为主。贝尔认为后工业社会是服务社会,社会结构从商品生产为基础转向以服务业为基础,知识、科学和技术在社会生产中占据主要地位,专业人员和技术人员具有突出的重要性,社会价值体系和控制方式也将发生重大变化。贝尔同时认为,工业社会向后工业社会发展过程中,服务业发展会经历若干阶段。按照贝尔的思路,服务业的发展历程大致是:个人服务和家庭服务→交通通讯及公共设施→商业、金融、保险和房地产→休闲性服务业→知识密集型服务业。

第四节 产业关联及其效应

一、产业关联的种类

1958年,美国经济学家A·D·赫希曼在其《经济发展战略》一书中提出了产业关联的概念,并认为国民经济各产业部门存在着相互依存的关系,其中某一个产业的发展必定会影响或带动其他产业的发展。赫希曼在具体分析产业关联效应的度量时认为,应该用该产业产品的需求价格弹性和收入价格弹性来测量。两种弹性越大,表明关联效应越强;反之则越弱。另外,也可以用产业的关联度来衡量关联效应。如果某一产业的关联度较大,则往往可以成为产业结构成长中的关键产业或主导产业,政府制定产业政策时往往以此作为重要依据。

综合国内许多学者从不同角度给产业关联下的定义(苏东水,2000;钟阳胜,1996;李琮,2000;等等),我们认为产业关联是指社会生产中不同产业或不同行业之间在生产、交换、分配环节上发生的技术经济联系。

按照划分方式不同,产业关联有以下几种类型:

(一) 按产业间供给与需求联系分:前向关联和后向关联

发展经济学家赫希曼(A. O. Hirschman)在《经济发展战略》(1958)一书中,充分强调了产业关联在不同经济发展战略选择中的重要作用。他把产业关联划分为前向关联和后向关联。

1. 前向关联。指的是某一产业的产品在其他产业中的利用而形成的产业关联,即某一产业的产品成为其他产业的投入物,也就是通过供给关系与其他产业部门发生的关联。

2. 后向关联。指的是某一产业在其生产过程中需要从其他产业获得投入品所形成的依赖关系,也就是通过需求关系与其他产业部门发生的关联。

钱纳里和渡边经彦(Twatanabe)曾对美国、日本、挪威和意大利四国的29个产业部门进行了数据分析,并对各产业的前后向关联进行了研究。他们把所有产业分为四类:

(1) 中间制造品产业,是前向、后向关联效果都比较大的产业;
(2) 最终制造品产业,是前向关联效果小而后向关联效果大的产业;
(3) 中间初级产品产业,是前向关联效果大而后向关联效果小的产业;
(4) 最终初级产品产业,是前向、后向关联效果都比较小的产业。

(二) 按产业间技术工艺的方向和特点分:单向关联和多向循环关联

1. 单向关联。先行产业部门为后续产业部门提供产品和服务,以供其生产时直接消耗,但后续产业部门的产品不再返回先行产业部门的生产过程,这种产业间的联系就是单向关联。其特点是产品在各产业间不断深加工,最后脱离生产领域进入消费,因而投入产出的联系方式是单一的。例如,"棉花种植业→纺织工业→服装工业"就属于这种联系方式。

2. 多向循环关联。先行产业部门为后续产业部门提供产品和服务,作为后续产业部门的生产性直接消耗,同时后续部门产品和服务又返回先行产业部门,其特点是各有关产业间的投入产出是互相依赖、互相服务的,从而形成一种多向循环关联。例如:"电力工业→钢铁工业→机械工业"就属于这种联系方式,电力工业为钢铁工业提供电力,钢铁工业又为电力工业提供钢材;钢铁工业和机械工业也是互相提供产品和服务的。

(三) 按产业间的依赖程度分:直接联系与间接联系

1. 直接联系。是指在现实社会再生产过程中,两个产业部门之间存在着直接提供产品、技术的联系。

2. 间接联系。是指在社会再生产过程中,两个产业部门之间不发生直接的生产技术联系,但通过另外一些产业部门的作用而发生的联系,例如汽车工业与采油设备制造业之间并无直接联系,但它们之间存在着间接联系,表现为:汽车需要汽油作燃料,而汽油开发与石油开采有关,石油开采又与石油采油设备制造有关,这样汽车工业的发展就通过上述其他部门最终影响石油设备制造业的发展,从而使汽车工业与采油设备制造业之间发生了间接联系。

二、产业关联方式

产业间的投入产出关系是产业间关联关系的主要内容和方式,产业间关联的主要内容就是指产业间关联产生影响的投入品和产出品,它们构成了产业间的关联的实质性内容,而产业关联关系的发展与变化又会影响与之相关部门的发展与变化。

（一）产业间的产品和劳务关联

产业间的产品和劳务联系是指在社会再生产过程中,一些产业部门为另一些产业部门提供产品或劳务或者产业部门间相互提供产品或劳务。例如,农业部门为工业部门提供原材料,而工业部门又向农业部门提供各种生产资料。就工业部门内部来说,采矿部门为炼铁部门提供矿石,炼铁部门为炼钢部门提供生铁。这样某部门的产品结构、产品的技术含量、产品的生产方式、产业规模和服务内容等某一或多方面发生变化,会引起相关部门的产品结构、产品的技术含量、产品的生产方式、产业规模和服务内容等某一或多方面发生变化。因此,产品和服务的产业关联是产业间最基本的关联关系。其中的原因有：

（1）产业间其他方面的联系如技术关联、价格关联、就业关联和投资关联是在其基础上派生出来的；

（2）一个地区或国家的持续发展,表现在各产业部门间协调发展,而这在本质上要求产业间相互提供的产品和劳务在数量比例上相对均衡；

（3）整个社会的劳动生产率和经济效益的提高,要求相关联的产业间相互提供的产品和劳务质量不断提高和生产成本的不断降低。

（二）产业间的技术关联

产业间技术关联是某些产业不同层次的技术状态及其变化对其他产业技术发展的影响。这些影响是通过依照本产业部门的生产技术特点、产品结构特征、生产服务内容等,对所需相关产业的产品和劳务提出工艺技术、产品生产标准、产品和服务质量标准等要求,以保证本产业部门的产品质量。同时,本产业部门生产产品的技术和产品质量的变化,会推动下游产业相关方面发生变化。这就使得各产业间的生产工艺、生产技术状况及变动有着必然的产业关联。一般来说,这种生产技术联系是与各产业间产品与劳务的供求紧紧联系在一起的。生产技术作为产业关联的重要方面,其发展与变化将直接影响产业间产品和劳务联系的产业发生变换,或者依存度发生变化。例如,在工业化初期,工业对棉花种植业的依赖程度很大,后者直接制约着前者的发展,随着技术进步、化纤产业的形成与发展,纺织工业在与其发生联系的产业中又加入了化纤业,使得纺织业的发展对棉花种植业的依存度减少了。因此,技术进步是推动产业关联因素变化的最活跃、最积极的因素。

（三）产业间的价格关联

产业间的价格联系,实质上是产业间产品和劳务联系的价值量的货币表现。产业间产品与劳务的"投入"与"产出"联系,必然表现为以货币为媒介的等价交换关系,即产业间的价格联系。

产业间价格联系有着重要的作用,主要表现在:

(1) 不同产业的不同质的产品劳务关系,可用价格形式来统一度量和比较,从而为投入产出价值模型的建立铺平了道路,同时为产业结构变动分析、产业间比例分析等提供了有效的计量手段;

(2) 产业的价格联系,为产业间的联系引入了竞争机制,从而有利于成本费用的节约和社会劳动生产率的提高。如某些产业部门由于经营方式、技术条件等方面的改善,使其产品和服务更具有市场竞争力,导致其有后向关联的产业部门的原材料价格降低,从而使成本降低,相关产业的产业竞争力加强。

(四) 产业间的就业关联

社会化大生产使得产业间的发展相互制约、相互促进。虽然不同性质的产业,其发展受其他产业发展的影响、制约程度不一样,但是某一些产业的发展依赖于另一些产业的发展,或某一产业的发展可以导致另一些产业的发展,这种各产业发展的"关联效应"是客观存在的。这样,产业间的劳动就业机会也就有了必然联系。

不同的产业对就业人员有着不同的素质要求和吸收能力,产业间和产业部门间人力资源分配状况的变化和发展,会引起关联产业人力资源配置状况产生相应的变化。某些产业的发展需要另一些产业的发展,或某些产业的发展可以导致另一些产业的发展,增加了就业机会,这样产业间的就业机会也就有了必然的联系。

(五) 产业间的投资关联

社会再生产是在各产业产品或劳务按一定比例的供需关系为联系的基础上进行的。加快一国经济发展,不可能仅仅通过加快某产业部门的发展来实现,而是通过相关产业部门的协调发展来实现。这种产业部门间的协调发展性,使得产业必然存在投资联系。

一个国家或地区经济的发展,不可能仅仅通过加快某产业部门的发展来实现,而是通过相关产业部门的协调发展来实现的。这种不同产业部门间的协调发展,使得产业间必然存在着投资联系。如某些产业的发展需要增加投资,提高其产品及服务的技术含量,扩充其现有的生产能力。这些产业的生产能力的改变,会使与之相关联的产业同时增大投资,扩大生产力以满足其他产业的需求,这样产业间的经营效果才能均衡,数量比例才能协调,整个国民经济才能稳定、健康地发展。

三、产业关联的效应

(一) 产业关联效应的概念

产业关联效应指的是一个产业的生产、产值、技术等方面的变化通过它的前向关联关系和后向关联关系对其他产业部门产生直接和间接的影响。从而可分为前向关联效应和后向关联效应。

前向关联效应就是指一个产业在生产、产值、技术等方面的变化引起其前向关联部门在这些方面的变化或导致新技术的出现、新产业部门的创建等。

后向关联效应指的是一个产业在生产、产值、技术等方面的变化引起其后向关联部门在这些方面的变化。

(二) 产业关联效应的测度

1. 前后向关联指数。可通过关联指数对某产业的关联效应进行分析。

我们定义 $X=(X_{ij})_{n\times n}$ 为中间投入矩阵。其中,X 的第 i 个行向量即为 i 产业作为供给者对其他产业的投入;而 X 的第 j 个列向量就是 j 产业作为需求方从其他产业获得的各种投入。

直接前向关联效应的计算公式为:

$$L_{F(i)} = \left(\sum_{j=1}^{n} x_{ij}\right)/x_i \quad (i=1, 2, \cdots, n)$$

式中:$L_{F(i)}$ 为 i 产业的前向关联指数,x_i 为 i 产业的全部产出,x_{ij} 为 i 产业对 j 产业提供的中间投入。

直接后向关联效应的计算公式为:

$$L_{B(j)} = \left(\sum_{j=1}^{n} x_{ij}\right)/x_j \quad (j=1, 2, \cdots, n)$$

其中,$L_{B(j)}$ 为 j 产业的后向关联指数,x_j 为 j 产业的全部产出,x_{ij} 为 j 产业对 i 产业提供的中间投入。

2. 产业感应度系数与影响力系数。任何一个产业部门的生产活动通过产业间的联系方式,必然要影响到或受影响于其他产业的生产活动,我们将一个产业影响其他产业的"程度"叫做该产业的影响力;把受到其他产业影响的"程度"叫做该产业的感应度。显然,不同的产业,其感应度和影响力一般也是不同的。产业的影响力和感应度的大小可以分别用影响力系数和感应度系数表示。

在里昂惕夫逆矩阵系数表上,行向量的值即反映了该行所对应的产业在经济活动中受其他产业影响的程度,即感应度的大小,而纵向量值反映了该列所对应的产业在经济活动过程中对其他产业影响的程度,即影响力的程度。

$$某产业的感应度系数(S_i) = \frac{该产业在里昂惕夫逆矩阵中的行系数均值}{全部产业在里昂惕夫逆矩阵中的行系数均值的平均}$$

$$= n\left(\sum_{j=1}^{n} q_{ij}\right) \Big/ \left(\sum_{i=1}^{n}\sum_{j=1}^{n} q_{ij}\right) \quad (i, j=1, 2, \cdots, n)$$

$$某产业的影响力系数(T_j) = \frac{该产业在里昂惕夫逆矩阵中的列系数均值}{全部产业在里昂惕夫逆矩阵中的列系数均值的平均}$$

$$= n\left(\sum_{i=1}^{n} q_{ij}\right) \Big/ \left(\sum_{i=1}^{n}\sum_{j=1}^{n} q_{ij}\right) \quad (i, j=1, 2, \cdots, n)$$

其中,q_{ij} 是里昂惕夫逆矩阵 $(I-A)^{-1}$ 中的第 i 行第 j 列的元素。

$S_i(T_j) = 1$ 则表明所研究产业的感应度(影响力)在全部产业中处于平均水平;若

大于1则表明处于平均水平之上；小于1则表示处于平均水平之下。

3. 产业波及效果指标。在国民经济产业体系中，当某一产业部门发生变化，这种变化会沿着不同的产业关联方式，引起与其直接相关的产业部门的变化，而这些相关产业部门的变化又会导致与其直接相关的另外产业部门的变化，这种不断传递的过程就是产业波及。产业波及对国民经济产业体系的影响，即为产业波及效果。

(1) 生产诱发系数。某产业的生产诱发系数是指该产业的各种最终需求项目的生产诱发额除以相应的最终需求项目的合计所得的商，可由以下公式表示：

$$W_{iL} = \frac{Z_{iL}}{Y_L} \quad (i, L = 1, 2, \cdots, n)$$

式中：W_{iL} 表示第 i 产业部门的最终需求 L 项目的生产诱发系数；Z_{iL} 为第 i 产业部门对最终需求 L 项目的生产诱发额；Y_L 为各产业对最终需求 L 项目的合计数额。

(2) 最终依赖度。最终依赖度是指某产业的生产对最终需求项目的依赖程度，这里既包括该产业生产对某最终需求项目的直接依赖，也包括间接依赖，可由下列公式表示：

$$Q_{iL} = \frac{Z_{iL}}{\sum_{L=1}^{n} Z_{iL}} (i, L = 1, 2, \cdots, n)$$

式中：Q_{iL} 为 i 产业部门生产对最终需求 L 项目的依赖度，Z_{iL} 为 i 产业部门最终需求项目的生产诱发额。

(3) 综合就业系数和综合资本系数。所谓综合就业系数指的是某产业为进行1个单位的生产，在本产业部门和其他产业的部门直接和间接需要的就业人数。其公式为：

$$综合就业系数 = 就业系数 \times 逆阵中的相应系数$$

$$某产业就业系数 = \frac{该产业就业人数}{该产业的总产值}$$

(4) 综合资本系数。综合资本系数是指某产业进行1个单位的生产时，在本产业部门和其他产业部门直接和间接需要的资本。其公式为：

$$综合资本系数 = 资本系数 \times 逆阵中的相应系数$$

$$某产业资本系数 = \frac{该产业资本量}{该产业的总产值}$$

四、产业关联与纵向关系

(一) 纵向关系的概念与分类

1. 纵向关系的概念。纵向关系是纵向关联的内容之一。纵向关联指以企业间纵向生产性联系为结构性特征，以企业间契约性联系为行为性特征的上下游产业之间的

综合联系。根据这个定义,纵向关联包含两方面的内容:

(1)上下游厂商之间在短期内相对稳定的结构性联系,包括投入产出关系、技术和知识联系,是一种生产性质的联系,又称纵向生产性联系;

(2)上下游厂商出于合作而建立的产权性、契约性联系,是一种制度性质的联系,又称"纵向关系";前者是后者的基础。参见图4.1。

纵向关系是具有纵向交易关系的企业之间的一种组织形式设计或者制度安排。对于任何一种产品或服务而言,从最初的概念设想,到最终的成品付诸市场,将会涉及从设计、采购、生产到营销和销售等环节的各种经济活动。同样,对于市场中任何一个产业来说,自身产业内上下游环节的各个企业之间都存在着这些经济活动。因此,任何一个产业的存在和发展,都与上下游环节之间存

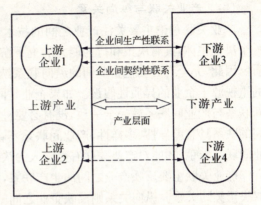

图4.1 纵向关联的内涵:两个层面、双重性质

资料来源:丁永健:《基于纵向关联的产业价值创造机理研究》,大连理工大学博士论文,2006年。

在着的纵向分工合作关系密不可分。如何有效协调产业中上下游环节之间的这些经济活动,建立怎样的纵向关系,以及产业纵向关系的发展趋势,将对一个产业的价值实现和发展起到举足轻重的作用。

2. 纵向关系的分类。根据纵向关系的概念,可以按上下游主体之间的分工合作关系,将纵向关系分为三类:纵向一体化、纵向分拆和纵向约束。

(1)纵向一体化。纵向一体化又称垂直一体化,从经济学上来讲,是指沿产业链占据若干环节的业务联系。以传统制造业为例,纵向一体化就是指产业内生产与供应环节,或者是生产与销售环节联合在一起,即将纵向链条中的经济活动从市场转为企业内部进行。它是企业扩展现有经营业务的一种发展战略。

纵向一体化可以分为两个层面。一个层面是完全纵向一体化,即完全封闭垄断的策略。另一个层面是部分纵向一体化,允许部分市场竞争。一般来说,完全的纵向一体化很难实现,多数情况下企业采取部分纵向一体化。从纵向一体化的方向来看,可分为前向一体化和后向一体化。前向一体化,是指产业内某个环节自行对该环节产品做进一步深加工,或者进行资源的综合利用,抑或是建立自己的销售组织来销售该环节的产品或服务。后向一体化,则是指企业自己供应生产现有产品或服务所需要的全部或部分原材料或半成品。

(2)纵向分拆。纵向分拆,作为与纵向一体化的相反过程,是指原来包括多个产业链环节的企业将其中的某一个或多个环节从企业中剥离出去,将企业内的经济活动转向市场进行。

(3)纵向约束。纵向约束是指在具有纵向关系的产业链中,一个企业利用所在市场的垄断势力或讨价还价能力,通过各种纵向约束或控制的方式,影响上游或下游的竞

争状态,达到阻止市场进入,阻止或延伸垄断势力的目的。纵向约束实际上就是产业内上下游环节之间产品或服务交易的一种非线性的契约关系,是介于纵向一体化和纵向分离之间的一种纵向关系。

（二）产业关联与纵向关系

产业关联理论主要关注产业之间的技术性联系——投入产出关系,但产业并不是一个决策主体,具有决策和行为能力的上下游企业之间的纵向联系才是产业关联的本质。因此,完全有必要把企业间的纵向联系纳入产业关联的研究。对企业间纵向联系的重视源于企业的异质性假设。如果企业是同质的,如古典经济学所假设的那样,企业间联系与产业间联系就完全一致,没有必要进行专门研究。但在异质性假设下,企业之间的联系具有差异性、多样性,产业间联系不再是企业间联系的简单加总,从微观的企业间联系着手,才能对产业关联有更深入的认识。

产业关联主要反映产业之间的生产联系,而企业间的联系不仅取决于生产关系,还取决于契约关系。纵向关系则反映企业之间的契约联系,目的是为了降低交易成本,提高交易效率,从而为企业之间的生产联系服务。因此,纵向关系是产业关联的微观基础。

复习思考题

1. 产业结构的研究对象是什么？产业是如何界定的？
2. 决定与影响产业结构的因素有哪些？
3. 需求结构是如何影响产业结构的？
4. 投资结构是如何影响产业结构的？
5. 产业结构的演变规律有哪些？
6. 我国当前产业结构存在的问题有哪些？
7. 产业关联效应的现实意义有哪些？

第五章 产业结构优化与升级理论

学习要点

1. 掌握产业结构优化的判断标准。
2. 运用有关基准为国家或地区选择主导产业。
3. 理解产业链的内涵、整合模式与优化途径。

案例：纽约产业结构升级模式

纽约位于美国东海岸北部，濒临大西洋，是纽约大都市经济圈的核心地带，为美国最大的金融、商业和文化中心。1950年代以来，在科技进步的推动下，美国产业结构发生变化并影响了美国的城市体系。东北部、中西部城市因传统工业比重较大而陷于衰退，而纽约在1970年代则进行了产业结构的后工业化转型，在生产者服务业的带动下，再度繁荣。产业结构升级对各城区产生了不同的影响，产业聚集性凸显，纽约市区内的不平衡发展也更为突出。产业结构的成功升级使纽约成为一个典型的后工业化城市。

就升级过程来看，从第二次世界大战后到1970年代中期，纽约的产业结构就出现了制造业的急剧衰落与金融、服务业等第三产业崛起的双重变化。1960、1970、1980年代，纽约的制造业就业人数分别减少了9万、18万和26万，下降率分别为9%、19%和35%。在这一过程中，损失最为惨重的首推服装制造业这一传统部门。该产业在1950—1980年间共有20万人失业，占纽约制造业失业人口总数的1/5。自1980年以来，该产业就业人数减少了60%。与制造业的衰落、就业人口减少形成鲜明对比的是第三产业，尤其是贸易、金融、服务业就业人口在总就业人口中的比重迅速增加，由1945年的47%上升到1975年的65%。

从1970年代中期至今，纽约制造业和消费者服务业的产值和就业比重持续下降，生产者服务业在产值和就业份额上超过了传统的消费者服务业，成为城市经济增长和财富积累的动力，并推动着制造业向服务业转变，进而实现第三次产业化。同时，在城市产业的空间分布上，制造业向郊外迁移，生产者服务业向大都市中心地区集中。中心地区的制造业区位熵迅速下降，而越往外围走，制造业区位熵越高，反映出制造业向外扩散的轨迹。与之相反,各类知识性服务业则在核心区高度集聚,以信息业和金融保险、房地产及房屋租赁业、专业科技服务业等为代表,在曼哈顿地区呈现出很高的专业化程度。

资料来源:王宏伟:《世界代表性城市产业结构升级案例及其启示》,《港口经济》,2009年第9期。

第一节　产业结构优化

一、产业结构优化的含义

产业结构优化是指通过产业调整,使各产业实现协调发展,并满足社会不断增长的需求的过程。产业结构优化是一个相对的概念,它不是指产业结构水平的绝对高低,而是指在国民经济效益最优的目标下,根据本国的地理环境、资源条件、经济发展阶段、科学技术水平、人口规模、国际经济关系等特点,通过对产业结构的调整,使之达到与上述条件相适应的各产业协调发展的状态。产业结构优化包含两方面的含义:

(1) 结构效益优化,即结构演进过程中由于协调化而产生的结构效益不断提高;

(2) 转换能力优化,即产业发展过程中,不断提高技术创新能力,提高对社会资源供给状况和市场需求状况变化的适应能力,从而实现技术创新能力的市场化过程。

由此可见,产业结构优化是一个动态过程。尽管在各发展阶段和时点上内容有所不同,但一般包括产业结构合理化和产业结构高级化两个方面的内容。产业结构合理化与产业结构高级化有着密切的联系。产业结构合理化为产业结构高级化提供了基础,而产业结构高级化则推动产业结构在更高层次上实现合理化。产业结构合理化的着眼点主要是经济发展的近期利益,而产业结构高级化则更多地关注结构成长的未来,着眼于经济发展的长远利益。产业结构优化的方向是使结构趋于合理,然后在合理化的基础上通过制度创新和技术创新,实现合理化和高级化的统一。一方面,要使结构在合理化的过程中具有自我上升和转换的功能,合理化过程必须反映高级化的要求。另一方面,要使结构高级化的过程中具有自我协调的功能;高级化的阶段性目标要以结构相对合理为基础,高级化过程必须反映合理化的要求。

(一) 产业结构合理化

1. 产业结构合理化的含义。产业结构合理化是指各产业内部保持符合产业发展规律和内在联系的比例,保证各产业持续、协调发展,同时各产业之间协调发展。产业结构合理化包括以下三个相互联系的内容:

(1) 从静态方面看,三次产业以及各次产业内部的比例要相互适应。这不仅是经济增长和发展的结构,而且是经济进一步增长和发展的条件,因而它们之间比例关系的协调不仅要符合经济运行过程的内在要求,而且要适应国民经济的发展。即使是相对静态的比例关系,也要反映动态过程的一般特点。

(2) 从动态方面看,各次产业内部以及三次产业之间增长与发展的速度要相互协调,即在产业联系的基础上,产业结构合理化要反映部门之间投入产出关系的变动。

(3) 从质态方面看,各产业部门的联系、变动和流向要符合经济发展过程的一般规律。这是产业结构合理化的高层次内容。

2. 产业结构合理化的本质。产业结构合理化的本质是协调。这里的协调不是指产业之间的绝对协调,而是指各产业之间有较强的互补和谐关系和相互转换的能力,其实质就是社会资源在各产业的重新配置,以达到产业结构合理化的要求[1]。只有强化产业之间的协调,才能提高其结构的聚合质量,从而提高产业结构的整体效果[2]。这种协调状态一般包括以下几个方面:

(1) 产业素质的协调。产业结构作为一个系统,若要取得较高的系统运行效率,则系统的构成要素——各个不同的产业——应当具有基本相同的素质。对产业素质的衡量,我们可以通过比较劳动生产率这一指标来判断。在现实经济中,由于存在技术进步速度不均等规律,各产业间的技术水平和劳动生产率一般不同。具有较高技术水平和较高劳动生产率的产业,可以看作具有较高的产业素质;反之,则称该产业的素质较低。一般而言,当各产业比较劳动生产率的数值分布比较集中且又呈现出某种层次性时,则可以认为各产业的素质比较协调。

(2) 各产业相对地位的协调。在产业结构系统中,各产业由于增长速度和所起的作用不同而有着不同的地位,这些处于不同地位的产业按主次轻重的有序组合,就构成了一个产业结构的层次性。如主导产业和支柱产业等产业部门在产业结构系统中占据了较为明显的主要地位,一般都会成为投资和发展的重点,得到产业结构政策的更多倾斜。如果一个产业结构缺乏层次性和主次性,缺乏一组带头的产业和发展重点,则整个产业结构就会显示出缺乏协调的紊乱,从而影响和制约产业结构的综合转换效率。

(3) 产业交替的时间协调。对于同样的经济活动,在不同的时期其效果是不同的。产业结构演变过程具有一定的规律,在不同的经济发展阶段可以选择不同的重点产业来培育、发展。通过对产业交替的时间选择,可以成功地缩短产业结构的演进过程,极大地节约经济时间。如果错误地选择产业交替的时间,则会造成社会资源的极大浪费。

(4) 产业结构的空间协调。在目前的技术水平条件下,产业结构系统的生产能力总是落实在一定的地域空间,因此也就产生了生产力布局以及由此而导致的产业结构的空间协调问题。

3. 产业结构合理化协调的机制和条件。产业结构合理化协调的机制主要包括三方面:

(1) 合理的价格体系。一个合理的价格体系,应能准确、快速地反映市场供求状

---

[1] 龚仰军著:《产业结构研究》,上海财经大学出版社,2002年版,第219页。
[2] 周振华:《产业结构优化论》,上海人民出版社,1992年版,第107页。

况,引导社会资源的流向。在合理的价格体系中,某一生产要素的价格上涨时,反映该生产要素的相对稀缺程度加剧。在企业追求利益最大化动机的驱动下,市场应当增加该生产要素的供给;反之,当某一生产要素的价格下跌时,表明该生产要素的相对稀缺程度减缓,市场应当减少该生产要素的供给。

如果价格体系扭曲,价格的变动不能真正反映市场的供求状况,价格机制失灵,那么依据价格机制做出的企业决策就会出现错误,最终导致市场供给不能适应市场需求,如此形成的产业结构也必然是不合理的。

(2) 科学的计划机制。在市场与计划相结合的协调方式中,计划机制是以计划协调为主的部分。计划协调建立在对未来事态发展进行预测的基础上,这意味着计划协调可能存在一定缺陷。为有效发挥计划协调的作用,应注意以下几方面的问题:计划制定方法的科学性;计划宜粗不宜细;计划以指导性为主;计划决策程序的民主化。

(3) 有效的反馈系统。一个有效的反馈系统要求其反馈的信号能完整地真实地传递给施控主体,以利于施控主体向控制器发出准确的控制指令。在市场与计划相结合的协调方式中,最主要的反馈信号是资源配置信号。政府有关部门或者企业将根据所接收的这类信号,分别发出有关指令,制定(或修正)计划或者根据价格机制做出投资决策。显然,失真的反馈信号将导致错误的指令,从而不能实现产业结构合理化协调的目标。

产业结构合理化协调的条件主要体现在以下三方面:

(1) 完善的市场运行机制。在市场与计划相结合的协调方式中,市场协调是主体,计划协调是补充。因此,协调作用的有效发挥依赖于一个较完善的市场运行机制。对于产业结构合理化协调而言,主要就是要求资源能够充分流动,以及市场的供求信号真实、完备。

(2) 有效的政府。建立完善的市场机制,有赖于一个有效的政府。在市场机制中,政府的作用主要是营造市场竞争氛围,并维持市场运行秩序。有效的政府应通过制定并实施公平、公正的计划,引导资源的流向。为此,政府应成立一个权威性的计划制定和协调控制机构。日本经济起飞时的产业结构审议会,就曾较好地发挥了这样的作用。

(3) 企业的自主地位。在市场与计划相结合的协调机制中,对资源进行直接配置的角色主要由企业来承担。因此,应该保证企业拥有自主权。剥夺了企业的自主权,实际上就是以政府替代了企业在协调机制中的主体地位。而在目前的技术条件下,政府无法有效承担这个重任。因此,给予企业充分的自主权,也是保证产业结构合理化协调有效运行的重要前提。

(二) 产业结构的高级化

1. 产业结构高级化的含义。所谓产业结构高级化,是指在产业技术创新的基础上发挥主导产业的作用,不断提高产业结构的素质,为经济发展创造必要的条件,实现产业结构由低级到高级的产业演进过程。产业结构从低级向高级过渡,不断提高产业结构的素质,即为高级化过程。它包括三方面的内容:一是在整个产业结构中,由第一产业占优势向第二、第三产业占优势转变;二是由劳动密集型产业占优势向资本、知识密集型产业占优势转变;三是由制造初级产品的产业占优势向制造中间产品、最终产品的产业占优势演进。

产业结构高级化的实质内容包括:结构规模由小变大;结构水平由低变高;结构联系由松变紧。

(1) 所谓结构规模由小变大,是指产业部门数量增加,产业关联复杂化,其主要指标是部门之间中间产品的交易规模,即中间产品的使用量。部门之间交易规模的扩大主要通过范围扩张(即参与交易活动的部门增加)和数量增加(即部门之间交易活动的容量增加)这两种方式得以实现。现实经济发展表明,产业结构规模扩大的实质是产业结构借助量的扩张而推动质的提升。这是一种普遍趋势且具有不断强化的趋向,主要由两方面因素引起:一是部门之间购买的增加。随着部门的增加和部门之间联系的密切,中间产品的交易和交易环节不断扩大和增多,从而使生产结构变得比以前更"迂回"了。二是制成品投放对初级产品投入的替代。工业化的历史过程表明,初级产品的中间使用量逐步下降,制成品的中间使用量将迅速上升,这实际上是现代工业发展的结果。

(2) 结构水平由低变高,是指以技术密集型为主体的产业关联取代以劳动密集型为主体的产业关联,这种产业之间的技术关联是通过中间产品的运动来实现的,即通过中间产品的使用及其消耗程度使产业之间发生相应的生产技术联系。中间产品的直接消耗系数(又称投入系数)反映了各产业部门之间的技术联系。在投入产出表中,第 j 生产部门产品的直接消耗系数等于生产 j 部门的单位产品所消耗 i 部门的产品数量,这一系数越高,意味着该部门物耗越高,技术水平自然就越低。

(3) 结构联系由松变紧,是指产业之间的聚合程度提高,关联耦合更加紧密。其主要标志是聚合质量,即产业之间的耦合状态以及由此决定的系统整体性功能,可以从产业系统,从特定产业部门在整个产业链条中所处地位和顺序的角度及这一链条的耦合紧密程度来衡量。

一国的产业结构只要在以上三个方面发生了变动,那就说明该国的产业结构发生了质的变动。也正是这些产业结构的质的变化决定了三次产业之间产值和劳动力比例的变化。那些用超经济强制力改变三次产业的构成通常不会产生真正的产业结构成长,而只会导致产业结构超前转换或虚假转换。

2. 产业结构高级化的直接动因。一般来说,当影响产业结构的因素互相作用趋于一致时,就会促使产业结构朝更高的阶段发展,而在发展的过程中,"创新"起着主要的推动作用。

所谓创新,按照熊彼特的观点,就是导入一种新的生产函数,从而可大大提高潜在的产出能力。而产业结构升级的过程,就是伴随着技术进步和生产社会化程度的提高,不断提高产业结构和资源转换器的效能和效益的过程。因此,创新也就成为产业结构高级化的直接动因。创新对产业结构升级的直接推动作用,主要通过以下两个方面来表示:

(1) 创新导致了技术的进步。导入新的生产函数,一种表现就是在原有生产要素的状态下,通过系统内部结构的调整,提高系统的产出。显然,导入了新的生产函数,也就是导入了系统的技术进步,而系统技术的进步,将会导致产业结构的进步。

这里需要着重指出的是,在影响产业结构的诸多供给要素中,任何要素的供给条件发生了变化,都可能对产业结构产生影响,如自然资源优势的改变、劳动力价格的变化等。但产业发展的历史表明,唯有技术进步,才能使产业结构发生重大的质的变化,如蒸汽机的发明和应用就对原来的产业结构进行了一次革命。因此,由创新导致的技术进步对产业结构升级的推动作用是相当大的。

(2) 创新可以培育新的经济增长点。产业结构是不断变化的,而带动这种变化的龙头是新的经济增长点。一个国家有新的经济增长点,这个国家的经济就发展;一个企业有新的经济增长点,这个企业就有竞争力。创新可导致一些产业得以迅速地扩张,而这些高速成长的产业对产业结构发展的贡献尤为突出。在过去的几十年里,以技术创新为基础的新产品与服务的生产浪潮,缩短了产品与服务的生命周期。1990年,美国平均新产品开发周期为35个月,1995年缩短为24个月,而信息产业的某些产品甚至几个月就淘汰更新,著名的摩尔定律就深刻地揭示了在微电子领域技术创新的巨大威力。

(3) 创新带来了新的市场需求。导入新的生产函数的另一种表现,就是创造了新的产出(包括产品和劳务)。而新产品的出现,又可满足新的市场需求,使一部分潜在的市场需求转换为现实需求。而市场需求则可通过国民收入的总水平和分配,以及各类需求结构对产业结构起到拉动的作用。

一般来说,对于产出需求弹性较大的产业,由创新带来的新产出往往会通过创造新的市场需求而吸引生产要素的流入。这是由于这部分产出刚刚进入市场,它的价格对成本的反应以及需求对价格的反应都比较敏感,从而提高产出的数量将有可能获取较高的收益。因此,当该产业取得高于全产业平均水平的收益时,社会生产要素就通过利润率平均化的原理,从其他产业纷纷流入该产业。而生产要素的流入,就直接刺激了该产业的扩张,如1920年代汽车工业的创新就是一例。对于产出需求弹性较小的产业,由于其产出已经成熟,需求对价格的反应已不再敏感。创新在这些产业带来的产出大幅度地增加,往往更多的是降低了产出的价格。价格下降的结果是收益的减少,而收益减少将导致产业内生产要素的流出和产业的收缩。因此,创新为需求弹性较小的产业带来的倾向是产业的萎缩,1950、1960年代的农业创新就是如此。

3. 产业结构高级化的表现形式。在产业结构高级化过程中,由于产业结构体现的经济技术水平不断提高,资源在各产业间的分布及配置比例也将发生有利于整体经济效益提高的结构性变化。产业结构高级化主要表现在以下几个方面:

(1) 产值结构和劳动力结构的高级化。即第一产业的剩余劳动力逐渐向第二产业转移,并进而向第三产业转移。与之相适应,第一产业创造的国内生产总值的相对比重逐渐下降,第二产业与第三产业创造的国内生产总值的相对比重则持续上升。

(2) 工业结构水平的高级化。这就是以轻工业为重心的发展向以重工业为重心的发展推进,即所谓重工业化;在重工业化过程中,以原材料工业为重心的结构转向以加工组装工业为重心的结构,即所谓高加工度化。

(3) 高附加价值化。即产业结构选择朝着附加价值高的部门发展的趋势。

(4) 技术集约化。即工业资源结构趋向以技术为主体的演进过程。随着工业结构高加工度化的发展,技术资本的质量和劳动力质量将成为工业资源结构中最重要的因素。

(5) 工业结构软性化。即知识和技术日益渗透到工业生产活动之中，从而使工业生产中知识和技术密集型产品的比重与地位趋于提高。

二、产业结构优化的标志

(一) 产业结构合理化的判断标准

产业结构的合理化主要体现在以下四个方面：

(1) 充分有效地利用本国的人力、物力、财力、自然资源以及国际分工的好处；

(2) 使国民经济各部门协调发展，社会的生产、分配、交换、消费顺畅进行，社会扩大再生产顺利发展；

(3) 国民经济持续稳定地增长，社会需求得以实现；

(4) 有利于科学技术进步和向产业结构的高级化推进；

(5) 能获得较高的结构效益，实现人口、资源、环境的协调发展。

产业结构合理化的判断标准，目前主要有三种：

1. 国际标准。即以钱纳里等人倡导的"标准结构"为依据，来判断经济发展不同阶段中的产业结构是否实现了合理化。"标准结构"是大多数国家产业结构演进的综合描述。作为大多数国家产业结构演进轨迹的综合描述，反映了产业结构演进过程的某种规律。虽然"标准结构"可作为判断一个特定产业结构是否合理的参照系，但进一步研究表明，各产业结构系统在其自身的发展中，由于所处时空环境的差异，各国都有自身发展的独特轨迹，很难形成统一的发展模式和产业结构，所以很难用一种标准模型来判断不同时期各国的产业结构是否合理。如，工业先行国与工业后起国在进入工业化阶段时的基础不同，就导致了两者在产业结构的表现上有较大差异：

(1) 产业结构的运行速度不同。在社会经济的发展程度上，后起国比先行国要低得多，传统经济成分的比重较大，成长起点相对低下，通常并不是在完成发育任务后再进入现代工业化阶段，而是先发动经济增长，进入工业化，在工业化进程中培养增长因素，同时完成发育任务。因而，一般来说，先行国产业结构运行轨迹比较平稳，后起国运行轨迹较为倾斜，在某些条件下出现加速的阶段性特征。由于种种因素的作用，后起国在产业结构的运行速度上具有明显的"压缩型"演进特点。所谓"压缩型"演进，是指产业结构的变动速度在一定阶段出现加速现象。通过"压缩"，先行国一般需要相当长时间完成的某个阶段结构转换的任务，后起国（地区）则只在较短的时间内就能完成。例如，在产业结构的运行、变动速度上，东亚处在不同阶段的国家分别要明显快于世界上与其相应发展阶段的国家。

(2) "大国"结构与"小国"结构的差别。大国或小国结构是依据国内市场规模和资源禀赋充裕程度决定的。大国结构相对于小国结构，在较低的收入水平时即可进入结构迅速变动的阶段。在大国结构中，市场规模较大，有利于在较低的水平上实现规模化生产。在大国结构中，制造业的比重一般也要高于小国结构。

2. 需求结构判断法。即产业结构与需求结构相适应的程度越高，则产业结构越合理;相反,两者不适应或很不适应,则产业结构不合理。三大产业的形成,首先是需求结构、个人消费结构随收入水平变动而变动的结果。此外,在最终需求中消费和投资的比例关系也决定了消费资料产业同资本资料产业的比例关系。而且投资也可形成新的生产能力,投资在各个产业部门的分配是改变已有产业结构的直接原因。投资结构的变化,要受到生产工艺、生产技术以及资本有机构成变化的影响。

3. 产业间比例平衡标准。即以产业间的比例是否平衡作为判断产业结构合理与否的标准。从理论上说,经济增长是在各产业协调发展的基础上进行的,产业之间保持比例平衡是经济增长的基本条件。一个产业结构系统功能的整体发挥,不是取决于该系统中产出能力最强的产业,而是取决于该系统中产出能力最弱的产业。当一个产业结构系统存在瓶颈产业时,系统的生产能力将受制于这些瓶颈产业的作用发挥程度。因此,在一个产业结构系统中,如果缺乏产业间的比例平衡,就会极大地削弱系统的生产能力和总的产出水平。

(二)产业结构高级化的标志

在工业化的过程中,产业结构的高级化要经历四个阶段。

(1)产业结构的重工业化阶段,这个阶段的特征是工业结构由以轻纺工业为主转向以重工业、化学工业为主。

(2)产业结构的高加工度化阶段,即重工业化过程中由以原材料为重心的结构转向以加工组装工业为重心的结构。这个阶段的特点是生产的社会化程度和专业化联系高度发达,产业结构的成长摆脱了受区域性资源结构强制的压力和资源短缺的限制,从而不断向前推进。

(3)产业结构的知识、技术高度密集化阶段。在这个阶段,各工业部门愈来愈多地采用高级技术,以知识、技术密集为特征的尖端工业广泛兴起和发展。这个阶段是国民经济的发展和产业结构的成长摆脱资本积累的局限性,开始突破工业社会的框架,实现向"后工业社会"的产业结构转变。

(4)产业结构的高信息化阶段。一方面是利用信息技术改造国民经济各个领域,加快农业的工业化和工业的信息化。信息技术和信息产业不仅是国民经济的支柱,而且可以推动其他部门的更新换代和现代化。另一方面是利用信息技术提高国民经济活动中采集传输信息和利用信息的能力,提高国民经济的国际竞争力。

对一个特定产业结构系统的高级化如何进行判别,主要有如下两种方法。

1. "标准结构"法。"标准结构"是大多数国家产业结构高级化演进的综合描述,一般是通过统计分析的方法,对样本国家产业结构高级化表现出的特征进行统计归纳,并在此基础上综合出能刻画某个高级化阶段的若干指标作为产业结构演进到此阶段的"标准"和代表。在利用"标准结构"对产业结构高级化进行实证研究中,库兹涅茨、钱纳里、塞尔奎因等人做出了巨大贡献。他们在一些著作中统计归纳的一些"标准",经常被他人作为"尺子"来"丈量"一些特定的产业结构系统,所归纳总结的"标准结构"被称为产业结构的"发展型式"。这种方法一般用以下三种指标来衡量产业结构的高级化。

(1)产值结构。自库兹涅茨起,从事产业经济学研究的经济学家就开始重视产值结构和产业结构高级化关系的研究。不少"标准结构"也是以产值结构为其衡量的标准。

在利用产值结构对产业结构高级化进行分析时,要注意的是所采用的价格体系。若价格体系中各产业产出的比价是合理的,则产值结构能准确地反映产出结构;而当比价不合理时,产值结构所反映的产出结构是扭曲的,从而导致在衡量产业结构高级化时出现误差。

(2) 劳动力结构。在劳动力能够自由流动的商品社会,人们为了获得更多的收入,一般会趋向于收入较高的产业。劳动力在不同产业间的分布,就形成了劳动力结构。

通过劳动力结构来观察产业结构,需要注意几个问题:首先,劳动力作为产业结构系统的投入,只是诸多投入要素之一。其次,不同的劳动力具有相当的一致性。马克思曾指出人类的劳动存在着简单劳动和复杂劳动之别,而不同质的劳动力在生产活动中所发挥的作用并不相同。因此,仅用劳动力人数结构来反映劳动力结构是有缺陷的,但目前简单劳动和复杂劳动之间的换算问题在实践中一直未得到很好的解决,所以现有的"标准结构"都采用"劳动力人数"基本指标。

最后,劳动力要素的市场流动问题也是在选用劳动力结构指标时应考虑的问题之一。如果劳动力要素不能自由流动,则一个产业的劳动力就业状况不能真实反映该产业对劳动力要素的需求,从而所观察的产业结构在劳动力结构上的表现也是一种被扭曲的假象。

(3) 相对劳动生产率结构。劳动生产率是反映劳动力要素使用效率的指标。一般而言,由于各产业所采用的产业技术不同,各产业的劳动生产率也不相同。产业技术相对落后的产业,其劳动生产率相对较低;反之则相对较高。经济学的研究发现,随着社会的发展和技术的进步,各产业的劳动生产率有逐渐缩小差别的趋势。为此,可以用不同产业劳动生产率之比来反映一国产业结构的高级化。

我们把两个产业的劳动生产率之比称作相对劳动生产率,其计算公式为:

$$P_i/P_j = (Y_i/L_i)/(Y_j/L_j) \qquad (5.1)$$

其中,P、Y 和 L 分别代表劳动生产率、产出量和劳动力使用数量,下角标的 i 和 j 分别代表产业 i 和产业 j。

通过相对劳动生产率结构来观察产业结构高级化,虽然不如使用产值结构和劳动力结构普遍,但也常被一些学者使用。

在此,我们选取赛尔奎因和钱纳里(1989)的"标准结构"模式为例(见表5-1)。

表5-1 赛尔奎因和钱纳里的"标准结构"模式(1989)   单位:%

	人均国内生产总值的基准水平(1980年,美元)					
	300以下	300	500	1 000	2 000	4 000
产值结构						
第一产业	46.3	36.0	30.4	26.7	21.8	18.6
第二产业	13.5	19.6	23.1	25.5	29.0	31.4
第三产业	40.1	44.4	46.5	47.8	49.2	50.0

续表

	劳动力结构					
第一产业	81.0	74.9	65.1	51.7	38.1	24.2
第二产业	7.0	9.0	13.2	19.2	25.6	32.6
第三产业	12.0	15.9	21.7	29.1	36.3	43.2
	相对劳动生产率结构					
第一产业	0.59	0.53	0.49	0.44	0.40	0.40
第二产业	3.00	3.07	2.53	2.04	1.70	1.40
第三产业	2.58	2.04	1.59	1.30	1.13	1.03

资料来源：根据 Syrquin & Chenery(1989)："Three Decades of Industrialization". *The World Bank Economic Reviews*, Vol.3, pp.152-153 整理计算而得。

2. 相似系数法。这是以某一国的产业结构为参照系，通过相似系数的计算，将本国的产业结构与参照国的产业结构进行比较，以确定本国产业结构高级化程度的一种方法。

设 A 是被比较国的产业结构，B 是参照国的产业结构，X_{Ai} 和 X_{Bi} 分别是产业 i 在 A 和 B 中的比重，则 A 和 B 之间的结构相似系数为：

$$S_{AB} = \left(\sum_{i=1}^{n} X_{Ai}X_{Bi}\right) \bigg/ \left(\sum_{i=1}^{n} X_{Ai}^2 \sum_{i=1}^{n} X_{Bi}^2\right)^{1/2} \tag{5.2}$$

三、产业结构优化的路径与策略

（一）产业结构优化的路径

一般来说，产业结构优化遵循两条路线：

(1) 内向型优化。它是指主要依赖国内市场，根据产业结构合理化的要求来消除本国各产业之间发展的不协调，促进社会供求结构的平衡，并根据本国产业发展的内在要求，沿着产业结构升级的线路，推进产业的质的提升，以实现本国经济的可持续发展。

(2) 外向型优化。外向型优化是借助国外市场和国外环境，从国际比较优势和产业国际竞争优势的角度出发，优化本国产业在世界产业分工体系中的位置，推动本国产业经济系统和世界产业经济系统的发展，形成良性互动的作用机制。

一国在产业结构的外向型优化和内向型优化的共同作用下，产业结构向基于全球产业经济体系的合理化、高度化和高效化目标逼进。但经济发展在不同阶段选择的不同的结构优化主体模式，将决定一国经济发展的水平和产业结构的高度。

1. 内向型优化路径。内向型产业结构优化路径是嵌入式"国内价值链"模式，是指一国产业经济系统在国内市场导向下，内部各相互关联的产业协调互动，实现本国产业结构合理化、高度化和高效化，并最终实现一国经济可持续发展的过程。内向型产业优化注重于满足国内市场需求，开发国内高端市场和客户，依靠国内市场提高企业创新能力、产业升级优化能力。内向型优化路径实际就是依赖国内价值链,提升本国产业结构的一种自主升级模式。这种升级模式抗波动能力强,自身可以组成一个循环体系,并形成完整的产业配套。

内向型产业结构优化强调本国市场和产业之间的相互匹配,强调通过国内产业之间的互动来推动本国经济的可持续发展。它的主要功能有:

(1) 强化技术扩散效应。内向型产业结构优化强调一国国内各个产业发展的技术保持匹配,继而推动产业结构的合理化。此外,内向型优化还将通过国内投资的调节和就业结构的调整,推动国内产业之间在发展中的协调。

(2) 强化产业集聚功能。内向型优化将通过国家投资政策鼓励、产业布局引导等政策方式以及市场的自发作用规律,推动国内产业集聚,进而提升国内产业的素质。

(3) 提升产业的高度化。内向型优化将通过国内需求的引导,推动国内主导产业的选择和更替,并通过技术创新的作用,提高产业的知识化水平,推动国内三次产业结构间比例的变动。

2. 外向型优化路径。当一国国内需求并不旺盛,而企业有多余的供给能力时,外向型优化机制就成为大多数发展中国家提升产业结构的选择。外向型产业结构优化能推动一国产业经济系统融入世界产业分工体系,分享全球资源和市场,获得更大的成长空间。外向型产业结构优化也叫嵌入式全球价值链模式,是指从国际经济合作中的比较优势及竞争优势出发,把握经济全球化和知识经济时代产业升级的基本趋势及规律,主动将本国产业体系融入世界产业体系中,形成开放型的产业经济体系,改造和提升自身的要素禀赋,以开放促发展,扩大本国比较优势和竞争优势,并最终提升本国产业国际竞争力的过程和结果。

外向型优化在产业结构合理化方面的作用方式是通过推动本国产业产出与世界产业市场保持协调、现代技术在本国产业中的应用以及市场机制的配置作用,将产业资源配置到与世界市场需求相协调的产业中。在产业结构高度化方面,外向型产业结构优化采取的方式是依托世界资源和市场,通过对外合作来加快一国新兴产业的发展和主导产业更迭的步伐,或采取跨越式发展战略直接进入下一阶段的发展,或借助世界产业分工格局变动的机会,积极引进新兴产业以推动本国产业结构的高度化演进。

(二) 产业结构优化的策略

1. 产业空间转移。产业的空间转移是由于资源供给或产品需求条件发生变化后,某些产业从某一地区或国家转移到另一地区或国家的经济发展及序列演化过程。产业空间转移既包括产业从一国国内的一个地区转移至另一个地区,也包括产业从一个国家转移至另一个国家。通常我们所指的产业空间转移更多地是指产业的国际转移。国际产业转移主要是通过要素在产业和区域间的流动,常常以相关国家的投资、贸易以及技术转移活动等形式来实现。它往往开始于劳动密集型的产业,然后演进到资本、技术密集型产业;或先由发达的国家转移到次发达国家,再转移到发展中国家和地区。国际产业转移是产业结构升级的结果,也是推动产业结构升级的重要手段。一国国内的产业空间转移一般是市场扩张的需要,是产业结构调整的需要和追求经营资源的边际效益最大化以及企业成长的需要。

2. 产品升级换代。产品是产业形成的基础,产品的升级换代是产业发展和优化的一个重要标志。产业结构调整和优化不仅仅要考察产业层面,更应该深入到产品层面中去。产品升级通过引进新产品或改进已有产品,提高单位产品的附加值,如提升质量、降低定价、增强差异化、缩短新产品上市时间等,用以提高自身竞争能力。产品升级属于产业内的产品结构优化,是产业升级的基础,是实现产业结构优化升级的策略之一。

产品升级首先是进行产品技术升级,即改变在短缺经济时代只追求产品数量的做法,而转向注重产品的质量,实现产品从劳动密集型向资本或技术密集型转变。为了实现产品升级,必须通过创新设计、更新设备、进行技术改造,进行生产工艺、生产手段的升级换代。其次是品牌的升级。若想延伸产业的价值链和生产链,关键的一点是注重品牌的培育。在现代市场条件下,市场竞争已初步由产品竞争过渡到资本竞争,再到品牌竞争。品牌竞争日益成为市场经济的主体性竞争形态。特别是传统产业的升级。面对全球化竞争必须重视品牌经营,否则必将在国际市场上逐渐处于弱势地位,最终成为国外品牌的廉价加工厂。再次是功能升级。即从简单的组装发展到"原始设备制造商",到"原始设计制造商",再发展到"原始品牌制造商"。

3. 产业链条位置升级。产业链条位置升级是指在同一条产业价值链曲线上,一国产业的变动。可用"微笑曲线"来表示产业链条位置的高低。产业链条位置升级通常指产业从价值链低端向高端演进的过程。如图 5.1 所示,价值链两端分别是产品研发和销售服务,往往代表附加价值较高的部门,一般表示拥有较高的技术水平和较高的利润率。这部分通常为发达国家所占据;而中间部分加工组装环节则通常是技术水平较低、利润率也较低的部门,发展中国家往往处于这个位置,因此在全球价值链中,发展中国家处于被动地位。微笑曲线告诉我们,全球价值链中利润高的环节集中在研究与开发、设计、品牌、营销等"非生产性"环节当中。因此,应该加快产业的升级和转型,尽快在全球产业链分工的"微笑曲线"中占据有利位置。

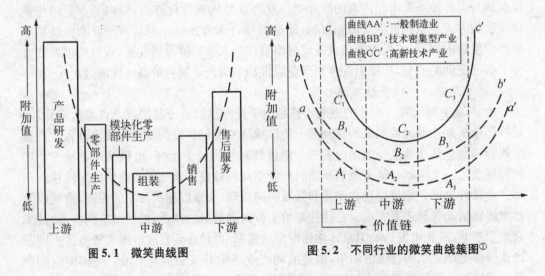

图 5.1 微笑曲线图　　　　图 5.2 不同行业的微笑曲线簇图[①]

---

① 陈鹏、郑翼存:《微笑曲线理论对该地区产业结构高度化的启示》,《市场论坛》,2006 年第 11 期。

4. "跨越式"链条升级。"跨越式链条"升级也叫产业间优化升级,是从一条产业链条转换到另外一条产业链条的升级方式,这种转换一般都来源于突破性创新。

如图5.2是由三组曲线共同构成的"产业微笑曲线"簇,它是不同行业附加价值的体现。曲线 aa' 代表一般制造业,bb' 代表中等技术密集型产业,cc' 表示高新技术产业。曲线位置的高低、曲线的弯曲度决定了不同产业的技术水平和高度化水平。一般来说,曲线位置越高、曲线的弯曲度越大,表明该曲线所代表的产业是高技术或资本密集型的产业。由图可以看出,位于弯曲曲线中段的动点 A_2、B_2、C_2 是三条曲线中附加价值最低的部分,越往两端走,所包含的价值越高。即左端动点 A_1、B_1、C_1 与右端动点 A_3、B_3、C_3,拥有较高的附加价值。

"跨越式链条"升级指的是改变整条曲线的位置,使其从曲线 a 向曲线 b 再向曲线 c 跳跃升级。它不是同一个链条上位置的变更,而是完全突破原有链条,重新创建新链条和新产业的全新升级模式。

四、产业结构优化升级评价指标的选取原则

产业结构优化升级的评价,是从产业系统的整体性出发,对产业结构的升级能力和升级效果进行全面衡量。由于产业结构优化升级的过程就是产业系统技术创新能力的提高和经济效益的改善过程,所以要全面反映产业结构升级状态,必须从产业的技术创新能力和运营效果两个方面入手进行综合评价。

对产业结构优化升级进行综合评价,必须在全面、客观、科学的基础上,建立评价指标体系。评价指标体系的建立应遵循下列原则:

(一)全局性原则

产业体系具有独立性、完整性、区域性的特点,产业结构优化升级的评价指标不能从特定区域出发,而应从一国经济的整体出发,充分考虑产业经济发展的特点,因地制宜、注重特色、发挥优势、分工合作、协调发展,建立能充分反映一国产业特征的评价指标体系。

(二)优势性原则

在经济全球化背景下,产业结构优化升级过程中的比较优势和竞争优势发挥的程度,决定了全球化背景下产业结构优化升级的力度和后劲。比较优势涉及的主要是区域间不同产业或产品的资源禀赋关系,强调区域间产业发展潜能,而竞争优势则涉及同一产业或产品的市场竞争关系,强调产业发展的现实态势。因此,实现产业结构优化升级的评价指标体系要充分考虑这两种不同的优势效应。

(三)客观性原则

产业结构演进过程中所处的环境不同,相应的衡量标准也有所不同。在完善的市场经济条件下,要客观、真实地反映产业结构演进的态势,就要选取能够科学衡量产业结构演进规律的指标体系,使之能够反映产业结构优化升级的新趋势,具有可量化、具体化、动态化的特点。为此要尽可能采用有客观数据支撑的指标,或通过相应的计算可以间接得到的指标数据,同时指标中的资料来源和评价标准尽可能采用权威性的数据。

(四) 可比性原则

产业结构的优化升级,是在一定时期内,在一定的社会分工和社会需求基础上,产业技术密集度和知识含量的市场化实现程度不断提高的动态化过程。因此,产业结构的优化升级要具有同一区域内不同时序的可比性,以及不同区域内在同一时间横截面的可比性。这要求不同区域内相同产业衡量指标的计算口径具有一致性,以保证可比性。

(五) 动态性原则

产业结构优化升级的方向是合理化基础上的高度转换能力,以及高级化过程中的合理化能力实现过程。这种能力越强,说明产业结构优化升级的效果越好。因此,产业结构优化升级表现出强烈的动态特征。产业结构优化升级的评价也要充分考虑到这种动态性特征,将同一指标在不同时段的变动作为衡量转换强度的评价指标。

(六) 导向性原则

产业结构优化升级的过程不仅受市场经济体制的影响,而且受政府各种宏观与微观经济政策的影响,尤其是在以政府主导力度较大的国家和区域,产业结构优化升级就更不能忽视政府的经济发展战略和产业发展政策。因此,产业结构优化升级的评价指标,要与国家、区域、部门等在不同时期内的主要战略方针和战略目标高度相关。

五、产业结构优化升级的效果评价

关于产业结构优化升级的效果评价,可以用产业结构优化升级带来的附加价值溢出量、产业高加工度化系数、结构效益系数以及结构效应链作为指标来衡量。

(一) 附加价值溢出量

工业的附加值特别是制造业的附加值占 GDP 份额的持续上升最能体现一个国家工业化的基本特征。而产业的附加价值量的大小,与经济发展和产业结构优化升级的经济现象密切相关。产业结构优化升级后带来产品和服务的高附加值与升级前附加值的比较即附加价值溢出量,能够直接说明产业结构优化升级的效益。

为什么产业结构优化升级能够带来高的附加价值呢?可根据投入产出原理来分析:传统的要素投入包括资本、劳动、土地。而技术这个要素是融入资本、劳动之中。所以在测度投入要素时,技术与资本、劳动的关系,不是并列相加的关系,而是串联相乘的关系。当然,如果某种技术存在独立的形态且未凝结融入资本和劳动之中时,如图纸、技术软件等,这种技术就应当与资本、劳动一起并列相加。现代的要素投入除包括资本、劳动、土地之外,还应当包括技术、管理、知识、信息,而且决定经济增长的投入要素,已经主要不是资本、劳动和土地了,而是越来越依赖于知识、信息、技术和管理这些要素。其根本原因是投入要素中的科技含量高了,高科技投入必然带来高科技产出。也就是说,高科技含量带来更高的附加价值。

(二) 产业高加工化系数

这是考察产业结构高级化程度的指标。它是为了测量制造业内部的构成变化,特别是深加工、高新技术和高资本含量的产业占制造业比重的变化。其计算公式是:

$$D = P_m G_m / (P_m G_m + P_p G_p) \qquad (5.3)$$

式中：D 为产业结构高度化系数；P_m 为制造业生产的附加值；G_m 为制造业增长速度；P_p 和 G_p 分别为初级产品比重和增长速度。

需要指出的是，高级化系数越高，则表明生产技术越先进，从而为社会创造更多的物质财富。但这个指标的前提条件是：产业结构的高加工度化系数上升必须伴随技术的进步，具有技术集约性。

（三）结构效益系数

这项指标表明产业构成比例关系变动引起的效益变化，它反映总的投入产出关系，是观察产业结构是否合理的综合指标。其计算公式是：

$$S = \sum_{i=1}^{n} \left\{ \frac{Y_i}{\sum_{i=1}^{n} Y_i} \cdot \frac{Y_i}{K_i L_i} \right\} \cdot \frac{Y_0}{K_0 L_0} \qquad (5.4)$$

式中：S 为结构效益指数；Y 为产值；K 为资本；L 为劳动者人数；n 为产业数。

上式等号右边第一项表示产业结构升级后的总效益，第二项表示产业结构升级前的总效益。如果 S 值上升，说明产业结构优化升级使结构效益提高，即意味着产业结构趋于合理化；反之，若 S 值下降，则反映产业结构效益下降，产业结构不合理。

（四）结构效应链分析

所谓结构效应链是指产业结构变化、升级带来的效益是通过系列的效应链表现出来的。比如，产业结构要满足投入结构、资源结构、能源结构等的协调性要求。一定的需求结构要满足消费结构、投资结构和进出口结构等的协调性要求。在这一系列的结构关系中，产业结构居于总需求与总供给的总量平衡中供给方面的基础地位。

应当指出，获得良好的产业结构效益，将有利于改善一国经济增长和经济结构的宏观经济指标，如经济增长率、就业率、通货膨胀率、投资收益率、收入分配率等。产业结构是经济结构的核心，产业结构的优化在很大程度上决定着经济结构的优化；从总量与结构的关系看，经济总量的增长唯有建立在优化的经济结构基础上，才能取得更大的宏观经济效益。

第二节 主导产业选择理论

一、主导产业的概念

（一）主导产业的概念和特征

主导产业，是指在经济发展过程中，或在工业化的不同阶段上出现的一些影响全局的在国民经济中居于主导地位的产业部门。这些产业部门因其利用新技术方面的特殊能力而具有很高的增长率，而且它们在整个国民经济发展中具有较强的前后向关联性，因此这些产业部门的发展能够波及国民经济的其他产业部门,从而带动整个经济的高速增长。

在现代社会经济生活中,由于经济活动和各产业部门之间的技术经济联系,主导产业具有一些显著特征。

1. 多层次性。由于发展中国家在优化产业结构的过程中,既要解决产业结构的合理化问题,又要解决产业结构的高级化问题,实现目标是多重的,所以处于战略地位的主导产业群就呈现出多层次的特点。

2. 综合性。由于发展中国家在经济发展中面临的问题是多样的,各产业部门在为发展目标服务时,其作用既各有侧重又互为补充,主要取决于产业部门的特性。部门特性的差异及面临问题的多样性,要求在选择主导产业时综合考虑多种因素,这就决定了主导产业群的综合性。

产业部门的特性主要表现在以下几个方面:

(1) 增长特性,即某产业部门的发展对国民经济增长的贡献大小。

(2) 关联特性,即某产业部门在整个产业链条中是属于推动型,还是属于诱导型。

(3) 需求特性,即某产业部门是服务于最终需求,还是服务于中间需求;是对积累贡献大,还是对消费贡献大。

(4) 资源特性,即某产业部门所体现的各种资源的密集程度。

3. 序列更替性。经济发展的阶段性也决定了主导产业群的序列更替性。特定时期的主导产业,是在具体条件下选择的结果。一旦条件变化,原有的主导产业群对经济的带动作用就会弱化、消失,进而为新的主导产业群所替代。

从经济发展的中短期考虑,由于"瓶颈"作用和"瓶颈"的更替性,主导产业群的选择也要具有序列更替性。不同发展阶段上的主导产业群,既存在替代关系,又存在相互作用。不同阶段的主导产业群的选择并不是随机的,前一主导产业群为后一主导产业群的发展奠定基础。

在此,我们不能把基础产业纳入主导产业,或是把支柱产业等同于主导产业。

基础产业和主导产业是对产业结构从不同角度、不同层次进行划分、考察所得出的不同概念。基础产业是支撑一国或一个地区经济运行的基础部门,它决定着工业、农业、商业等直接生产活动的发展水平。一个国家或地区的基础产业越发达,其经济运行就越顺畅、越有效,人民生活就越便利。一般而言,基础产业是经济社会活动的基础工业和基础设施,前者包括能源工业和基本原材料工业,后者包括交通运输、邮电通讯、港口、机场、桥梁等公共设施。从广义上看,基础产业还应当包括一些提供无形产品或服务的部门,如科学、文化、教育、卫生、法律等部门,有时还特别强调农业是国民经济的基础。主导产业,则是指在产业发展中处于技术领先地位的产业,它代表了产业结构演变的基本方向或趋势,对整个国民经济发展具有明显的促进作用,能带动整个产业结构走向高级化。

主导产业与支柱产业有发展程度的差别。支柱产业是指在国民经济中所占比重最大、具有稳定而广泛的资源和产品市场的产业,支柱产业构成一个国家或地区产业体系的主体,提供大部分的国民收入,因而是整个国民经济的支柱。支柱产业的构成及其技术水平决定了产业结构在演变过程中所处的阶段。而主导产业是在一个国家或地区的产业体系中处于技术领先地位的产业,它代表产业结构演变的方向或趋势,是支柱产业发展的前期形态。主导产业的选择主要侧重于国民经济和产业结构的长期目标,强调创新、未来的发展优势和带动效应;而支柱产业的选择则注重于短期或中期目标,注重现实的经济效益,在于培育国民经济增长的主力产业。主导产业在当前经济中可能是影响较小的产业,其资源利用效率可能较低,投入产出比率也可能不尽如人意;而支柱产业则必定是在现实经济中占有较大份额、对国民经济的贡献率较大、投入产出比较好的产业。两者在时间上一般呈现为后者对前者的继起,前一时期的主导产业成为后一时期的支柱产业,而在新的时期又会有另外一些产业替代原来的主导产业。

(二) 主导产业与非主导产业的关系

主导产业并不是孤立存在的,它与其他产业部门之间存在着相互促进、相互影响、相互依赖、相互制约的关系。随着技术和经济的发展,各产业部门之间的关系会越来越广泛,越来越复杂。每个产业部门既是其他产业部门存在和发展的一个条件,其自身发展也要受其他产业部门的制约。每个产业部门都需要其他产业提供的产品作为自己的劳动手段、劳动对象和劳动者的生活资料,同时也必须把本部门的产品提供给其他部门使用。因此,各产业部门之间就形成了经常的、大量的、相互交替的技术经济联系。作为国民经济产业部门之一的主导产业,它不能脱离其他部门而独立发展,必须与其他产业部门保持协调发展。

要使包括主导产业在内的各产业协调发展,必须搞清楚各产业部门之间的联系及其联系方式。根据各产业前向联系和后向联系程度的差异对产业部门在国民经济结构中所处的地位和所起的作用进行划分,产业部门可以分为:

1. 中间需求型产业。部门前向联系和后向联系程度均较高的产业,或中间投入率、中间需求率均较高的产业部门,在社会生产过程中既显著依赖其他部门的投入,又依赖其他部门对本部门中间产品的需求。此类产业部门的产业联系性质属于中间需求型产业。

2. 中间需求型基础产业。部门后向联系水平低、前向联系水平高或中间投入率低,中间需求率高,则表明该产业部门的生产过程对其他部门的投入依赖较低,但却显著依赖于其他产业部门生产过程对该部门中间产品的需求。该产业被称为中间需求型基础产业。

3. 最终需求型产业。后向联系程度高、前向联系程度低或中间投入率高,中间需求率低。这类产业部门的产业联系特点是:显著依赖其他部门中间产品对本部门生产过程的投入,但本部门产品的大多数用于非生产消费,即构成社会最终产品。故这类产业的发展主要依赖其他部门的中间投入量和社会最终产品的需求量,因此称为最终需求型产业。

4. 最终需求型基础产业。前向联系程度和后向联系程度均较低,或中间投入率和中间产业率均较低的产业部门。这类部门产业联系的特点是:生产过程既不显著依赖其他部门的投入,又不显著依赖其他部门的需求。这类产业的产出主要用于最终产品需求,其增长过程不以其他部门有效供给量的增长为前提,因此称为最终需求型基础产业。

根据前向、后向联系的程度对国民经济各产业部门的联系方式进行分类,产业的联系方式主要有以下两种:

1. 基础产业和非基础产业间的联系方式。根据部门后向联系程度或中间投入率的高低,可将国民经济各产业部门划分为基础产业和非基础产业两大类。后向联系程度高或中间投入率高的为基础产业,反之为非基础产业。在国民经济运行中,基础产业部门不以非基础产业的中间产品为基本增长条件,但为非基础产业的发展提供必不可少的投入。因而基础产业和非基础产业间联系方式的基本特征是基础产业应超前发展。

2. 上游产业、中游产业、下游产业的联系方式。所谓上游产业、中游产业、下游产业,是根据各产业部门对资源进行加工的顺序而做出的形象概括。上游产业即中间产品供给型基础产业,中游产业即中间产品供给型产业,下游产业即最终产品供给型产业。上游、中游、下游产业联系的基本特征是:上游产业为中游产业提供初级原料品,中游产业为下游产业提供再加工的原材料。

从世界各国的工业化经验看,在工业化初期,一般是下游产业得到优先发展;在工业化中期或较完整的产业结构形成期,由于部门间联系水平提高,资源加工深度提高,加上技术进步因素的影响,上游产业、中游产业在国民经济中的地位趋向下降。但这种下降趋向并不能等同于工业化初期上游、中游产业的发展不足,而是上游、中游产业生产过剩和生产能力闲置。由此可见,在工业化中期,上游产业和中游产业的发展是从有效供给不足转向过剩的关键时期。世界各国的工业化经验还表明,对于一个不发达国家,特别是人口规模较大的国家来说,在工业化中期,必须认真解决上游产业和中游产业生产能力不足、产品供给不足的"瓶颈"约束问题。

二、主导产业的选择基准

主导产业是经济发展的驱动轮,整个经济和其他各产业部门只有在它的带动下才能高速增长。同时,主导产业也是形成合理和有效的产业结构的契机,产业结构必须以它为核心才能快速向高级化推进。正因为如此,正确选择主导产业就成了各国促进产业结构发展的重要课题。选择主导产业,首先涉及的就是选择标准问题,即主导产业的选择基准。人们已经提出的基准有很多,较常提到的有以下几类基准:

(一)赫希曼基准

美国发展经济学家艾伯特·赫希曼(Hirschman)在其名著《经济发展战略》中,依据投入产出的基本原理,提出了依后向联系水平确定主导产业的准则。也就是说,主导产业部门的选择应依照工业部门后向联系系数的大小顺序排列。赫希曼基准的意义在于:

(1)突出后向联系意味着主导产业部门的选择以最终产品的制造部门为主,这样,主导产业部门的市场需求就有保证。

(2)主导产业部门具有强烈的中间产品需求倾向,这又为支持主导产业部门增长的中间投入部门提供了市场。

因此,主导产业部门通过需求扩大的连锁效应,可带动经济的有效增长。

可以明显地看出,赫希曼基准的出发点在于,在不发达国家,由于资本相对不足,而且扩大资本形成能力的要求相当迫切,所以基础产业的成长要靠市场需求来带动供给。因此,可以把赫希曼基准理解为以需求带动供给增长的不平衡结构的选择战略。

(二)罗斯托基准

美国经济学家罗斯托(Rostow)在《从起飞进入持续增长的经济学》一书中将主导产业部门在经济起飞中的作用概括为三个方面:

(1)后向联系效应。即新部门处于高速增长时期,会对原材料和机器产生新的投入需求,从而带动一批工业部门的迅速发展。

(2)旁侧效应。即主导部门会引起周围的一系列变化,这些变化趋向于更广泛地推进工业化。

(3)前向联系效应。即主导部门通过增加有效供给促进经济发展。例如,降低其他工业部门的中间投入成本,为其他部门提供新产品、新服务等。

可见,罗斯托基准是依据产业部门间供给和需求的联系程度来确定主导产业部门的。

赫希曼基准和罗斯托基准都是依产业间的关联度大小来确定主导产业部门的,它们的着眼点都在于主导产业的带动或推进作用。因此,也有人把这两个基准合称为产业关联度基准。

(三)筱原基准

筱原基准是1950年代中期日本产业经济学家筱原三代平在其论文《产业结构与投资分配》中提出的基准。筱原基准包括"收入弹性基准"和"生产率上升率基准"两个方面。

1. 收入弹性基准。收入弹性基准是指从社会需求来看,使产业结构与随着国民收入增长而增长的需求结构相适应的原则。收入弹性,又称需求收入弹性,是在价格不变的前提下,某产业的产品(或某一商品)需求的增加率和人均国民收入的增加率之比,反映了该产业的产品社会需求随着国民收入的增长而增长的趋势。收入弹性相对高的产品,其社会需求也相对高。应优先发展收入弹性高的产业和产品,因为产品收入弹性高的产业部门,有着广阔的市场,而广阔的市场正是产业进一步发展的先决条件。

2. 生产率上升率基准。一般而言,技术进步是造成生产率上升的主要原因。在技术上首先出现突破性进展的产业部门常常会迅速地增长和发展,能保持较高的生产率上升率,所创造的国民收入比重也随之增加。因此,生产率上升率基准就具体表现为技术进步率基准。这个基准反映了主导产业迅速、有效地吸收技术水平的特征。优先发展生产率上升快的产业,不仅有利于技术进步,还有利于提高整个经济资源的使用效率。

"筱原基准"从供需两个方面对主导产业的选择加以界定,其内容存在着互补关系,是一个有机的统一体。

(四)环境和劳动内容基准

1971年,日本产业结构审议会提出,在筱原基准之外,再增加"环境标准"和"劳动内容"两条基准。环境基准是指选择污染少,不会造成过度集中问题的产业优先发展;劳动内容基准是指那些能提供安全、舒适和稳定劳动岗位的产业优先发展。当时日本的环境问题变得日益严重,环境和劳动内容基准的提出,是为了实现经济与社会、环境协调发展的目标。

(五) 比较优势基准

地区主导产业必须建立在地区经济优势的基础上,因为地区主导产业首先是专业化产业。这种经济优势是同其他相关地区的比较而言的,所以,这种优势是比较经济优势。比较优势理论由李嘉图提出,我国学者将其拓展到主导产业选择基准研究上。许多发展中国家选择传统产业并非放弃了"筱原两基准",而是由于某些传统产业具有比较优势,比较经济优势可以用比较优势系数来表示,它是比较集中率系数、比较输出率系数、比较生产率系数、比较利税率系数的乘积。

当构成比较优势系数的4个因素系数均大于1时,比较优势系数必然大于1,如果4个因素系数都小于1,则比较优势系数必然小于1。显然,作为地区主导产业的候选产业,其比较优势系数值必须大于1,否则,不应予以考虑。当地区内不同产业进行比较时,我们可以按比较优势系数值大小排序,无疑应优先选择比较优势系数值大的产业作为主导产业。

(六) 产业协调状态最佳基准

产业协调是优化产业结构的结果,是产业结构合理的表现,是产业结构效率高的源泉,产业结构的协调是整个产业作为整体活动的协调,包括生产、技术、利益、分配等各个方面的协调。当一个国家或地区各个产业部门处于协调状态时,就会使社会的产业在整体结构上产生 $1+1>2$ 的效果,形成较高的结构生产率和较强的产业聚合力,提高产业的经济效益和在产业运动中创造更多的财富,促进社会经济的持续、快速、健康发展。在产业结构运动中,一个产业部门越具有这种功能,在产业结构中的协调性功能就越强,就越有机会成为国民经济的主导部门。

关于主导产业的选择,国外主要对主导产业的本质特征进行分析,并应用某一特定指标来测度主导产业与相关产业之间的关系,国内主要侧重于指标体系的构建,常用的方法是综合评价法。综合评价方法主要有两个要素:一个是指标体系的选择,一个是权重的赋予。综合评价方法很多,用于主导产业选择的主要有:SWOT方法、德尔斐法、熵值法、主成分分析法、层次分析方法等,其中最常用的是主成分分析法和层次分析法,前者是一种客观赋权法,后者是一种主观赋权法。

我们认为,这些主导产业选择基准是撇开了许多具体因素而抽象出来的理论模式,放眼于未来经济的成长,在理论逻辑上是能够成立的。但要发挥选择基准的作用,还必须具备一定的前提条件:

(1) 基础产业相当完善,不存在严重的"瓶颈"制约;

(2) 产业发展中不存在技术上的硬性约束,基本具备或可以通过某种途径实现主导产业发展所需的技术条件和管理条件;

(3) 不存在资金约束,政府既然选择主导产业加以重点扶持,就必须有资金上的支持。

此外，就已有的主导产业选择基准来看，还有一些问题值得进一步探讨。例如，市场容量大、生产率上升快的产业为什么需要产业政策的支持？如何计算基准的衡量指标？不同基准之间如何排序？

三、主导产业群体及其更替

通过产业部门之间的联系，相关产业组合成一个群体。主导产业实际上也以一个群体出现，主导产业对国民经济的带动作用正是主导产业群整体作用的结果。而且，主导产业群是随着经济发展阶段的更替而不断变化的。从近代第一次产业革命以来，世界经济的发展总共经历了五次主导产业群的更替，每次更替的主导产业部门都不相同。

1. 近代第一次产业革命，使社会生产力的发展由手工业阶段进入到机器体系阶段，世界经济开始在英国等少数国家突破传统经济状态而进入现代经济增长阶段，从而形成了第一个主导产业部门即棉纺织工业部门，以及第一个由纺织工业、冶铁工业、采煤工业、早期制造业和交通运输业组成的主导产业群体。

2. 由于第一次产业革命成果的延伸应用，铁路和机车得到发展，在19世纪中叶开始出现铁路狂潮，形成了第二个主导产业部门及主导产业群，即钢铁工业和铁路修建业部门以及由钢铁工业、采煤工业、造船工业、纺织工业、机器制造业、铁路运输业、轮船运输业及其他工业组成的主导产业群体。

3. 19世纪末20世纪初，电力的发明和应用以及由此形成的第二次产业革命，使电力工业、汽车工业、化学工业和钢铁工业即重化工业成为第三个主导产业部门，电力工业、电器工业、机械制造业、化学工业、汽车工业以及第二个主导产业群中各产业部门相应构成第三个主导产业群体。

4. 20世纪上半叶，第二次科技革命和产业革命继续深化，使汽车工业、石油化学工业、钢铁工业、耐用消费品工业历史性地成为第四个主导产业部门，而耐用消费品、宇航工业、计算机工业、原子能工业、合成材料工业以及第三个主导产业群中各产业部门则组成第四个主导产业群体。

5. 20世纪末21世纪初，随着第三次科技革命的完成和一系列高新技术的产业化，形成了第五个主导产业部门即主导产业群体。第五个主导产业部门是信息产业，而新材料、新能源、生物工程、宇航工业等新兴产业部门再加上第四个主导产业群中各产业部门组成的产业群体历史性地成为第五个主导产业群体。

以上五个主导产业部门及其群体的更替可归纳为表5-2。

表5-2 主导产业及其群体更替表

	主导产业部门	主导产业群体
第一个产业群	棉纺工业	纺织工业、冶铁工业、采煤工业、早期制造业、交通运输业
第二个产业群	钢铁工业 铁路修建业	钢铁工业、采煤工业、造船工业、纺织工业、机器制造业、铁路运输业、轮船运输及其他工业

续表

	主导产业部门	主导产业群体
第三个产业群	电力工业、汽车工业、化学工业和钢铁工业	电力工业、电器工业、机械制造业、化学工业、汽车工业＋第二个主导产业群各产业
第四个产业群	汽车工业、石油工业、钢铁工业、耐用消费品工业	耐用消费品工业、宇航工业、计算机工业、原子能工业、合成材料工业＋第三个主导产业群各产业
第五个产业群	信息产业	新材料工业、新能源工业、生物工程、宇航工业等新型产业＋第四个主导产业群体各产业

主导产业及其群体的更替说明，在产业发展中，主导产业及其群体的历史演进是一个由低级到高级、由简单到复杂，产业总量由小到大的渐进过程。在这个过程中，由于主体需要的满足和主体发展中不同阶段的不可逾越性，以及社会生产力发展中不同技术阶段衔接的不可间断性，决定了发展中国家在选择和确定主导产业及主导产业群体、进行主导产业及主导产业群体的建设时，一方面必须循序渐进，但某些领域可以"跳跃式"发展；另一方面可以兼收并蓄，综合几次主导产业及其群体的优势，缩短产业建设高级化的时间，在起点低、起步晚的情况下，用较短时间走完产业结构高度化所历经的近250年左右的路程，实现产业及其群体的高级化和合理化，实现经济社会的现代化。

第三节 产业价值链优化

一、产业链与产业价值链

（一）产业链的概念

产业链是我国学者提出来的一个概念，但产业链的思想可以追溯到18世纪中后期的古典主流经济学家对劳动分工的研究。赫希曼于1958年在《经济发展战略》一书中从产业的前向联系和后向联系的角度论述了产业链的概念。最早提出"产业链"一词的是我国学者傅国华，他在1990—1993年从事海南热带农业发展课题研究时，受到海南热带农业发展成功经验的启迪，提出了热带农产品产业链，促进海南热带农业发展的观点。

产业链的概念提出后，被广泛地应用于制造业和服务业等领域，但是在概念内涵的认识上仍然存有偏误或不完全。我国关于产业链的定义主要由以下几种：

1. 产业链是产业经济活动过程。产业链是一个产业在生产产品和提供服务的过程中，按照各产业部门之间内在的技术经济关联要求，客观形成的前后顺序关联的经济活动、经济过程、生产阶段或经济业务所构成的整个纵向的链条（周新生，2006；赵绪福，2006；郁义鸿，2005；龚勤林，2004；郑学益，2000）。

2. 产业链是产业价值转移和创造的过程。产业链是企业内部和企业之间为生产最终交易的产品或服务所经历的增加价值的活动过程,大量存在着上下游关系和相互价值的交换,上游环节向下游环节输送产品或服务,下游环节向上游环节反馈信息是由供应商价值链、企业价值链、渠道价值链和买方价值链构成的企业共生价值系统(杨公朴和夏大慰,1999;杜义飞和李仕明,2004;张铁男和罗晓梅,2005;李万立,2005;卜庆军、古赞歌和孙晓春;2006;芮明杰和刘明宇,2006)。

3. 产业链是产业组织形式。产业链是基于分工经济的一种产业组织形式,包括从供应商到制造商再到分销商和零售商等所有加盟的节点企业,强调相关产业或企业之间的分工合作关系。而且,产业链是介于企业与市场之间的中间组织(既不是市场这种松散的组织,也不是企业这种科层组织),它充当了企业经营活动所需要的组织者和协调者,弥补了市场失灵、组织协调的缺口,既能够化解松散的市场交易带来的巨额交易费用,又可以规避企业那种随规模增大而急剧增长的管理费用,因而是更能适应日益精细化与全球化的专业分工协作的、替换市场交易和企业交易的新的交易形式(曾永寿,2005;蔡宇,2006;李靖和魏后凯,2007)。

以上三种定义分别总结了产业链的生产属性、价值属性和组织属性。在此基础上,可以说产业链是一种产业组织形式,描述的是厂商内部和厂商之间为生产最终交易的产品或服务所经历的增加价值的活动过程,它涵盖了商品或服务在创造过程中所经历的从原材料到最终消费品的所有阶段。

(二) 产业价值链的内涵

波特在研究企业竞争优势时,首次提出价值链的概念,即"每一个企业都是用来进行设计、生产、营销、交货以及对产品起辅助作用的各种活动的集合。所有这些活动都可以用价值链表示"。基本的价值链包括企业基础设施、人力资源管理、技术开发和采购四种辅助活动以及内部后勤、生产经营、外部后勤、市场营销和服务五种基本活动,每一个企业的价值链都是由以独特方式连接在一起的这九种基本的活动类别构成的。同一产业内的企业有相似的价值链,但是,因为每一个企业的价值创造环节的重要性不同,从而构成企业各自的潜在或特有的竞争优势。同时企业价值链还体现在价值系统的更广泛的系列活动中,即供应商价值链、企业价值链、渠道价值链和买方价值链构成的价值系统。企业之间的竞争不只是某个环节的竞争,而是整个价值链的竞争。价值链在经济活动中无处不在,企业内部各业务单元的联系构成了企业的价值链,上下游关联的企业与企业之间存在产业价值链。

产业价值链是产业链背后所蕴藏的价值组织及创造的结构形式,产业价值链代表了产业链的价值属性,决定产业链的经营战略和竞争优势。产业价值链的形成有效地实现整个产业链的价值,反映价值的转移和创造。如果说"产业链"描述了产业内各类企业的职能定位及其相互关系,说明产业市场的结构形态,那么,"产业价值链"的概念则更加突出了"创造价值"这一最终目标,描述了价值在产业链中的传递、转移和增值过程。产业价值链的形成正是在产业链的结构下遵循价值的发现和再创造过程,充分整合产业链中各企业的价值链,持续地对产业链价值系统进行设计和再设计。

产业价值链的主要特征是:

(1)构成产业价值链的各个组成部分是一个有机的整体,相互联动、相互制约、相互依存,每个环节都是由大量的同类企业构成,上游环节和下游环节之间存在着大量的信息、物质、资金方面的交换关系,是一个价值递增过程。

(2)增值性是产业价值链的一个主要特征。

(3)产业价值链具有循环性的特点。价值增值实现的过程是一个不断循环的过程。

(4)产业价值链的各个环节技术关联性强且在技术上具有层次性。

(5)产业价值链的各个环节存在着增加值与盈利水平的差异性。

(6)产业价值链的各个环节对要素条件的需求存在差异性。不同的环节,对于技术、人力、资本、规模等要求不同,因而具有不同的区位偏好。

根据波特的价值理论,把产业价值链描述为:是指某一行业中从最初原材料到初步加工、再从精加工到最终产品以及到达消费者手中为止的整个过程中价值的分布和关联。产业价值链实质上是产业链的价值的转移和创造,它反映了产业链更深层的价值含义。

产业价值链存在两维属性:结构属性和价值属性。从结构属性上看,产业价值链是指一种产品的"生产—流通—消费"全过程所涉及的各个相关环节和组织载体构成的一个网络状链式结构,可简称产业链。从价值属性上看,产业价值链是在此产业链中大量存在着上下游关系和相互价值的交换,上游环节向下游环节输送产品或服务,下游环节向上游环节反馈信息的过程。从现代工业的产业价值链环节来看,一个完整的产业价值链包括原材料加工、中间产品生产、制成品组装、销售、服务等多个环节,不同环节上有不同的参与角色,发挥着不同的作用,并获得相应的利益。产业价值链上各个环节的活动都直接影响整个产业的价值活动,而每个环节又包括众多类似的企业,它们的价值创造活动具有相似性。

产业链、价值链和产业价值链三者互为关系。产业价值链代表了产业链的价值属性,它是由产业链内各个企业的价值链整合而成。产业链是一个产业成长发展的必然产物。产业链是随着该产业的形成而自然形成的,因此,根据产业的特性不同,不同的产业链具有不同的价值链,其产业价值链构成往往存在差异性,而且处于动态变化之中。

二、产业链分工

产业链是产业活动的一种分工。表达经济增长是基于劳动分工基础上的生产率提高。在实际产业活动中,劳动分工会呈现出不同的形态。产业链是其中的一种。

没有分工,就无法区分相应的各个价值增值环节,也就没有产业链的存在。产业链的形成可以追溯到分工与专业化理论。斯密(1776)揭示了工业生产是一系列基于分工的迂回生产的链条,并指出分工受市场范围限制的思想,即"分工起因于交换能力,分工的程度因此总要受交换能力大小的限制,换言之,要受市场广狭的限制"。继斯密之后,英国经济学家阿林·杨格(1928)认为,市场规模扩大引致分工的深化,分工的深化又引致市场规模的扩大,这是一个循环累积、互为因果的演进过程。沿着统一思路,斯蒂格勒(1971)认为,企业之所以不把报酬递增的功能交给专业化企业(产业)来承担,是因为"也许在给定的时期,这些功能市场规模太小,不足以支持一个专业化的企业或产业"。所以,"在不断成长的产业中,典型的情况应是纵向非一体化,而纵向一体化倒是衰落产业的特征"。杨小凯(1999)继续把报酬递增与分工、专业化联系起来。

从分工理论的发展脉络可以看出,分工与专业化生产、规模报酬递增密不可分。随着技术的进步、市场规模的扩大以及需求的多样化,原来由企业承担的部分职能开始发生分离,企业所承担的职能越来越趋向于专业化。随着各个环节从事同一分工的企业不断增多,随之形成的产业纵向分工也越来越细。比较典型的是,伴随着信息技术的发展以及全球市场的形成,企业的纵向分离、外包、外购中间产品或中间服务开始大量出现。此时,单个企业的生产不仅受到自身能力的制约,还受到上下游企业的制约。随着产业中分工的不断深化和演变,企业之间的关系也不断演变,既有相互之间的合作与互补,也有相互竞争和制约,产业链的雏形就显现出来了。产业链就是一种以收益递增为特征的纵向产业内分工和以比较优势为特征的横向产业间分工为主导且相互交织的产业组织形式。因此,分工的深化是产业链发展和市场扩大的过程,这个过程表现为"迂回生产"的延伸和价值链的拉长。分工所带来的产业链结构中新增的节点或中间环节,既是价值的新增长点,也为技术进步和经济增长提供了更大的空间。

市场容量和产业链的联结密度是产业链分工变化的直接原因(图 5.3)。在产业发展的过程中,分工之所以能够不断进步,是因为产业链所属空间的联结密度的恒定增加和市场容量之扩大。市场容量大,分工未必发展。市场容量只是分工的一个附加因素。

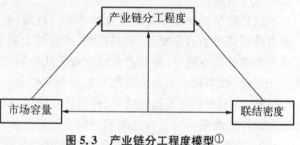

图 5.3 产业链分工程度模型①

只有产业链所属空间的联结密度在同样时间、同样的程度上不断增加的时候,市场容量的增加才能促进劳动分工的发展。

联结密度表现在两个层面,一方面,由于产业链具有空间布局的属性,产业链上各产业同区位的协同聚集度差异会对整个产业链的分工发展及竞争力有直接影响(高伟凯、徐力行、魏伟,2010)。如果企业在不断集中的过程中决定了分工的发展,那么分工反过来会进一步加强企业的集中化趋势。当然,这种作用本身并不是一种结果,因为分工总归是一种衍生出来的事实,分工不断进步的前提是产业链密度的不断增加。另一方面,还体现在产业链所在地区的凝聚性。城镇化发展(区位、市场规模和人口集中)、沟通和传播手段的数量和速度(信息化建设程度)等都与地区凝聚性有关。

---

① 李想:《模块化分工条件下网络状产业链的基本构造与运行机制研究》,复旦大学博士论文,2008 年。

三、产业链整合与优化

（一）产业链整合

1. 产业链整合的内涵。产业链整合是指企业把主要精力放在提升核心竞争力上，其他非核心业务则由产业链上其他企业协作完成，利用企业外部资源快速响应市场需求。只要是产业链上的企业能够直接或间接控制链上其他企业的决策，使之产生期望的协作行为，就视为产生了某种程度的"整合"。产业链整合有助于链上各成员提升企业核心竞争力，改善企业绩效。在变化的环境中，产业链整合成为更新企业能力的战略工具。

主导企业的存在是产业链整合的前提条件。主导企业通过设立行业标准、共享技术、资源和控制核心环节的多种方式，组织和协调各节点上企业的关系，构建产业链并决定产业链的组织方式。主导企业专注做自己最擅长的业务，自己不擅长的，或不属于自己的核心业务，就与其他企业合作，共同分享利益（卜庆军，古赞歌，孙春晓，2006）。

协同运作是产业链整合的目标。产业链整合的目标是链上企业要产生协同运作的效果。产业价值链的构成和协同方式过去仅仅基于产品或服务的利益交易，而现在已经发生了重大变化，产业链上的企业不但数量大幅增加，而且更为专业化。企业之间的协同方式逐渐发展成为以战略联盟、优势互补、资源共享、流程对接和文化融合等为特征的深度合作。

信息共享机制是产业链整合的基础。目前，企业竞争已演变为产业链之间的竞争。如果没有完善的信息交互、协同机制，产业链上的节点还是彼此独立的信息孤岛，不能成为完整的产业链条，各节点上的企业无法协同运作，追求和分享分工产生的利益。

风险、成本和利益共担是产业链整合的结果。产业链整合能否成功取决于能否产生风险、成本和利益共担的结果，使得产业链的各环节上企业都可以随着整条产业链竞争力的提升而获得属于自己的那份利益。

2. 产业链整合的模式。整合的本质就是对处于分离状态的事物或现状进行调整、组合和重塑。产业链整合则是以节点企业为主体，以核心企业为主导，根据产业链内生逻辑，企业间互相合作，实现资源优化配置的过程。其实质是企业突破边界，为降低交易成本，在产业链上寻求最佳资源组合，通过拓展可利用的资源空间来修正资源约束条件，实现资源从狭义向广义、由外部向内部的转变。产业链整合的边界和效果取决于企业对广义资源的控制力。产业链整合通常是围绕主导企业进行的，整合目标是产业链上企业产生协同运作的效果。在进行整合的过程中要以信息共享为基础，并且实现风险、成本和利益共担。

产业链包含纵向的链状形态和横向的行业形态两个维度，因此，要增强产业链运行的稳定性，提高产业链运行效率和竞争力，也需要从纵向维度和横向维度两个方面进行整合。其中产业链的纵向整合代表了产业链整合的深度，纵向整合产业链越长，则产业链的资源加工深度和价值增值就越多。产业链的横向整合代表了产业链整合的宽度，产业链环节的整合宽度越宽，则产业链的规模就越大，其对产业链发展的影响就越大。

产业链的纵向整合体现了企业对产业链资源的控制和整合能力，产业链的横向整合则体现了企业对行业的带动能力、领导作用和市场控制能力。

(1) 产业链的纵向整合。产业链的纵向整合就是对产业链纵向形态上的战略性资源进行整理、协同、综合、系统化、集成和融合，形成对战略性资源和能力的有效控制，是培育核心竞争力，保持竞争优势的战略性行为。产业链纵向整合的目的是通过确定产业链各环节创造价值的大小及其重要性，识别产业链的关键环节和主导环节，占据产业链发展的优势地位，实现对整个产业链资源的控制和优化。其表现通常是产业链的延伸和拓展，以及产业链的接通。产业链中主导企业通过多种途径将其生产经营业务分别向上下游的相关部门延伸，逐渐掌握和控制产业链的关键环节。

产业链纵向整合的方式有纵向合并和纵向约束两种。

纵向合并就是企业将产业链上存在上下游关系的企业合并，组合成新的企业整体。通常将产业链下游合并称为前向合并，目的是获得生产经营所需的原材料的投入；将产业链上游合并称为后向合并，目的是提高产品需求的稳定性。

这种方式最大的优点就是节约了交易成本，尤其是在专用性资产投资的情况下，资产的专用性越强，所带来的投资沉淀成本就越高，供应商和重复购买者就有强烈的合并动机来避免沉淀资本投资所带来的潜在损失。当然，通过纵向合并，新的企业整体会在市场获得更多的谈判优势和议价优势，或者至少避免了谈判劣势。纵向合并将原来多个企业的市场分工转变成一个新企业的内部分工，并没有影响产业价值链的增值方式。

当然，也可以产业链的某一环节为中心沿双向进行产业链整合，只不过整合的方向取决于相对于该环节的位置而已，因此，后向或前向合并的划分并不是绝对的。

纵向约束是指产业链上的企业可以通过对上下游企业施加约束，比如主导企业通过技术控制、资本控制和渗透、契约约束等机制使得其他企业接受一体化合约，通过价格或产量控制实现纵向上产业链垄断利润的最大化。纵向约束与产业链横向整合中的横向战略联盟有着本质上的相似之处。

按照产业链各环节整合控制的紧密程度，纵向约束可分为紧密型约束和松散型约束(贝赞可，2003)。产业链各环节之间的联系密切，关联程度高，相互之间的影响大，主导企业的控制能力强，则为紧密型约束，反之，产业链各环节之间的联系较少，关联程度较低，相互影响也较小，主导企业的控制能力较弱，则为松散型约束。紧密型约束对产业链的控制能力和支配能力强，能够更好地统筹、协调产业链的资源配置和运行，通常是对关键技术环节的整合，代表了产业链的核心竞争力。松散型约束对产业链的控制和资源配置能力较弱，一般用来整合相关的非核心的业务。

(2) 产业链的横向整合。产业链的横向整合围绕产业链上的主导环节或关键环节展开，主要是为了增加产业链的"宽度"，扩大产业链环节的规模，增强核心企业实力，在增强主导环节或关键环节核心竞争力的同时，也提高薄弱环节能力，提升整体产业链的竞争力和运行的稳定性。产业链横向整合的目的主要是整合企业各项技能，提升企业核心能力、扩大企业规模，提升规模竞争优势、提高市场占有份额，避免行业内的散乱竞争。

产业链横向整合的方式主要有整合企业能力、建立衡量企业联盟，以及进行横向合并三种。

第一,整合企业能力。企业能力是指企业通过资源配置发挥其生产、竞争作用的能力,来源于企业生产、制造、技术、销售、资金、管理等有形资源,无形资源,以及组织资源的整合。因而对产业链上的关键企业能力进行整合,就是促使其形成核心竞争力,增强自身以及所在产业链环节的持续竞争优势。对企业能力进行整合可以从强化制度管理、建立企业信息管理系统、实施业务流程再造、培养良好的企业文化氛围等方面入手。

第二,建立横向企业联盟。建立横向企业联盟的目的主要是为了提高链环的市场势力,在保持各企业独立自主性的前提下,以一致的战略目标和合作协议为约束实现联盟,提高对市场价格调整的控制力,便于联盟获得更高的垄断利润,但由于联盟内部企业之间存在信息不对称和囚徒博弈困境,使得联盟的长期稳定性不容易维持。常见的横向企业联盟方式为价格联盟。价格联盟是链环上的企业通过共同协议对价格予以控制以达到提高利润的目的,但这种方式很容易带来消费者福利和社会福利的损失,存在一定的市场风险。

第三,进行横向合并。通过企业横向合并,能提高市场集中度和市场势力,合并后的企业能更好地实现规模经济,促进行业的有效竞争。同时,进行横向合并,提高产业市场集中度也有助于在位厂商,或者与其他在位厂商联合构建进入壁垒,阻止潜在进入者的进入,避免产业的过度竞争。常见的横向合并方式有收购、兼并等。

(3)产业链的综合整合。产业链的综合整合是指产业链之间的相互整合,即产业链之间突破单一产业链的限制,相互渗透、相互影响,形成产业之间以及地理空间上的相互融合,构成一个复杂的相互交织的网状组织,从而将产业链的范围进一步扩大,形成产业网。这个产业网无论是地理空间还是产业空间都极大地向外拓展,资本、知识渗透到各个产业中,成为相互联系的纽带。特别是随着产业链整合进程的不断深入,知识、技术成为产业链之间的内在逻辑联系,资本和知识的外溢推动产业链不断地向外扩张,寻求具有可持续发展的资源优势和技术优势,综合利用各种技术、资本、自然资源,建立产业链之间的联系,构建长期可持续发展优势。这种整合着眼于不同性质的产业链间整合,其实质是产业整合,增加了跨产业链整合的难度。因此,需要借助于公共服务平台,通过资本和技术等来整合物流、金融、信息等服务配套产业,实现对产业链的网络化、多功能化的扩展,甚至向其他优势产业转型,避免出现产业链同构造成的恶性竞争与资源浪费。在这个综合整合的过程中,要综合考虑国家的产业政策和产业结构调整,在国家政策的指导下,制定产业链综合整合的战略和措施,在市场机制的主导作用下,进行产业链的综合整合。

案例:浙江金鹰集团产业链整合过程中的纵向一体化成长

浙江金鹰集团产业链整合过程中的纵向一体化成长路径目前主要经历了三个阶段:

第一阶段:由单一纺机制造走向纺机与纺织结合

浙江金鹰股份有限公司始建于1966年。1970年代末,公司纺机制造业在舟山开了先河。1980年代初,当金鹰成为国内专业制造苎麻、绢纺成套机械设备的企业时,企业决策以超前的思路构筑了国内独树一帜的纺机研制与纺织工艺紧密结合、相互促进、共同发展,主业求精的同时,多业并举,并以低成本、高效益扩张为目的,从1982年起就兼并了定海五金家具厂;1986、1987年先后收购了舟山"七〇九"工厂和舟山轧钢厂两家国有企业,控股了定海毛纺厂。引入高新技术使主营产品进一步得到深化加工的同时,通过东锭西移、北麻南移等西部开发的产业化调整战略,努力开拓产业资本和金融资本相融合的发展之路,不断为金鹰培育新的利润增长点。纺机与纺织的完美结合,使金鹰在纺织行业一路领先,始终保持强劲的发展态势。1987年起,先后收购、兼并、控股了四川、安徽、新疆、河北和浙江的10多家国有、集体企业,不仅使这些濒临倒闭或破产的企业生机重现,为社会减轻了负担,并取得了优势互补的"双赢"效应。

在变幻莫测的市场竞争中,金鹰以国内独树一帜的纺机制造与纺织工艺实践紧密结合的经营特色,逐步形成了强劲的发展态势,用自制设备以超常的速度、最少的投资建立起全国最大规模的绢纺厂以及与之配套的织造、炼染、制衣的一条龙生产企业。金鹰集团以制造麻、毛、丝、绢纺成套机械装备和注塑机械系列设备为基础产业,生产国内领先水平的新型绢纺、亚麻纺、苎麻纺、毛纺成套设备及自动缫丝设备,并建立了绢纺、亚麻纺、制丝,以及与之配套的织造、染整、制衣生产基地,生产60N/2—300N/2桑蚕绢丝、绢绸、亚麻纱、丝羊绒、苎麻纱、布、针织、梭织、服装。开创了国内独树一帜的纺机产品研制开发与纺织工艺实践紧密结合、不断改良、提高,机械制造与试验、生产基地建设并驾齐驱、同步发展的金鹰特色优势,开发了GE型系列新型注塑机、食品机械(空罐、实罐系列成套设备)。形成了为国内外客户提供成套装备及项目设计、工艺技术培训等全方位配套服务的独特专业技术优势。1992年以来,连续12年居全国百家纺机骨干重点企业前十强。公司现拥有国内最大规模的60 000锭绢纺56 000锭亚麻纺织产业,国内同行中显示了日趋强盛的优势地位。金鹰集团在巩固强化纺机、塑机、纺织主营业务地位的同时,不断发展、提升食品机械制罐设备和动力机械等产品,在新领域中则以高起点、高品位展示金鹰新的业绩。

随着高新技术向纺织业的导入,先进的纺机与高档纺织品创新层出不穷,正成为世界纺织业竞争的焦点。金鹰集团密切跟踪国际先进技术,通过技术引进和技术合作,凭借纺机与纺织工艺实践紧密结合的独特优势,努力探索、反复实践、不断创新,追求新型纺机国化和发展传统产业,实现市场最大化的目标。

第二阶段:向纺织产业链的下游挺进

1990年代,通过重组、改组、购并等资本营运手段,相继并购了舟山羊毛衫厂、舟山服装厂、舟山柴油机厂、舟山动力机械厂、浙江食品机械厂、嘉兴绢纺厂、新疆伊犁毛纺厂等国有二轻企业。同期,在印度合资兴办了东方金鹰丝绸股份有限公司。1994年以后,集团控股兴办安徽六安绢纺有限公司,实现当年筹建、当年获利的惊人速度与业绩,成为安徽扶贫帮困的样板企业。此后,金鹰开始了东锭西移的战略转移,实施了"跨海西进"的战略。1997年一举收购四川大型国有企业绵阳绢纺厂,并采用"花钱买机制",通过战略性改组,以不到两个月的时间使停产瘫痪一年有余、"百废待兴"的烂摊子全面恢复了生产。1998年该企业被四川省计委等部门联合认定为省综合成长型企业,在绵阳社会各界乃至四川省同行中赢得了好评。

1995年,金鹰公司承担的国家首期双加工程"绢麻纺新技术工艺装备消化、吸收、开发项目"取得成功。1996年,金鹰公司借鉴法国、意大利同类机种优点,开发了替代进口的新型毛纺高速系列针梳、粗纱设备。1999年,自行研制了苎麻新工艺技术装备,填补了国内用湿纺精纺苎麻高支纱的空白。1999年,金鹰公司一举买断了拥有160余年生产历史的世界纺机制造著名企业英国麦凯(MACKIE)公司的亚麻、大麻、苎麻、黄麻、剑麻纺机产品制造全部技术及专利、商标、冠名权等知识产权和专用加工设备、工夹模具,成立了金鹰麦凯国际机器有限公司。金鹰公司不断改进、提高的麻、毛、绢、丝等40多种纺机产品在国内市场占有率稳健上升的同时,对外出口逐年提升,并开创了我国湿纺细纱机出口法国西欧市场的先例。目前,绢纺生产规模约占全国现有生产能力的16%,年实际产销量占国内总量的16%以上;对外贸易上已形成了出口高档针织、梭织服装250万件的能力。

第三阶段:全面涉足纺织产业链的原料种植基地建设与生产线建设

新疆有着发展服装工业的良好条件,其丰富的纺织原料不仅量大而且质优,长绒棉、彩色棉、山羊绒、亚麻、蚕丝、罗布麻等,这些都为服装面料的生产提供了先决条件。纺织品是新疆的大宗出口商品,据乌鲁木齐海关统计,2004年新疆纺织品出口达13.27亿美元,约占新疆出口总额的近1/4。服装是新疆出口中亚国家的重要商品之一,周边国家市场潜力很大、前景十分诱人,乌鲁木齐一直都在积极构建连接中西亚的物流平台,内地服装厂不再漠视新疆市场。目前,新疆有231家服装生产企业,形成一定规模的约有十几家,总体上处于规模小、技术含量低的劣势地位,这与全国蓬勃向上的发展形势、与新疆良好的原料条件和得天独厚的市场条件以及新疆作为西部大开发重中之重的地位极不协调。随着西部大开发政策的不断落实,新疆纺织服装的发展潜力逐渐为世人所认同,给新疆服装产业的发展带来了新的机遇,纺织服装要素的西移成为资本流动的新趋势。

进入21世纪,金鹰加快了开发新疆亚麻原料、建设产业基地的步伐。2002年,浙江金鹰股份有限公司第一期投资2 050万元,设立伊犁昭苏亚麻制品分公司;2004年,投资4 800万元,开辟10万亩亚麻原料种植基地,购置1 240亩戈壁荒地,成立浙江金鹰新疆塔城亚麻制品分公司,建设6条打成麻生产线;根据与河北张家口市新元纺织厂签订的协议,用现金3 500万元收购其棉纺、亚麻纺的全部生产设备,并成立浙江金鹰股份张家口纺织分公司;投资3 000万元,成立浙江金鹰股份河北沽源亚麻制品分公司,建设4条生产线规模的打成麻加工企业。根据其与新疆奇台县人民政府签订的《合作开发亚麻产业合同》和新疆奇台县亚麻种植的实际情况,投资2 100万元成立浙江金鹰新疆奇台亚麻制品分公司,在奇台县投资打成麻生产线两条;根据与新疆昭苏县人民政府签订的《合作开发亚麻产业合同》和新疆阿克苏县亚麻种植的实际情况,投资为1 600万元(部分利用旧厂房)成立浙江金鹰新疆阿克苏亚麻制品分公司,在昭苏县的阿克苏投资打成麻生产线两条。

从2003年以来,浙江金鹰集团通过来疆并购伊犁毛纺织厂、同南京外贸集团整合新纺集团,与夏蒙集团斥资建设服装加工工业园等,继续向产业链前向整合演进。

资料来源:刘慧波:《产业链纵向整合研究——以浙江省制造业企业为例》,浙江大学博士论文,2009年。

(二) 产业链的优化

1. 产业链优化的内涵。产业链优化是指产业链不断运动和变化,从而由低级形态向高级形态转变,由不协调向协调转变,由低效率向高效率转变。产业链是基于产业关联形成的特殊经济系统,产业链优化就是产业链的结构更加合理有效、产业环节之间的联系更加紧密协调,进而不断提高产业链的运行效率和价值实现的转变过程。

现代经济是快速发展中的经济,在经济全球化、贸易自由化和国民收入增加、消费结构不断变化的作用下,市场对各类产品的需求也呈现出多维性、复杂性和可变性,由此决定了作为市场主体的产业链群体内的各个产业部门不断调整自身经济行为,表现为产业链的适应性调整。这些调整包括产业链环节的增删、产业链主体运行路线的改变,以及产业链的空间分布的变更等。产业链优化就是要以这种动态调整为基础,使整个产业链向协调、有序和高效转化。

2. 产业链优化的内容和途径。根据产业链优化的内涵与目的,优化内容主要体现在三个方面,即产业链延伸、产业链提升和产业链整合,这也是实现产业链优化的主要途径。

(1) 产业链的延伸。产业链的延伸是指产业迂回程度的提高,它是产业结构调整的高度化中所要求的高加工度化的体现,包括三种情形:向前延伸、向后延伸和增加中间环节。通常所说的延伸是产业链的后续产业环节得以增加,或是得以增生扩张以获取追加收益的过程。加工环节的增加,由于追加了劳动、资本和技术,往往可以获得更多的附加价值。

产业链的延伸有全国和地方两个层次。从全国宏观层次来看,产业链一般比较完整,构成产业链的环节是经过长期的演变所形成,而一旦形成则不是短期内可以随意改变的,因而可以认为短期内不存在产业链的延伸问题。但从区域层次来看,一定区域内由于受自然、地理、经济等各方面影响,它往往只具有产业链中的一个和几个环节,其他环节没有或相对弱小,因而需要构建完整的产业链条。区域层次内的产业链延伸可以促进地区经济结构的高度化,通过后续产业环节的增加带来本区域的高附加价值化,使产业链的增值保留在本区域之中。

(2) 产业链的提升。产业链的提升是指产业链整体素质的提高,即产业链的各环节向高技术化、高知识化、高资本密集化和高附加价值化的演进。它也是产业结构高度化在产业链中的体现。这是产业链优化中的一个重要方面,对于提高产业链的竞争力至为关键,但在产业链优化中较少提及。实际上,这个优化内容既不同于产业链的延伸

（环节多少或路线长短），也不同于产业链整合（环节之间的连接合作、协调合理），而是各个链环的知识含量、技术层次、资本密集程度和附加价值水平的不断提高，其中尤以技术素质至为重要。

（3）产业链的整合。产业链整合是产业链环之间的连接、合作与协调，它根据社会资源状况和市场需求状况的变化，在产业链环之间合理配置生产要素，协调各产业链环之间的比例关系，产生出协同效应和聚合质量。产业链的整合有许多内容：从产业链形态要素来看，有物流的整合、信息流整合和价值流整合，以及经营主体的整合等。从产业链的时空分布来看，有宏观层次内的产业链整合、区域内的产业链整合和跨区域的产业链整合等。因此，应以产业链中微观主体之间的合作机制和伙伴关系为基础，加强产业链环之间的衔接与合作。

产业链优化各项内容之间存在着紧密联系，只有达到三者的统一才能有效实现产业链的优化和升级。

3. 产业链优化的原则。对任意一条产业链进行调整和优化，需要遵循一定的原则和标准，主要在以下方面：

（1）适应市场需求的变化。市场需求总是在不断变化的，产业链优化的核心就是要使得它更适应这种变化。满足市场需要，符合市场需求，产业链的价值才能实现。

（2）能实现价值的增值。产业链的优化不仅要保证各个环节的价值得以实现，而且要使整链的价值得以实现，并且最大限度地增值。

（3）合理和有效地利用资源。产业链作为资源转换器，其功能就是对输入的各种生产要素，按市场的需求转换为不同的产出。资源是产业链转换的对象和产出的根本来源，因此，产业链优化既要保证资源利用的合理性，也要注重资源利用的有效性。

（4）符合地方经济资源和社会环境条件。这主要是对于区域产业链的优化而言。区域产业链的构建、延伸和升级，应以地方资源条件为基础，既要考虑原料的供给保障，又要考虑加工中资本和技术的供给保障，还要有相应的地方社会环境。

复习思考题

1. 什么是主导产业？
2. 如何利用筱原两基准选择主导产业？
3. 世界经济发展经历的五次主导产业群更替中的主导产业分别有哪些？
4. 如何判断产业结构的合理化？
5. 产业结构高级化的标志是什么？
6. 评价产业结构的优化升级，应从哪些方面入手？
7. 产业链分工的程度主要由什么因素决定？
8. 产业链的整合主要有什么模式？

第六章 产业布局

学习要点

1. 了解产业布局的理论依据。
2. 熟悉产业布局的影响因素。
3. 掌握产业布局的一般规律和基本原则。

第一节 产业布局理论概述

一、产业布局的含义

产业布局是指产业在一国或一地区范围内的空间分布和组合。它主要研究在一定的生产力发展水平和一定的社会条件下,怎样在空间布局生产力诸要素,使产业活动取得预期的经济效果。它是一个多层次、多目标、多部门布局、多因素影响、多方案比较的具有全局性质和长远性质的国民经济建设战略部署。产业的决策布局既有国家的大区布局,又有省市(区)的区域布局和企业的厂址选择等微观布局。在当代社会化大生产条件下,合理的产业布局不仅有利于发挥各地区的优势,合理地利用资源,而且有利于取得良好的经济、社会和生态效益;反之,则不仅不能取得上述效果,还可能贻害无穷,为此付出惨痛的代价。因此,产业布局是百年大计,是具有长远影响的战略问题。

二、产业布局的研究内容

产业布局理论主要研究产业布局的条件、特点、层次、机制和区域产业结构等内容。

(一)产业布局条件

产业布局条件是指产业布局时的外部环境。它包括多种因素,既包括物质化环境,也包括非物质化的软环境。除受生产力发展水平及社会物质财富的生产方式制约外,还受当时的自然条件、经济地理区位,以及人口条件的强烈影响。

(二)产业布局特点

产业布局特点主要指以下内容:

(1)各个产业由于自身的技术经济要求不同,而在布局上呈现出不同特征。

(2)各地区根据自身条件,扬长避短,发挥优势,形成不同的产业结构,形成各具特色的多种产业的地域组合。

(三)产业布局机制

产业布局机制是指各种影响和决定产业空间分布和组合的因素的相互制约和作用的内在机理。产业布局机制可分为两大类型:产业布局的市场机制、产业布局的计划机制。

1. 产业布局的市场机制是随着资本制度的建立而逐步发展起来的。其主要特点是:

(1)产业布局的主体是企业。企业有权选择自己的区位,而且不受国家产业政策和区域政策以外的非经济因素干扰。

(2)产业布局的目标是利润最大化。企业在布局项目的选择上,总是倾向于风险小、利润大的项目;在布局区位的选择上,总是倾向于投资环境较好,能使资本边际产出效率高的地点上。

(3)产业布局的手段是经济利益导向。即产业布局主体依据价值规律和市场价格信号,从自身利润最大化出发,自发地选择最优区位。

2. 产业布局的计划机制是1930年代由苏联首先确立,第二次世界大战后,在中国和东欧一些国家比较流行。这种机制的主要特点是:

(1)产业布局的主体是中央政府,产业布局的决策权、资产增量和建设项目在各个地区的分配权,乃至资产存量在各个地区之间的转移全都集中在中央政府手中。

(2)产业布局的目标是国家整体利益,地区经济利益往往被忽视,或被置于次要地位。

(3)产业布局的手段是行政命令,产业布局主要通过中央部门和各级地方政府的行政命令来实现。

3. 产业布局的市场机制和计划机制各有长短,单纯依靠某一种机制都难以实现产业的合理布局。因此,世界各国先后认识到发挥市场机制基础作用的同时,必须有效利用由国家干预或宏观调控的计划机制。

(四)区域产业结构

影响产业布局的一定的社会经济和技术条件,要求有与之相适应的一定的部门经济结构。不同的部门经济结构反映着社会生产力的发展状况,反映着一个地区的经济发展水平。从区域的角度考察,一个区域如果取得经济增长,必须不断地进行产业结构的调整,适时地推动产业结构向高度化演进,因此,提高产业结构的转换能力是至关重要的。地区产业结构演进的过程同时也是人口与产业空间的转移过程,它深刻地改变着产业布局的面貌。

第二节 产业布局的理论依据

一、区位理论

产业的最优空间组织、最优空间区位的确定是产业布局的重要任务之一,产业布局的区位理论则是其基本的理论核心。区位理论,或称区位经济学、空间经济学。它的产生与社会分工和经济发展紧密相关。区位理论经历了古典、近代、现代三个阶段的演变。

(一) 古典区位论

古典区位论以德国经济学家杜能(Johann Heinrich Von Thünen)1826年创立的农业区位论、韦伯(Alfred Weber)1909年创立的工业区位论为代表。

1. 杜能的农业区位论。杜能的农业区位论的中心思想是要阐明:农业土地经营方式与农业部门地域分布随距离市场远近而变化,这种变化取决于运费的大小。

杜能在进行农业区位理论研究时,将复杂的社会假设为一个简单的孤立国,并提出如下假设条件:

(1) 孤立国中的唯一城市位于中央,是工业品的唯一供应中心、农产品的唯一贩卖中心。

(2) 孤立国位于中纬度大平原上,平原上任何地方具有同样适宜的气候和肥沃的土壤,适宜于农作物生长。平原外围是荒原,与外部世界相隔绝。孤立国完全自给自足。

(3) 平原上没有任何可通航的河流或运河,马车是唯一的交通工具。

(4) 农作物的经营以谋取最大利润为目的,故农民是根据市场的供求关系调整自己的产品类型的。

(5) 农业经营者能力相同,技术条件一致。

(6) 市场的农产品价格、农业劳动者工资、资本利息在孤立国中是均等的,交通费用与市场远近成比例。

杜能从这个假设的"孤立国"出发,深入分析了在孤立国内,如何布局农业才能从每一单位面积土地上获得最大利润的问题。他认为,在农业布局上,什么地方适合种什么作物,并不完全由自然条件决定,农业经营方式也不是任何地方越集约化越好。在确定农业活动最佳配置点时要把运输因素考虑进来,容易腐烂、集约化程度高的农产品生产要安排在中心城市附近,如生产鲜菜、牛奶等;需粗放经营的可安排在离中心城市较远的地方,如放牧等。并将孤立国划分成六个围绕城市中心呈向心环带状分布的农业圈层,每一圈都有特定的农作制度,这就是著名的"杜能圈"。由城市向外,六个农业圈层分别是:自由农作圈、林业圈、谷物轮作圈、谷草轮作圈、三圃式轮作圈和畜牧圈。

尔后,杜能为使他的区位理论建立在自然条件地域差异的基础之上,他论证了河流、小城市对农业区位的影响。杜能认为,如果有一条通航河流流经平原中的城市,将使土地合理利用的图形发生变更。如果在孤立国范围内有一较小城市,大小城市会在农产品市场上展开竞争,其结果是小城市也形成类似的规模较小的同心圈层。

杜能圈在今天的现实生活中我们依然可以看见。例如,20世纪初的北京市郊区:近郊区——蔬菜、鲜奶、蛋品;远郊区内侧——粮食和生猪;远郊外侧——粮食、鲜瓜果、林木;外围山区——林业和放牧、干果。

2. 韦伯的工业区位论。韦伯理论的中心思想就是区位因子决定生产区位,将生产吸引到生产费用最小的地点。因此,区位因子分析便成了韦伯工业区位论的核心内容。

基本假定：

(1) 假定所分析的对象是一个孤立的国家或特定的地区，对工业区位只探讨其经济因素。

(2) 假定该国家或地区的气候、地质、地形、民族、工人技艺均相同。

(3) 工业原料、燃料产地为已知点，生产条件和埋藏状况不变；消费地为已知点，需求量不变；劳动力供给地为已知点，供给情况不变，工资固定。

(4) 生产和交易均就同一品种进行讨论。

(5) 运输费用是重量和距离的函数；运输方式为火车。

韦伯把影响工业区位的经济因素称为区位因子。依据不同标准，他把区位因子做了如下分类：

(1) 按区位因子的作用范围分为一般区位因子和特殊区位因子。一般因子是指对所有工业的区位都产生影响的因子，如劳力费用、运输费用、地租等。特殊因子是指对特定工业区位产生影响的因子，如水质、空气湿度等。

(2) 按区位因子的作用方式分为地方因子和集聚因子。使工业固定于一定地点的因素被称为地方因子，如因运费而使工厂的原始分布趋向于某些特定的地方。它决定工业区位的基本格局。在工业固定于某些特定地点后，又会产生一些伴生的区位因子，使工业趋向于集中或分散，韦伯称这类伴生因子为集聚因子。两者均在区位论考虑之列。

(3) 按区位因子的属性分为自然技术因子和社会文化因子。由于自然条件、资源和技术水平的特殊性使企业取得效益，韦伯将这些因子称为自然技术因子。由于社会经济形态和一定文化水平而使企业取得效益，韦伯将这些因子称为社会文化因子。韦伯在区位分析中主要考虑了自然技术因子，抽象掉了社会文化因子。

经反复分析、筛选，韦伯确定了三个决定工业区位的因子，即运费、劳动力、集聚，作为"纯"理论研究的出发点。韦伯认为，合理的工业区位应位于三个指向总费用最小的地方。

由杜能农业区位论和韦伯工业区位论为代表的古典区位论，其特点是立足于单一的企业或中心，着眼于成本、运费最省。它们均不考虑市场消费因素和产品销售问题。因此，古典区位论常被称为西方区位理论的成本学派。

(二) 近代区位论

随着自由资本主义时代向垄断资本主义时代的过渡，第二产业、第三产业逐渐取代第一产业成为国民经济的主导部门，以及交通运输网的发达和劳动生产率的提高，市场问题成为产业能否盈利，甚至是能否存在的关键。这时，出现了在考虑成本和运费的同时，注意市场区划分和市场网合理结构的区位论。西方区位理论从古典区位论的成本学派逐步发展为近代区位的市场学派。区位论也由立足于单一的企业或工厂转变为立足于城市或地区，由着眼于成本、运费最省发展为追求市场的扩大。近代区位论主要以费特的贸易区边界区位理论、克里斯泰勒的中心地理论和廖什的市场区位理论为代表。

1. 贸易区边界区位理论。1924 年，美国经济学家 E·A·费特(Fetter)发表了《市场区域的经济规律》一文，提出运费、生产费与市场扩大和竞争的规律——贸易区边界区位理论,开创了区位论市场学派的先河。

费特认为,任何工业企业或者贸易中心,其竞争力都取决于销售量,取决于消费者数量与市场区域的大小。但最根本的是,运输费用和生产费用决定企业竞争力的强弱。每个工厂企业单位产品的运费越低,生产费用越小,其市场区域就会扩大;反之,市场区域会在竞争中逐步缩小。因此,费特根据成本和运费的不同假定,提出了两生产地贸易分界线的抽象理论。

费特假定有 A、B 两个生产地,利用韦伯提出的等费线方法,可以得出两产地贸易范围,如图 6.1 所示。费特指出,如果 A、B 两地各自所需的生产费用和运费以及其他条件均相同,则贸易区之间的界线将是一条与两个贸易中心的连线垂直的直线,即图 6.1 中的 Z_0 线;如果两个中心运费相同而生产费用不同,两市场区的边界线将是一条曲线,该曲线接近生产费用较高的中心,并环此中心弯曲,即图 6.1 中的 Z_1 线;如果两个中心生产费用相同而生产运费不同,则贸易区的边界线也是一条曲线,该曲线接近运费较高的中心,并环此中心弯曲,如图 6.1 中的 Z_2 线。

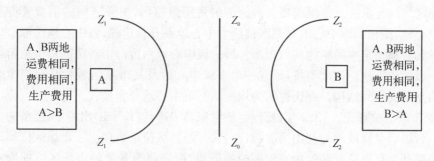

图 6.1　费特的贸易区边界

2. 中心地理论。又称中心地方论,或中心地学说,是近代区位论的核心部分。它是德国地理学家克里斯泰勒(Walter Christaller)提出来的。

克里斯泰勒假定存在这样一个抽象的地域:

(1) 地域是一个均质平原。

(2) 地域上经济活动的移动可以常年在任何一个方向进行。

(3) 居民及其购买力是连续的均匀分布,对货物的需求、消费方式一致。

(4) 生产者和消费者都属于经济行为合理的人。即生产者为谋取最大利润,寻求掌握尽可能大的市场区;消费者的行动具有空间上的合理性,即根据最短距离的原则进行。

克里斯泰勒认为,在某一区域内,城镇作为"中心地"向周围地区提供商品和服务,比如,贸易、金融、企业、行政、医疗、文化和精神服务等。该中心地所提供的商品和服务,一方面必须拥有最低限度的可利用人口,即"门槛人口",才能保证经营者取得正常利润;另一方面,它的服务也有一个最大距离的问题,即"服务半径"的问题。在此范围内人们愿意前往该中心地购买商品或享受服务。否则,人们就会嫌距离太远而到其他较近的中心地去。

一般而言,中心地规模越小,级别越低,服务半径越小,数目就越多,只能提供较低档次的商品和服务,如仅限于提供少数几种需求频率高的日常消费品等;反之,中心地规模越大,级别越高,服务半径越大,数目也越少,越有能力提供较高档次的商品和服务,同时也能提供较低档次的商品和服务,商品和服务种类越齐全,并包含有多个较低级的中心地。根据克氏的假定,同一等级中心地的市场区是全等的,因此,两个相邻的同一等级中心地之间的距离也是相等的。越是级别低的中心,相邻两个中心之间的距离就会越短。

克里斯泰勒首先从他的基本假定出发,提出了他的理论模式。他认为,在一个平原地区,各处自然条件、资源都一样,人口均匀分布,人们在生产技能和经济收入上均无差别,购物以最近为原则,则这个平原上的中心地最初应是均匀地分布,每个中心地的理想服务范围是圆形服务面。然而,在一个区域内存在多个同级中心地的圆形服务面之间就出现了空档,处于空档地区的居民得不到最佳服务。因而,在这个空白处的中心会产生次一级的中心地。这样在每个上一级中心地之间便会有一个次一级的中心地,依次类推。由于同级中心地之间均以同等强度向外扩张,每个中心地将与其周围六个中心地市场区之间有重叠。根据消费者行为的最短距离原则,重叠区内的消费者将选择最近的中心地,使相邻两中心的重叠区被两个中心地平分。这样,各中心地圆形市场区则可变成具有最稳定空间结构的六边形。每一级中心地六边形市场区的六个顶角处分布着次一级的中心地。依次类推,形成一个多级中心地及其市场区域相互有规律地镶嵌组合的复杂的空间结构。克氏称其为均衡状态下中心地分布模式。

3. 市场区位理论。1939年,德国经济学家A·廖什(Losch)出版了《经济的空间秩序》一书,以后又修改增补刊出第2版,改名为《经济区位论》,创立了市场区位理论。廖什主要是利用克里斯泰勒的中心地理论的框架,把商业服务业的市场区位理论发展为产业的市场区位理论,进而探讨了市场区体系和经济景观,成为区位论市场学派的又一奠基人。

廖什首先做了与克氏相似的假定:

(1) 平原地区运输条件相同,生产必需的原料充足,且广泛分布于各地。

(2) 地区内农业人口分布均匀,有共同的消费行为。

(3) 地区内有普及的技术知识,一切人都可用于生产。

(4) 排除一切其他条件对经济活动的干扰因素。

在上述假设条件下,廖什考察了市场规模和市场需求结构对产业区位的影响,使区位分析从单个厂商扩展到整个产业。他认为,由于产品价格随距离增大而增大,造成需求量的递减,因而单个企业的市场区最初是以产地为圆心、最大销售距离为半径的圆形。通过自由竞争,圆形市场被挤压,最后形成了六边形市场区,这一点与克氏中心地理论相似。而对于多个企业并存的区域,在均匀的人口分布情况下,每种工业产品的六边形市场区大小相同,整个市场区域分成各种各样的六边形市场网。有多少种工业产品就有多少种市场网,它们复杂地交织在一起,构成整个区域以六边形地域细胞为单位的市场网络。随着各企业争夺整个地域作为市场,市场网在竞争中的不断调整会出现两方面的地域分异:

(1) 在各种市场区的集结点,随着总需求量的滚动增大,逐步成长为一个大城市,而且所有市场网又都交织在大城市周围。城市越向外扩展,市场区的重叠程度越差。

(2) 大城市形成后,交通线将发挥重要作用。距离交通线近的扇面条件有利,距离交通线远的扇面不利,工商业配置大为减少,这样就形成了近郊经济密度的稠密区和稀疏区。于是,在一个广阔的地域范围内经济景观就形成了。

(三) 现代区位论

第二次世界大战后,世界范围内的工业化、城市化的进程浪潮汹涌,一门崭新的立足于国民经济发展,以空间经济研究为特征,着眼于区域经济活动的最优组织的现代区位理论应运而生。

1. 现代区位论研究的特征。始于1970年代的现代区位研究与古典阶段、近代阶段的区位研究相比,具有明显的特征。

在研究内容上,现代区位研究在很大程度上改变了过去孤立地研究区位生产、价格和贸易的局面,将整个区位的生产、交换、价格、贸易融为一体进行研究,而且从以往的区域类型、区域划分的理论研究,转向以分析、解决人类所面临的各种现实问题为主要方向,从注重区位的经济产出到以人的生存、发展为目标,强调协调人与自然的关系。

在研究对象上,从市场机制研究转向政府干预和计划调节机制的研究,从单个经济单位的区位研究走向区域总体的研究,将现代区位与区域开发问题的研究结合起来,如涉及对区域地理环境、经济条件、自然条件、人口、教育、技术水平、消费水平、资本形成、经济政策和规划等各个方面的宏观的综合的分析研究。

在研究方法上,也由静态空间区位选择转入区域各发展阶段空间经济分布和结构变化以及过程的动态研究,从纯理论假定的理论推导走向对实际的区域分析和应用模型的研究。

区位论不同发展阶段,所拥有的特点各异,如表6-1所示。

表6-1 不同阶段区位论的各自特征一览表

	古典区位论	近代区位论	现代区位论
起始时期	19世纪20年代	20世纪30年代	20世纪70年代
涉及对象	第一、第二产业	第二、第三产业和城市	城市和区域
追求目标	成本、运费最低	市场最优	地域经济活动的最优组织
理论特色	微观的静态平衡	宏观的静态平衡	宏观的动态平衡

区位论的发展历程告诉我们,随着社会进步、科技发展,区位论的理论和应用已大大向纵深发展。古典的和近代的区位理论,仍然是现代区位论的方法论基础的组成部分,它们与现代区位论是一脉相承的。

2. 现代区位论的主要学派,主要由成本—市场学派、行为学派、社会学派构成。

(1) 成本—市场学派。成本—市场学派的理论核心是关注成本与市场的相互依存关系。该学派认为,产业区位的确定应以最大利润为目标,以自然环境、运输成本、工资、地区居民购买力、工业品销售范围和渠道等因素为条件,综合生产、价格和贸易理论,对区位进行多种成本因素的综合分析,形成竞争配置模型。这一学派的代表人物主要是 E·M·胡佛(Hoover)、W·艾萨德(Isard)等人。早在 1931 年、1948 年,胡佛分别写了《区位理论与皮革制鞋工业》和《经济活动的区位》两本书,对韦伯的理论做了修改,提出了终点区位优于中间区位的理论和转运点区位论,他为大城市工业集中和港口布局工业提供了重要理论依据。艾萨德早在 1950 年代中期就开始采用数学分析的方法,将韦伯的区位理论公式进一步推导,并以市场区代替消费地作为变量研究市场对区位的影响,这就使成本学派同市场学派结合起来了。他们综合韦伯以来工业区位理论的各种成果,系统地提出了选择工业厂址的七大指向,即原料指向、市场指向、动力燃料指向、劳工供给指向、技术指向、资金供给指向和环境指向。

(2) 行为学派。这是一种考虑与分析人的主观因素(对环境的知觉和相应的行为),从而对产业区位进行决策的学派。行为学派认为,随着现代企业管理的发展和交通工具的现代化,人的地位和作用日益成为区位分析的重要因素,而运输成本则降为次要的地位。行为学派认为,在现实生活中,既不存在行为完全合理的"经济人",也难以做出最优的区位决策,人的区位行为必然受到实际获取信息和处理信息能力的限制。其代表人物是 A·普莱德(Pred)。但最早提出这一想法的是英国经济学者 S·邓尼逊(Dennison)。他在 1930 年代就曾对古典区位论提出批评,认为韦伯等人的区位论是一种技术联系的空间分析,而忽视了心理社会联系的另一面。实际上,只有同时考虑两者,才能对现实工业区位做出满意解释。真正把行为科学与区位论结合起来考虑的是普莱德。1967 年,普莱德在《行为与区位》的著作中,强调区位研究要利用信息论使之接近行为论。他在发展了美国经济学家 D·史密斯(Smitch)的空间成本曲线和盈利边际理论的基础上,感到许多工厂并非建立在最优区位。这方面,行为因素起了主导作用。普莱德发现,这同企业掌握的信息量以及运用信息的能力密切相关。他认为,每次区位决策至少在理论上被看作是在不断变化的信息和能力条件下发生的,对所有选择具有完全知识的情况是不存在的,只要得到满意的结果就足够了。这使区位问题中行为因素的数量研究成为可能。

(3) 社会学派。社会学派的理论核心是强调政府干预区域经济发展。社会学派认为,政府政策制定、国防和军事原则、人口迁移、市场变化、居民储蓄能力等因素都在不同程度地影响着区位的配置。而且与其他因素相比,社会经济因素愈益成为最重要的影响因素。1950 年代以后,发达国家政府对经济生活的干预和调节日益加强,使区域经济政策的实行及其对区位趋势的影响成为区位研究的新课题。C·克拉克(Clark)等经济学家就曾研究了区域经济政策对产业布局的影响。

二、比较优势理论

(一)亚当·斯密的绝对优势理论

绝对优势理论源于西方经济学之父、英国古典经济学家亚当·斯密的地域分工学说。斯密在 1776 年出版的《国民财富的性质和原因的研究》一书中提出了该理论。他论证了分工可以提高劳动生产率和增加社会财富。认为各国、各地区分工的基础是有利的自然禀赋或后天的有利生产条件。不论是一国内的不同地区,还是不同国家之间,每一个国家或地区都有其绝对有利的适宜于某种特定产品的生产条件。如果每一个国家或地区都按其"绝对有利的生产条件"(指生产成本绝对低)进行专业化生产,然后彼此进行交换,这将使各国与各地区的资源、劳动力和资本得到有效利用,这对各国与各地区都有利。这就是绝对优势理论,也称绝对利益论或绝对成本学说。斯密的绝对优势理论也因此成为一国或一地区产业布局的理论依据。

(二)大卫·李嘉图的比较优势理论

大卫·李嘉图(D. Ricardo)在1817年出版的《政治经济学及赋税原理》一书中继承和发展了斯密的绝对优势理论,提出了比较优势理论。他证明了:决定国家(或区域)贸易的一般基础是比较利益,而非绝对利益。即使一个国家(或区域)与另一个国家(或区域)相比,其中的一个国家(或区域)在各个产业的产品生产上,其产品成本都优于另一个国家(或区域)的条件下,国际(或区际)分工和贸易仍可发生。两个国家(或区域)之间的贸易同样对双方有利。他认为,任何国家(或区域)都有其相对有利的生产条件。如果各国各地区都把劳动用于最有利于生产和出口相对有利的商品,进口相对不利的商品,即"两优取重,两劣取轻",或"优中选优,劣中选优",这将使各国各地区资源都得到有效利用,使贸易双方获得比较利益。这就是比较优势理论,也称比较成本学说。李嘉图的比较优势理论也因此成为一国或一地区产业布局的重要理论源泉。

(三)赫克歇尔—俄林(Heckscher-Ohlin)的生产要素禀赋理论

绝对优势理论和比较优势理论指出了两个地区或国家之间互利贸易的基础是绝对生产率或相对劳动生产率的地区差异,但没有解释产生这种差异的原因。1919年,瑞典著名经济学家埃利·赫克歇尔(E. F. Heckscher)在解释李嘉图的比较优势理论时,首先提出了生产要素禀赋理论。他认为,产生比较成本差异必须具备两个条件,即两个国家生产要素禀赋不同,不同产品在生产过程中所使用的要素比例不同,否则两国间不能产生贸易。赫克歇尔的观点被他的学生贝蒂尔·俄林(B. Ohlin)接受,并于1993年出版了《地区间贸易和国际贸易》,创立了完整的生产要素禀赋理论。他因此获得了1997年度诺贝尔经济学奖。俄林认为,区域分工及区域贸易产生的主要原因是各地区生产要素禀赋上的差异。生产要素禀赋的差异具体体现在:土地及矿产的差异、资本的差异、劳动力素质和数量的差异、技术水平的差异、经营管理水平的差异。假设区域资本丰富,生产资本密集型商品成本比较便宜,具有比较优势。相反,区域劳动力丰富,生产劳动密集型商品成本比较便宜,具有比较优势。那么在区域贸易体系中,每个区域都应该专门化于本区域相对丰裕和便宜的要素密集型商品,并用于出口,同时进口那些本区域相对稀缺和昂贵的要素密集型商品。比如,某些区域就可专门化于生产资本密集型商品,并用于出口,同时进口其他区域的劳动密集型商品;某些区域就可专门化于生产劳动密集型商品,并用于出口,同时进口其他区域的资本密集型商品。这就是用生产要素禀赋理论来说明不同地区之间的贸易。贸易产生的结果是逐渐消除不同区域之间的商品价格差异,进而使两区域的生产要素价格趋于均等化。他认为,地区是分工和贸易的基本地域单位。从一国范围来看,国内各地区由于生产要素价格的差异,既导致区际贸易的开展,又决定国内工业区位的形成;从国际范围来看,各国生产要素价格的差异,既导致国际贸易的开展,又决定国际范围内工业区位的形成。

三、均衡与非均衡理论

(一) 新古典均衡区域增长理论

以均衡概念为基础形成的新古典区域增长理论,在假定完全竞争、充分就业、技术进步、规模收益不变、要素在空间自由流动且不支付任何成本、生产要素仅包括资本和劳动力的情况下,乐观地认为,给定一个不均衡的区域经济状态,只要存在完全的竞争市场,仅依靠市场即可实现区域的共同增长。如区域 A 和区域 B,前者为发达地区,后者为欠发达地区,这意味着资本在地区 A 相对充裕,劳动力在地区 B 相对丰富。在完全竞争机制下,资本将从地区 A 流向地区 B,而劳动力将从地区 B 流向地区 A,从而在地区 A 实现了已有资本与流入廉价劳动力的结合,在地区 B 实现了流入的增量资本与相对低廉劳动力的结合,由此可促进区域的共同增长。这一理论给予产业布局的启示是:在发展初期,各地区的经济发展水平差异并不明显,那么可通过产业布局,扶持某个地区优先发展,使其成为发达地区,通过它来带动周边欠发达地区的发展。

(二) 缪尔达尔的地理性二元结构理论

1957 年,瑞典经济学家 G·缪尔达尔(Myrdal)在他的《经济理论和不发达地区》一书中提出了"地理性二元经济结构理论"。该理论利用"扩散效应"和"回流效应"这两个概念,说明了经济发达地区的优先发展对其他落后地区的促进作用和不利影响,提出了如何既充分发挥发达地区的带头作用,又采取适当的对策刺激落后地区的发展,以消除发达与落后并存的二元经济结构的政策主张。这一理论给予产业布局的启示是:

(1) 不发达地区在产业布局上应采取非均衡的发展战略。即通过鼓励和促进一部分地区经济优先增长的政策,以及差别性的产业布局政策和与此相关的财政政策等,引导生产要素向先行发展的地区转移,使其赶上国际经济发展步伐,促使这部分地区先富起来。

(2) 不发达地区经过一段时期的非均衡发展之后,一部分地区已经先富起来时,则应从控制全地区之间贫富差距、维护经济相对平衡发展出发,在产业布局上转而采取均衡发展战略,以鼓励不发达地区的快速发展,实现全地区共同富裕的目标。

(三) 佩鲁的增长极理论

法国著名经济学家弗朗索瓦·佩鲁(Francois Perroux)于 1955 年在《略论"增长极"的概念》一文中首先提出了增长极理论。该理论的基本思想是:增长并非同时出现;在所有的地方,它以不同的强度首先出现于一些增长点或增长极上,然后通过不同的渠道向外扩散,并对整个经济产生不同的影响。增长极概念则是该理论的核心。佩鲁认为,它是由某些主导部门或有创新能力的企业或行业在某些地区或城市聚集而形成的经济中心,该经济中心资本与技术高度集中,具有规模经济效益,具有生产、贸易、金融、信息决策及运输等多种功能,并能够产生吸引或辐射作用,促进自身并推动其他部门和地区的增长。因此,佩鲁主张政府应积极干预区域产业布局。这一理论给予产业布局的启示是:越是不发达的地区,越是要通过强有力的政府计划和财政支持,有选择地在特定地区或城市形成增长极,使其充分实现规模经济并确立在国家经济发展中的优势和中心地位。并凭借市场机制的引导,使得增长极的经济辐射作用得到充分发挥,并从临近地区开始,逐步带动增长极以外的地区经济的共同发展。

第三节 产业布局的影响因素

影响产业布局的因素是多方面的,主要包括以下几个方面:

一、地理位置

地理位置是指某一事物与其他事物的空间关系。它是影响产业布局的因素之一。不同的地理位置,自然、经济、社会、环境和条件各不相同。地理位置对某些产业,如特色旅游产业、农业等这类对自然环境质量要求较高的产业的分布有明显的影响。产业通常也是优先布局在地理位置优越的地方,尤其是经济地理位置优越的地方。经济地理位置是指一个国家、一个地区或一个城市在国际与国内地域生产分工中的位置。经济地理位置的优劣则决定产业市场范围的大小,进而决定着产业集聚程度和分布状况。

需要说明的是,随着科技的进步、社会生产力的发展、产业集聚与扩散规律的相互作用,地理位置对产业布局的影响有着弱化的趋势。

二、自然因素

自然因素包括自然条件和自然资源。自然条件是指人类赖以生存的自然环境。自然资源是指自然条件中被人类利用的部分在一定时空和一定条件下,能产生经济效益,以提高人类当前和将来福利的自然因素和条件。自然条件和自然资源是生产的前提条件,也是产业布局的依据。自然条件和自然资源的存在状态及其变化对产业布局具有非常重要的基础性影响。它是一种重要的影响产业布局的因素,包括气候、土壤、植被、矿产原料、燃料、动力、水资源等,且各要素在地表的分布状况和组合特征差异显著。因而,自然因素对产业布局的影响,要针对各种不同的自然条件和自然资源,做具体分析。

(一)"遍在性"的自然条件和自然资源

这类因素主要有大气、水、土地,一般建筑材料如灰、砂、石、黏土等。这些条件和资源在地表陆地上比比皆是,只是个别地段出现短缺,或个别产业部门对其有特殊要求而出现质量性短缺。一般而言,它们对产业布局没有影响或影响不大。

(二)区域性的自然条件和自然资源

这是由于太阳能在地表的纬度性分布,以及海陆分布格局和陆地表面的垂直高度差异,即地球表面地带性和非地带性长期影响造成的地表自然资源和条件具有明显的区域分布的特点,形成了诸如地貌区、气候带、植被带、土壤区、水力资源富集区等自然地域。它们对产业布局有一定的影响。

(三) 局限性的自然条件和自然资源

这类自然条件,如适宜于橡胶生产的环境,在世界上只限于一些特定地区;这类自然资源,如煤、石油、铁矿、有色金属矿等,它们在地表的分布很不平衡,并且同一种矿产资源在不同的产地,其储量、质量等也差异很大。它们的分布,往往对产业布局有决定性的影响。在区位理论中,人们更多地关注这类资源。

综合来看,自然因素对第一产业和第二产业中的采掘业、以农产品为原料的轻工业,以及第三产业中的旅游业等影响比较大。在某种程度上,自然条件和自然资源对采矿和农业产业布局仍然具有决定性的影响,地形、地质、气候、水及河流则对工业布局、工厂选址产生很大影响。尽管如此,自然因素对产业布局的影响,绝不可能是决定性的因素。在不同的社会形态下,同样的自然因素对产业布局的影响也是不同的。随着人类认识和评价自然条件的深度以及开发和利用自然资源的方式的不同,自然因素对产业布局的影响也有很大差别。如同处在发展初级阶段的地区,产业布局必将优先考虑自然条件与自然资源优势的地方。自然条件与自然资源优势对产业布局的影响,与地理位置对产业布局的影响一样,正随着科学技术的进步变得越来越小。

三、社会因素

(一) 人口因素

人口数量、人口构成、人口分布和密度、人口增长、人口素质、人口迁移和流动,人口中的劳动力资源比重、分布、构成、素质、价格等构成人口因素的主要方面。它也是确定产业布局的一个重要因素。在人口众多、劳动力充裕的地区布局劳动密集型产业,如纺织、服装业等,可使劳动力充分就业;在人口稀少的地区布局一些有效利用当地自然条件、自然资源的优势产业,有利于提高劳动生产率;在人口素质、劳动力素质高的地区布局技术密集型和知识密集型的产业,能满足其对各类人才的需求,提高产品质量,增强竞争能力;在劳动力价格低廉的地区布局产业,可使劳动力费用在成本中所占的比重大大降低。一些发达国家把初级产品的加工转移到发展中国家,利用其廉价的劳动力,获取了可观的利润。

(二) 社会历史因素

历史继承性是产业布局的基本特征之一。与此同时,历史上形成的产业基础始终是新的产业布局的出发点。不同经济体制对产业布局的合理性、盲目性、波动性或趋同性也有明显的影响。可见,社会历史因素也是影响产业布局的一个重要因素。社会历史因素主要包括历史上已经形成的社会基础、管理体制、国家宏观调控法律政策、国内外政治条件、国防、文化等因素。它们是超经济的,也是独立于自然地理环境之外的因素。其中最主要的是表现为政府通过政治、经济和法律的手段对产业布局进行干预和宏观调控。它对产业布局有不可忽视的影响。而且,特定的社会文化环境和法制环境对某些产业集中于特定地区有较大影响。如美国加利福尼亚"硅谷"的形成和中国北京中关村高新技术开发区的发展都是知识密集型产业集中于知识密集区的范例。

(三) 行为因子

它是指决策者、生产者和消费者在确定产业区位过程中的各种主观因素。行为因子往往使产业区位指向发生偏离。事实上，无论是我国还是世界上其他国家，许多产业并非建立在最优区位。这种偏离，行为因子起了关键作用，其中特别是决策者的行为影响极大。决策者的行为在产业区位选择过程中的作用不容忽视，它取决于决策者个人素质的高低。生产者、消费者的行为仅对产业区位指向产生一定的影响。就生产者的行为而言，选择最优区位时，考虑最多的是能否招收到足够的员工，以及稳定员工队伍。就消费者的行为而言，选择最优区位时，考虑最多的是与老百姓吃、穿、住、用、行相关的城市产业的定位问题。

四、经济因素

(一) 集聚因子

集聚与分散是产业空间分布的两个方面。产业布局在空间上是趋于集中还是分散，取决于集聚因子的作用。产业在区位上集中，通常产生不同的集聚效果。它主要通过规模经济和外部经济来实现。

(1) 产业在区位上集中，可以减少前后关联产业的运输费用，从而降低成本。

(2) 产业在区位上集中，可以利用公共设施，从而减少相应的费用。

(3) 产业在区位上集中，便于相互交流科技成果和信息，提高产品质量和技术水平。

(4) 产业在区位上集中，可以利用已有的市场区位，扩大市场服务范围等。

然而，应该指出的是，产业在区位上集中，既产生各种不同类型的集聚经济，又会产生一种集聚不经济。集聚不经济与集聚程度密切相关，集聚程度越高，可能产生的集聚不经济就越大。在集聚不经济的条件下，产业在地域上呈分散化趋势。集聚经济与集聚不经济同时存在，相互制约，共同决定产业布局。由于各地的集聚条件存在显著的差异，因此，在集聚经济作用下将会导致产业向某些集聚条件优越的区域集中。在集聚不经济作用下，将会导致产业由某些过度集聚的区域分散出去。

(二) 基础设施条件

基础设施是指人类生产和发展所需的基本的人工物质载体。它包括的范围很广，不但包括为生产服务的生产性基础设施，也包括为人类生活和发展服务的非生产性基础设施。如交通运输设施、信息设施、能源设施、给排水设施、环境保护设施、生活服务设施等。这些基础设施条件，特别是其中的交通运输条件、信息条件对产业分布的影响很大。交通运输条件主要指交通线路、交通工具和港站、枢纽的设备状况，以及在运输过程中运输能力的大小、运费的高低、送达速度的快慢、中转环节的多少等。它们综合反映人员往来和货物运送的便利程度。交通运输条件同产业区位的关系十分密切。产业区位在最初总是指向交通方便、运输速度快、中转环节少、运费低的地点。交通运输条件对第一、第二产业的制约作用尤为突出，它深刻地影响着农矿资源开发的次序、规模和速度。我国克拉玛依油田的开发落后于东部各类油田的主要原因，就在于克拉玛依油田偏居新疆，远离市场，交通不便，区位条件差。近年来，随着交通技术的发展，运输成本不断降低，出现了一些加工工业区位由原来的原料地、燃料地指向转向交通运输枢纽指向的倾向，交通运输条件对产业布局的影响与日俱增。信息条件主要指邮政、电信、广播电视、电脑网络等设施状况。通常，在市场经济条件下，灵通的信息有利于准确地掌握市场，正确地分析影响产业布局的条件，以达到合理布局的目的。

（三）市场因素

市场有商品市场、资本市场等。商品市场泛指商品的销售场所，它不仅包括最终产品的消费地，也包括原材料或半成品的深加工地。它对产业布局的影响主要体现在以下四个方面：

（1）市场与企业的相对位置。一般而言，在市场竞争的压力下，这一因素促使产业区位指向能使商品以最短路线、最少时间、最低花费进入市场的合理区位。

（2）市场规模。即商品或服务的容量。它为产业区位的形成提供可行性。产业布局只有注重市场规模，才能生存和延续。否则，不研究市场需求量，盲目上马，只能导致市场供过于求、商品滞销、企业倒闭。

（3）市场结构。即商品或服务的种类，反映市场的需求结构。从某种意义上讲，它是商品生产的"指挥棒"，将进一步引导产业区位指向最有利的地方。

（4）市场竞争。市场竞争可以促进生产的专业化协作和产业的合理集聚，使产业布局趋向于更有利于商品流通的合理区位。资本市场对产业布局的影响在现代社会表现得特别突出。资本市场发达、体系完善、融资渠道多样且畅通，尤其是产业投融资基金发达，产业布局就可以突破地域资本稀少的限制；相反，产业布局就会受到地域资本稀少的限制。

五、科学技术因素

科学技术是影响人们利用和改造自然的能力，是产业布局发展与变化的一种推动力。技术水平的高低及不同地区技术水平的差异都将影响地区的产业布局。一是自然资源利用的深度和广度对产业布局的影响。技术进步不断地拓展人们开发与利用自然资源的深度和广度，使自然资源不断获得新的经济意义。这有利于扩大产业布局的地域范围，使单一的产品生产区转变为多产品的综合生产区，扩大生产部门不断布局。二是技术通过影响地区产业结构，从而对产业布局产生重大影响。特别是随着新技术的不断涌现，一系列新的产业部门不断诞生，人类生产和生活的地域及方式也随之发生改变，从而对产业布局产生重大影响。三是技术通过改变交通运输方式，影响产业布局。如"临海型"、"临空型"的产业布局。

值得注意的是，产业布局往往受双重或多重因素的影响。在不同的地区，不同的影响因素所施加的影响是不同的，有的表现为主导作用，有的表现为次要作用。在不同的经济发展阶段，上述影响因素对产业布局的影响也是不一样的，有的从原来的次要因素变为主要影响因素，有的则从原来的主要影响因素降为次要因素。这就要因时、因地、因产业做具体分析，从发展的角度评价各种因素在产业布局中的作用。

第四节 产业布局的一般规律和基本原则

产业布局是一种社会经济现象,是人类从事社会生产和经济活动的地域体现,属于人类社会经济活动的空间领域。尽管产业布局这一空间分布形式是千变万化、错综复杂的,但它不是杂乱无章、无规律可循的。研究表明,产业在地域空间的分布及组合存在着客观规律。产业布局规律既是一个重要的理论问题,也是一个重要的实践问题。产业布局的基本原理则是产业布局规律的反映,也是指导产业布局实践的客观依据。各国的产业布局均须按照其规律和原理进行。否则,产业布局只会在盲目中越加紊乱。因此,在理论和实践上,深入探讨产业布局的规律和原理就显得十分重要。

一、产业布局的一般规律

(一)生产力发展水平决定产业布局

生产力是一个多因素、多层次的有机体系,它的组成要素(劳动者、劳动工具、劳动对象、科学技术等)在社会发展的不同阶段有不同的水平、内容和形式。这些要素在特定时间下的地域空间中的有机组合,形成特定历史时期的产业布局。有什么样的生产力发展水平,就有什么样的产业分布条件、内容、形式和特点。生产力发展水平决定产业布局的形式、特点和变化,这是在任何社会形态下都发生作用的普遍规律,它是产业布局的基石。不论是哪个国家、地区,无论是社会经济发展的哪个阶段,这一规律都能从产业布局的演化中反映出来(见表6-2)。

表6-2 生产力发展水平与产业布局的关系

生产力发展阶段	能源动力	生产工具	交通工具	产业布局的主要特点
农业社会	人力、兽力、水力	石器、铜器、铁、手工机械	人力车、畜力车、风帆船	农业自然条件对产业布局起决定性作用,产业布局有明显的分散性
第一次科技革命(产业革命,18世纪末至19世纪初)	蒸汽动力	蒸汽机械	蒸汽火车、蒸汽轮船	产业分布由分散走向集中,工业向动力基地(煤产地)和水陆运输枢纽集中
第二次科技革命(19世纪末至20世纪初)	电力、内燃动力	电力机械、内燃	内燃机车、电力汽车、汽车、飞机、内燃机船舶	产业布局进一步集中,交通位置条件等在产业分布中的作用得到加强
第三次科技革命(第二次世界大战后)	原子能	电子计算机、机器人	航天飞机、宇宙飞船、高速车辆	懂科技、高技术的劳动力,快速、敏捷的交通枢纽成为产业布局的重要条件,产业布局出现"临海型"、"临空型"等新的形式。未来产业布局将从过分集中走向适当分散

综观人类社会不同生产力发展阶段与产业布局的关系,我们可以看到,生产力发展是产业布局发生量的扩张和质的飞跃的原动力。在农业社会,生产工具经历了石器、铜器和铁器阶段。在这一漫长的历史进程中,产业布局的地域推进和演变是极其缓慢的,但产业布局仍发生了变化,部门分工和劳动地域分工逐渐形成,特别是在农业社会后期。但总的说来,这个时期的生产力水平低下,自然经济占主导地位,商品经济不发达;产业部门简单,农业占绝对优势,手工业和商业处于附属地位,交通运输不发达;人类对自然的依赖程度较大,自然条件与自然资源,尤其是农业自然资源直接影响产业分布的形式和内容,少数工场手工业主要分布在有水力和获取原料与销售产品方便的地方,产业布局呈现出与生产力水平相适应的分散性。

18世纪60年代,从英国开始的产业革命使人类社会发生了巨大历史变革,从而引发了产业布局的巨变。首先,蒸汽机的发明使煤炭代替水力跃居为主要动力,机器大生产代替了手工工场。在产业布局上则表现为工业由沿河流分散的带状分布发展到围绕煤炭产地和交通枢纽等地集中布局,并由此导致工业城市雨后春笋般地增加起来。尔后,电力作为动力资源的普及,又使产业布局呈现出新的特点,进一步趋于集中。

在电气时代,不仅出现了大批新的产业部门,如石油与天然气工业、有色金属工业、机器制造工业、化学工业、电力工业等,而且各产业部门的布局范围显著扩大,人们在产业布局中获得更大的自由和主动。

（1）许多从前不能利用的资源可以得到利用,过去难以开发的地区得到开发,人类利用自然条件与自然资源的能力大为提高;

（2）区位、交通、信息条件等在产业布局中的作用大大增加;

（3）人口与劳动力条件在产业布局中的作用发生了变化,人口数量因素的作用在减弱,人口与劳动力素质的作用在增强,高素质的劳动力对现在及未来的产业分布的作用与日俱增;

（4）社会经济因素对产业布局的影响增加,管理体制、政策、法律、关税与国际环境等,无一不对产业分布产生强烈影响。

产业布局的形式也发生了巨大变化:工业生产分布进一步走向集中,形成工业点、工业区、工业城市、工业枢纽、工业地区和工业地带等空间上的集中分布形式;农业逐渐工业化和现代化,农业地域专门化成为农业分布的重要地域形式;交通运输业逐渐现代化,综合运输与综合运输网成为交通运输业地域分布的重要形式;第三产业迅速发展,对产业布局的作用也日益明显;城市成为产业分布的集中点等。

以计算机、原子能为特征的第三次科技革命,则使社会经济向前迈进了一大步,产业布局条件也随之发生了明显的变化,懂科技、高技术的劳动力,以及快速、便捷的交通枢纽(如大的航空港、高速公路枢纽等)成为产业布局的重要条件,临海、临空地域等成为产业布局的重要地域。近些年来,在世界主要发达国家里,又开始酝酿一场新的科技革命浪潮。未来世界将进入智能社会,智力和科学技术将成为影响产业布局的重要因素,产业布局将从原来的过分集中走向适当分散,一些知识、技术密集型工业,如电子、激光、宇航、光导纤维、生物工程、新材料等新兴产业将得到蓬勃发展。

(二) 劳动地域分工规律

地域分工是在人类社会发展过程中产生的。最早出现的是原始的自然分工,以后发展到劳动地域分工。即当一个地域为另一个地域劳动、为另一个地域生产产品,并以其产品与外区域实现产品交换时,劳动地域分工就产生了。

劳动地域分工是各地区之间经济的分工协作、社会经济按比例发展的空间表现形式,是地区布局条件差异性的客观反映。通过劳动地域分工,各地区就可以充分发挥各自的优势,生产经济效益高的产品。相互之间就可以实现广泛的产品交换,从而促进商品经济的广泛发展,以取得巨大的宏观经济效果。在农业社会,由于自给自足的自然经济居于主导地位,产业布局分散,部门分工和地域分工还很不发达。直到产业革命以后,才极大地促进了部门分工和地域分工。它不仅使劳动生产率成倍提高,使社会生产力大大增强,而且极大地促进了部门分工和地域专门化的形成与发展。

地域分工的深化和社会生产力的提高相互促进,推动了产业布局形式由低级向高级不断演进和发展。合理的劳动地域分工不仅能发挥地区优势,促进商品流通,更重要的是能够形成合理的产业布局。产业合理布局的目的也就在于实现合理的地域分工与交换。遵循劳动地域分工规律,合理地进行地域分工,将始终是推动不同阶段的社会生产向前发展、不断提高社会劳动生产率、实现产业合理布局的强大手段。正是在劳动地域分工规律的作用下,世界各地区逐渐形成了分工协作的统一的世界经济系统。这就要求在考虑一个国家或地区的产业布局时,必须把它纳入更大范围的经济联系中去分析,才能使这一国家或地区的经济发展在劳动地域分工体系中形成自己的特色,产生巨大的经济效益和社会效益,才能做到产业的合理布局。

(三) 产业布局"分散——集中——分散"螺旋式上升的规律

集中与分散是产业布局演变过程中相互交替的两个过程,是矛盾的两个对立面。集中在实质上体现经济活动在地域分布上的不平衡性,分散则意味着空间分布上的均衡性。工业、农业、交通运输等各产业部门在地域上的布局演变可以表示为"分散——集中——分散",如此循环上升的链环,只是后一阶段的产业布局较前一阶段在内涵上更为丰富,形式上更为高级。这也是产业布局的一条客观规律。早在农业社会,社会分工不发达,产业布局具有明显的分散性,集中化的趋势不明显。产业革命才成为产业布局以分散为主转向以集中发展为主的开端,出现工业集中分布在矿产地、农业发达地区、交通枢纽、沿海沿河地区与大中城市,农业在自然条件优越的地区集中发展,交通运输业也主要分布在条件优越、经济发达地区等。

产业布局相对集中所带来的集聚效益非常明显。如在大中城市建立专业的或综合的工业区,不仅可以充分利用城市中已有的道路、通讯、管线等基础设施,节约厂区工程投资,更为重要的是可以促进工业区内各企业在技术生产中的协作,促进资源的综合利用,促进劳动生产率和技术水平的提高。而且加工工业在大中城市中的集聚有利于集中大量人口,为企业提供高素质的劳动力,同时又为服务性的生产部门提供大量消费者等。然而,在集中的主流下,近些年也伴随出现了分散的趋势,如特大城市和大城市周围出现了卫星城镇群,经济发展重心由发达地区向次发达地区推进。这是由于工业在城市中的过分集中,出现了一系列弊端,如交通拥挤、环境恶化,城市土地、水、原料、燃料、动力供应严重短缺,种种危机促使产业分布由集中向分散转化。如美国的产业布局由最初集中在大西洋沿岸东北部13个州,逐渐向西、向南扩张就是明显的例证。而且,随着科学技术的发展、现代高速运输的普及、超大远洋巨轮的出现、互联网的广泛应用等,都为产业布局的分散趋向提供了技术保障。

(四)地区专门化与多样化相结合的规律

各国、各地区之间的自然条件和经济技术水平以及地理位置等的差异,构成了劳动地域分工的自然基础和经济基础。在经济利益的驱动下,各地根据自己的优势进行劳动地域分工,当地域分工达到一定规模时就出现了地区专门化部门。地区生产专门化是随着生产力发展逐步形成的一种生产形式。

从历史发展看,地域分工的萌芽虽然出现较早,但广泛的世界规模的地域分工则是大机器工业的产物。在广阔的领域内实现生产专门化,是社会化大生产的客观要求。早在英国工业化初期,英格兰、澳大利亚、新西兰为满足纺织工业的需要,发展成为以养羊业为主的农业专门化地域。农业生产专门化在提高农产品产量、发挥机械化的效用、引进先进的耕作方式和管理制度、改进产品质量等方面的作用不可低估。农业生产专门化还可促进农产品加工和农副产品的综合利用,促进农村地区第三产业和社会化服务水平的提高。农业生产专门化所产生的经济、社会效益同自给自足的小农生产形成鲜明对比,优势显著。

工业生产专门化则可以充分利用当地的技术优势、资源优势,提高设备利用率和劳动生产率,降低成本,提高质量和产量等。地区产业布局专门化所带来的规模效益是显而易见的。同时,我们也应该看到,地区专门化水平越高,对多样化的需求也越高。因为国民经济各部门是个有机整体,部门之间在纵向上有前后向的连锁关系,还存在着部门之间横向的经济关系。地区专门化的发展还需要以下各部门的大力配合与支撑:为专门化部门进行生产配套的部门;对专门化部门的废物和副产品进行综合利用的部门;为生产提供服务的科研、银行、商业、信息咨询等部门;为生活提供服务的文教、卫生、旅游部门等。如此,又促进产业布局多样化的形成与发展。地区专门化与多样化相结合,是产业布局的又一条客观规律。

(五)非均衡规律

人类经济活动的空间表现向来就是不平衡的。一方面,就单个产业部门和企业而言,在特定生产力水平下,总是选择最有利的区位进行布点,以求获得最大的经济效益。在农业社会,产业主要分布在适于农业发展的大河流域。人类社会进入19世纪下半叶以后,产业布局采取了集中分布的形式,如工业集中分布在矿产地、农业发达区、交通方便的城市及沿江沿海地区;农业则集中分布在农业自然资源优越的地方。任何一国或地区的产业布局均是如此,多是由点到面逐渐铺开的。以我国为例,我国在农业社会,产业布局的重心在中原一带,随着社会经济的发展,其重心则转向东南沿海,进而扩展到东部沿海,并逐渐向内地推移。

另一方面,就某一地区产业布局而言,该地区的自然、社会、经济条件等不可能适合所有产业的发展,有的地区甚至只适合一种产业或一组产业的发展等。因此,产业分布不平衡是一个绝对规律。随着生产力的发展,人类也只能使这种不平衡接近相对平衡,使产业布局由低级的分散走向集中,再由集中走向适当分散,使产业分布逐渐扩展。但是,由于产业分布受诸多因素的制约,绝对的平衡是不可能达到的,只能是非均衡。

(六)产业布局与"自然—社会—生态系统"对立统一的规律

产业布局的目标是追求最大的经济效益。自然地域系统的目标则是要保持生态系统的生态平衡,从表面上看两个系统目标之间存在矛盾,且实践中重视经济效益,忽视社会效益和生态效益,甚至破坏生态环境的现象时有发生。然而,从理论上讲,经济效益与社会效益、生态效益三者是统一的。因为只有保持生态系统良好的运行状态,才能使经济地域系统正常运转。一旦生态平衡被破坏,环境质量恶化,就会受到自然界的惩罚,造成巨大的经济损失。因此,人类在一定地域内的经济活动,必须要遵循自然生态规律。合理开发和利用自然资源,做到产业布局合理,不仅可以使"自然—社会—生态系统"保持平衡,而且可以促进经济的繁荣,使人们的生活、生产环境得以改善,达到社会、经济、生态三种效益最优。

二、产业布局的基本原则

(一)全局原则

国家的产业布局正如一盘棋,各地区恰似棋子,产业布局首先要贯彻全国一盘棋的全局原则。一方面,国家可以根据各地区不同的条件,确定各地区专业化方向,使不同地区在这盘棋中各占有不同的位置,并担负不同的任务;另一方面,国家可以根据各个时期经济建设的需要,确定若干个重点建设的地区,统一安排重点建设项目。在此前提下,各地区产业布局则应立足本区域,放眼全国,杜绝片面强调自身利益和发展不顾全国整体利益的割据式的诸侯经济格局的产生。国家非重点建设的地区只能统一于全国产业布局的总体要求,根据自身的需要与可能,布局好区内的生产建设。这是一条局部服从全局的原则。通过这一原则的贯彻,可以更好地发挥各地区优势,避免布局中出现重复建设和盲目生产;可以确保国家重点项目的落实,促进区域经济的发展;也可以更好地实现地区专门化生产和多样化发展相结合,有利于逐步地在全国范围内实行产业布局的合理分工。

(二)分工协作原则

产业布局的分工协作原则,主要体现在劳动地域分工与地区综合发展相结合上。地域分工和地区专门化的发展,不仅能充分发挥各地区优势,最大限度地节约社会劳动,促进商品的流通与交换,而且可以加速各地区经济一体化的进程,形成合理的地域经济综合体。

衡量地域分工的深度或地区专门化的程度一般可采用如下指标:

1. 区位商。其计算公式为:

$$区位商 = \frac{某地区 A 部门就业人数}{某地区全部就业人数} \div \frac{全国 A 部门就业人数}{全国总就业人数}$$

2. 地区专业化指数或专业化率。其计算公式为：

$$地区专业化指数 = \frac{地区工业部门占全国同类部门净产值比重}{地区全部工业净产值占全国全部工业净产值比重}$$

3. 产品商品率。其计算公式为：

$$区内商品率 = \frac{某地区 A 产品输出区外的数量}{区内 A 产品的总产量}$$

$$区际商品率 = \frac{某地区产品输出区外的数量}{全国各地 A 产品输出区外的总量}$$

4. 某产品的产量或净产值占全国同类产品的总产量或净产值的比重。
5. 产品净产值占区内全部工业净产值的比重。

上述各类指标中，核心指标是产品商品率。这个指标数值越大，表明地区专门化程度越高。然而，地区专门化程度越高，并不一定意味着区域产业布局的合理性。专门化生产部门是地区生产的骨干部门，对地区经济的发展有着重要的作用。但是，只有专门化生产部门，没有综合发展部门相配合，也不能保证区域国民经济的互相协调与相互促进。地区专门化只有和地区综合发展相结合，才能形成合理的地区产业布局。因此，各地区的产业布局不仅应该在充分发挥地区优势的基础上，重点布局专门化生产部门，而且应该围绕专门化生产部门因地制宜地布局一些多样化部门，以保证本地区各产业协调增长，形成一个具有本地区特点的包括专门化生产部门、辅助性生产部门、自给性生产部门，以及公用工程和服务设施相结合的结构合理的地域生产综合体。当然，也反对那种盲目建立与本地区生产条件不相适应的各种形式的"大而全"、"小而全"的地区全能经济结构。

坚持地区生产专门化与综合发展相结合，贯彻分工协作的原则，是实现产业布局合理化、保障各地区经济健康发展的有效形式。

（三）集中与分散相结合的原则

产业在区位上相对集中，是社会化大生产的客观要求，也是扩大再生产、提高经济效益的有效组织形式。工业布局可以根据各地区的资源条件、位置和交通状况、人口与劳动力状况、社会经济因素等有选择地集中，如在能源与原材料富集地区，形成煤炭工业、钢铁工业、石油工业、森林工业基地等；在农业区形成农畜产品加工中心；在一些交通枢纽形成各种加工工业中心；在科教发达、工业基础好的地方形成高层次的加工工业中心等。农业布局也只有适当集中才能充分利用有利的自然条件和技术基础，迅速提高单位面积产量，降低生产成本，提高商品率，满足国家对大量优质农产品和出口换汇的需要。这也是农业生产专门化和区域化的客观要求。

但是，产业集中不能无限制地进行下去。产业集中只有在合理限度之内，才能取得较好效益。超过合理限度，其效益就会减少，甚至起反作用。产业过分集中就会出现一系列严重的社会问题，如许多工业企业过分集中在大城市和工业地带，由此带来城市地价飞涨，空间狭窄，水源不足，能源紧缺，交通拥挤，公害严重，燃料、原料、居民生活用品等成本大幅度增加,城市建设费用提高等问题,经济社会矛盾交织,使集聚带来的好处补偿不了它所造成的弊端。农业上过度的集中,也会导致片面专业化,降低土地肥力,影响农业的综合发展,引起生态平衡的失调。过分集中也使分散的和少量的各种自然资源不能充分地加以利用。适当分散则可充分利用各地区的自然资源和劳动力资源,促进落后地区的经济发展,有利于产业的均衡布局。但产业过于分散将导致协作困难、间接投资大、职工生活不便、经济效益差等弊端。

总之,在产业布局中既要反对过分集中,又要反对互不联系的过分分散两种偏向。

(四) 经济效益原则

以最小的劳动消耗争取最大的经济效益,是人类社会生产的基本要求,也是评价产业布局合理与否的最基本的标志。以经济效益为准则,农业布局首先就应在摸清区域农业资源的基础上,揭示农业发展的区域差异;其次,应根据区域的差异性,因地制宜地选择农、林、牧、副、渔最适宜发展的地区。通过挖掘农业生产潜力,增加自然投入,减少经济投入和生产成本,达到增加经济产出、提高经济效益的目标。工业布局则应尽可能接近原料地、燃料地和消费地。这样,既可以减少和消除原料、半成品、成品的不合理运输,减少中间环节及运输投资的浪费,加速资金周转速度,节约社会劳动消耗,加快扩大再生产进程,又可以保证各地区工业的构成、品种、质量同当地资源及居民的需要取得最大的一致性。

然而,在现实中,原料、燃料产地与产品消费市场分布在一起的情况比较少见,多数情况是三者分离,这就要求产业布局应根据具体产业的技术经济特点,确定产业布局的趋向。比如,采掘、冶炼和金属加工在地区分布上宜采取成组布局的方式。因为就冶炼工业来说,采掘工业是它的原料供应者,金属加工工业是产品的消费者。一般来说,采掘工业产品比较笨重,长途运输是不经济的。金属加工工业在切削加工中,废材率较高。所以,最好将这些部门在一个地区进行成组布局。此外,随着科学技术的发展,工业布局接近原料地、燃料地和消费地的倾向也随之会发生变化,即便在同一工业部门也是如此。如炼铁工业,18世纪前,由于用木炭炼铁,其布局就接近有森林有铁矿的地区;18世纪后,焦炭代替了木炭,其布局就接近煤矿。后来,贫铁矿得到广泛运用,铁矿消耗量大于煤的消耗量,布局格局则由靠煤近铁转为靠铁近煤。如今,由于废金属成为生铁的替代品,以及海上运输的发展,又出现了接近消费区及沿海布局的趋势。事实告诉我们,从经济效益出发,择优选择产业区位,是我们在产业布局中应该贯彻的又一原则。

(五) 可持续发展原则

过去,由于人们对于环境问题认识不足,人类的经济活动普遍采取先发展后治理的方式。在农业生产上,表现为对农业自然资源不合理的利用,如毁林开荒、毁草种粮、围湖造田等,严重破坏了自然生态,造成水土流失、土壤沙化、气候失调等不良后果。在工业生产上,表现为工业布点不重视环境因素,"三废"过量排放,造成废水、废气、废渣严重污染环境,对自然环境造成严重的破坏,给国民经济造成不应有的损失,也极大地影响了人类的身体健康。如果任其发展,后果不堪设想。走可持续发展之路,才是人类的正确抉择。产业布局只有贯彻可持续发展原则,才能达到经济效益、社会效益和生态效益的真正统一,实现产业的合理布局。产业布局不仅应追求经济效益最佳,而且还应重视对环境的保护,重视社会效益。为此,从可持续发展的原则出发,农业布局应宜农则农、宜林则林、宜牧则牧、宜渔则渔。工业布局则要求做到如下几点:

(1) 工业布局不宜过分集中,应适当分散。这有利于工业生产中产生的"三废"在自然界稀释、净化,也有利于就地处理。

(2) 工业企业的厂址选择要考虑环境因素。一是工矿企业选点要注重保护水源,对排放有毒物质和"三废"较多的企业不应摆在水源地或河流上游,以避免对水质的污染;二是工矿企业的选点要注重风向,对排放大量烟尘和有害气体的企业不应摆在生活区和工矿区的上风地带;三是工矿企业的布点也要防止对农业生产的污染,还应尽量少占农田。

(3) 建设新厂时,要实行污染处理设施与主体工程同时设计、同时施工、同时投产的办法,防止新污染源的产生。

上述五条原则是从不同侧面对产业布局提出的要求,每一条原则都不是孤立的,它们之间既有联系又有区别,其目的都在于实现产业的合理布局。

第五节 我国产业布局的实践

我国产业布局的历史轨迹,表现为"均衡发展—非均衡发展"逐渐演变的过程,并具有明显的阶段性特征。

一、1949—1978 年:均衡产业布局政策

建国初,占国土面积不到 12%的东部沿海地带,聚集了全国 70%以上的工业,上海、天津、青岛、广州、北京、南京、无锡等市的工业产值占整个工业产值的 94%,内陆地区近代工业几乎一片空白。所以,采取大规模向内地推行工业化模式,以求均衡发展。均衡产业布局政策选择的评价:

1. 比较优势判断。在 1978 年前我国计划经济体制大前提下,我国区域产业布局在本质上不具有依据比较优势布局的特征,资本和劳动力资源不能自由流动,地区间的贸易方式以计划和调拨为主。当时的产业布局主要是以政策导向为主,重工业不仅在东北等老工业基地继续发展,而且在中西部也大规模推进重工业化过程,选择的布局地点也以战备为需要。因此,我国重工业化布局不具有比较优势特征,是缺乏效率和效益的重工业化。同时,这种生产力的均衡布局和地方工业自成体系,违背比较优势原则的政策,造成了我国工业体系"遍地开花"的局面。

2. 公平与效率取舍。改革前我国政府对空间公平的追求基于对效率的提高,用整体的效率损失换取区域的均衡发展,表现为近三十年时间全国收入水平及消费水平都处于增长缓慢乃至停滞状态,而表面较高的增长速度是在扭曲的产业结构和绩效较低的情况下实现的。

二、改革开放后的非均衡产业布局政策

1978年以后,在对传统计划体制进行改革和实行对外开放的过程中,我国区域经济发展和产业布局的主导思想发生了根本变化,从侧重公平转向侧重效率,一改过去的均衡发展,实施区域经济倾斜发展战略,把建设的重点转向东部沿海地区。无论是引进外资、国家投资、优惠政策方面,产业布局政策都倾向于东部。

(一)非均衡产业政策对我国的积极影响

1. 产业布局经历了从均衡到非均衡的转变后,在全国范围内呈现出自东向西梯度分布、由南向北展开的布局。

2. 根据各地域的优势,初步形成了产业布局的地域分工。东部地带的12个省(市)区经济发达,工业结构偏向于加工工业,轻工业比重较高,技术和资金密集度较高。中部九个省区,工业发展水平大幅度提高,原料工业和重加工工业较突出。西部九个省区,区内经济地理位置和自然条件较差,但拥有丰富的矿产资源,工业结构以采掘业为特色。

3. 中心城市的辐射力增强,有效带动了周围区域经济的增长。东部地区的大中型城市,对周围地区的辐射和带动作用增强,形成了工业密集区域,如长江三角洲地区、环渤海地区、珠江三角洲地区。

(二)非均衡产业布局的负面影响

1. 地区经济差距扩大,区域经济发展不平衡加剧。1980—1992年间,中部同东部人均国民生产总值相对差距由31.2%扩大到了43.1%,西部同东部的人均国民生产总值的相对差距由43.8%扩大到50.5%。

2. 区域经济摩擦,地区封锁日趋强化。自1980年代初期财税实行"分灶吃饭"和分权体制改革以来,区域中的地方政府获得了相当大的权力,区际关系开始按市场规则行事,由于转轨时期新旧体制的摩擦,使区域经济形成活跃与紊乱并存的局面。

3. 产业布局非区位化,引发区域产业结构趋同。在利润动机的诱导下,各地区纷纷加速发展投资少、见效快的加工工业,忽视基础产业,从而导致各地区产业结构雷同。在加工工业上,一些拥有先进技术和设备,有条件发展深加工和高技术产业的发达地区未能较快改造传统产业,振兴新兴产业,而是在某种程度上固守原有的一般加工水平,产业升级换代缓慢。而一些设备技术差的落后地区限制原材料流出,自搞加工,刻意追求高附加值,又往往依靠外汇进口元器件来支撑耐用消费品加工工业。结果是资源产区和加工地区的产业结构从不同的起点出发,走向趋同。这种不合理的趋同,直接产生以下不利后果:一是区域分工弱化,分工利益减弱;二是布局中重复引进,浪费现象严重;三是产业间的空间组织缺乏专业化协作,企业规模在低效率基础上趋向小型化及空间分布均衡化,造成分工效益和规模效益双重损失。

4. 注重地区经济倾斜,忽视产业倾斜。从比较利益理论和非均衡理论出发,给基础好的地区某些政策倾斜优惠是应该的、可行的。但是必须把地区倾斜与产业倾斜结合起来,着力培育地区增长点和产业增长点。我国在产业布局实践中对东部地区进行

了全面倾斜,而在一定程度上忽视了中西部地区的发展,特别是中西部的农业、能源、原料和交通运输等基础产业。

三、未来我国的产业布局战略选择

近几年针对中国经济发展的现实,关于我国产业布局应采取何种战略的争论一直存在,形成了不同的学术观点。

1. 梯度推移战略("七五"期间提出并实践过的一种战略)。从经济技术水平看,中国客观上存在着东、中、西部三级梯度差。在地区经济分工的基础上,战略重点逐步由东向西梯度推移,即按照东、中、西部的顺序进行布局,推行投资和建设项目的地区倾斜政策,近期把重点放在经济技术水平高的东部地带,中期将重点转移到中部地带,远期则把重点放到不发达的西部地带。但随着时间的推移,该战略也暴露出重大缺陷,主要是进一步拉大了东、中、西部差距,过分倾斜于加工工业,使整个经济发展缺乏后劲。

2. 反梯度推移战略。这种战略与上述战略正好相反,上述战略是以经济技术水平为梯度,这种战略是以自然资源丰裕程度为梯度。该理论认为,中国客观存在着与经济技术水平梯度分布方向相反的自然资源梯度分布现象。在产业布局政策上,应充分利用资源分布的梯度差,把投资和建设重点设在内地,向中西部地区实行倾斜政策,促进中西部快速发展,从而缩小发达地区和落后地区的差异。这种主张由于对中西部地带侧重点不同,又具体分为两种战略:

(1) 中部突破战略。认为中部是能源,原材料的主要基地,这些产业正是制约我国经济发展的"瓶颈",因此主张建设重点应从中部突破,带动东部与西部。

(2) 西部跃进战略。认为既然西部大大落后于东部,就应重点开发西部以求均衡发展,尽快消除地区差别。这种观点认为,在新技术可以引进的条件下,不存在梯度规律,西部可以直接引进和消化世界先进技术,实现跳跃式发展。

3. 点轴开发战略和增长极战略。点轴开发论认为,资源的分配和产业的布局应按线状基础设施(主要是水陆空交通干线)展开,因而强调已有的经济技术基础在产业布局中的作用。

增长极战略主张,建立以增长极为中心的空间发展矩阵。

4. 根据国家主体功能区进行产业布局战略。主体功能区是指在对不同区域的资源环境承载能力、现有开发密度和发展潜力等要素进行综合分析的基础上,以自然环境要素、社会经济发展水平、生态系统特征以及人类活动形式的空间分异为依据,划分出具有某种特定主体功能的地域空间单元。主体功能区符合科学发展要求,资源和环境承载能力弱的地区人口要减少,统筹资源进行产业布局,有利于资源的优化配置和人与自然和谐。

2011年国务院制定了《全国主体功能区规划》。把全国国土空间统一划分为优化开发、重点开发、限制开发和禁止开发四大类主体功能区。

这一规划根据不同区域的主体功能定位、资源环境承载力等因素进行产业布局。按照推进形成主体功能区的要求,提出不同主体功能区的产业指导目录及措施,引导优化开发区域增强自主创新能力,提升产业结构层次和竞争力;引导重点开发区域加强产业配套能力建设,增强吸纳产业转移和自主创新能力;引导限制开发区域发展特色产业,限制不符合主体功能定位的产业扩张。具体而言,优化开发区是对过密区域进行调控,通过结构优化的方式,促进产业升级和要素扩散;重点开发区是对资源环境承载能力较强、现有开发密度还不高、发展潜力巨大的区域,加大开发力度;禁止开发区是指对自然保护区、水源涵养地这样的区域禁止开发,防止对资源与环境的破坏;而限制开发区是指对生态脆弱、资源环境承载能力较弱的区域,在开发规模和步骤上加以限制,以防范大规模开发引致生态系统进一步失衡等。

复习思考题

1. 古典区位论、近代区位论、现代区位论有何区别?
2. 克利斯泰勒中心地理论的主要内容有哪些?
3. 制约产业布局的因素主要有哪些?
4. 产业布局的一般规律有哪些?
5. 产业布局的基本原则有哪些?
6. 我国产业布局的总体目标是什么?如何规划我国的总体产业布局?
7. 试分析地区性产业布局的主要模式及其在中国的应用。

第七章 产业规制理论与政策

学习要点

1. 了解规制理论的发展。
2. 掌握规制的依据、工具。
3. 理解规制失灵及规制改革。
4. 了解中国规制实践及改革的方向。

第一节 规制的概念与基本理论

一、规制的基本概念

规制(Regulation)是指政府对私人经济活动所进行的某种直接的、行政性的规定和限制,如政府为控制企业价格、销售和生产决策等而采取的各项行动构成了政府对价格、市场进入等的规制。规制理论是一个新兴的经济学理论分支,它主要研究政府为什么进行规制、如何规制、规制是否有效以及在规制失灵的情况下通过规制与放松规制的成本—收益比较来找到次优选择。规制经济理论主要包括规制公共利益理论、利益集团理论、规制经济理论、激励性规制理论和规制框架下的竞争理论。

二、规制基本理论

(一) 公共利益理论

规制公共利益理论产生的直接基础是市场失灵,即市场中存在垄断、外部效应、信息不对称等失灵现象。规制公共利益理论的另一个假定是认为政府专一地追求增进社会福利的目标,认为政府可以代表社会公众对市场做出理性计算。因此,公共利益理论下的政府规制是政府出于增进社会福利的目标对市场失灵的回应。综上所述,规制公共利益理论作为一种规范分析,它说明规制存在的原因在于它反映了公众的需求,并纠正了市场失灵和实践中存在的不公平行为(如价格歧视或者企业因产业条件的某些改变而获取的意外利润)。

公共利益理论的出现吸引了众多学者的关注,但引发了广泛的批评。对公共利益理论的批评主要来自三方面：

(1) 规制是通过立法机构和规制机构来完成的,公共利益理论却缺乏对这两者的分析,仅仅认为规制能够得到完成。

(2) 现实中在许多既非自然垄断也不具有外部性的产业中也一直存在着价格规制和进入规制,如货车、出租车和保险业,这与公共利益理论的分析存在冲突。

(3) 即使在自然垄断行业,规制实际上也不能有效约束企业的定价行为,如乔治·施蒂格勒和克莱尔·弗瑞兰德所进行的一项著名的研究(对1912—1937年间美国电力事业价格规制的效果研究)表明,规制仅有微小的导致价格下降的效应,并不像规制公共利益理论所宣称的那样规制对价格具有较大的作用效果。

(二) 利益集团理论

1. 规制俘获理论。规制俘获理论认为利益集团在公共政策形成中发挥了重要作用,规制的提供适应了产业对规制的需求(即立法者被规制中的产业所控制和俘获),而且规制机构也逐渐被产业所控制(即规制者被产业所俘获)。规制俘获理论的基本观点是：不管规制方案如何设计,规制机构对某个产业的规制实际上是被这个产业所俘获,其含义是规制提高了产业利润而不是社会福利。

该理论是建立在三个假设基础之上的：一是经济人假设,即各方都是收入最大化的追求者；二是理性预期假设,即相关利益方能够进行理性预期；三是规制无成本。

在某种程度上,规制俘获理论比公共利益理论更符合规制的经验观察,因而更具说服力。但该理论仍有致命缺陷：规制俘获理论缺乏理论基础,没有解释利益集团如何控制或影响规制。同时,规制俘获理论无法解释现实中的许多现象,如现实中有大量的证据表明规制机构经常提升消费者的利益而不是提升被规制企业的利益,如社会性规制。此外,该理论也无法解释普遍存在的交叉补贴问题,也很难解释放松规制。

2. 规制经济理论。规制经济理论建立在对公共利益理论的否定和对规制俘获理论的扬弃的基础上,将政治行为纳入经济学的供求分析框架下,假设政治家为自我利益最大化者,从而利益集团能够通过对政治家的金融或其他方面支持来换取政治家的规制支持,因此,规制经济理论对利益集团如何影响或是控制规制进行了解释。规制经济理论主要有施蒂格勒模型(1971)、佩尔兹曼最优规制政策模型(1976)以及贝克尔政治均衡模型(1983、1985)。

规制经济理论是由施蒂格勒(1971)开创的,其在"政府的基础性资源是强制权"以及"规制的需求者与供给者都是理性经济人,可通过选择行为来谋求最大效用"这两个基础假设下,通过经济学的供需分析法分析规制的起源,认为规制的供需双方相互交换效用函数来最大化自身效用,而非最大化社会福利,从而规制者容易受被规制者影响。施蒂格勒模型得出了规制总是对生产者有利的推论,但这一推论与20世纪六七十年代规制转向保护消费者的现实相违背。

佩尔兹曼(1976)对施蒂格勒的观点做出了进一步的扩展,并将其模型化而得出了最优规制政策模型。他认为规制者通过最大化其政治支持来进行规制决策,因此各利益集团都将对规制者的规制决策造成影响,从而规制将不再仅仅偏向于某些产业集团,最终,在竞争性产业中企业将获得最大利益,在垄断性产业中消费者将获得最大受益。

该理论修正了规制俘获理论和施蒂格勒模型的结论,但其推论与现实也并不完全相符,如其认为在政治上没有达到最优的领域都应该实行规制,使得规制的领域无限扩大。

贝克尔政治均衡模型(1983、1985)假设政治家、政党、选民传递相互竞争的利益集团的压力,不同的集团压力对政治程序的影响不同,压力越大,相对影响力越大,从而形成规制政策在政治市场上的"纳什均衡",最终更有影响力的利益集团的福利增加,市场失灵得以纠正,社会福利的无谓损失得以降低。贝克尔的政治均衡模型进一步扩展了最优规制政策模型中俘获规制者的并不是单一产业集团的思想,并且该模型能够对西方国家始于1970年代的放松规制做出一定解释。

3. 新规制经济理论和内生规制变迁理论。新规制经济理论是由麦克切斯尼(McChesney,1987、1997)在对规制经济理论的批判的基础上开创。麦克切斯尼认为规制经济理论存在两个缺陷:

(1) 规制经济理论尽管已经意识到了政府作为规制者而言并不是一个简单的整体,但在该理论中,政治家在竞争性私人寻租之间却仅仅是被动的局中人,其自身对租金没有需求;

(2) 规制经济理论不能很好地解释现实中许多规制法令的颁布,如1960年代以来以健康、安全、消费者为取向的法令的颁布。因此,麦克切斯尼构建了抽租模型,强调政治家在规制过程中的主动作用,认为政治家拥有一种特殊的产权,该产权使得政治家既能够创造政治租金,又能够通过对私人租金施加消灭的威胁来抽取租金。较创租模型而言,抽租模型更具普遍性,但根据该理论,规制的领域将无限扩大,这与现实不符,这是该理论的一大缺陷。

内生规制变迁理论由埃利格(Eilig,1991)提出,该理论继承和发展了贝克尔模型,在完全信息的假设下,引入了时间因子,引入对未来成本—收益的现值的理性预期,将规制内生变迁整合到贝克尔模型中,根据成本—收益的现值变化,推出一个新的政治均衡模型,由此将贝克尔模型由静态变成动态。另一方面,该模型引入当事人信息不对称的假设,推导出了规制将沿着偏离无谓损失最小化的路径行进的结论。

(三) 激励性规制理论和规制框架下的竞争理论

激励性规制理论出现于1970年代末、1980年代初,该理论的出现使得规制理论研究的重点从"为什么进行规制"转变到"如何进行规制"之上。激励性规制理论考虑了规制过程中的信息不对称,并将规制置身于委托—代理框架之中,提出了一系列的激励性规制方案。此外,激励性规制理论还融入了新政治经济学中的非整体观,将规制机构分为国会和规制者,并认为规制者会被利益集团俘获,从而构建了具有三个科层的委托—代理框架。激励性规制理论可分为公共利益范式下的激励性规制理论和利益集团范式下的激励性规制理论(张红凤,2005)。激励性规制理论的发展为规制实践提供了许多有益的启示,但仍存在大量不足,限制了激励性规制理论的实际应用,如基本假设中个体完全理性、规制各方共同知识等假设与现实存在较大差距,激励机制过于复杂等,这使得激励性规制理论具有较大的局限性。

此外,国外主要的规制理论中还有规制框架下的竞争理论,主要包括特许经营权竞标理论、可竞争市场理论、标尺竞争理论、直接竞争理论等(张红凤,2005)。

第二节 经济性规制

经济性规制是规制经济学最核心的内容。经济性规制主要关注政府在约束企业定价、进入与退出等方面的作用,重点针对具有自然垄断、信息不对称等特征的行业,如对公共事业、交通、通讯以及金融业等的规制。本节将以对自然垄断行业的规制为代表分析经济性规制。

一、自然垄断行业的规制需求

(一) 自然垄断的内涵

1. 对自然垄断理论的传统理解。传统上的自然垄断理论适用于只生产单一产品的企业,其是用平均成本的持续下降来定义自然垄断的。传统的自然垄断理论认为,自然垄断中的企业因存在规模经济性,企业生产某一产品的平均成本随着产量的增加而不断下降,并且边际成本一直低于平均成本。由一家企业提供产品的成本将比由多家企业共同生产的成本低,因此,在自然垄断行业中,由一家企业提供产品将比多家企业共同提供该产品更具效率。

2. 对自然垄断特征的重新认识。由上述可知,传统自然垄断理论只适用于生产单一产品的企业,而现实世界中绝大多数企业生产多种产品,这对传统自然垄断理论提出了挑战。鲍莫尔、威利格和潘扎(Baumol、Willig、Panzar,1982)用成本的弱增性(Subadditivity)重新定义了自然垄断,为由生产多种产品企业构成的自然垄断行业提供了解释。由成本的弱增性给出的自然垄断行业的定义可表述为:如果由一个企业生产整个行业产品的成本比两个或两个以上的企业分别生产该行业产品的成本总和更低,这个行业就是自然垄断的。

具体而言,假设某个行业具有 k 个企业,n 种产品,$C(Q)$ 为成本函数,每个企业提供一些或全部 n 种产品,每个企业的产出向量分别为 Q_1、Q_2、……Q_k,$Q = Q_1 + Q_2 + …… + Q_k$。若 $C(Q) < C(Q_1) + C(Q_2) + …… + C(Q_k)$ 成立,则称该行业的成本是弱增的,即该行业就是自然垄断的。

根据自然垄断的新定义,自然垄断行业的平均成本曲线也可以是上升的,也可以是下降的。当自然垄断行业的需求曲线与边际成本曲线的交点在平均成本曲线最低点的左边时,称为强自然垄断;当该交点在平均成本曲线最低点右边时,称之为弱自然垄断。如图 7.1,平均成本曲线最低点为 Q_0,则当需求曲线 DD 与边际成本曲线 MC 交点相交于 Q_1 点(位于 Q_0

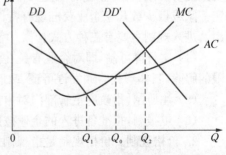

图 7.1 强自然垄断和弱自然垄断

左边)时,称为强自然垄断;当需求曲线为 DD',与 MC 交于 Q_2 点(位于 Q_0 右边),称为弱自然垄断。

(二)自然垄断行业规制的内在必然性

传统自然垄断理论认为,从全社会的利益出发,政府有必要对自然垄断行业进行规制。一方面,自然垄断行业具有规模经济性,其平均成本曲线持续下降,由一家垄断企业提供产品较由多家企业提供产品,更能够获得规模经济效益,因此政府应实行进入规制,避免垄断行业中的过度竞争。另一方面,由一家垄断企业对整个市场提供产品,若政府不对其定价进行干预,由微观经济理论可知垄断企业将按边际成本等于边际收益的原则将产品价格定在高于边际成本之上。但微观经济理论指出,只有当价格等于边际成本时,资源配置才实现最优配置,因此政府应进行价格规制。但因平均成本曲线持续下降,边际成本一直小于平均成本,此时若企业按照边际成本定价,企业将处于亏损状态,此即为自然垄断理论中的定价矛盾,此时政府应该在资源最优配置和企业收益之间权衡取舍。

现代自然垄断理论引入了成本的弱增性,认为弱自然垄断下定价矛盾不再成立。在弱自然垄断行业中,平均成本曲线处于上升阶段,边际成本定价并不会导致企业亏损,同时也能使资源配置达到最优,因此定价矛盾不再成立。但此时垄断企业能够获得一定的利润,这可能会诱使其他企业进入该行业,垄断企业能否长期保持其垄断地位又成了一个新问题。因此,政府应该进行进入规制。此外,现代自然垄断理论还认为,对于平均成本曲线持续下降的自然垄断行业,政府仍应进行价格规制。

二、自然垄断行业的规制目标与传统规制工具

(一)规制目标

对自然垄断行业规制的基本目标是在维护消费者利益的同时,力求使产业能够健康发展。具体来说,可分为以下四个目标:第一个目标是实现资源的有效配置;第二个目标是提高企业内部生产效率;第三个目标是避免收入再分配;第四个目标是企业财务的稳定化(于良春,2004)。

(二)传统规制工具

1. 进入规制。进入规制是规制者根据自然垄断行业的特点,为确保垄断企业获得规模经济等效益,对企业的从业资格、产品及服务的内容和标准进行审查、认证,从而确定一家或极少数几家企业获准现有特许经营权,并承担该产业的供给责任,不能自由退出。进入规制主要有三种方式:

(1)实行许可制,即对企业有关在法律上一般禁止的行动,政府视具体情况予以有限的解除,具体形式有颁发许可证、政府特别的许可文件等。

(2)注册制,指政府主管部门对申请进入的企业资格进行审查,合格方许进入。

(3)申报制,指准备进入的企业按照一定的程序向政府进行申报,即可进入。

2. 价格规制。价格规制是指规制当局为实现资源的有效配置而对企业定价行为作出限制。价格规制的主要内容是通过设定一个模型,由政府规定产品或服务的价格,

或者通过设计一系列的条件和标准,指导企业的价格决策。在经济性规制中,价格规制是最重要的规制方式。价格规制的效果,在很大程度上影响着政府规制的实际效果。价格规制有多种形式,如边际成本定价、平均成本定价、非线性定价(两段收费)、非线性定价(高峰收费)、公平报酬率定价等。

3. 数量规制。数量规制是指在自然垄断行业中对投资数量或是产品产量进行规制。其目的是为了避免因投资(产出)过多或过少而造成价格波动、资源浪费或是消费者需求难以得到正常满足。数量规制的主要内容体现为投资规制和产量规制。投资规制指政府主管部门对相关产业内的企业的投资规模进行直接规制,主要有三种规制方式,即建立产业投资计划审批制度、规定相关产业投资的数量限额以及实行投资计划配额制度。产量规制是指政府相关部门对相关产业的产品产量进行直接规制,其主要手段有制定行政指导计划、最低或最高产量限额等。

4. 质量规制。为了避免自然垄断行业因缺乏竞争而导致提供的产品和服务质量下降,政府常常进行质量规制。质量规制的主要内容包括:

(1) 制定有关产品和服务质量标准体系;

(2) 建立直接规制行业的产品和服务的申报制度;

(3) 建立相关产业的产品和服务的定期检查制度和消费者投诉制度等。

三、规制失灵与规制改革

(一) 规制失灵

随着传统规制工具在现实世界中不断运用,关于规制是否达到了预期效果的质疑不断出现,产生了大量关于政府规制失灵的研究。政府规制失灵是政府失灵在微观规制领域中的表现。从质的规定性上看,指的是政府在推行规制政策时,经济效益不能改善或规制实施后的效率低于实施前的效率等现象;从量上看,规制失灵意味着规制成本超出了规制收益(李郁芳,2002)。政府规制失灵主要体现在三个方面:

1. 企业内部低效率。政府规制机构进行公平报酬率等形式的价格规制,以及进入规制,使得企业不再面临竞争压力,因此企业缺乏动力进行技术创新、管理创新、服务创新,这削弱了企业降低成本的激励。

2. 规制滞后使得企业蒙受损失。规制滞后是指规制当局修改规制具体措施一般需要至少长达数月的时间,因此规制滞后于现实情况的变化。规制滞后使得被规制的企业无法适应市场变化而蒙受损失。

3. 规制的目的和结果不一致。因信息不对称等原因,规制者掌握的信息远不及被规制的企业,因此常常使得规制难以收到预期效果。

针对规制失灵现象的出现,经济学家们对规制进行了重新思考,并引发了几乎波及所有被政府规制的垄断产业的规制改革。规制改革主要包括两个方面:一是激励性规制;二是放松规制。

(二) 规制改革——激励性规制

激励性规制是在保持原有规制结构条件下给予被规制企业提高内部效率刺激的各种机制。激励性规制给予被规制企业竞争压力和提高生产或经营效率的正面诱因,以此让被规制企业利用其信息优势和利润最大化动机,主动提高内部效率、降低成本。激励性规制相对于传统规制而言,只需关注企业的产出绩效和外部效应,而较少控制企业的具体行为,企业在其生产经营中具有更大的主动权。

激励性规制要想达到预期目标,关键是要在信息不对称的条件下,设计一种既能够给企业足够激励,又使企业不至于滥用相机抉择权的激励规制合同。激励性规制的主要制度有:价格上限规制、特许投标制以及区域间竞争制度。

1. 价格上限规制。价格上限规制类似于在规制机构和被规制企业之间签订价格变动合同,规定价格上限,使企业的定价只能在这个限度下变动。价格规制一般采用 RPI—X 模型,用公式表示为 $P_t = P_{t-1}(1+RPI-X)$。RPI 表示零售价格指数,即通货膨胀率,X 由规制者确定,表示在一定时期内生产效率增长的百分比。价格上限规制能够激励企业降低成本、提高生产效率,其原因是在企业生产效率增量中,超出 X 的部分归企业所有,因此企业有动力尽可能地提高生产效率。在具体实践中,价格上限规制也具有一定的缺陷。例如,合理确定 X 值是一个技术难点;临近价格调整时,企业投资动力可能弱化,从而影响企业投资的连续性;企业可能会通过降低产品质量的方式获取收益等。

2. 特许投标制。特许投标制是借助竞争的间接规制理论,强调在规制中引入竞争机制,通过拍卖的形式,让多家企业争夺在某产业或业务中的特许经营权,并在一定的质量要求下,由提供最低报价的企业获得特许经营权。特许投标制将竞争引入了招投标阶段,使得获得特许经营权的企业只能获得一定的正常利润,而不能获得垄断利润,因此特许招标制在实践中获得了广泛的应用。但是该制度在实践运用中也存在一些缺陷,如参与投标的企业之间可能会进行串谋,使得招投标阶段缺乏有效竞争。

3. 区域间竞争制度。区域间竞争制度将全国化为若干个区域,将经营条件相近的企业进行区域间比较,并以其中效率最高的企业作为参照物,使某个特定区域的企业在其他地区经营成就的刺激下提高自身的内部效率。区域间竞争主要是指在地区间的垄断企业之间的间接竞争,而不是产业内企业的直接竞争,因此竞争的作用究竟有多大令人疑惑。区域间竞争的效果受规制者对相关企业经营效率的知晓程度、对经营效率高的企业的相关成本水平和服务信息的掌握程度以及区域间竞争的比较时间等因素的影响。

(三) 规制改革——放松规制

因规制失灵的不断显现以及规制理论研究的不断深入,反对规制的呼声日益高涨,许多西方国家出现了"放松规制"的浪潮。支持规制放松政策的主要理论有可竞争市场理论、政府规制失灵理论和 X 效率理论(陶爱萍、刘志迎,2003)。放松规制并不是取消规制,而是为了实现获取竞争性进入的收益、减少垄断的非效率、降低交易成本和防止规制所造成的低效率等目标,对现有规制进行改进,寻找更有效率的规制方式。

放松规制的实践浪潮始于美国,并且也是美国最为典型。美国的放松规制实践开始于 1970 年代对证券市场的股票委托手续费规定的取消。之后相继在航空、铁路和交通运输、能源、银行、电信等部门实行放松规制，充分发挥市场机制的作用。

关于放松规制的绩效，多数研究认为放松规制增加了社会福利，但也有少数领域的实践表明不合理的放松规制将给该领域带来"灾难"。世界银行《1994 年世界发展报告》对美国放松对自然垄断行业的规制带来的收益做了估计，航空、汽车、铁路和电信四个行业因放松规制，每年增加的收益估计约为 354 亿美元到 448 亿美元。Arano & Blair(2008)对美国天然气产业的研究证明放松规制使价格回归均衡，总福利损失大大降低。但是，2001 年美国加利福尼亚州发生的电力危机表明，不合理地放松规制，给社会带来的并不是福利增进，而是福利损失。

第三节 社会性规制

社会性规制是一种新的规制形式，是基于避免人类活动中由于外部性和信息不对称等引发的各种问题，制定规章制度对环境污染、产品质量、生产安全等进行规制，从而增进社会福利。

一、社会性规制的依据

（一）外部性问题的存在

外部性的概念是由马歇尔和庇古在 20 世纪初提出的，是指一个经济主体在自己的活动中对旁观者的福利产生了一种有利影响或不利影响，而造成外部性问题的经济主体却没有为此获得收益或承担成本。外部性可分为正外部性和负外部性。

正外部性的存在，使得诸如植树造林、退耕还林等对社会具有正外部性的活动在市场机制下无法得到有效供给，此时引入政府规制可促进这类具有外部经济的活动。负外部性问题里最典型的例子是环境污染。在社会发展过程中，人类的自身活动对外部环境产生了大量的负面影响，但在市场机制运行下，造成环境污染问题的人不用为其造成的负外部性承担成本。因此政府需要对产生这种负外部性问题的经济活动进行规制。

（二）信息不对称

在经济活动中，交易的双方常常存在着信息不对称问题，造成信息优势方出于某种目的侵害信息劣势方的利益。如食品行业中企业隐瞒食品安全信息，以次充好，造成不安全、不健康的问题。因此政府可建立直接对私人交易和合约进行干预的制度，如可建立准入、标准及信息披露要求等制度，从而保护消费者利益，保障消费者的安全、健康。

（三）非价值物品和优效品的有效供给

非价值物品是指从社会伦理规范角度会否定其价值的物品，如毒品、麻药、核燃料等。此类物品若由市场自由供给，可以实现资源配置的最优效率，但是其产出结果却并非是社会所希望和倡导的。社会希望全面禁止或部分禁止此类产品的生产和销售，因此，此类产品需要在政府规制下进行生产和销售，使得其产出符合社会伦理道德的认可。

与非价值物品相对的是，优效品又称"功德物品"，指政府强制人们消费的、能够增进社会和个人利益的物品，如义务教育、强制性保险计划等。此类产品也需政府通过社会性规制强制人们的消费，以增进社会公众的利益。

二、社会性规制工具

社会性规制的方式主要包括社会性规制的法律手段、行政手段以及经济手段。

（一）法律手段

社会性规制的法律手段体现为对社会性规制的立法和执法上，即通过制定法律的方式，规定规制对象需要遵守的法律准则，并严格执法，发现有违反法律章程的情况，将予以罚款、损害赔偿或是刑事处罚等，促使规制对象严格依照法律行事。

按规制对象分类，社会性规制的法律手段可分为：对环境污染的规制，即对大气污染、水质污染、噪声污染、固体废物、矿物开采等造成的环境污染规制进行立法；对健康卫生与安全方面的规制，包括对食品卫生、广告管理、药品管理、医疗机构管理、医疗事故处理、传染病预防、检疫、麻药、毒品、水道、废弃物的处理及清扫等方面的立法和行政规制办法；公益性活动的规制，指在教育、文化、福利等方面，提高教育（学校教育、社会教育、私立学校）质量，提供福利（社会福利、弱势群体保护）服务、文物保护等方面的立法和行政规制办法。

（二）行政手段

行政手段是指依据安全、健康与环境等社会规制的基本政策，并结合相关的法律法规，通过行政审批、标准制定及实施等方式，对违反规制条例的行为进行惩罚。

1. 行政审批制度作为社会性规制的手段，主要有以下两种方式：

（1）禁止特定行为。指直接禁止因外部性、信息不对称、非价值物品带来的让消费者利益受损的特定行为，如禁止产业废弃物的不正当废弃，以及直接取缔拥有枪支、毒品等对社会不良的行为。

（2）营业活动限制。指通过批准、认可制度对提供公共物品和非价值物品有关的从业者及可能因外部不经济而受害的产业的从业者进行营业活动的限制。如对从事环境、健康方面的组织和个人，需经过政府专门机构的批准认可方准许营业。

2. 标准的制定。指为了确保产品、生产设备操作和管理的安全性，对其质量、结构、性能等制定安全标准，要求只有符合该标准的产品和设备才能够销售和利用。如药品生产质量的GMP（Good Manufacturing Practice）制度，是药品生产质量全面管理的准则，其对药品生产的人员、厂房、设备、卫生、原料与辅料及包装材料、包装和贴签、生产管理和质量管理文件、自检等方面均做出了具体的规定。

3. 信息提供和公开。指在信息不对称的领域，规制者采用行政手段要求相关企业向市场提供真实、全面的信息，并通过产品质量检查、市场调查等方式主动收集相关信息,向市场提供。如要求相关厂商在药品包装上标明配方、有效期、适用范围、批号等方面的真实信息。

(三)经济手段

社会规制的经济手段是指利用经济利益关系对规制对象的活动进行调节的政策措施。社会规制的经济手段按其作用原理不同可分为"诱导型规制"和"诱因型规制"。

1. 诱导型规制手段主要有:
(1) 税收和收费制度;
(2) 补贴,如财政补贴、低息贷款、所受优惠等。
2. 诱因型规制手段主要包括:
(1) 市场的开创,如排污权交易市场;
(2) 押金返还制度。

第四节　中国的规制实践

一、中国的规制实践概况

(一)规制机构

我国的规制机构繁多,从中央到地方,几乎所有政府部门都具有一定的规制权利,如商务部、国家发改委、工业和信息化部等中央部委以及各级政府及其卫生局(厅)、交通局(厅)等职能部门。

(二)规制内容

我国目前的规制内容十分广泛,可按经济性规制和社会性规制分类。经济性规制包括两类。一类是针对一般性的市场行为的规制,如垄断行为、不正当竞争行为、价格欺诈行为等;另一类是针对特定产业的规制,根据被规制的产业特征分类,可分为三个小类:对自然垄断行业的规制;对信息不对称行业的规制;对特殊行业的规制,如烟草、新闻出版业等。社会性规制是指为避免人类活动中由于外部性和信息不对称等引发的各种问题,制定规章制度对环境污染、产品质量、生产安全等进行的规制。

(三)规制依据

我国政府进行规制的依据主要是已经制定的相关的法律法规。当前我国的法律法规可分为三个层次:
(1) 由国家立法机构颁布的法律;
(2) 行政法规,即由国务院制定和颁布的条例、规定、办法等,以及由国务院各部委依照法律法规而制定的相应法律的实施细则、实施办法、通知等;
(3) 地方性的法规,即由地方人民代表大会和地方政府依据其权限而制定的行政性规章制度。

表7-1 中国经济性规制概要

规制内容		规制方法		规 制 依 据	规制机构
		进入规制	价格规制		
一般市场行为	价格行为			《价格法》(1998)	国家发改委
	竞争行为			《反不正当竞争法》(1993)	国家工商管理行政总局
	产品质量	设立产品质量标准		《产品质量法》(2000)《标准化法》(1989)《标准化法实施条例》(1990)《计量法》(1986)《计量法实施细则》(1987)	国家质量技术监督局
	消费者权益保护			《消费者权益保护法》(1994)《产品质量法》(2000)《计量法》(1986)《计量法实施细则》(1987)	国家工商管理行政总局、质量技术监督局部门、价格管理部门
对特定产业的规制	公用事业	电力	供电营业许可证、营业执照	政府定价	《电力法》(1996)	原国家经贸委电力司、地方经济综合管理部门、国家计委物价局
		城市供水	资质审查、工商登记	地方政府定价	《城市供水条例》(1994)	建设部、地方政府建设部门
		城市燃气、热力、公共汽车、地铁	地方政府垄断	地方政府定价		
		城市出租车	营业执照	地方政府定价	《城市出租车暂行管理办法》(1998)	建设部、地方政府建设部门
	邮政电信业	邮政	国家垄断	法定价格	《邮政法》(1987)《实施细则》(1990)	国家邮政局
		电信	国家垄断	地方政府定价	《电信条例》(2000)	信息产业部
	交通运输业	铁路	国家垄断	地方政府定价	《铁路法》(1991)	铁道部
		航空运输	许可证、营业执照	法定价格	《民用航空法》(1996)	国家民航总局
		水路运输	许可证、营业执照	行业指导价格	《水路运输管理条例》(1997)	交通部水运司、地方交通部门
		公路运输	营业执照	行业指导价格	《公路法》(1999)	交通部水运司、地方交通部门

续 表

规制内容		规制方法		规 制 依 据	规制机构
		进入规制	价格规制		
对特定产业的规制	金融业 商业银行	许可证、营业执照	法定指导利率	《商业银行法》(1995)	中国银行业监督管理委员会
	非银行金融机构	许可证、营业执照	法定指导利率	《信托法》(2002)	中国银行业监督管理委员会
	证券	审批	法定指导利率		中国证券监督管理委员会
	保险	审批、许可证、营业执照	法定费率	《保险法》(2002)	中国保险监督管理委员会
	其他特殊行业 盐业	特许专营	地方政府定价	《盐业管理条例》(1990) 《食盐专营办法》(1996)	工商行政管理机构
	烟草业	专卖许可证	放开	《烟草专卖法》(1992) 《烟草专卖法实施细则》	中国保险监督管理委员会

资料来源：马云泽著：《规制经济学》，经济管理出版社 2008 年版，第 302—305 页。

二、我国规制实践存在的问题

（一）规制机构众多，缺乏对规制者的监督

当前，我国的规制机构众多，规制效率低下，且缺乏对规制者的监督，在规制领域"寻租"现象较为严重。

我国的规制机构繁多，从中央到地方，几乎所有政府部门都具有一定的规制权利，导致经济效率低下。如李克强总理在 2013 年 5 月 13 日国务院召开的全国电视电话会议上指出，"企业新上一个项目，要经过 27 个部门、50 多个环节，时间长达 6—10 个月"，这严重影响了企业投资的积极性以及投资的效率。此外，规则部门之间相互争抢规制权利，而在规制缺乏效果时又相互推诿的现象也常常出现。

缺乏对规制者的监督，规制领域"寻租"现象较为严重。我国规制的制定与实施的透明程度较低，缺乏社会中其他力量的有效监督，也缺乏对规制者的规制。李克强总理在 2013 年 5 月 13 日国务院召开的全国电视电话会议上指出："现在经常有这样的情况，一个项目，可以批给张三，也可以批给李四；可以早批，也可以晚批；可以多批，也可以少批。这种自由裁量的随意性，不利于建设公平竞争的市场环境，影响了市场主体对未来发展的预期，也容易滋生腐败。"

（二）经济性规制中存在的问题

目前在我国经济性规制实践中，主要存在四方面的问题：

1. 政企仍然不分。特别是在自然垄断行业,政企不分仍是一个普遍现象,如电信、航空、电力、铁路等行业,尽管近些年在政企分开方面做出了一些努力,但真实情况离政企分开仍有一定差距。

2. 规制的定价机制不合理。目前,我国对自然垄断行业的定价基本都由政府直接定价,采取的原则一般是保证企业获得正常利润,因此企业缺乏足够的动力来降低成本。

3. 经济效率低下,服务质量差。我国的自然垄断行业因缺乏竞争,无心于提升服务质量,提高经济效益的动力严重缺乏。

4. 缺乏透明和全面的法律框架。当前对自然垄断行业进行规制的法律主要有两类:一类是规范一般市场行为的法律,如《反不正当竞争法》等;另一类是针对专门领域的规制法律,如《电力法》等,但这类法律主要是为了保证国家基础设施的安全,而不是对经济主体的行为进行规制。

(三) 社会性规制中存在的问题

在社会性规制方面,主要存在着如下问题:

1. 执法效果不明显。尽管我国制定了大量的法律法规,但执法效果不太明显,规制的范围仍存在不少盲区。

2. 消费者权益未得到充分保护。近年来消费者健康安全问题不断显现,特别是在食品行业,危害消费者健康的产品屡禁不止。

3. 劳动者的权益未得到充分保护。近年来,重大安全事故频频发生,如煤矿爆炸等重大安全事故。职业性疾病的发生率和死亡人数也一直居高不下。

4. 环境规制效果甚微。尽管我国制定了《环保法》,也设立了环保局,但环境污染较为严重这一现象已是不争的事实。

三、中国规制改革的方向

(一) 加强对规制者的规制

应加强对规制者的规制,减少规制领域内的寻租行为。廖进球、陈富良(2001)认为,"就对规制者的规制而言,关键是行政程序法典化",并就规制者的规制问题提出了四项建议:应将《行政处罚法》所确定的一些具有普遍意义的程序原则,逐步推广到所有涉及公民、组织合法权益的具体行政行为的程序中去,以尽可能增大政府行政活动的透明度;改进行政立法和实施其他抽象行政行为的程序;确认和保障具有裁判职能的行政机构与人员的独立地位;在条件成熟时制定一部统一的行政程序法典。

(二) 优化经济性规制

针对我国的经济性规制所存在的问题,应主要做好如下几方面工作:

1. 进一步剥离原有自然垄断行业中已可竞争的业务,强化市场机制在这些业务的资源配置功能。

2. 进一步完善规制机构,做好政企分开的改革工作,建立独立、公正、高效的规制机构。

3. 改革现有的规制方式,特别是价格规制方式,如可在自然垄断行业中采用激励性规制中的规制方式。

此外,应加快行政审批方式的改革步伐,放开可由市场配置资源的领域的行政审批,加强典型的具有自然垄断性的行业的审批。

(三) 进一步强化社会性规制

针对我国社会性规制效果不明显的问题,应在以下几方面对社会性规制进行改革:

1. 进一步完善社会性规制的法律体系,增强法律的有效性。应重点加强环境保护、食品安全、药品质量等方面的法律建设,并严格执法,完善我国社会性规制的基础。

2. 应进一步加强现有规制机构的独立性,或设立具有独立性的社会性规制机构,提升执法效果。

3. 应建立社会监督体系,发挥社会监督的作用,如可加强新闻媒体的独立性,建立公众监督的媒体渠道等。

复习思考题

1. 简述西方政府规制理论。
2. 简述对自然垄断行业规制的必然性。
3. 简述自然垄断行业的规制改革。
4. 简述社会性规制的主要规制工具。
5. 简述我国规制实践中存在的问题,并思考我国应如何进行规制改革。

第三篇 综合应用

- 第八章 产业政策
- 第九章 产业分析方法与应用

第八章 产业政策

学习要点

1. 理解产业政策的概念。
2. 熟悉产业政策制定的主体,影响产业政策制定的因素,产业政策的实施路径。
3. 了解产业政策体系以及我国产业政策的实践与政策。

在市场经济中,产业不可能自动地或者完全地靠市场机制作用自发实现结构合理化和高级化、各产业比例合理、布局合理、组织完善和发展健康,政府必须适当地进行管理和调控。因此,人们对政府在市场经济中发挥作用的原因、范围和方式等进行了广泛深入的研究,并在实践中不断探索。政府主要采用制定和执行产业政策的方式对产业的状况及其发展实行必要的干预。

对产业政策理论的研究也是产业经济学的重要组成部分。本章首先阐述了产业政策的概念、产业政策的由来、存在的理论依据、一般特征和实质及其利弊;进而对产业政策的制定与实施路径和手段以及产业政策体系加以介绍,最后对我国产业政策实践进行政策评估。

第一节 产业政策概述

一、产业政策的概念

"产业政策"一词尽管在1970年代以来就在世界各国被广泛使用,但由于不同的学者具有不同的研究角度和学术背景,迄今为止,关于"产业政策"的定义,经济理论界仍未达成共识,本书从综合的角度,将产业政策定义为:政府为了实现一定的经济和社会目标,对产业经济活动(包括产业类型、产业组织、产业结构、产业布局、产业关联、产业发展等各方面的状况和变化)进行干预而制定的各种政策的总和。

二、产业政策的由来

虽然"产业政策"一词是日本在1970年才被正式提出,但据一些学者研究,产业政策的雏形在很早以前就出现了。例如,在我国春秋时期,越王勾践的休养生息政策,古埃及的统一管理全国水利系统和开凿新渠、扩大耕地面积的政策以及古巴比伦的严格保护私有财产的汉谟拉比法典等。

现代意义上的产业政策则在不同的国家不同的时期具有不同的内容,各自的侧重点也各不相同。17世纪英国重商主义者力主国家对经济的全面干预,提倡借用国家政权的强制力实行各种保护主义的经济措施。1791年,美国开国元勋亚历山大·汉密尔顿在向国会提交的《关于制造业的报告》中主张国家采取各种措施,消除制造业发展面临的各种障碍,以保护并促进本国的制造业的发展。1841年,德国经济学家李斯特就德国当时经济落后的实际情况,提出并反复论证了利用产业政策改变德国落后状况的必要性。早在日本明治维新期间,为了加快工业化步伐,明治政府颁布的长达30卷的《兴业意见书》,首次系统提出了扶植各产业发展的政策措施。在1970年,日本通产省(日本政府机构中最大的产业主管部门,其中聚集了一大批专业人才,专门研究如何制定加快产业发展的政策,解决产业发展中不断遇到的问题)的代表在经济合作与发展组织(OECD)大会上正式提出"产业政策"一词。

第二次世界大战后,曾遭受严重破坏的西欧各国和日本面临着如何加快重建和复兴的艰巨任务。法国政府从1947年开始实行指导性计划,为了实现计划,政府采取了一系列政策,帮助其重建经济。西欧6国在1957年建立欧共体时,签署的《罗马条约》中就包括了产业政策的一些内容,如国家援助居支配地位的企业、促进资本和劳动力的自由流动以及建立共同市场等。

此外,印度于1948年宣布了第一个产业政策,主要内容涉及对国营和私营企业范围的划分、强调发展小工业和家庭手工业,以及实现外国企业本地化等。1950年3月韩国公布的"稳定经济的15项原则"提出重点发展日用消费品生产。我国自1970年代末进行改革开放后,面对十分严重的产业结构失衡问题,广泛、持续地推行了以产业结构调整为内容的产业政策,尤其从"七五"计划时期开始,政府不断推出日趋细化和扩展的产业政策,使中国成为一个推行产业政策较多的国家。1989年3月,国务院颁发了《关于当前产业政策要点的决定》,对制定产业政策的基本原则、产业发展序列以及推行产业政策的保障政策、组织实施措施等方面进行了明确的规范。1994年2月,国务院又颁发了《90年代产业政策纲要》,对1990年代我国产业政策要解决的主要问题、产业政策目标及组织实施措施等方面进行了新的规范,标志着我国产业政策的制定与实施进入了新阶段。

三、产业政策存在的理论依据

产业政策的制定和推行是政府经济职能的重要实现形式,然而其并不完全是从良好愿望出发的,而是有理论依据的,把各国学者对产业政策的理论认识归纳起来,主要包括以下三种。

(一)市场失灵理论

亚当·斯密的经济理论系统阐述了在完全的市场竞争条件下,市场这只"看不见的手"能优化社会资源配置,使社会资源的使用效益达到最高。但现实经济却并不是纯粹的完全竞争市场,其存在垄断、外部性、公共物品及信息不对称等各种情况,即存在市场失灵。为了弥补市场失灵的缺陷,几乎所有的政府都采用"看得见的手"和市场这只"看不见的手"并用来干预经济,其中产业政策就是"看得见的手"的具体体现。日本经济学家小宫隆太郎一针见血地指出:"产业政策的中心课题,就是针对在资源分配方面出现的'市场失灵'采取对策。"制定和推行产业政策,首先就在于解决市场失灵问题。

(二) 后发优势理论

后发优势理论是学者们在李斯特"动态比较成本"理论的基础上提出的。李斯特认为,工业化起步较晚的国家,有可能经过国家产业政策的保护和培育,能够在经济发展中具有比先行者更加有利的条件和地位,这种条件和地位被称为"后发优势"。后发国家可以直接吸收和引进先进国家的技术,技术成本要比最初开发的国家低得多;在同样的资金、资源、技术成本条件下,还具有劳动力成本便宜的优势;只要在国家的保护与扶持下达到规模经济阶段,就可能发展起新的优势产业,与先进国家在传统的资本或技术领域进行竞争。从历史上看,英国赶超荷兰时期、美国和德国赶超英国时期,特别是日本赶超美国时期,都曾经通过产业政策手段有效利用了后发优势,是利用这种"动态比较优势"理论取得成功的范例。因此,发展中国家后发优势的发挥需要有效的产业政策的扶持也是其存在的理论依据。

(三) 结构转换理论

英国的科林·克拉克、德国的霍夫曼和美国的库茨涅茨等人都曾对经济增长与收入过高过程中的产业结构变化规律进行过深入研究,并提出了"配第—克拉克定理"、"霍夫曼比率"、"库存涅茨增长理论"等学说。日本学者在他们研究的基础上,认为产业政策有利于推动产业结构的转换,或者说产业结构转换对产业政策具有一定的依赖性,主要体现在以下三点:

(1) 结构转换是一个重要的利益再分配过程,其顺利完成需要政府的产业政策干预;

(2) 结构转换需要在产业政策的指导下主动实施,而不应是一个被动的结果;

(3) 转换过程中应利用产业政策协调经济目标与非经济目标之间的关系。

由此可知,产业结构升级和发展中存在的结构性冲击和退出障碍及结构转换过程中出现的问题都需要产业政策的有效调节,产业政策由此产生。

(四) 规模经济理论

规模经济是指随着生产规模的不断扩大,在未达到其最优规模时单位成本是递减的。在发展新兴产业初期,生产规模往往比较小,没有充分利用规模经济,继续扩大规模是有利的。然而,如果单凭市场力量来集聚企业,扩大生产规模,将耗费时日,耽误时机,失去发展机会。因此,需要政府采取各种措施,实施合理化政策,促进企业合并、联合,迅速达到最佳规模,提高竞争能力,发展新兴产业。

四、产业政策的实质和一般特征

产业政策的实质是政府对市场经济的干预,其直接体现政府的产业差异化政策导

向和国家的经济发展战略和发展思路,具有以下一般特征:

(一)客观性

产业政策必须遵循产业变化和发展的客观规律,其本身也是客观存在的。不管是否使用产业政策这个名称,不管是否承认产业政策的客观存在性,无论是哪个国家,实际上都存在关于产业发展的各种政策和法令。例如,美国素来标榜在经济中实行自由主义原则,一些美国学者坚持认为产业政策不适用于美国,实际上,这种思想在决策上的体现也是一种产业政策。正如美国前商务部长助理弗兰克·韦尔所写的:"我们有一个产业政策,这个政策就是我们并不需要产业政策。"

(二)指导性

产业政策旨在促进和加快产业发展,对社会经济的发展具有明确的指导性。一方面,其给企业指明了宏观经济环境的变化方向;另一方面,相关部门(如财政、金融、外贸及法律部门等)也可根据这种产业政策的指导,正确决定各种经济杠杆和法律措施对各类不同产业和企业的差别程度。

(三)时序性和动态性

由于收入水平随着经济增长呈现从低到高的时序性,需求结构、生产结构和就业结构的变化也都呈现出一定的时序性,相应的产业政策因而也具有时序变动性。

(四)体系的协调性

由于产业之间、产业内部各企业之间存在着各种投入产出关系,每一项生产活动又总是和流通、分配、消费、技术进步等其他经济技术活动形成一定的相关关系。因此,各项产业政策之间都是相互关联的。一个有效的产业体系应该是相互协调的。

(五)时代性

产业政策随时代发展而演变,具有鲜明的时代特征。其目标和手段必须符合时代要求,适应时代发展的需要。不同历史时期产业发展的实际需要不同,适应这种需要的产业政策的内容也不一样。

(六)民族性

各国的产业政策都力图维护自身的民族利益,另外,各国所处的经济发展阶段不同,产业发展的条件、状况、存在的问题和面临的任务也不完全相同,产业政策的内容和效果必然要受到这些具体国情的制约。因此制定产业政策必须从国情出发,否则就不可能发挥应有的作用。

五、产业政策的作用及弊端

根据产业政策的特征和理论依据,参照各个国家在经济发展过程中实施产业政策的实践,可以看出,产业政策既能够促进产业的发展与优化,但也存在一定的局限性。

(一)产业政策的作用

一个国家经济目标的实现需要充分发挥市场机制的作用,同时,产业政策的作用也不可小觑。

1. 弥补"市场失灵",优化资源配置。由"市场失灵理论"可知,政府有责任弥补市场机制的不足。由于垄断、公共产品、外部性和信息不对称等市场失灵领域的存在,仅仅依靠市场机制,无法避免垄断、不正当竞争、基础设施投资不足、过度竞争、环境污染、资源浪费等现象,政府推行产业组织政策和产业结构政策,可以限制垄断的蔓延,促进有效竞争的形成,加快产业基础设施的建设、治理环境污染与生态平衡等等,实现资源的有效配置。

2. 促进超常规发展。产业政策直接体现国家的经济发展战略,由"后发优势理论"可知,后发国家政府实施的产业倾斜政策加上其本身具备的各种优势有利于加快瓶颈产业的发展,正如中国学者吴敬琏所说"在短短二三十年的时间里走完了老工业国用了一二百年才走完的历程"。

3. 增强本国产业的国际竞争力。产业的国际竞争力是建立在本国资源的国际比较优势、骨干企业的生产力水平、技术创新能力和国际市场的开拓能力基础之上的,产业政策对促进企业创新和开拓国际市场等都具有重要作用。

(二) 产业政策的弊端

虽然产业政策在各国经济发展过程中发挥了重要作用,但它仍然存在一些局限性,主要表现在以下几个方面:

1. "政府失灵"可能导致产业政策的失败。虽然很多市场失灵的地方需要政府进行干预,但政府调节机制也存在其内在的缺陷,我们称之为政府失灵。

(1) 产业政策直接体现政府的产业差异化政策,政府的某种干预在促进一些部门企业较快发展的同时,很可能使企业产生对政府优惠的依赖。

(2) 政府对私人市场反应的控制有限,其能获得的信息有限,不能做出正确抉择。

(3) 官僚主义之风在政府中盛行,寻租行为不仅可能发生在分配资源的环节,而且可能发生在整个产业政策制定与实践的整个过程中。

2. 产业政策并非对任何产业都具有同等的作用。有研究表明:"产业政策只对那些所得价值弹性高,生产效率好、在国际贸易上有发展前途的产业有明显效果,而对其他产业则并非如此。"产业政策对绝大多数产业的发展来说,只有当产业政策对产业内部的资金、人才等生产要素的投入和运作发生积极影响时,才能促进产业更好的发展。

3. 产业政策的制定和实施需要大量的成本和代价。通常产业政策的力度越大,越需要有相应的政策投入做保障。因此,应对实施产业政策所涉及的各种"成本"和"收益"进行全面的综合性比较,最后以政策总成本和总收益进行对比来判别实施产业政策的效果。有得必有失,只有得大于失,产业政策才可行。

第二节 产业政策的制定

一、制定产业政策的主体

关于产业政策的制定主体,大多数学者认为,其在于政府,其中,苏东水明确指出制定产业政策的主体是中央政府或者地方政府。我国于1989年颁布的《国务院关于当前产业政策要点的决定》指出"产业政策的制定权在国务院","各部门和各省、自治区、直辖市及计划单列省辖市人民政府,应根据国家产业政策,结合本部门、本地区的特点,拟定实施办法,并报国务院备案"。实践中,与经济事务相关的政府各职能部门,甚至跨国区域合作组织(如欧盟)都可以是产业政策的制定主体。

二、制定产业政策的作用对象

顾名思义,制定产业政策的作用对象是产业或者产业活动。但是对于具体针对哪些产业还存在着分歧。小宫隆太郎等在《日本的产业政策》中指出,产业政策所针对的产业主要是指制造业,其中包括大部分能源产业,但是农业、建筑业、服务业和交通部门并不包括在内。然而,目前人们普遍认为的是,作为产业政策的作用对象的"产业"应当包括全部第一、第二产业和绝大部分第三产业。其原因主要有两个:

1. 从产业的内涵来看,产业本来就包含了三次产业分类法中的第一、第二及第三产业。因而,如果只认为促进第二产业发展的政策属于产业政策,而把农业发展政策和第三产业发展政策排除在产业政策之外,在逻辑上是说不通的。

2. 从历史的和实践的角度上看,西方发达国家在工业化过程开始之前大多采取了积极的农业发展政策,为启动工业化提供了重要资金和人力条件;直到现在,农业补贴政策依然普遍存在于西方国家。

目前,我国产业结构状况是"二、三、一"型结构,农业基础薄弱,第三产业发展滞后。出于产业发展的需要,我国产业政策中的"产业"也应该囊括第一产业和大部分第三产业。综上所述,三次产业分类中,除了"公共管理和社会组织、国际组织"等不应当包括在产业政策的"产业"范畴之内外,其余部分都应该成为产业政策的作用对象。

三、制定产业政策的基本原则

产业政策的制定是为了弥补市场失灵,实现一定的经济目标。要使其在经济发展和经济运作中发挥有效的作用,政策制定者必须根据本国的基本国情,对政策的制定进行科学分析与研究。在制定过程中主要遵守以下三个原则:

(一)针对性

产业政策的制定必须结合本国的基本国情,针对当时的环境和条件,具体问题具体分析。主要体现在以下三个方面:

(1)必须弄清楚该产业政策所针对的相关方面(如产业结构方面、产业组织方面或者产业布局方面等)的历史发展、现状和面临的问题。

(2)应该充分论证产业政策的目标,包括总体目标和分阶段分层次目标,并协调好它们之间的关系。

(3) 对产业政策实施后能否达到政策制定的目标进行预测,并对其可能取得的效果进行评估。

(二) 连续性

经济发展是一个连续性过程,这就要求产业政策的制定也应遵循连续性原则。

(1) 政策本身及其所能达到的效果有长期与短期、总体与具体之分。其所制定的短期政策的目标应服从长期的政策目标,同时,各个时段所制定的政策也应当保持协调;另外,具体政策的功能也应与总体政策保持一致。

(2) 为了防止因决策机构或具体的政策制定者的变化而发生随意性变化,政策操作也应保持一定的稳定性和连续性。

(三) 导向性

产业政策的制定不应总是起事后的调节作用,应发挥其主动性和预见性,在市场经济运行过程中主动制定相关的产业政策,引导其发展。同时,产业变动具有一定的周期性规律,应充分发挥产业政策的导向功能:在顺应产业成长周期的前提下,进行必要的调节,以实现经济持续稳定发展。另外,产业政策的制定应对经济发展的趋势有一定的预测作用。

四、影响产业政策制定的主要因素

(一) 不同利益集团的利益要求不同

1. 各个国家制定产业政策的背景不同,其利益要求也不同。对发展中国家来说,国民经济发展不平衡往往使其产业政策带有国家指令性规划的性质,担负保证国民经济"按比例协调发展"的任务,而对发达国家而言,产业政策的制定主要针对公共物品、外部性、公平竞争、对外贸易、科技开发等问题。

2. 政府包括中央各部门和各层次的地方政府,在产业政策制定过程中,各部门、各地区都会竞相提出各种理由,以使中央制定产业政策时倾向于它们。

3. 产业政策的制定者在考虑"全局利益"的同时,也有其自身的利益取向。另外,决策者的偏好、认识水平和决策习惯等都会对产业政策的制定产生一定的影响。

(二) 信息的完全程度

产业政策的制定需要及时、充分地把握决策信息,决策信息的完全程度对产业政策的制定有很大的影响。

1. 从国际情况来看,各个国家经济发展的起点、阶段、条件、环境不同,社会制度和经济体制也有很大的差异,其他国家运用产业政策的经验、方法应与本国实际相结合,选择合适的产业政策,但在实际中,由于政策环境的差别,各国产业政策理论都不可避免地在传递过程中出现信息扭曲问题,导致对产业政策的合理性判断出现问题。

2. 从国内情况来看,政府与企业之间、政府各部门间以及各级政府之间存在不同的利益取向。

3. 信息传递过程中存在的不完全、不充分、不对称、扭曲等问题,导致政策决策层难以掌握正确决策所需要的有关信息。

(三) 成本—收益的比较

产业政策的制定需要付出较大的成本,同时在不同的程度上也能获得一定的收益。只有当收益大于成本,或依靠制定产业政策所花费的成本小于依靠市场机制调节所付出的成本时,产业政策的制定才能行得通;反之,如果政府推行产业政策(即使其很合理)的成本很高,则还不如依靠市场机制解决。所以,成本—收益的比较分析也是制定产业政策的影响因素。

(四) 技术的局限

众所周知,产业政策的制定可能由于多方面的原因出现失误,尤其是技术层面的局限。

1. 如果没有采取科学的方法和程序研究问题,政府可能会对问题判断失误,不能准确预测未来,从而制定不合理的产业政策。

2. 即使政府采取了科学的方法和程序,但由于产业发展前景存在大量不确定性因素,预测也会变得困难,仍有可能出现"预测失误"。

3. 由于各个学者的研究背景和方向不同,学术界的看法有可能出现重大分歧,在此情况下,政策决策者难以鉴别和选择正确的意见。

4. 不同利益集团的舆论倾向也可能左右政策的制定。

五、制定产业政策的目标

政府或相关部门总是为实现一定的经济目标而制定产业政策。根据其实施的时间长短可以分为初级目标、中级目标和高级目标。

1. 初级目标在于促进或抑制特定产业的发展,也是产业政策的短期目标。如增强对新兴产业的技术和资金投入;保证科研和产业技术领先;选择和嵌入主导产业;组织衰退产业的生产力转移。

2. 中级目标在于促进产业内部和产业间关系的优化。如在信息化、网络化的基础上推动企业之间的战略联盟和企业内部组织的扁平化,提高产业的组织效能;促进技术开发和应用推广,提高产业效率。

3. 高级目标在于产业全局性和长期性发展,协调经济发展和环境保护的关系,增强综合国力,其也是产业政策的长期目标、最终目标。如扩大知识资本的比重,确保经济的持续增长;在经济全球化的过程中审时度势、趋利避害、确保国家经济安全;扩大科技、经济和贸易领域中的国际交流与合作,更好地利用国际市场和国际资源等。

产业政策的三个目标层层递进,前者是后者的基础,后者是前者发展的结果。国家应根据本国所处的经济发展阶段,合理制定相应的目标。如一个国家或地区在工业化水平处于初级阶段时,往往首先重视初级目标的实现,并制定相应的产业政策,但"一个国家的产业政策不会停留在实现初级和中级目标上,实现产业布局性长期性发展进而增强综合国力这一高级目标才是根本意图。"

第三节 产业政策的实施路径

一、产业政策的实施条件

任何一项政策的实施都需要相关的外在条件,产业政策也是如此,产业政策是否能够得到有效实施,主要从以下几个方面进行判断:

(一)是否存在发达的市场条件

产业政策虽是市场机制的补充和修正,但在很多时候,产业政策的实施可能并不能起到完善市场的作用,反而会出现一定的反作用。因此,产业政策的贯彻实施需要具有发达的市场条件,以防其出现较大的副作用。

(二)收集的信息是否充分,处理分析信息的手段是否先进

产业政策的制定者需要收集足够充分的信息,方能对市场偏差做出准确的判断,从而制定出可行的产业政策。产业政策的实施者只有掌握充分的市场信息,方能科学分析政策的效应,对各方面的利益要求做出正确的反应。同时,信息反馈的渠道快速灵敏、畅通有利于政策制定者和实施者不断修正和完善其产业政策。

(三)是否有完备的法制基础

产业政策是政府干预经济、调节市场的手段。产业政策的制定和有效实施要求具备完备的法制基础,主要表现在以下三个方面:

1. 产业政策在很多情况下是以法律形式出现的,是一种国家和全民的意旨而非政府的意旨,这就要求有比政府权威更高的法律权威为其效率依据。

2. 要求有全面覆盖资源分配和企业行为的各个方面的完善的经济法律体系,不能留有漏洞,更不能相互矛盾。

3. 要求有独立、公正的司法体系,以做到有法必依,维护法律权威,保证产业政策得到有效实施。

虽然产业政策的有效实施需要上述相关的外部条件,但这并不意味着产业政策只有在这些条件都具备的情况下方能实施,在大多数情况下,产业政策的制定和实施与上述条件是相互促进的。

二、产业政策的实施措施

一般而言,产业政策的实施机构是一个由企业、政府和行业协会等单位构成的综合体。企业是实施主力,企业按照产业政策的要求,积极配合政府制定该企业发展规划,并按照规划,充分利用产业政策给予的资源予以运行。

与其他经济政策一样,产业政策的实施措施主要包括直接措施、间接措施和其他措施。

（一）直接措施

直接措施是指政府依据相关的产业发展的法律或者具有法律效应的各种规章制度,对产业活动进行行政性干预,也可以说其是产业规制或者政府规制。主要包括：

1. 市场进入规制。通过对企业或个人的进入资格和资质进行审批,以提高进入壁垒的一种政府规制类型。

2. 数量规制。政府为控制竞争性产业的产业数量以避免投资过剩(或不足)、产量过剩(或不足)而引致价格波动和过度竞争的一种政府规制类型。

3. 质量规制。政府为防止过度竞争而引致的产品和服务质量的下降,确保消费者正当权益的一种政府规制类型。

4. 设备和技术规制。政府对产业内企业的设备和技术提出具体要求的一种政府规制类型。

5. 价格规制。政府通过规定利润率、成本核定、价格上下限、价格审批等形式,对竞争型产业内企业的产品和服务价格进行控制的一种政府规制类型。

6. 不正当竞争行为规制。政府为了防止和惩罚企业针对第二方、第三方实施侵害行为而制定的一种政府规制类型。

7. 环境保护规制和生产安全规制等。

另外,还包括政府运用其特定的权威和影响力,通过各种形式协调具体产业的生产经营使之趋向于政府有关产业发展意图,主要集中在政府所管辖的国有企业和政府订购较多的产业(如军事工业等)。

（二）间接措施

间接措施是指政府通过财政、金融等经济杠杆来引导企业的生产经营活动。具体包括以下几个方面：

1. 财政措施。政府运用财政措施(主要包括财政补贴、投资补贴、加速折旧、减免税或增税等)来实现产业政策的目标——加快产业发展结构中的薄弱环节,扶持新兴产业,补贴亏损企业,促进企业的设备投资,调整产业结构和组织结构,促进产业结构、布局和组织的合理化。从各国财政措施推行的实际效果来看,税收刺激容易通过差别优惠对技术和市场前景良好的企业进行有效激励,不容易形成企业对政府的依赖而使其效果一般优于财政补贴的效果。财政补贴一般用于扶助困难企业,以免其成为严重的社会问题。

2. 金融措施。主要针对政策上需要支持的产业和民间投资计划,规定比较优惠的商业贷款利率,或者较长的贷款期限提供政府贷款等方法,给予资金支持。在政策性金融措施中起主要作用的一般都是政府金融机构。在我国,各类政策性银行由国家组建后从事援助发展产业的资金筹措的投贷,为特定的产业政策服务就是典型的政府金融机构。

3. 政府订购措施。这是通过政府对产品和劳务的采购来实现产业政策的目标。在市场经济中,政府订购在社会订购中占据相当大的比重,对产业的发展具有十分重要的作用。利用政府订购的手段影响社会需求,尤其是对特殊产品的需求,是推行产业政策的重要措施。如美国政府的采购,就极大地刺激了军事工业和高新技术产业的发展,形成了特有的产业结构。然而,通过政府采购等办法引导产业发展,往往存在有利于大企业的问题。大企业是政府采购的主要受益者,无形中就扩大了市场竞争中不同企业间业已存在的不平等,不利于市场平等竞争。

4. 国有化或私有化措施。国家通过把一部分企业收归国有、兴办国有企业、把国有企业改为私有企业等措施影响国民经济的存量结构,进而促进企业结构的优化和市场结构的改善,调整产业经济结构和产业布局。世界各国经济发展的经验表明,所有制结构的单一私有化和单一国有化,都不利于社会经济的健康发展。各国应根据经济发展的需要,恰当地采用国有化或私有化的手段以优化产业结构,提高经济效益。

5. 正确的信息指导。政府制定的经济发展战略和中短期经济发展计划或构想、国家科学技术发展计划、有关具体产业的发展计划或纲要等都对企业的生产经营特别是长期投资决策产生重大影响,政府应做好信息指导工作,以诱导其趋向于政府所制定的目标。

(三) 其他措施

其他措施主要包括组织措施、法律措施、外贸措施。

1. 组织措施是实现产业政策目标的组织保证,只有建立有效的管理和监控机关,产业政策的实施才能得到有效保障。如日本有通产省内设的产业政策局、通商政策局等专门负责开发和协调全部的产业政策,法国有工业战略开发部,英国有全国经济发展委员会,韩国有全国产业政策研究院,我国产业政策的制定和执行权集中在国务院。

2. 法律措施是指国家运用法律手段,保证产业政策目标的实现和政策措施的落实。如各国普遍推行的反垄断法、反不正当竞争法等实际上都起着规范产业活动、引导产业发展的作用。

3. 外贸措施则是通过鼓励、保护、限制进出口贸易的方法实现产业政策的目标。后进国家在赶超时期,都有一个从加强外贸保护措施到逐步实现外贸自由化的阶段,即使是发达国家,为了促进本国产业发展和维护本国产业的利益,也绝不会放弃对本国企业实行资助和对本国市场实行保护的政策。

三、影响产业政策实施的主要因素分析

一项经济政策的实施往往需要具备相关的条件,产业政策也不例外,然而在其实施过程中依然存在一定的局限因素。

(一) 政府的干预能力

政府的干预能力对产业政策的推行具有很强的影响。政府的干预能力包括直接干预能力和间接干预能力。其中直接干预能力主要包括政府的行政约束能力和投资能力(尤其体现在政府投资在社会总投资中的比例和方向);间接干预能力则是指政府通过运用财政、税收、金融、货币、外贸、外汇政策及信息发布、道义劝告等措施对产业进行引导的能力。

(二) 微观经济主体对产业政策的态度

一项产业政策推行是否成功,除了要看政府制定的产业政策对微观经济主体的规

范和引导作用,还应注重微观经济主体对该产业政策的态度。政府制定的这些政策只有被微观经济主体认同并保持行动上的一致,才能起到作用。如果产业政策得不到微观经济主体的认同,则在其执行过程中会扭曲变形,尤其当地方政府不认同中央政府的产业政策时,地方政府就很容易为了自己的利益扭曲它,使其发挥不了应有的作用。

(三) 其他政策的交互影响

国家在经济和社会发展过程中会制定各种不同的政策,产业政策只是其中的一种。例如,改革开放以来,我国推行的鼓励乡镇企业发展政策、地方财政包干政策、鼓励劳动密集型产业和出口创汇产业的政策等。这些政策与鼓励基础产业和基础设施建设优先发展的产业政策有一定程度的背离。因此,政府推行产业政策应考虑到其他政策是否配套。其他政策的交互影响会影响产业政策的推行效果。

此外,一个国家所处的国际环境、文化传统、民族习惯以及政府对企业的约束等也都会影响产业政策的推行效果。

四、产业政策实施效果的评价标准

产业政策的实施是否合理,是否能发挥其应有的作用,取得预期效果,要综合考虑多个方面的因素,评价一项产业政策的实施效果主要有以下两个衡量标准:

(一) 目的标准

产业政策实施的效果在很大程度上取决于政策所确立的目标是否合理,以及其是否能达到其目标,即产业政策的实施是否能够推动产业结构和产业组织优化,发展社会生产力,提高国家的经济竞争力,改善公民福利状况。与此同时,产业政策的实施要以市场机制功能的正常发挥为基础,合理的产业政策必须尊重市场规律,扬弃市场机制的不足,补市场之所短,在充分发挥市场机制作用的基础上,利用政府的力量,推动产业结构的升级及产业组织的优化,否则,其实施效果不仅不能取得预期效果,反而会起适得其反的作用。

(二) 进行成本收益分析

产业政策的制定和实施需要付出一定的成本,往往会损及企业和各级政府的利益,这些利益损失如果得不到相应的补偿,就会影响产业政策的实施,其成本主要包括企业成本和政府的代价。

1. 企业成本主要包括:

(1) 企业直接的经济利益损失。如政府压缩在建项目,企业往往陷入资金短缺、原材料紧张的境地,造成发展困难。

(2) 由于产业政策执行环节多,迫使企业支付由于推行产业政策而必需的交易费用。

(3) 在产业政策实施过程中,政府较多干预企业行为,导致企业自主权的减少。

(4) 在推行发展基础产业、基础设施和高新技术产业的产业政策时,由于存在较高的技术和规模壁垒,企业需要付出较高的技术和管理代价。

(5) 在产业政策实施过程中，企业受政府监督，如果其目标与政府目标不一致，则会带来一系列隐性成本，如企业家个人威望降低、企业信誉降低、受政府监管部门的批评等。

2. 政府的代价则包括：

(1) 产业政策的实施可能需要政府机关放权让利，导致政府权力缩小。

(2) 增加工作量和工作难度，财政支出也会伴随产业政策的推行相应增加。

(3) 部门或者基层领导受到上级的批评等隐性成本。

然而，产业政策的实施也会给企业和政府带来一定的收益。

1. 企业收益包括：

(1) 企业在产业优惠政策实施过程中获得直接的经济收益。

(2) 企业在产业援助和保护政策下获得更加优越的发展条件。

(3) 企业领导人因认真贯彻实施产业政策而获得政府颁发的一系列荣誉，提高企业知名度。

2. 政府收益包括：

(1) 在产业政策实施过程中扩大管理权限，增加财政拨款。

(2) 在产业政策实施过程中获得上级的嘉奖，主要领导人的威望提高。

(3) 主持产业政策制定、监管和执行的政府部门将为社会普遍关注，从而社会影响力扩大。

要评价一项产业政策的实施是否有效，应对其成本和收益进行分析，从经济学的角度来看，如果成本大于收益，则说明该项产业政策的实施没有必要；如果收益大于成本，则该项产业政策的制定和实施取得了一定成效，值得实施。然而，在现实生活中，产业政策实施效果的衡量不能简单地看其成本与收益，因为，一项产业政策可能在对某些产业有益的情况下会损害其他产业的利益，并不能实现帕累托最优。

第四节　产业政策体系

产业政策涉及产业活动的各个方面，存在各种不同的类型。产业政策是由多种多样的有关产业的政策构成的一个体系。产业政策体系主要由产业结构政策、产业组织政策和产业发展政策构成，这三大类产业政策又分别包括多种不同的具体政策，如图8.1所示。

一、产业结构政策

（一）产业结构政策的内涵和目标

产业结构政策，是政府根据一定时期社会经济结构的内在联系而揭示的产业结构发展及过程，并按照产业结构演变规律，规定各产业在国民经济中的地位和作用，确定产业结构协调发展的比例关系，以及保证这种结构变化应采取的政策措施。

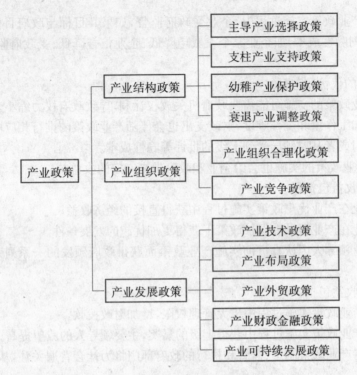

图 8.1 产业政策体系结构图

资料来源：简新华、李雪：《新编产业经济学》，高等教育出版社，2009年，第270页。

产业结构政策的基本目标是实现产业结构的优化升级。与其他产业政策不一样，它的主要任务是按照产业结构变化的规律，调整不合理的产业结构，纠正失衡的比例关系，弥补短线产业，缩短长线产业，克服瓶颈制约，正确选择主导产业，扶植弱小产业，改造传统产业，淘汰落后产业，发展高新产业，提高产业发展的层次和技术水平，实现产业结构的合理化与高级化。产业结构政策的最终目标是推动经济增长，也就是说，经济增长是产业结构政策的高层次目标，是上述两个基本目标的升级。

（二）产业结构政策的内容

产业结构政策的根本问题是要研究资源在产业间的配置和再配置，需要解决的主要问题是：在发展一国经济时，具体应着重发展什么主导产业？培育什么新兴产业？限制发展乃至压缩淘汰什么产业？基于此，其主要内容包括：主导产业的选择与保护政策、支柱产业的支持政策、幼稚产业的保护政策和衰退产业的调整政策。

1. 主导产业的选择与保护政策。主导产业，是指在经济发展过程中，或在工业化的不同阶段上出现的一些影响全局的在国民经济中居于主导地位的产业部门，具有较强的前后关联性，其发展能够波及国民经济的其他产业部门，从而带动整个经济的高速增长。应正确选择主导产业，并采取种种优惠政策。

在一个国家工业化演进过程中，带动国民经济增长的主导产业是交替变化的。在各国工业化的不同时期，其主导产业是不同的。主导产业的主要选择标准有：赫希曼基准、罗斯托基准、筱原基准（包括收入弹性基准、生产率上升基准）和就业弹性基准等，通过这些主导产业的选择理论和方法确定一国主导产业,来带动或推动整个国民经济各产业部门的发展。同时国家应对主导产业实施各种优惠政策,如:国家投资的重点倾斜,财政方面贴息、减免税、特别折旧等;在贸易保护措施方面,采取出口补贴、外汇控制等;在金融政策措施方面,采取低息贷款、政府保证金、特别产业开发基金等;在经济法规措施方面,采取如特殊产业的振兴与保护法规等。

2. 支柱产业的支持政策。支柱产业是指在国民经济体系中占有重要的战略地位,其产业规模在国民经济中占有较大份额,并起着支撑作用的产业或产业群。从时间发展过程来看,一国经济发展就是支柱产业不断更替的过程。因而,政策制定者应根据产业结构演进的一般规律和产业结构优化的目标,结合国家或者地区经济的实际情况,采用经济或者非经济的一系列政策,对于在一国经济中贡献比较大、符合该国或地区经济发展规划的产业予以一定的支持。可以采取以下措施:制定并颁布发展支柱产业的战略和法规、鼓励国内支柱产业引进先进的高新技术、在税收方面给予种种优惠以及政府鼓励商业银行低息贷款给需要支持的支柱产业等。

3. 幼稚产业的保护政策。幼稚产业是指工业后发国家新建起来的,相对于工业先行国家成熟的同行产业而言,处于"幼小稚嫩"阶段,还未形成竞争所必需的市场关系的产业。从长期看,具有收入弹性大、技术进步快、劳动生产率提高快、发展潜力大等特点,有可能成为未来的主导或支柱产业,但目前却比较弱小、发展不成熟、缺乏比较优势,需要政府采取措施鼓励、刺激和保护其发展。正如施蒂格勒在其《产业组织和政府管制》一书中所说:"年轻的产业对现存经济系统来说,是'陌生人'。它们需要新种类或新品质的原材料,所以只能自己制造;它们必须自己解决其产品使用中的技术而不能等待潜在使用者来解决之;它们必须劝诱顾客放弃其他方面,而不可能找到专业化的商业机制来承担这一任务;它们必须自行设计、制造专业设备;自己培训技术工人。"幼稚产业发展面临诸多困难,依靠其自身难以较好地解决,需要政府的支持和保护,如关税保护、进口限额、进口许可证、外汇管制等。

4. 衰退产业的调整政策。衰退产业是指由于技术进步或需求发生变化等因素致使市场需求减少,生产能力过剩且无增长潜力的产业,衰退产业的出现与产业的不断升级有直接关系。产业结构政策不仅要保护和扶植主导产业的发展,而且要对衰退产业实行调整和援助政策,其目的在于帮助和促进衰退产业有顺序地收缩,使衰退产业的资源顺利地流向其他产业,实现资源的优化配置。其主要调整措施包括:

(1) 政府协助衰退产业选择适宜的转产方向,促进转产;

(2) 对衰退产业提供技术和经营支持;

(3) 加速设备折旧;

(4) 政府对衰退产业实施一定的保护,为其生产调整、资本和劳动力转移创造时机;

(5) 政府建立和完善社会化援助体系,帮助衰退产业职工转岗再就业,以减少衰退产业调整所引起的社会经济震荡;

(6) 在某些因为经济体制不健全造成衰退产业调整困难的国家,政府可以进行适当的经济体制改革,完善市场机制。

(三) 产业结构政策的作用

现代经济增长加快了产业结构变动的频率,产业结构政策能自觉调整迅速变动的产业结构,加快资源配置的优化过程,及时纠正市场失灵,弥补市场缺陷。同时,还能实现产业间的相互协调和配合,在衰退产业、主导产业、支柱产业和幼稚产业之间形成合理的推进序列,促进产业结构朝预期方向发展。

1. 协调产业发展。产业结构政策依据不同产业的地位、作用、现状和发展趋势,分清轻重缓急和主次,对新兴的具有高增长率的未来主导产业进行培育,对薄弱的基础产业进行弥补,对生产不足的产业进行鼓励,对弱小产业进行扶植,对生产过剩的产业进行限制,对衰退产业进行调整。通过这些政策措施,来促使不同层次的产业保持协调发展。

2. 促进产业结构转换。所谓的产业结构的转换是指产业结构按合乎其规律的发展方向,从较低级结构向较高级结构转变。政府可以通过强有力的产业结构政策,采用调整、诱导、保护、扶植、改造、限制、淘汰等措施,加速产业结构的换代。产业结构政策不仅能够使产业结构换代,而且可以使产业结构升级,其通过各种诱导的影响措施,提高产业的技术集约化程度,推进产业结构的高级化。

3. 推动产业技术水平提高。政府所采取的产业结构政策能促进传统产业的改造和高新技术产业的发展。其不仅能够提高产业的技术集约化程度,促使以劳动密集型产业为主的产业结构向以技术密集型产业为主的产业结构转变,实现产业结构的优化升级,同时还可以推动产业技术的进步、高新技术的普及和运用,提高各种产业的技术水平。

二、产业组织政策

(一) 产业组织政策的内涵和目标

产业组织政策是指为了获得理想的市场绩效,由政府制定的干预和调整产业的市场结构和市场行为,调节企业间关系的公共政策。内在含义是产业组织政策既要促进企业间的相互分工与协作,促进企业联合,使企业获得规模经济的利益,又要保护企业的竞争活力,防止企业因过度追求规模经济而形成垄断。

产业组织政策的总目标是试图通过规范企业的市场行为和控制市场结构,促进产业组织的有效竞争,以此获得良好的市场绩效。贝恩在其《产业组织论》一书中提出,产业组织政策的具体目标主要包括:

(1) 企业应达到并有效地利用规模经济,市场的供给主要应由达到经济规模的企业承担,企业应有较高的开工率。

(2) 不应存在某些产业或企业长期获得超额利润或长期亏损的情况,从较长的时间来看,各产业的资本利润率应是比较均等的。

(3) 较快的技术进步,主要指技术和产品开发、革新活动有效且比较充分。

(4) 不存在过多的销售费用。

(5) 产品的质量和服务水平较高,并具有多样性,以适应提高大众福利和消费水平的要求。

(6) 能够有效地利用自然资源。

上述六项具体目标是其总目标在各个时期、各项具体政策内容上的具体化和细分化。同时，也是各类产业组织政策制定和实施的出发点和归宿点。

(二) 产业组织政策的内容

由于各国在不同时期的经济发展水平和具体产业特点不同，不同国家或一个国家在不同时期所采取的产业组织政策的侧重点也是不同的。但总体来讲，根据政策手段的不同，产业组织政策可以分为产业组织合理化政策（或称为市场结构控制政策）和产业竞争政策（或称为市场行为控制政策）两大类，如图8.2所示。

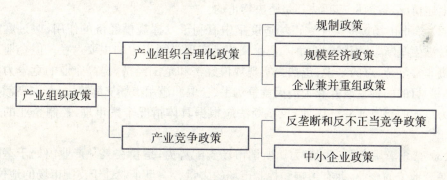

图 8.2 产业组织政策体系

资料来源：丁敬平：《产业组织与政府政策》，经济管理出版社，1991年。

1. 产业组织合理化政策。产业组织合理化政策是旨在促进规模经济形成、改善产业组织结构、建立大批量生产方式和增加产业利润、实现产业振兴的产业政策。其主要包括：规制政策、规模经济政策和企业兼并重组政策。

规制政策是指政府通过立法或政策对构成特定社会的个人或经济主体的活动进行限制的行为，这里主要是指经济性规制，即在自然垄断和不完全竞争以及信息不对称的领域，为防止发生资源配置的低效率和确保使用者的公平使用，政府和社会公共机构用法律权限通过许可和认可等手段，以对企业的进入和退出、价格、服务的数量和质量、投资、财会等有关行为加以规范和制约。

规模经济政策和企业兼并重组政策是指政府通过引导和支持产业中的骨干企业改组、联合和协作，扩大生产规模，加强专业化协作程度，从而增强这些产业的国际竞争力。中国《国民经济和社会发展第十个五年计划纲要》中就包含了产业合理化政策，即既要按照专业化分工协作和规模经济原则，依靠优胜劣汰的市场机制和宏观调控，形成产业内适度集中，企业间充分竞争，大企业为主导、大中小企业协调发展的格局。通过上市、兼并、联合、重组等形式，形成一批拥有著名品牌和自主知识产权、主业突出、核心能力强的大公司和企业集团，提高产业集中度和产品开发能力。

2. 产业竞争政策。产业竞争政策是从市场行为角度出发所采取的控制各种妨碍竞争和不公正交易行为发生的政策。主要包括：反垄断和反不正当竞争政策、中小企业政策。

反垄断及反不正当竞争政策是政府对垄断性的市场结构、市场行为和市场绩效的一种法律制约和政策限制。它是产业组织政策的重点,具体表现为制定和实施反垄断法或反托拉斯法及反不正当竞争的规定。纵观各国的反垄断法,虽然各国对非法垄断的确认、惩治办法和执行体制不尽相同,但其基本内容框架具有高度一致性,可以概括为以下几个方面:

(1) 禁止私人垄断和卡特尔协议。所谓私人垄断是指个人、公司或财团通过兼并、收购或低价倾销等手段,把其他竞争对手从市场上排挤出去,从而确定自己在市场中的垄断地位并以此支配市场。卡特尔协议是指多个企业以垄断市场、获取高额利润为共同目的,在一定时期内就划分市场、规定产量、确定价格等而达成的正式或非正式协议。对于上述情况,各国反垄断法都是坚决禁止的。

(2) 禁止市场过度集中。市场适度集中有利于发挥规模经济的作用,但过度集中又容易滋生垄断,从而限制竞争。企业兼并是实现市场集中的主要途径。但企业兼并的动机非常复杂,总的来说,包括为实现规模经济和范围经济、提高企业的竞争力和经营效率为目的的善意兼并和为消灭竞争对手、获取和滥用市场支配势力、获取高额垄断利润为目的的恶意兼并。因此,反垄断法应根据具体情况个案审理,控制企业的兼并行为。

(3) 禁止滥用市场支配势力。所谓市场支配势力,是指在某一产业内处于垄断或寡头垄断地位的企业,拥有影响和控制市场的力量。一旦企业处于支配市场的地位,就极有可能凭借自身的经济实力对其他企业施加影响,迫使他们按自己的意愿行事,从而妨碍公平竞争。反垄断法明令禁止处于垄断地位的企业滥用市场支配势力。具体来说有:禁止差别待遇、禁止强制协同、禁止附加条件交易、禁止非正当定价、禁止强制交易等。如美国的《克莱顿法》明令禁止价格歧视、交易、搭配销售、维持转售价格、限定销售区域和公司董事交叉任职等。

中小企业政策是指政府根据中小企业的实际情况和本国有关产业发展的特点,为保持产业组织内部的竞争活力而对各产业之中的中小企业采取的扶持政策。主要包括:以全部中小企业为对象的,为改善中小企业在劳动力、资本、技术、信息等方面的不利条件,促进中小企业发展为目的的一般政策(如劳动政策、金融政策、交易公开化政策和诊断、指导政策等);以特定产业为对象或以特定中小企业群为对象的特定政策;通过价格、支付贷款、订货计划限制来防止大企业利用其有利地位,采取不正当手段与中小企业进行交易的转包制政策。其措施包括金融、财政补贴、信息提供和产品采购等许多方面。

三、产业发展政策

(一) 产业发展政策的概念和特点

产业发展政策是指一国政府为特定产业的结构调整和升级,全面提高产业国际竞争力,以技术创新、组织结构合理化优化空间布局等为手段,满足消费者需求,促进产业持续健康发展,所制定或采取的各种政策的总和。由此可见,产业发展只是产业政策的一部分,它并不直接涉及有关产业组织、产业结构等方面的内容,而侧重较宏观的产业长期发展。

1. 目标具有综合性。产业发展政策是以一定时期的产业发展目标为出发点,而产业发展的目标具有多维性,既有如经济增长、充分就业、物价稳定、目标收入平衡等经济性目标,又有如社会安定、国家安全、民族团结、国民素质提高等社会性目标。产业发展政策目标必须权衡上述两方面目标再做决定。因此,广义的产业发展政策也包含着产业结构和产业组织政策的内容。

2. 内容具有多样性。产业结构政策主要涉及产业结构的优化升级,产业组织政策主要涉及产业组织的合理化,产业发展政策则涉及诸如技术、布局、外贸、金融、发展战略和方式等多方面的内容。

3. 产业发展政策具有长期性和前瞻性。产业发展政策是一项中长期的经济政策,力图在较长时期内通过政策的调整对产业结构、组织和绩效产生影响。如日本和韩国的产业发展经过了至少五个时期的长期计划才产生显著效果。因此,产业发展政策的制定应着眼于将来几十年的产业发展趋势和长远利益,不能局限于眼前的商业利益。只要产业发展政策实施的将来收益的贴现值大于实施成本,此项政策就是成功的。

(二) 产业发展政策的主要内容

产业发展政策内容具有多样性,常见的有:产业技术政策、产业布局政策、产业外贸政策、产业金融政策和产业可持续发展政策等,本书主要阐述产业技术政策和产业布局政策。

1. 产业技术政策。产业技术政策是政府制定的促进产业技术进步的政策,是政府对产业的技术进步、技术结构选择和技术开发进行的预测、决策、规划、协调、推动、监督和服务等方面的综合体现。政府制定产业技术政策的必要性主要体现在以下四个方面:

(1) 促进技术进步是政府本身的职能要求。由于技术、知识具有公共产品的属性,政府是公共产品的主要提供者,因此,政府有责任积极参与经济发展过程中的技术进步活动,保证和促进这种公共产品的供给。

(2) 单纯依靠市场机制分配资源难以满足技术发展的需要。包括以下几个原因:① 技术开发的成本与技术进步的收益之间存在非对称性,个人技术成本高,但个人收益往往低于社会收益,影响私人技术开发投资的积极性。② 技术开发存在着较大的商业风险和技术风险,这种风险一般难以通过加价等方式转移,使得一些生产者宁愿等待别人的开发成果而不愿意自己开发。③ 技术开发过程一般不可分割,需要一定的投入规模,中小企业难以承担。综上所述,政府有必要为满足技术发展的要求而干预资源分配,进行必要的投入。

(3) 基础科学技术的研究需要国家的投入和组织。因为基础科学技术的研究和开发是技术进步不可或缺的前提,而基础科学技术研究和开发投资多、周期长、见效慢,很难成为直接获取收益的经济活动,私人企业往往不愿从事基础研究,这就需要国家出面组织,投入资金。

(4) 迅速增强本国的技术力量需要政府干预。鼓励技术创新、支持技术研究和开发,保护本国的技术,是取得和维护本国技术处于领先地位的重要途径;引进、消化、吸收、改造国外先进技术,是低成本采用先进技术、加快本国技术进步的捷径。这些都需要政府制定正确的技术政策,采取相应的措施。

在具体实践中,产业技术政策主要包括技术引进、研究和开发援助、技术结构政策等三个主要方面。

(1) 技术引进政策。技术引进的全过程包括引进、消化、改进、扩散,技术引进政策必须鼓励适当引进,强调消化吸收,提倡改造创新。后起国家通过贸易或技术经济合作的途径,可以从其他国家获得先进的技术,从而促进本国某些产业的技术升级或换代。目前世界上通行的技术引进的手段或载体包括:许可证贸易、合作研究、技术咨询、合资经营等。日本政府在1980年代以前的成功经验是:一要根据本国的实际需要,有选择地进行技术引进;二是要重视对引进技术的深入研究,并加以推广、改进和革新,即所谓"模仿、发展、综合"之路。技术引进也是我国电子消费品、汽车制造业、港口运输业能够在近十余年的时间内,实现产品技术换代、生产规模快速提升的主要手段。

(2) 研究和开发援助政策。就目前而言,后起国家产业和产品普遍存在技术含量落后的状况,主要体现在工艺、设备、流程等表面层次,实则,主要原因在于技术研究和开发能力的不足。由于技术研发活动具有公共产品的性质,且其投资金额巨大,风险极高,纯粹依靠市场机制会产生私人投资不足的问题,需要政府给予融资、税收或其他政策的支持。如政府可以直接提供资金,支持特定研究项目的进行,其成果则归政府所有;或对研发企业的融资予以倾斜等。

(3) 技术结构政策。实施技术结构政策,是为了安排好各种技术类型和技术层次之间的相互关系和数量比例,实现即时结构的合理化。产业技术从不同的角度可以划分出不同的层次与类型。从产业技术的发展水平来看,可划分为"尖端技术"、"先进技术"、"中等技术"、"初级技术"。从产业技术对要素吸收的状况来看,可划分为劳动密集型技术、资本密集型技术和知识密集型技术。从产业技术的主要功能和作用来看,可划分为提高劳动生产率、促进经济增长的技术;节约原材料和能源消耗的技术;合成新的优质材料的技术;提高产品质量的技术;利用废弃物质和防治污染的技术等。合理的技术结构政策,必须综合考虑一定时期本国的具体国情、资源状况和技术发展规律等各方面因素。一般来说,根据劳动者的状况和技术发展水平,考虑是以先进技术为主,还是以中等技术为主;根据资源和环境状况确立是以提高劳动生产率的技术为主,还是以节约原材料、能源和防治污染的技术为主;根据生产要素的丰度,决定是以劳动密集型技术为主,还是资本密集型技术、知识密集型技术为主。

2. 产业布局政策。产业布局政策一般指政府机构根据产业的经济技术特性、国情国力状况和各类地区的综合条件,对若干重要产业的空间分布进行科学引导和合理调整的意图及其相关措施。从本质上讲,产业布局合理化的过程也就是建立合理的地区分工关系的过程,两者分别从纵向和横向角度考察同一事物(产业空间分布)的两个具体方面。产业布局政策具有地域性、层次性、综合性等特点。产业布局政策既是产业政策体系中不可或缺的重要内容,同时又是区域政策体系中非常重要的组成部分,而且后者更加侧重于建立和完善地区之间的产业分工关系。

从不同的发展角度看,产业布局政策的目标不同:从经济发展角度看,其目标是实现经济增长和布局平衡;从社会发展角度看,其目标是实现民族团结,充分就业;从生态角度看,产业布局政策必须合理安排地区分工,适度分散产业布局,恰当调整地区产业结构,防治污染,维持生态平衡;从国家安全角度出发,产业布局政策应在综合考虑经济、社会、生态目标基础上,正确估计国际形势,制定和调整相关的产业布局政策。这些目标之间既存在矛盾,又是统一的,协调好这几方面的关系,是成功实施产业布局政策的关键环节。

产业布局政策的主要任务是地区发展重点的选择和产业集中发展战略的制定,主要包括区域产业扶持政策、区域产业调整政策和区域产业保护政策。

(1) 区域产业扶持政策。在区域经济发展的各个阶段,一个地区总是存在着一个或者若干个具有比较优势的产业部门。对区域拥有相对优势的产业实施产业扶持政策,促进区域重点产业的倾斜发展,能充分发挥各地区的比较优势,加速地区经济增长,增强地区经济实力。区域产业扶持政策主要包括创造良好的投资和发展环境、直接投资、给予各种优惠等措施。

(2) 区域产业调整政策。区域经济发展到一定阶段,会出现产业结构不合理问题,这时就需要实施产业调整政策。如对衰退产业进行区域转移和行业转移、对污染环境的产业予以限制、对资源消耗过多的产业实行改造、压缩长线产业、发展短线产业等,以优化区域资源配置,推动地区产业结构合理化。

(3) 区域产业保护政策。在区域经济发展过程中,有些产业在发展初始阶段缺乏应有的竞争力,但从长远来看,具有发展前途,若不保护其发展,将不利于地区经济的持续发展,可能使地区经济运行缺乏稳定性,从而削弱地区经济对经济波动或其他不利影响的抗干扰能力。区域产业保护政策的一般做法是采取设置壁垒、排除竞争的措施,保护本地区的幼小产业。但保护政策必须适度,否则会形成地方保护主义,保护落后,引起地区产业结构趋同化,不利于整个国民经济的协调高效发展。

第五节 我国产业政策实践与政策评估

"产业政策"一词在我国官方文献中作为一种成体系的政府政策,最早出现在1986年制定的《中国国民经济和社会发展的第七个五年计划》中。

一、中国产业结构政策的发展演进

中国正式制定的第一个产业结构政策是1989年颁布的《关于当前产业结构政策要点的决定》。此后,在经济体制转轨过程的每一个阶段,我国各级政府制定和实施了不同的产业结构政策,并发挥了重要的作用。

1990年代,市场机制逐步建立,中国经济进入了高速增长阶段。为改变中国产业结构不合理及非均衡的状况,实现产业结构优化升级,中央提出了在实现经济增长方式由粗放型向集约型转变过程中,走跨越式产业结构升级道路的战略思路,并出台了一系列产业结构政策,如:1989年旨在确定主要产业的发展方向和目标的《国务院关于当前产业结构政策要点的决定》;1991年制定的《"八五"计划纲要》提出了技术改造的投资重点;1992年党的十四大报告提出把机械电子、汽车制造业和建筑业作为支柱产业,并指出要加快发展第三产业;1992年制定的《中华人民共和国合资企业法》(修订)提出"以市场换技术"的战略;1994年规划了产业结构调整政策的总纲《90年代国家产业结构政策纲要》以及指导具体产业行为和发展的专项产业结构政策的《汽车工业产业结构政策》、《水利产业结构政策》和《国务院关于印发鼓励软件产业和集成电路产业发展若干政策的通知》;1995年出台的《指导外商投资方向暂行规定》和《外商投资产业指导目录》正式把外商投资行为纳入国家产业结构政策规范指导下;1997年为确立国家重点鼓励的产业及用高新技术改造传统产业而出台的《当前国家重点鼓励发展的产业、产品和技术目录》;1999年出台的《淘汰落后生产能力、工艺和产品目录》以及《工商领域制止重复建设目录》,均制定了制止重复建设目录、限制和淘汰落后生产能力等一系列政策。

经过改革开放三十多年的发展,中国进入了工业化、城市化加速发展的时期,消费结构升级和城市化建设推动了重化工业的快速增长,重化工业高速增长以消耗大量资源、能源为代价,导致资源短缺和环境污染问题日益严重,制约着国民经济的健康发展。在产业结构中,一些新问题开始凸显。高能耗、高污染、低附加值的产业比重偏高,技术和知识密集的高附加值的产业比重偏低,地区产业结构的趋同化、过度竞争等问题影响着中国产业结构的进一步优化升级。从2000年至今,产业结构政策的主要目标是通过结构调整实现产业结构的优化升级,如:2000年和2005年制定的"十五"规划和"十一五"规划,提出农业、工业、部分服务业的结构调整以及改革方向、重点和主要政策措施的重点专项规划;2004年出台的《政府核准的投资项目目录》对投资方向进行了引导;《外商投资产业指导目录》适当扩大外商投资的范围,减少限制外商投资的领域;2005年出台的《产业结构调整指导目录》和《关于发布实施促进产业结构调整暂行规定的决定》都是系统性、纲领性和综合性的产业结构调整指导文件;2007年出台的《关于进一步加强国家产业结构政策导向,促进新兴工业化发展的指导目录》、《国务院关于加快推进产能过剩行业结构调整的通知》、《国务院关于加快发展服务业的若干意见》和《外商投资产业指导目录(2007修改)》等,都对产业结构的优化升级做出了规定。

二、中国产业组织政策的发展现状

当前,中国还没有一部反垄断法,有的是《反不正当竞争法》以及《价格法》和其他法律、政策涉及竞争行为的相关规定,产业竞争政策主要由政府机构(工商行政管理部门)来实施。这种政策体系和政策运作方式与当前国内、国际反垄断形势的要求存在相当大的差距:首先,现有的政策体系缺少对垄断的明确界定,尤其是从市场结构方面进行界定;其次,不正当竞争行为并不等同于垄断行为,仅从竞争行为角度来制定政策,政策体系本身就不完备;再次,以行政运作方式而不是以司法方式来实施竞争政策,政策的公正性和政策的执行力度便不能从根本上得到保证。国内和国际环境要求中国制定一部系统、专门的反垄断方面的法律。

再者,中小企业被称为国民经济的稳定器,在保持经济活力和解决就业等方面发挥着重要作用。《中华人民共和国中小企业促进法》已于2002年6月29日由九届人大常委会通过,并于2003年1月1日开始实施。其宗旨是"国家对中小企业实行积极扶持、加强引导、完善服务、依法规范、保障权益,为中小企业创立和发展创造有利的环境",但是"这部法律本身并不提供任何具体的促进办法,因此它没有作为主张权利基础的功能。它要求受影响的(地方)机关、银行和机构根据该法涉及一项更为优惠的待遇,并创造专门的项目改善其对中小企业的行为"。具体而言,在开业登记、融资、资金援助、税收优惠、完善中小企业社会化服务体系等各个方面,都需要地方政府和相关部门去构建与完善具体的政策体系和政策实施机制。

三、中国产业布局政策的发展演进

总体而言,改革开放前,我国实行的是高度统一的计划经济管理体制,全国的产业布局都纳入中央政府统一的计划管理之中,实行平衡发展的区域政策;改革开放以后,为了迅速发展经济和形成对外开放格局,国家相应调整了产业布局政策。

由于我国在不同的发展阶段,实行了不同的产业布局政策,如国民经济恢复时期,国家首先集中力量对辽宁、上海等老工业基地进行恢复改造,同时把一些轻工业转移到东北、华北、西北和华东的一些地区,使之接近原料地和消费区;"一五"时期,国家重点建设了东北工业基地、华中工业基地、华北工业基地等;"二五"时期,国家重点在西南、西北、三门峡周围地区建设以钢铁、有色金属和大型水电站为中心的新工业基地,以及新疆的石油、有色金属工业等;"三五"时期,工业大规模向内地推进,以西南为重点,大规模开展"三线"建设,新建以攀钢为中心的新工业基地和其他一批新基地;"四五"时期,以豫西、鄂西、湘西为重点,继续进行"三线"建设;"五五"时期,国家产业布局重点东移;"六五"时期,产业布局以效率为导向,国家先后在广东、福建两省开辟深圳、珠海、汕头、厦门4个经济特区,成立上海经济区,给予海南行政区较多自主权,开放14个沿海港口城市等;"七五"时期,国家建设重心循序西移,把能源、原材料建设的重点放在中部地带,并进一步做好开发西部地带的准备;"八五"时期,我国在实施沿海发展战略布局重点上,由"七五"时期的广东、福建等华南地区开始向"八五"时期的上海、长江三角洲地区转移;"九五"时期,国家产业布局政策将着手加快沿海地区发展的效率导向型向加快中西部发展的公平导向型转移;"十五"时期,公平导向型进一步得到加强,继西部大开发后,振兴东北老工业基地、中部崛起方略相继出台;"十一五"时期,产业布局政策主要有五大块:鼓励东部地区率先发展、推动西部大开发、振兴东北地区等老工业基地、促进东部地区崛起、加快海峡西岸经济区建设;"十二五"时期,国家针对不同地区的不同特点,出台了不同的产业布局政策:东部地区要转变增长方式,发展创新型产业;中部地区要改造传统产业,发展先进制造业;东北地区要实现老工业基地深入整合;西部地区要优化发展资源特色产业。

四、中国产业政策评估

产业政策的评估是指在全面掌握信息的前提下,依据特定的标准,通过一定的程序和步骤,对某项产业政策实施的影响与效果进行度量、分析和评价,目的在于利用这些政策相关信息,对政策的未来走向做出基本判断。产业政策效果评估体系包括评估主体、评估对象、评估方法和评估结论。一般原则是:需要具备中立立场的评估主体、科学的评估工具、完备的信息收集渠道和可靠的评估结论。

当前,我国尚无类似日本"审议会"的政策调查与评估机构,充当产业政策评估主体的主要是政府主管部门的研究机构和政府授权的专题调研班子,县以上的各级人大、政协、党委和政府所设的政策研究机构也承担着各项社会经济政策法规的调查研究和立案工作。我国虽然也成立了全国性的企业联合会,但总体上讲,产业界对产业政策决策的参与程度依然较低。我们可以在各产业发展的相关法律制定中,根据产业的具体情况,明确产业政策的审议与评估主体,规定其权利与义务,明确其法律责任。然而,产业政策评估十分复杂,评估过程中困难很多。如:政策信息系统不完备,获取数据困难;定性评估发生结论性分歧,表现为不同利益主体对同一产业的效果褒贬不一;定量评估可能遇到许多客观效果无法合理量化,或无法准确测量的难题。政策行动与环境改变之因果关系不易确定等。我国应尽早建立一套科学的产业政策评估机制和体系。

复习思考题

1. 制定产业政策的影响因素有哪些?
2. 简述我国产业结构政策的目标和内容。
3. 产业调整政策的目标是什么?
4. 什么是产业成长政策?
5. 简述产业组织政策的目标和内容。
6. 为什么要对自然垄断产业进行管制?
7. 我国产业布局政策有何变化?
8. 反垄断法主要有哪些内容?

第九章 产业分析方法与应用

学习要点

1. 掌握产业分析方法。
2. 掌握产业分析报告的撰写方法和格式。
3. 掌握产业规划的撰写方法和格式。

第一节 产业分析概述

本节主要介绍了产业分析的总体概念、产业分析的作用和意义、产业分析的主体和对象、产业分析的基本流程和框架,为产业分析构建了一个整体轮廓。

一、产业分析的概念

产业分析是指对特定行业的市场结构、市场行为以及市场绩效进行调查和分析,为企业制定长远的战略规划、为政府部门制定合理的产业政策、为投资者做出科学的投资决策提供依据的活动。

现实基础和理论基础是产业分析存在的立命所在,产业分析是应现实中产业选择的需要而产生。产业选择在政府发展决策和规划部门、投资者(尤其是那些战略投资者)、公司老板那里无处不在,所不同的只是不同部门或层次的人士进行产业选择的动机不同而已。产业分析的理论基础首先是资源的稀缺性及资源配置效率在不同产业领域的差异性。产业分析的任务就是揭示这些差异性及其产生的内在原因,从而为产业评估、价值分析和产业选择提供依据。本章所要介绍的分析方法也是基于这一目的而建立和展开的。

二、产业分析的作用和意义

对很多人而言,产业分析是对未来产业发展趋势的评估,其作用和意义在于:通过对产业的科学分析,获得对某一产业未来的评估数据,提高对产业发展趋势判断的准确性,加深对产业发展趋势的理解,发现产业发展的机遇和障碍,从而对做出产业决策提供依据。

由于产业运行受到多种因素的影响,很多市场参数变化牵一发而动全身,有些参数变化具有全局性的影响,有些参数变化的影响是突发性的,而此前这些影响十分隐蔽,不易被发现,这些信息的不确定性会导致很多决策者的判断失误。产业分析就是为了消除和减少这些不确定因素,使信息更加明确、结果更加科学。

(一)预测产业发展趋势

把握产业发展趋势意味着对未来不确定性的控制。对投资者来说,由于投资经常具有不可逆性,因此,对未来趋势的正确认识是减少投资失误的决定性因素。产业发展的总体趋势是去掉表面波动、干扰等因素的总体方向,它隐藏在实际数据之中,受到经济运行规律的支配和经济波动的影响。人们往往容易被表面观察到的现象所迷惑,未能正确判断趋势,带来投资失误:一种是应该投资却因为暂时的产业低迷而不敢行动;另一种就是盲目追求市场热点产业,在投资完成之后产业衰落。这两种错误都是对产业分析不当,重表面现象,忽视内在本质导致对产业发展趋势的判断失误,而且这两种错误往往会叠加,前期的失误造成后悔,热点出现后又盲目追入。

掌握产业发展趋势可以把握投资方向、投资时机和投资数量,进而获得投资收益。例如中国自1999年以后多次启动房地产市场,总体趋势是中国会呈现一波巨大的房地产业发展浪潮,这一浪潮在2002年开始形成,2007年进入高峰。如果人们正确对房地产市场进行产业分析,认识到这一正确趋势,就可以在2002年以前做好战略性准备,可以在房地产相关市场大量投资。这一决策的判断依据就是透过当时房地产市场萎靡、大量烂尾楼存在的表面现象,看到人们长期以来受到压制的房地产需求这一本质,认识到这些需求一旦被按揭贷款制度调动出来,加上各地纷纷出台的以房地产业作为主导产业的相关政策,房地产市场必然会爆发出前所未有的市场热情,到处隐含投资契机。由此可见,产业发展趋势往往在转折时期难以把握,而这一时机又恰恰是投资的最佳机遇。因此,科学进行产业分析,准确把握产业发展趋势,是投资者进行科学投资决策的重要前提。

(二)分析产业发展障碍

产业发展不仅受到自然趋势的影响,还受到多方面的制约。例如,中国的交通需求一直十分旺盛,节假日往往成为交通需求的高峰期,但这一产业发展却长期受到技术和制度的限制。当具有瓶颈性的因素消除以后,产业发展将呈现快速上升的趋势。这意味着需求趋势的分析是基础,障碍分析是关键。当清楚地认识到这两个因素之后,一旦制度和技术的问题得到解决,产业发展方向的判断就是肯定的。

产业发展障碍的分析可以为制度改革和政策创新提供依据,而这两者又都与政府决策有关。所以,产业障碍分析可以为政府服务,知道政府如何制定政策和进行有效的制度改革,同时也给投资人提供了这样的信号:一旦政府决心改革和制定政策时,就意味着产业爆发性增长时机的到来。

(三)为投资者提供可行的投资决策

投资机构、项目管理人员、银行需要的产业分析报告,其目的在于支持对投资项目的论证,是从发现机会、考察机会和确认机会、迫近投资风险方面把握项目。在他们的可行性论证中,不可缺少的要引用产业分析数据,其中权威的产业分析报告则必不可少，需要以此来证明项目提出的背景、未来的机会和项目的形成条件。如果投资项目技术上、要素提供上都不存在限制，但产业发展趋势却有着不确定性，则意味着项目本身可能会有极大的风险，在这种情况下，产业分析报告在可行性论证中处于一票否决的地位。

（四）提升项目控制能力

产业分析报告对于项目管理人员来说还意味着对投资过程的控制强度，包括产业链关系控制、重要原料、配件和能源的供给控制等。例如，我国2003年全国范围内出现了能源紧张，但是广东省的能源紧张状况并不十分严重，这与广东能源项目管理思路有重要关系。在承接西电东送的国家战略任务时，广东省以较低的价格签订了长期供货合同，一些火电企业也与煤炭供给企业在煤炭市场低迷时签订了长期的供货合同，所以广东省的能源供给状况并未受到此次危机的影响。如果广东没有估计到未来能源需求总体走向，在能源市场低迷时获得长期合同，就肯定会在全国能源紧张的环境下拉闸限电。

根据产业分析报告，调整项目进度、建立有效的防范机制、回避过大的环境风险，可以增加项目的适应性。

三、产业分析主体和对象

（一）产业分析的主体

产业分析的主体是指那些需要阅读产业分析报告的人，他们愿意投入人力、物力制作或者购买某一产业的分析报告。这些人包括投资者和投资机构从业人员、项目管理人员、企业经营者、银行信贷业务人员、政府职能部门官员等，他们之所以需要产业分析是因为他们需要正确的产业分析结论以帮助其做出正确的决策。

投资者是那些将自己的资金投入并获得收益的人，他们是项目的寻找者。他们关心投资回报，也关心投资风险，持有资金而举棋不定，考虑将有限的资金投入哪一领域以获取最大收益。这时就需要有人对他们说服动员，这也意味着，那些具有科学性的分析报告会成为他们的重要判断依据。他们也可能会关心某个行业的发展趋势，以便能够在审查项目时独立作出判断，这时候就需要一些有效的分析方法的帮助。

投资机构是受人之托从事投资活动的组织，其从业人员以专业化投资能力参与社会分工，是以自己的知识从事投资业务并获取报酬的组织。投资机构从业人员需要对行业机会、长期发展趋势、发展动力和障碍等有正确掌握，这就需要借助正确的产业分析方法。他们必须掌握大量的产业分析参数，全面、准确地认识和把握产业的整体走向，以便对投资人说明项目投资的意义和未来的回报。投资机构作为专业帮助投资人进行投资活动的机构，必须正确认识产业发展趋势，减少投资失误，提高投资的信任度和成功度，帮助投资者获得高额回报。

项目管理人员是那些受托从事项目建设和管理的人员，他们的成绩主要表现在已经做出的投资决策能够按预期获得收益，并以此获取报酬。他们从事案头工作，需要将大量的资料分析、整理成一份有说服力的分析报告，其中的一类就是产业分析报告。从这一意义上说,他们是产业分析报告的制作者,当然,他们有时也需要阅读一些相关的分析报告,以辅助和支持自己的判断,或者他们也会根据产业分析报告作出投资分析。

企业经营者之所以会关心产业分析,是因为企业也需要制定战略。正确掌握产业发展的主流方向、认识产业发展趋势是正确制定战略的基础。大企业和跨国企业更是需要产业分析报告,因为他们的投资数额巨大,投资周期和回报周期较长,不确定性较高,产业参数对全局影响甚大,因此他们更需要科学的产业分析论证为依据。

银行需要将资金贷给企业以获得利差,虽然银行不会因为放贷而承担无限责任,但是贷款的错误发放可能导致银行无法收回相关款项,对银行的负面影响也是极大的。银行需要长期的贷款客户来保障自己的业务,所以银行对贷款企业的选择也是十分谨慎的。银行的信贷从业人员需要有产业分析报告对贷款决策做出支持,也需要有产业分析报告提供方向,以便发现新客户。

政府职能部门,如发展改革委员会、商务部门、科技部门,甚至教育部门都需要产业分析报告,因为政府的宏观经济政策对整个国民经济都有着重大的影响,一旦决策失误,带来的损失则是巨大的。虽然政府面对着整个经济,但是在制定政策时主要还是通过产业形成影响,即使是宏观政策也总是非均衡地影响各个产业,因此,政府十分关心产业受到政策的而影响和产业运行的趋势,以使政府的宏观经济政策目标顺利实现。所以,从这个意义上说,产业分析报告是政府的重要决策依据。

(二)产业分析的对象

产业分析的对象顾名思义就是产业,具体而言是指构成产业的所有企业行为的总和,也可以成为行业行为。在市场中,行业行为是由企业行为加总而成的,它可以表现为行业指标,也可以表现为代表性企业的行动,但行业指标也是企业行为的外在表现。

1. 产业状况和企业行为。影响产业状况及企业行为的因素有很多,除了产业所需的资源供给情况、生产工艺技术特点、产品特性外,制约某一产业状况的经济社会因素主要有产业的微观基础(企业制度)、产业素质、产业竞争力、产业链、产品的市场需求、产业所处的发展阶段、在产业结构中所处的地位、在空间上的分布、宏观经济形势、政府的产业规制和产业政策等。这些因素既是影响产业状况和企业行为的因素,又是衡量产业状况的行业指标,如产业竞争力、产业链、产业所处的发展阶段、在产业结构中所处的地位、产品的市场需求等。

产业的微观基础也就是企业的状况,产业是企业的有机体。产业内企业的制度越先进完善、企业的素质越好、生产经营条件越优越、经营管理越科学合理,该产业的总体状况就越好。

产业素质和产业竞争力是决定产业发展趋势的重要因素。素质高和竞争力强的产业,状况更好,发展更快,经济效益更高;反之则发展较慢,经济效益差。

产业链主要指产业内部分工专业化协作程度、加工度、附加值等。一般而言,产业链较长的产业内部分工专业化协作程度和加工度都较高、附加值大,这样的产业在整体产业结构中处于高端位置,经济效益高,投资前景好。

产品的市场需求是影响产业状况的重要因素,决定产业的总体规模和发展空间。

产品市场需求广阔、潜力大的产业,发展前景也较好。

产业在其生命周期中所处的发展阶段、在产业结构中所处的位置、在空间上的分布,也是影响产业状况的重要因素。一般而言,处在产业生命周期的进入期、成长期和成熟期的产业,在产业结构中处于重要或有利地位的产业,在空间上的分布合理、形成产业集群的产业往往更有优势和发展前途,往往能够得到更好更快的发展。

此外,宏观经济形势、政府的产业规制和产业政策对产业的发展也起着至关重要的作用。一般而言,繁荣景气的宏观经济环境、合理的产业规制和产业政策,能够使产业取得有利的生产经营条件,有助于产业行为的规范、合理,促进产业的成长与发展。

2. 行业指标。行业是指描述企业行为的加总,即那些具有抽象意义的经济指标,主要有价格、需求量、供给量、成本、研发投入、利润率等。

(1) 价格。包括市场成交价格的平均值和样本成交价。价格反映了供求关系和竞争关系,它是很多指标的综合。

(2) 需求量。即消费者对产品数量的要求,它不是实际成交量,仅表示消费者对产品数量的需求。需求量提高会带来产业发展机遇,而下降则会引发产业内竞争的加剧。

(3) 供给量。它是企业产量的加总,通常以成交率或销售量表示。它表示企业利用产能的情况和对市场供给的影响。供给量越大,竞争越激烈;反之则市场越宽松。

(4) 成本。即生产企业在产品生产、运输、安装和服务中的支出。每个企业的成本都有差异,因此,在价格竞争中表现出来的价格下降空间也有差别,成本往往作为企业竞争能力的体现。因此,考察和分析成本指标有利于研究产业内竞争关系。

(5) 研发投入。研发是企业竞争的重要手段,也是产业更新的重要影响因素。研发投入越大,产业更新就越快。

(6) 利润率。它反映了产业平均盈利能力,它综合了产业创新能力和垄断状态。利润率高,有可能是产业发展速度快,也可能是产业垄断势力影响的结果,需要区别对待。

此外,还有其他的一些行业指标,如各种投入、消耗、环境影响等,都可以成为分析产业运行和发展趋势的重要指标。

四、产业分析的基本流程和框架

(一) 产业分析的基本流程图(见图 9.1)

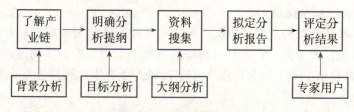

图 9.1 产业分析流程图

(二) 产业分析框架图(见图 9.2)

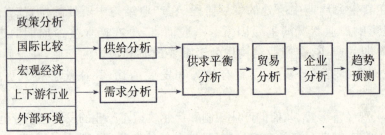

图 9.2　产业分析框架图

第二节　产业分析方法

本节是对产业分析常用方法的叙述。产业分析的方法多样,没有一套标准的分析方法,因此,本节重点介绍了 SCP 分析法、产业价值链分析法、产业(品)生命周期分析法、成本—收益分析法和收益—风险分析法,这五种产业分析方法既可以单独使用,也可以组合使用。

一、SCP 分析法

SCP 分析是以市场结构—市场行为—市场绩效假说形成的产业分析方法,以这三个行业指标来描述产业状态,评估一个产业垄断势力的强弱及其形成的原因。SCP 分析法是从竞争角度分析产业的重要方法。

SCP 主要从产业的市场结构(市场集中度、产品差异性、进入与退出壁垒等)、市场行为、市场绩效方面进行分析。

二、产业价值链分析法

产业价值链是从价值上看的产业链,反映的是产业各生产经营环节的价值增值及其情况变动。产业价值链对于分析产业及企业价值变动和经济效益,尤其是比较不同国家或地区的特定产业在国际分工和产业布局中的地位和利益,具有重要意义。

(一) 产业链和价值链

产业链是指产业按特定顺序依次进行的生产经营环节而构成的具有连续性、关联性的链条或系统。产业链从产业经济活动的实物上表现为产业实物链,即供—产—销的生产环节,从价值上则表现为产业价值链,反映产业在生产经营各环节的价值增值情况及其变动。

"价值链"概念最早由哈佛大学商学院的迈克尔·波特提出,认为每一企业在设计、生产、销售、发送和辅助其产品的活动都可以用一个价值链来表示。价值链是基于产业纵向连接关系的一组价值生产环节,其实体是从原料到最终产品的产业链条关系,每个生产阶段不仅完成着实体产品生产,也实现着价值增值,形成了以实体生产链条为基础的价值递增环链。

(二) 价值体系分析

产业价值体系是实现产品价值的方式,它决定了产品价值的组成、贡献和高低,因此,价值体系分析就是对各个环节的价值贡献及其产生的原因进行分析,对全部价值进行判断,对价值链上的价值转移进行分析。

1. 价值结构分析。以矿泉水的价值体系为例,其价值体系由矿泉——包装矿泉水——运输后矿泉水——销售点矿泉水构成,表9-1为其每个价值链环节的基础构成。

表9-1 矿泉水的价值体系

	矿泉	包装矿泉水	运输后矿泉水	销售点矿泉水
产品价值	0.05	0.55	1.0	2.0
价值结构	0.05	0.5	0.45	1.0

全部价值为2.0,由每个环节的价值贡献加总而成,每个环链上的价值贡献都由本阶段产品总价值减上游产品总价值得出,如包装生产的价值贡献为0.55-0.05=0.5。从价值结构上看,销售价值贡献最大,其次是矿泉水包装生产,再次是运输,自然资源矿泉的价值贡献最小。从增加值率分析,矿泉水包装生产获得的增加值最大,其次是销售和运输。在上表分析的基础上,我们可以将价值结构按每个环节附加值占全部价值的比重分析得到更详细的价值结构构成,如表9-2所示。

表9-2 矿泉水的价值结构分析

	矿泉	包装矿泉水	运输后矿泉水	销售点矿泉水
产品价值	0.05	0.55	1.0	2.0
价值结构	0.05	0.5	0.45	1.0
价值结构比例 $\frac{价值贡献}{最终产品价值}$	2.5%	25%	22.5%	50%
增加值率 $\frac{价值贡献}{本阶段产品价值}$	—	90%	45%	50%

2. 价值创造分析。如果产品经过调整,为客户带来了新的价值,则最终产品价值提高。但这种提高不会均匀地分配给价值链条的每个环节,而只能给那些产生贡献的环节。例如上例中对包装和售价进行改进,将销售点矿泉水的价值提高到3.0,包装的

价值提高到1.0,此时包装和销售一同分享新创造的1.0的价值,假设认为双方贡献各占50%,则新的价值体系结构如表9-3所示。

表9-3 矿泉水的价值创造分析

	矿 泉	包装矿泉水	运输后矿泉水	销售点矿泉水
价值结构	0.05	0.5+0.5=1.0	0.45	1.0+0.5=1.5
产品价值	0.05	1.05	1.5	3.0
价值结构比例	2%	33.3%	15%	50%

由此可见,销售的价值贡献率没有变化,运输和矿泉的价值贡献有所下降,包装的价值贡献上升。这也就说明,当产业链的任何一环节有创新活动,就有可能通过产业链传递到最终产品,并增加最终产品价值,而且有助于创新活动的产业链条上所有环节都有可能获得利润增加,而那些没有参与创新贡献的环节则没有收益的增加。但值得注意的是,上例只是从简单的单一产品进行分析,未考虑市场需求因素。一般而言,创新会带动市场需求,因此也可能使得未参与创新的其他环节获得正的外部收益。

3. 价值转移分析。价值体系的改变并不一定是由创新带来的,它可能是由从产业链上的竞争状态决定的,即产品价值没变,只是产业链上垄断势力分布的变化而导致的价值体系的变化。具体可分为三种情况:

(1) 最终产品价值不变,产业链条上垄断势力提高。在这种情况下,垄断势力未改变环节的利润会降低,垄断势力提升环节的利润会提高。

(2) 产业链条上竞争加剧,形成价格竞争,通过产业链传递到最终产品,使其价格下降。产业链条上任何环节的竞争都可能使产业链条的其他环节受益,同时也会因为价格降低和产量扩大而增加社会总体福利。

(3) 最终需求提高,产业链条整体垄断势力加强,但分布在不同环节上的价值比例因为市场势力的不均匀而有所改变。

(三) 微笑曲线

产业价值链,特别是制造业价值链中各环节的附加值存在一定的变动趋势,微笑曲线正是这种变动趋势的反映。微笑曲线把产业生产经营环节分为上游、中游、下游环节,(见第五章图5.1)。

微笑曲线表明产业按顺序依次进行的每个生产经营环节都会产生附加值即新增价值,而每个环节的附加值是不一样的,存在上、下游附加值高,中游附加值低的差距,因此上、下游利润较高,中游利润较低。

上、下游环节之所以附加值高、收入高,主要是因为上、下游环节生产经营活动的技术含量更高、劳动更复杂、难度更大,此外可能还有垄断因素带来的收益,所以这两个环节往往被称为产业价值链的高端环节。中游环节由于技术含量较低、劳动简单,竞争激烈,只能获得较少的附加值和利润,因此被称为价值链的低端环节。

微笑曲线对于分析企业和产业发展现状、进行正确的经营决策具有重要的应用价值。从图中可以看出，产业一般存在两个价值重心：一是研发，二是销售。很多国家都将自己的战略产业定位在微笑曲线的两侧，以使自己处于高附加值的产业链条上。我国目前许多产业仍缺少高端技术研发能力和品牌经营能力，在全球产业链中处于附加值和利润较低的加工组装环节。

三、产业(品)生命周期分析法

一个产业的发展一般会经历形成、成长、成熟、衰退四个阶段，这就是产业生命周期。如图9.3所示。

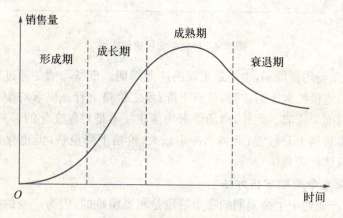

图9.3 产业生命周期图

(一) 产业生命周期和产品生命周期

产业周期概括了产业循环往复的经济变量变化现象，经历产业形成、成长、成熟和衰退的循环，其最大的特点就是会在时间轴上重复相同的波形，经历几乎完全相同的历史过程。

产品生命周期由四个阶段构成，即形成期、成长期、成熟期和衰退期。产业生命周期分析的意义在于掌握产业处于生命周期的哪个阶段，进而判断其今后的发展趋势。一系列产品生命周期构成了产业发展趋势，可以用包络线表示，它是以产品生命周期为基础分析的发展趋势，如图9.4所示。

产业周期最重要的指标是周期长度和幅度，幅度往往难以测量，所以一般测量周期长度。周期长度即周期顶点之间的时间长度，即两个高峰之间或两个低谷之间的时间长度。

产业周期可分为三种：

第一种是季节周期，它的时间长短是固定的，根据四季分为四个阶段。在现代社会，不仅存在自然季节周期，还存在社会性季节周期，如节假日对销售的影响很大。

第二种是宏观周期，指产业根据宏观经济周期的变化而变化。不同的产业对宏观经济周期的反应程度不一样，因此周期发生的时间和波幅也不一样。

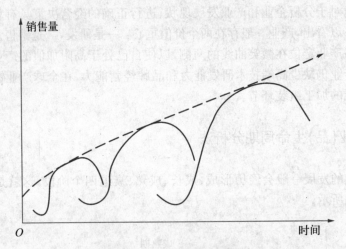

图9.4 产业生命周期包络线

第三种是市场均衡周期,也是最重要的产业周期。市场均衡是通过产品供求和价格调节形成的,当供给大于需求时,价格下降;反之价格上升。供求均衡不是立即实现的,需要一定时间来完成。此外,市场供求均衡往往不是对称变化的。一般来说,需求冲击较小,所以价格上升较慢;而供给冲击较大,价格下降更快,但也存在个别相反情况,因此需要具体行业具体分析。

(二) 产业生命周期分析方法

确定一个产业处于生命周期的哪个阶段是相当困难的,因为产业的投入产出指标的变化,除了遵循长期变动趋势外,还受到季节、环境变动和各种随机因素的影响。因此,产业投入产出指标的时间序列图形总是表现为一条起伏不定的曲线,很难从直观上判断,需要借助相关数理模型进行分析判断,常用的判断产业生命周期的方法有三种:拟合曲线分析法、计算判断法和经验对比法。

1. 拟合曲线分析法。运用拟合曲线分析法,最典型的就是龚柏兹曲线拟合法。这是英国人寿保险学家龚柏兹(B. Gompertz)1820年为预测人口增长而提出的曲线,由美国学者普莱斯(R. Prescott)在1992年首次应用于市场预测。其数学模型为:$y_t = ka^{b^t}(k>0)$,其中 y_t 为第 t 期指标值,t 为时间变量,k、a、b 为参数。对上式两边取对数得:$\lg y_t = \lg k + b^t \lg a$。

为了分析和判别龚柏兹曲线模型的特征,可令 $t=1,2,3,4 \cdots \cdots n$,便可得到相应的 $\lg y_t$ 值,进而可分析出 $\lg y_t$ 随 t 变化而变化的趋势,也就是龚柏兹曲线模型的特征。若令 $\lg y_t = y'$,$\lg k = k'$,$\lg a = a'$,则龚柏兹曲线模型可转化为:$y' = k' + a'b^t$。

可以利用分组法,将动态数列分为三组,每组各有 n 个观察值,分别计算各组观察样本的对数值 $\lg y$ 并求和,设为 $\sum_1 \lg y$、$\sum_2 \lg y$、$\sum_3 \lg y$,可估计得到参数 k'、a'、b 的值如下,进而对 k'、a' 求反对数,可得到 k、a 的值:

$$\begin{cases} b = \left[\dfrac{\sum\limits_{3} \lg y - \sum\limits_{2} \lg y}{\sum\limits_{2} \lg y - \sum\limits_{1} \lg y} \right]^{\frac{1}{n}} \\ a' = \left(\sum\limits_{2} \lg y - \sum\limits_{1} \lg y \right) \dfrac{b-1}{(b^n - 1)^2} \\ k' = \dfrac{1}{n} \left[\dfrac{\left(\sum\limits_{1} \lg y \right)\left(\sum\limits_{3} \lg y \right) - \left(\sum\limits_{2} \lg y \right)^2}{\sum\limits_{1} \lg y + \sum\limits_{3} \lg y - 2\sum\limits_{2} \lg y} \right] \end{cases}$$

根据 S 曲线的变化特征并利用参数 a、b 的估计数值，可以实现产业生命周期阶段的理论估计：

(1) $a' > 0, b < 1$，产业生命周期的形成阶段，生产成本较高，市场占有率低，销售缓慢成长。

(2) $a' < 0, 0 < b < 1$，产业生命周期的成长阶段，生产工艺和质量趋于稳定，批量生产，市场占有率持续扩大，销售快速增长，利润不断增加。

(3) $a' < 0, b > 1$，产业生命周期的成熟阶段，市场逐渐饱和，销售稳中有降，市场竞争加剧，企业利润稳定。

(4) $a' > 0, 0 < b < 1$，产业生命周期的衰退阶段，市场基本饱和，生产能力过剩，售价竞争加剧，市场占有率收缩，销售出现负增长，积压滞销，利润下降。

2. 计算判断法。计算判断法是对能够反映产业生命周期特征的指标进行计算，借以判断产业生命周期所处的阶段。运用计算判断法，常使用产出增长率分析法来进行。产出增长率是以某个产业的产出量增加快慢的变化趋势来判断该产业处于生命周期的哪个阶段。

$$产出增长率 = \left(\frac{本期产出量}{上期产出量} - 1 \right) \times 100\%$$

根据经验，一般产出增长率小于 10% 的为形成期，超过 10% 则进入成长期，成熟期的产出增长率大致在 0.1%—10% 之间，衰退期则呈负增长。当然，划分的各个阶段的产出增长率是一种经验数据，不同的产业有不同的特点，要灵活运用。

3. 经验对比法。经验对比法就是根据国外同样产业的发展经验，以判断本国某个产业处于生命周期的哪个阶段，并根据已掌握的信息，预测各阶段的延续时间与增长速度。当然，由于国情不同、科学技术发展水平不同，同样的产业在不同的国家和不同的历史条件下可能具有不同的产业周期，国外的经验数据也不一定相同，因此，在判断某个产业所处的生命周期是哪个阶段时，国外经验数据只能作为参考，不能生搬硬套。

四、成本—效益分析法

成本—收益分析法是指以货币单位为基础对投入与产出进行估算和衡量的方法。

在市场经济条件下,任何一个经济主体在进行经济活动时,都要考虑具体经济行为在经济价值上的得失,以便对投入与产出关系有一个尽可能科学的估计。

产业分析的目的之一就是发现高成长和高利润的行业,对投资决策提供依据,获得投资收益。因此,更简单来讲,行业投资机会就是发现行业收入和利润的转折点:发现行业收入和利润下降的转折点,有利于规避投资风险;反之则有利于抓住投资机会。

行业收入和利润在很大程度上依赖于产品的价格,而影响产品价格的因素有很多,如市场划分、产业集中度、进入退出壁垒程度、要素价格变化、供求双方情况等。决定行业盈利能力的另一个重要方面是相关产品的生产和经营成本。每个行业都有几个关键的投入要素,这些要素的成本构成了行业成本的大部分,因此它们的价格变化会严重影响到行业成本的水平,进而影响行业收益,是分析产业盈利能力的重点所在。

成本—收益分析法就是对产业的投入和产出进行评估,进而据此作出科学决策的有效分析法。当一个行业的收益大于或等于成本时,这时投资是科学的;当一个行业的成本大于或等于收益时,这时投资是不理智的。

1. 成本—收益分析法可分为以下几个步骤:

(1) 划分行业的成本收益指标;

(2) 根据各项指标计算出行业的成本和收益;

(3) 比较行业生命周期中成本和收益的大小;

(4) 根据计算结果做出行业分析结果。

2. 成本收益分析法主要有三种方法:

(1) 净现值法(NPV)。是利用净现金效益量的总现值与净现金投资量算出净现值,然后根据净现值的大小来评价行业盈利性。净现值为正值,则行业具有盈利性,投资方案是可以接受的;净现值是负值,则该行业不具盈利性,投资方案就是不可接受的。净现值越大越好。净现值法是一种比较科学也比较简便的投资方案评价方法。

$$\text{净现值} = \text{未来报酬总现值} - \text{建设投资总额}$$

$$NPV = \sum \frac{it}{(1+R)} - \sum \frac{ot}{(1+R)}$$

其中 NPV 为净现值,it 为第 t 年的现金流入量,ot 为第 t 年的现金流出量,R 为折现率。

(2) 现值指数法。是通过计算比较现值指数指标来判断行业是否具有投资价值。所谓现值指数是指未来收益的现值总额和初始投资现值总额之比,其实质是每一元初始投资所能获取的未来收益的现值额。

(3) 内含报酬率法。内含报酬率也被称为内部收益率,是指能够使未来现金流入现值等于未来现金流出现值的折现率,或者说是使投资方案净现值为零的贴现率。内含报酬率法是根据行业本身内含报酬率来评价行业是否具有盈利性的一种方法。若一行业内含报酬率大于资金成本率则该行业具有投资价值,且内含报酬率越高方案越优。

$$\text{内含报酬率}(IRR) = r_1 + \left(\frac{r_2 - r_1}{|b| + |c|} \right) \times |b|,$$

其中 r_1 为低贴现率，r_2 为高贴现率，$|b|$ 为低贴现率时的财务净现值绝对值，$|c|$ 为高贴现率时的财务净现值绝对值。b、c、r_1、r_2 的选择在财务报表中应选择符号相反且最邻近的两个。

五、收益—风险分析法

(一) 产业风险的含义

产业风险是指产业受到替代、环境、制度和政策的影响而出现产业整体衰退并造成损失的现象。产业风险不是指个别企业倒闭或退出市场，而是整体产业出现退出的危机，是非市场因素作用的结果。

(二) 产业风险形成的原因

产业风险可分为技术风险、贸易风险、环境风险、制度和政策风险。

1. 技术风险。在新产品更新换代条件下，一些产品会整体被其他产品所取代。如 DOS 操作系统被 Windows 系统所取代。一般来说，技术风险是可以预期的，此时的产业退出行为是市场动力决定的，退出过程比较缓慢，因此对产业整体影响不大。这种转换具有不可逆转性，损失一旦形成便无法挽回。

2. 贸易风险。在国际贸易活动中，一些国家的比较优势受到其他国家比较优势的影响而降低，或者受到贸易壁垒因素的影响，使本来可以顺利发展的产业受到限制。其中比较优势的改变是可以预期的，变化也比较缓慢，但市场信号不明确，难以及时把握；贸易壁垒则是十分突然的，对产业影响具有灾难性。

3. 环境风险。许多产业受到原料、能源供给以及土地、环境等因素的限制，无法继续生产而出现了整体衰退。如原料严重短缺、能源供给紧张，导致企业无法正常生产。

4. 制度和政策风险。某些产业受到制度或者政策性限制时，产业会迅速衰退。

(三) 产业风险分析和评价

1. 产业风险的识别与判断。识别和判断产业风险主要是识别和判断产业风险的种类、风险的性质和风险的程度。首先，现实中，往往是多种风险因素共存，因此抓住其主导作用的风险因素对风险识别和判断至关重要。其次，要了解风险的性质，是人为的还是非人为的，是可控的还是不可控的。这有助于做到有的放矢。对于人为的和可控的风险因素，可以通过制定相应的对策或预防措施加以控制。对于不可控风险因素，则应该尽可能采取措施以避开可能的损失，或采取措施分散风险。最后，在了解风险性质的基础上还要进行风险程度的判别，以此为依据决定采取何种程度的应对措施。

2. 风险控制与避让分析。对产业风险进行控制，其实质是对产业风险中那些人为的或可控的因素进行控制。如企业内部管理风险、政策风险、法律风险、政治风险和市场风险。

对可控产业风险进行控制的同时，还要对不可控风险以适当的方式加以避让以最大程度减少损失。为了避让行业风险，除了放弃进入和退出之外，一般情况下，可以采取的避让措施有：防患于未然，采取有效措施提高抗风险能力；风险发生后，采取积极、及时的措施进行补救，以避免更大的、不应发生的损失；分散风险。

3. 产业风险评价。产业风险评价是指在风险识别和风险衡量的基础上，把损失频率、损失程度和其他因素综合起来考虑，分析该风险的影响，寻求适当的风险对策。借鉴国际经验，主要有以下几种产业风险评价方法：

(1) 概率风险评价法。这种方法是根据产业特点，对产业各方面情况进行问题设置，每一个问题都有几个选择答案，每一个答案都对应着风险要素因子，将该因子和该项系数相乘即得到该问题的风险值。最后把各项目所有风险值加总，并用它所占总数的百分比来衡量项目风险的大小。一般认为，小于40%的为低风险，40%—70%为中等风险，70%以上为高风险。

(2) 可靠性风险评价法。这种方法是以过去风险损害统计资料为依据，确定一个安全指标，并将计算的风险率与该安全指标相比，若前者较后者大，则产业风险大。

(3) 成本—收益分析法。该分析法是研究当采取某种控制或避让风险措施所付出的代价与可取的风险降低程度相比较的分析方法。可接受风险越小，所付出的代价就越大，因此需要在两者之间进行权衡并作出选择。

综上所述，每种评价方法都各有优缺点，在实际操作中，可单独使用也可综合使用，以得到最科学的产业风险分析结果，为正确的产业决策提供依据。

第三节 产业规划

产业分析的主要目的就是对产业进行"价值发现"和"价值评估"，从而为其价值利用、做出产业选择和产业决策提供依据。产业规划则是政府通过法律、规章、制度、政策等形式对产业经济活动进行管理、规划活动的总称。

一、产业规划的理论依据

政府产业规划一般要根据产业布局理论、产业关联理论、主导产业选择理论、产业结构理论、产业政策理论的指导进行产业规划。此外，产业规划也要考虑产业规制理论，如自然垄断产业发展中的定价、投资问题，如产业发展中的环境规制、安全规制问题等。

二、产业规划的政策依据

政府产业规划必须考虑到现行或未来产业政策。因此产业政策是产业规划的政策性依据，是进行产业规划不可缺少的前提条件。具体来说，产业政策包括产业结构政策、产业组织政策和产业发展政策，如图9.5所示。

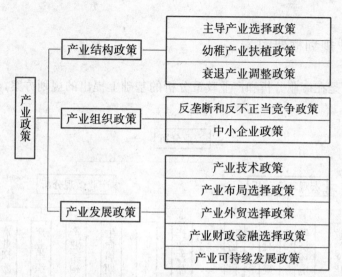

图 9.5　产业政策体系结构图

三、产业规划的分类

从产业的层次来看，一般而言，产业规划可分为区域总体产业规划、专项产业规划、工业园区产业规划。

区域总体产业规划是在明确区域整体战略基础上，对区域产业结构调整、产业发展布局进行整体布局和规划，同时注重协调好土地开发、生态保护、民生问题、基础设施建设等各方面关系。

专项产业规划是在在明确区域产业规划的前提下，为主导产业、跟随产业和支撑产业的发展进行详细规划，理清产业的发展次序，解决产业聚集的关键问题，形成产业集群所必须的产业生态圈。

工业园区产业规划：在明确区域产业规划的前提下，为主导产业、跟随产业和支撑产业的发展规划若干专业的产业园区。

四、产业规划的步骤

在进行产业规划时，一般而言，主要步骤可分为：一是产业环境分析，包括产业发展的经济社会政治技术等环境分析；二是产业分析，分析产业发展的国际国外趋势、产业竞争状况、未来发展方向等；三是分析区域产业发展现状、优势、问题与挑战；四是根据国际国内环境和产业发展状况、条件，确定区域产业发展定位、发展目标、发展重点；五是针对现状和发展条件，提出产业发展的定位、方向、目标，如结构升级、集群化、高技术化、区域协调分工等，并按一定标准确定优势（或主导）产业。最后，提出产业发展的重点、总体布局、政策保障等。

五、产业规划框架图

产业规划是在产业分析和产业政策分析的基础上提出的规划方案,具体流程如图9.6所示。

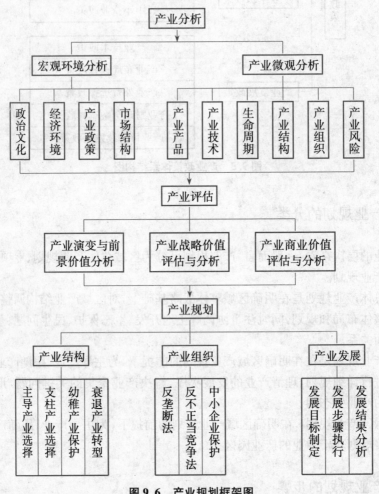

图9.6 产业规划框架图

附:产业分析与规划报告案例

案例1 江西省半导体绿色照明产业发展现状与对策

一、现状篇

(一)半导体照明产业发展现状

1. 国际半导体照明产业现状与趋势

1.1 国际产业分布格局

1.1.1 全球产业格局呈现垄断局面
1.1.2 国际大公司引领产业发展,利用技术优势占据高附加值产品环节
1.1.3 国际知名厂商间合作步伐加快,以占据有利市场地位
1.2 国际供求环境
1.3 国际价格趋势
2. 国内产业环境
2.1 市场与政策环境
2.1.1 半导体绿色照明产业上升为国家战略性新兴产业的高度
2.1.2 市场前景广阔。
2.1.3 政策扶持力度强。
2.1.4 产业发展迅速。
2.1.5 近年来市场低迷,增长缓慢。
2.1.6 行业集中度低、竞争激烈。
2.1.7 价格持续走低。
2.1.8 产业绩效低。
2.2 产业基础与技术环境
2.2.1 较好的技术基础。
2.2.2 较好的比较优势。
2.2.3 核心技术缺乏,关键技术被国外公司垄断,我国处于产业低端。
2.3 半导体产业各产业链环节现状
2.3.1 我国芯片产业技术力量弱、产能过剩。
二、机遇与挑战篇
(一)江西省半导体照明产业发展现状与问题
1. 江西省半导体照明产业发展现状
1.1 承接半导体照明产业势头良好,产业发展速度快
1.2 产业链完整
1.3 产业集聚明显
2. 江西省半导体照明产业发展存在的问题
2.1 持续创新的压力
2.2 市场占有率不高
(二)江西省政府在半导体照明产业发展中的作用
1. 政策支持
2. 产业基地建设
2.1 南昌已成为我国一流LED产业技术创新和生产基地
2.2 吉安已成为江西省LED产业重要基地
2.3 高安正着力打造LED产业孵化中心
2.4 武宁县、靖安县成为省内重要的LED产业基地
3. 研发支持

（三）江西省半导体照明产业 SWOT 分析

1. 优势

1.1　产业技术基础良好

1.2　政策体系好

1.3　产业基础与技术条件好

2. 劣势

2.1　行业集中度低，"散、小、乱"现象突出

2.2　产业总体规模不大，市场占有率不高

2.3　与发达国家相比，技术差距大

3. 挑战

3.1　国际市场需求不足的挑战

3.2　国内民用市场尚未形成，需求有限的挑战

3.3　投资过热，产能过剩的挑战

4. 机遇

4.1　国家推广节能照明工程带来的机遇

4.2　发达国家和沿海 LED 产业转移带来的机遇

4.3　新型城镇建设带来的机遇

三、对策篇

（一）积极实施财税金融激励政策，引导社会资金投向 LED 产业

1. 实施积极的税收扶持政策

2. 建立健全投融资机制

3. 建立半导体绿色照明产业发展基金

（二）推进企业自主创新，完善产业链

1. 成立江西省半导体绿色照明工程研发及产业联盟

2. 推进关键装备引进、吸收与再创新

3. 建立健全产业公共服务平台

4. 采取省部共建、省市共建的方式，打造半导体绿色照明产业核心集聚区

（三）实施半导体照明产品推广工程

1. 大力推广高效节能半导体照明产品示范工程

2. 积极推进政府采购 LED 产品政策

3. 实施推广绿色照明的考核和问责制度

（四）加强产业区域和国际交流与合作

1. 加强与国内发达省市的产业合作与交流。

2. 加强与日本、德国、中国台湾等先进国家和地区在 LED 标准、检测、应用等领域的交流与合作。

案例二　国务院关于印发生物产业发展规划的通知（略）

见：http://www.gov.cn/zwgk/2013-01/06/content_2305639.htm

复习思考题

1. 简述产业分析的主体和对象。
2. 产业规划包括哪些具体方面,请举例说明。
3. 我国产业结构政策包括哪些方面?请举例说明在 WTO 环境下,我国该如何进行幼稚产业扶持和保护,并论述这是否会带有国家保护主义色彩。
4. 运用产业价值链分析方法,结合我国计算机产业在全球计算机生产网络中的地位,分析该产业应如何升级。
5. 试运用 SCP 产业分析法分析我国汽车行业。
6. 结合本章第四节产业分析报告案例撰写关于中国食品行业的产业分析报告。

第四篇　理论专题

- 第十章　产业竞争力
- 第十一章　产业生态化
- 第十二章　产业集群理论
- 第十三章　网络组织
- 第十四章　双边市场
- 第十五章　产业融合理论
- 第十六章　产业内贸易
- 第十七章　纵向产业组织理论
- 第十八章　企业理论
- 第十九章　中国战略性新兴产业发展

第十章 产业竞争力

学习要点

1. 掌握产业竞争力的基本理论。
2. 掌握产业竞争力的经典模型和评价方法。
3. 学习利用产业竞争力模型对现实产业进行评价分析。

第一节 产业竞争力的基本理论

一、产业竞争力的相关概念

目前,竞争力概念在很多领域中被广泛应用,既有经济的,也有政治的;既有国家层面的,也有组织和个体层面的。经济学认为,竞争是市场主体为了追求自身的利益而力图胜过其他市场主体的行为与过程。最早的国际竞争理论来源于亚当·斯密的绝对优势理论、大卫·李嘉图的比较优势理论、赫克歇尔—俄林的资源禀赋理论等。由于研究理论和研究视角不同,各项研究实际上对竞争力概念的界定是不同的。竞争力有宏观、中观和微观三个层次的概念,其中,宏观层次的竞争力有国际竞争力、国家竞争力;中观层次的竞争力有区域竞争力、产业竞争力、城市竞争力;微观层次的竞争力有企业和产品竞争力。本章介绍国际竞争力和国家竞争力、产业竞争力、企业竞争力。

(一) 国际(国家)竞争力

从宏观层次上定义竞争力的主要有瑞士洛桑国际管理开发学院(International Institute for Management Development, IMD)、经济合作与发展组织(Organization for Economic Cooperation and Development, OECD)和美国《关于国际竞争能力的总统委员会报告》。瑞士洛桑国际管理开发学院(International Institute for Management Development, IMD)认为,国际竞争力是指一国创造增加值,从而积累国民财富的能力,并且通过协调如下四对关系而实现其国际竞争力。这四对关系是:资产条件与竞争过程、引进吸收能力与输出扩张能力、全球经济活动与国内经济活动、经济发展与社会发展。经济合作与发展组织(Organization for Economic Cooperation and Development, OECD)在《科技、技术与竞争力》报告中指出:国际竞争力是建立在国内从事外贸企业的竞争能力之上的,但是又远非国内企业竞争能力的简单累加或者平均的结果。美国

《关于国际竞争能力的总统委员会报告》中提出：国际竞争力是在自由、公正的市场条件下，能够在国际市场上提供好的产品、好的服务的同时，又能提高国民的实际收入。

国内关于国际竞争力的研究从1980年代末1990年代初开始，目前没有一致性的定义。任海平在《各国综合国力排行榜》中指出，国际竞争力主要强调一个国家在国际贸易、金融、投资中的地位，强调一个国家所能提供的基础设施、所达到的科技水平、社会发展水平和经济状况，以及政府行为和政策干预等因素为国际资本流动创造条件。人们也往往通过这些指标的分析、评价与比较，来确定一个国家的竞争力。

（二）产业竞争力

在中观层次上，主要从产业的角度对竞争力作出解释。迈克尔·波特在《国家竞争优势》中认为，产业竞争力就是在一定贸易条件下产业所具有的开拓市场、占据市场并因此而获得比竞争对手更多利润的能力，即产业竞争力与产业的最终利润潜力或产业利润率是相一致的。竞争力理论的市场结构学派认为，竞争力是产业在市场中不断扩大市场份额，并且取得良好市场绩效的能力。产业竞争力是该产业内的企业在市场中的生存和发展能力，除了自身因素外，还受到市场中的竞争对手和其他环境因素的影响。社会经济系统学派认为竞争力是区域内经济和社会系统的综合体现，是一个复杂的系统工程，体现了一个区域或者一个国家的整体实力。

我们认为，产业作为企业的集合体，是国民经济体系中某一产业作为一个整体而参与市场竞争，并与其他同类产业相比而能获取较高经济绩效的能力。产业竞争力的实质也就是产业的生产力。这里的生产力并不仅仅是指生产能力，而是指能够生产出来既符合市场需要的产品或服务，又能够在与其他国家同类产品竞争中不断取胜，即综合实力。

（三）企业竞争力

主要世界经济论坛（WEF）从微观层次定义了竞争力，认为竞争力是指企业主目前和未来在各自的环境中以比他们在国内和国外的竞争都更具吸引力的价格和质量来进行设计、生产并销售货物以及提供服务的能力和机会。产业由同类企业集合而成，产业竞争力归根结底要落实到企业竞争力上。缺乏企业竞争力，产业竞争力就失去了根基。因此，企业竞争力是产业竞争力的根本。没有企业竞争力，产业竞争力就无从谈起。一方面，企业竞争力的增强有助于区域内产业整体竞争力的增强；另一方面，产业竞争力的提升反过来又促进企业竞争力的进一步提升。国内学者樊纲认为，企业竞争力最终可以理解为"成本"，即如何能以较低的成本提供同等质量的产品，或者如何以同样的成本提供质量更高的产品。

二、产业竞争力理论

（一）比较优势理论

比较优势理论是大卫·李嘉图在《政治经济学及税赋原理》一书中首次提出的，用来解释国际贸易现象的理论。国际竞争优势的逻辑起点应当是亚当·斯密的绝对优势理论。斯密在其著作《国富论》中提到，分工可以提高劳动生产率，增加国民财富。交换是出于利己心并为达到利己目的而进行的活动,是人类的一种天然倾向。人类的交换倾向产生分工,社会劳动生产率的巨大进步是分工的结果。分工的原则是成本的绝对优势或绝对利益。既然分工可以极大地提高劳动生产率,那么每个人专门从事他最有优势的产品的生产,然后彼此交换,则对每个人都是有利的。即分工的原则是成本的绝对优势或绝对利益。各国在生产技术上的绝对差异,导致了劳动生产率和生产成本上的绝对差异,是国际贸易和国际分工的基础。亚当·斯密的绝对成本说固然正确,但有个前提条件是各国都存在有别于别国的自然禀赋,或后天有利的生产条件。即一个国家在某种产品的生产上有绝对优势。如果一个国家在任何产品上都没有绝对优势,那么这个国家是否可以参加国际贸易和国际分工呢?大卫·李嘉图的比较优势理论解释了这一问题。

大卫·李嘉图认为:在国际贸易和国际分工中真正起到决定作用的是比较利益,而不是绝对利益。哪怕一个国家在两种商品的生产上都具有绝对优势,而另一个国家在两种产品的生产上都表现出绝对的劣势,两国之间仍有可能通过国际分工和国际贸易而获得利益。比较优势理论(Theory of Comparative Advantage)也称为比较成本说,该理论认为,不同商品需要不同的生产要素比例,而不同国家拥有的生产要素比例是不同的。因此,各国在生产那些能够比较密集地利用其较宽裕的生产要素的商品时,就必然会有比较利益的产生。只要各国之间存在着生产技术上的相对差别,就会出现生产成本和产品价格上的相对差别,从而使各国在不同的产品上具有比较优势,即使一国在两者产品的生产上都处于劣势地位,相比之下,总有一种劣势相对小一些,即具有比较优势。李嘉图实际上指出生产技术的差别是影响产业国际竞争力的因素,在生产技术上处于最有利地位的产业,其商品在国际市场最具有竞争力。

(二) 产品生命周期理论

美国哈佛大学教授雷蒙德·弗农(Ray-mond Vernon)于1966年5月在《经济学季刊》上发表了《产品周期中的国际投资和国际贸易》一文,提出了产品生命周期理论(product life cycle,简称 PLC)。弗农提出需要建立一种动态的理论来系统地解释企业在出口、国外子公司生产和许可证之间的选择,并且发现在国际贸易中也存在着明显的产品生命周期,并将其划分为三个阶段,即产品的创新阶段(Innovation Stage)、成熟阶段(Maturity Stage)和标准化阶段(Standardizing Stage)。

在某种新技术产品的创新阶段,技术创新国拥有明显的技术垄断优势,而且该国此时的国内市场需求旺盛,利润丰厚,刺激着技术创新国扩大该种创新产品的生产规模。与此同时,经济发达国家处于对此种新技术产品的模仿时滞之中,基本上不具备同技术创新国竞争的能力。而到了新技术产品的成熟阶段,新产品的技术日趋成熟、生产过程逐渐稳定。在这一阶段,该种新技术产品的生产过程中所需的风险投资逐渐减少,直至基本消失,所需人力资本也逐渐减少。技术创新国生产的增长速度开始减缓,而其他发达国家通过各种途径和方式,开始了对这种新技术产品的模仿,直至模仿时滞完全消退为止。此时,技术创新国对这些国家的出口增至最高点。在这以后,技术创新国的该种新技术产品出口逐渐减少,该种新产品进入标准化阶段。原来进口该种新技术产品的发达国家已经完成了对这种产品的模仿过程,或者通过其他技术转让方式获得了该种新技术产品的生产技术,成功仿制出类似产品,或直接生产出该种新技术产品,向国内市场推出。同原技术创新国相比,后起生产国有后发优势,通过各种方式以更低的成本不断地扩大市场占有率。原技术创新国相对更高的生产成本迫使其生产规模急剧缩减,直至完全停止。

1979年,弗农对产品生命周期理论作了重要修改,把产品生命周期的三个阶段重新命名为创新寡占阶段、成熟寡占阶段和弱化寡占阶段,用来突出国际贸易过程中的寡占特征。在创新寡占阶段,不再过分强调技术创新国作为新产品发源地的重要性,出于研究开发和营销等职能的需要,仍然有可能把生产活动安排在新的产品发源地。对于成熟寡占阶段作出的修改最大,他提出基于稳定世界各地市场份额的考虑,企业会在竞争对手的主要市场处设厂生产,以强化其讨价还价的地位。而当产品进入弱化寡占阶段,企业面临新的压力,生产区位更多的是由成本差异因素而不是市场的接近程度和寡占反应决定。

产品生命周期理论提示我们,在研究产业竞争力时,既要考虑自然资源的因素,又要考虑供给和需求的交互作用、技术垄断、后发优势等因素。

(三) 国际生产折衷理论

国际生产折衷理论是英国经济学家约翰·邓宁(J. H. Dunning)1977年发表《贸易、经济活动的区位与多国企业:折衷理论探索》一文而形成的,对国际直接投资和跨国公司的理论具有广泛影响。国际生产折衷理论认为,从事跨国经营活动的企业必须同时具备三个优势:所有权优势、内部化优势和区位优势。如果企业不能满足以上三个优势,就只有以出口贸易来满足国外市场的需求,以国内生产来满足国内市场的需求。

所有权优势是指一国企业拥有或能够获得的、国外企业所没有或无法获得的资产及其所有权。一国企业在参与市场时,拥有超过其他国家企业的优势,这类优势主要采取无形资产的形式,且至少在一段时间内为该企业所独有或垄断。所有权优势是跨国公司在经营资产方面的优势,是跨国公司从事跨国经营的基础。跨国公司拥有的所有权优势的大小直接决定着其跨国经营的能力。然而,跨国公司是否以跨国经营的方式参与国际竞争,不仅取决于其拥有的各种所有权优势,还取决于其将所有权优势加以内部化的意愿和能力。

内部化优势是跨国公司将交易内部化、形成内部市场所产生的特有优势。企业将其优势内部化的动机是为了避免资源配置的外部市场结构不完善、信息不完善或不对称对企业产生的不利影响,从而保持和利用企业技术创新的垄断地位。内部化优势的大小决定着跨国公司将如何选择利用其所拥有的资产参与国际经济的形式。具有所有权优势的企业将其所拥有的优势加以内部化,要比向外出让更为有利。

区位优势是指跨国公司在投资区位选择上具有的优势。拥有所有权优势和内部化优势的跨国公司在进行跨国经营决策时,首先面临的是区位优势,即是在国内投资生产还是在国外投资生产。如果在国外投资能使跨国公司获得比国内投资更高的利润,则会选择对外投资;如果在国外某特定地区投资能使跨国公司获得更大的利润,则选择在该地区投资。具有所有权优势和内部化优势的企业,将其拥有的优势与东道国当地的生产要素(包括自然资源)相结合,要比在本国运用更为有利。

国际生产折衷理论对跨国公司的运作有其指导作用,它促使企业领导层形成更全面的决策思想,用整体观念去考察与所有权、内部化优势和区位优势相联系的各种因素,以及其他诸多因素之间的相互作用,从而可以减少企业决策上的失误。在对国际竞争力进行研究时,需要考虑国内核心企业的行为对国家竞争力的影响。

第二节 产业竞争力的分析模型

产业竞争力分析模型是根据产业竞争力的影响因素和其他相关关系所建立的分析框架。目前国内外大多数学者都认同波特的"钻石"模型,有的学者在此基础上进行了拓展。

一、钻石模型

钻石(Diamond)模型是迈克尔·波特1990年在《国家竞争优势》一书中提出的,以解释国家在市场上取得竞争优势的途径。该模型从要素分解视角和要素层次分解的维度,通过对复杂数据和资料的提炼,总结出决定产业竞争力的六大因素,即要素条件、需求条件、相关产业与支持性产业、企业策略、结构和同业竞争、政府和机会。其中,前四项是决定产业国际竞争力的决定性因素,后两个是辅助因素,它们之间彼此互动,共同决定着产业竞争力。波特认为,这几个要素具有双向作用,形成钻石体系。

(一)生产要素

生产要素是指一个国家在特定产业竞争中有关生产方面的表现,包括天然资源、人力资源、知识资源、资本资源、基础设施等。竞争力的强弱与生产要素和资源所发挥的效能相关。社会生产力的发展产生出用于交换的剩余商品,这些剩余

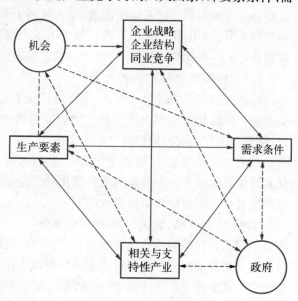

图 10.1 波特"钻石"模型

商品在国与国之间交换,使生产要素也得以在国际间流动,产业活动逐渐趋于全球化,但产业活动全球化的目的不仅仅停留在要素层面,要素不是经济的直接驱动,而是通过要素重组提高其使用效率,从而增进产业竞争力。生产要素分为基本要素和高等要素。基本要素包括天然资源、气候、地理位置、非技术与半技术劳动力、资金等,通常只需要

被动地继承或者通过简单投资就能拥有,基本要素在产业国际竞争力创造过程中的重要性不断降低;高等生产要素包括现代化通信基础设施、受过高等教育的人力资源,以及一些研究机构等,逐渐成为新产品开发、新工艺设计的必要条件,需要国家的长期人力资本投资。在基本要素在产业国际竞争力中的重要性不断下降的同时,高级要素在产业国际竞争力创造过程中的重要性越来越高,企业若要以独特的产品或生产技术创造高层次的竞争力,则必须要借助高等要素。从另一个角度,生产要素被分为一般生产要素和专业生产要素。一般性要素包括公路系统、融资、受过大学教育的员工等,可以被用于任何一种产业;专业型要素则指高级专业人才、专业研究机构、专用的软硬件设施等。建立在专业型要素上的产业竞争力比建立在一般性要素上的产业竞争力更为持久,但是专业型要素的投资风险也更高。越是精致的产业越需要专业生产要素,而拥有专业生产要素的企业也会产生更加精致的竞争优势。一个国家如果想要通过生产要素建立起产业优势,就必须发展高等要素和专业生产要素,否则一个国家的竞争优势将是不稳定的。

(二) 需求条件

需求条件是指本国市场对该项产业所提供产品或服务的需求状况。在任何一种产业中本国市场需求是一个行业或一种产品是否具有竞争力的重要影响因素。就产业国际竞争力而言,规模经济对市场需求的影响显而易见,但对于本国企业,特别是内行的本国企业,国内市场的素质比其规模还要重要。本国企业所建立的生产方式和营销模式是否适应国内和国际市场的需求,是否有利于国际竞争,是产业具有竞争力的重要影响因素。另一方面是预期性需求。如果本地市场需求领先于其他国家,这也可以成为本地企业的一种优势,因为创新的产品需要前瞻性的需求给予支持。

(三) 相关产业和支持性产业

对形成国家竞争优势而言,一个优势产业不是单独存在的,它一定是同国内相关优势产业一同崛起的。产业链中的上游企业能协助企业掌握新方法、新技术、新产品研发,使企业的产品在其他所有产品中突出。下游企业则有助于企业及时接受市场信息,提升和改变产品质量,增强整个供应链的竞争力。由此可见,相关产业和支持性产业之间的高度合作对于一个产业的结构优化升级是很有必要的,有竞争力的本国产业通常也能通过合作来带动相关性产业的发展。

(四) 企业战略、企业结构和同业竞争

不同国家和不同的行业在企业目标、策略、组织、管理和竞争状态上有很大的差异,这些差异来源于特定产业中各个竞争优势能否将产业竞争力恰当地运用于相互匹配的企业中。竞争环境对人才流动、企业战略和结构的影响决定了该行业是否有竞争力,竞争迫使企业降低成本、提高质量和服务、研发新产品和新工艺。此外,国内市场竞争加快了企业成为国际竞争中竞争者的步伐。

(五) 机会

机会是一些偶然的事件的集合,那些超出企业预料和控制范围的突发事件,如技术上的重大突破、金融市场或汇率的重大变化、市场需求的剧增、政府的重大决策、战争等都会对一个国家的产业竞争优势产生影响。

(六)政府行为

波特指出,从事产业竞争的是企业,而非政府,竞争优势的创造最终必然要反映到企业上。政府只有扮演好自己的角色,才能成为扩大钻石体系的力量。政府能做的是提供企业所需要的资源,创造产业发展的环境。从政府对四大要素的影响看,政府通过其在资本市场、外资、生产标准、竞争条例等方面的政策直接影响企业的竞争力。而政府政策的影响可能是积极的,也可能是消极的。在产业发展进程中,政府要尽力保证国内市场处于积极的竞争状态,规制相关行业的竞争环境。

二、波特"钻石模型"的扩展

(一)波特—邓宁模型

1990年代以后,经济全球化、国际资本流动和跨国公司的行为对各国经济发展的影响日益突出。1993年英国学者邓宁(J. Dunning)对波特的"钻石模型"进行了批评与补充,他认为,波特没有充分讨论跨国公司与"国家钻石"之间的关系。在跨国公司的技术和组织资产受到"国家钻石"配置影响的同时,跨国公司会对国家来自资源和生产力的竞争力给予冲击。因此,他将跨国公司商务活动作为另一个外生变量引入波特的"钻石模型"。这一理论后来被学术界称为波特—邓宁模型。

(二)对外开放模型

我国有学者认为,对外开放对产业的国际竞争力具有重大影响,因此,波特的"钻石"模型中应加上一个"对外开放"因素,从而提出了发展的"钻石模型",即对外开放与产业国际竞争力模型。该模型将各要素分成三个层次:最上层的是产业国际竞争力,它由中间层次——波特因素支撑,最下层是对外开放,包括外贸、外资和技术转让等方面。从实质上看,这个模型与"波特—邓宁模型"基本相同(见图10.2),都强调对外经济交往的因素。

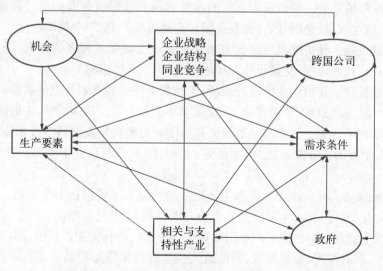

图10.2 波特—邓宁模型

第三节 产业竞争力的评价体系与方法

一、产业竞争力的评价体系

目前国际上应用比较广泛的竞争力评价体系有四个,包括瑞士洛桑国际管理发展学院(IMD)评价体系、世界经济论坛(WEF)的评价体系、荷兰格林根大学的评价体系和联合国工业发展组织(UNIDO)的评价体系。在这些评价体系中,瑞士洛桑国际管理发展学院评价体系和世界经济论坛评价体系侧重于国家竞争力的评价,而荷兰格林根大学评价体系和联合国工业发展组织评价体系则侧重于产业竞争力的评价。

(一)瑞士洛桑国际管理发展学院的评价体系

瑞士洛桑国际管理发展学院(International Institute for Management Development, IMD)1996年设计了国际竞争力评价体系,由八大竞争力评价要素、45个方面、290项具体指标所构成。

1. 国内经济实力要素。评价国内经济实力的指标分为七个方面:增加值、资本形成、私人最终消费、生活费用、经济部门、经济预测和储蓄积累量。共30个具体指标。

2. 国际化程度要素。国际化程度用来说明参与国际贸易和国际投资的程度。评价指标分为八个方面:对外贸易、商品与劳务出口、商品与劳务进口、国家保护、外商直接投资、文化开放、汇率和证券投资。共45个具体指标。

3. 政府作用要素。评价政府政策对增强竞争力的作用程度的指标。分为六个方面:国债、政府开支、政府参与经济、政府效率和透明度、财政政策和社会政治稳定。共46个具体指标。

4. 金融环境要素。评价资本市场的发育状况和金融服务业的质量的指标。分为四个方面:资本收益、金融效力、证券市场和金融服务。共27个具体指标。

5. 基础设施。评价基础设施能力和满足企业发展需求程度的指标。分为四个方面:能源自给、技术设施、交通设施和环境。共37个具体指标。

6. 企业管理。评价企业管理在创新、盈利和责任方面有效程度的指标。包括五个方面:生产率、劳动成本、公司经营、管理效率和企业文化。共37个具体指标。

7. 科学技术开发。评价与基础研究和应用研究密切相关的科学技术能力的指标。主要包括五个方面:研发人员、科学研究、专利、技术专利和科学环境。共25个具体指标。

8. 国民素质。评价国民素质和生活质量的指标。主要包括七个方面:人口、劳动力、就业、失业、教育结构、生活质量和劳动态度。共43个具体指标。

以上八个要素基本构成了产业国际竞争力分析的指标框架。其中,国内经济实力、国际化程度、政府作用、金融环境、国民素质和基础设施等要素是产业国际竞争力的支持性条件。企业管理和科学技术开发,以及国际化程度中的商品与劳务进出口、外商直接投资、基础设施、能源供应及技术设施等是产业国际竞争力的基础条件。

将该分析框架用于产业国际竞争力分析时的不足之处在于缺乏对典型的产业结构和产业组织特征的反映,而世界经济论坛的评价体系正好弥补了这一缺陷。

(二)世界经济论坛的评价体系

世界经济论坛1997年设计的国际竞争力评价指标体系包括三个评价方面和三大分析指数。

1. 三个评价方面的实力包括:

(1)国际竞争力综合水平。主要指标包括实际国内生产总值增长率、通货膨胀率、实际出口增长率、直接利用外资占国内生产总值的比率以及失业率。

(2)国际竞争力的水平。主要包括市场总水平、经济运行稳定性和国际交换。

(3)潜在国际竞争实力,含经济衰退的可能性和未来世界最具国际竞争力的国家两类指标。

2. 三大分析指数包括:

(1)国际竞争力指数。该指数由8个方面的因素构成:① 国际贸易和国际金融的开放;② 政府预算、税收和管理;③ 金融市场发展;④ 运输、通信、能源和服务性基础设施;⑤ 基础科学、应用科学和技术科学;⑥ 企业组织、企业家、企业创新和风险经营的管理;⑦ 劳动力市场及流动性;⑧ 法规和政治体系。

(2)经济竞争力指数。该指数是在国际竞争力指数的基础上加入了人均国民收入水平对未来增长前景的影响。

(3)市场化增长竞争力指数。该指数是在经济竞争力指数的基础上增加了对全球统一市场可比基础的测度。

世界经济论坛于1998年引入了微观竞争力指标,由商业环境、企业内部管理水平与经营战略的成熟程度两个因素构成。其中,商业环境包括要素投入的质量、需求条件、相关的支撑产业、公司竞争环境等四个方面的48项指标;企业内部管理水平与经营战略包括公司的竞争战略、人力资源建设、研究开发、从国外获得技术许可等15项指标。2000年,竞争力指标的构成又进行了调整,国家和地区的综合经济竞争力分为经济成长竞争力和当前竞争力两部分。经济成长竞争力主要由反映居民储蓄率和国民投资率的金融指标,反映国内市场开放、竞争程度的经济开放程度指标,以及经济创造力指标等三大指标构成。此外,为了反映知识经济时代特征,世界经济论坛还在经济成长性指标的构成中加大了科技创新能力影响度的权重,引入了反映国家和地区技术能力和创业难易程度的"经济创造力指标"。经济创造力指标由两部分构成:第一部分是反映一国创新能力和技术水平的"技术指标",该指标主要由资助创新能力和从国外获得技术的能力确定;另一部分是反映新企业创业难易程度的"创业指标"。

(三)荷兰格林根大学的评价体系

运用荷兰格林根大学的评价体系进行产业产出与生产率的国际比较时,强调产业竞争力可以由价格水平、生产率水平及质量水平等三方面因素反映。在进行评价时,对不同地区和不同行业按同一分类体系标准化,得到可比数据,然后根据这些数据计算出反映产业国际竞争力的主要参数。这些参数包括:

(1) 相对价格水平,含产出相对价格水平、投入相对价格水平或相对单位劳动成本水平;

(2) 生产率,包括劳动生产率和资本生产率等单要素生产率以及全要素生产率;

(3) 质量水平,用反映产品附加值水平的指标间接反映产品的质量水平;

(4) 品牌竞争力,主要包括品牌开拓和占领市场的能力、品牌的超值创利能力和品牌的发展潜力等三个因素。

这一产业国际竞争力评价体系与前面两个体系最大的区别在于实现了各国(各地区)的产业分类按同一体系进行标准化,保证了数据指标的对称性。这一特点是通过用单位价值率将各国产业产品的数量、价格折算为国际可比价格,再根据有关数据计算劳动生产率、资本生产率、全要素生产率、单位劳动成本和价格水平等指标,作为衡量产业竞争力的主要参数。

(四) 联合国工业发展组织关于各国工业竞争力的评价体系

联合国工业发展组织于 2002 年在维也纳发布了《2002—2003 年工业发展报告》。报告评估了全球工业发展的多样性和差异性,并引入了发展排行榜,揭示了各个国家工业发展水平的巨大差异和结构因素的显著差别。报告建立了一套分析各国工业竞争力的指标体系,并以 87 个国家的统计资料为基础,计算各国工业的竞争力指数。

这套指标体系选择了四个指标测量国家或地区生产和出口制成品的竞争能力,即人均制造业增加值、人均制成品出口、制造业增加值内中高技术产品的比重、制成品出口中高技术产品的比重。前两个指标反映工业能力,后两个指标反映技术的层次和工业的升级。将四个指标量化为分指数,按照各自的权重,就可以得出各国的工业竞争力指数。

(五) 国内对竞争力的研究

1989 年,国家体改委与世界经济论坛、瑞士洛桑管理学院商定进行国际竞争力合作研究,并于 1993 年将中国的部分数据纳入《全球竞争力报告》,1994 年中国加入该报告的分项目比较,1995 年中国进行该报告的全部项目比较并参加全球竞争力排序。1996 年,国家体改委经济体制改革研究院、深圳综合开发研究院及中国人民大学联合组成中国国际竞争力研究课题组,运用《世界竞争力报告》的方法对中国的国际竞争力进行了研究,并出版了《中国国际竞争力发展报告》,该报告应用 381 个指标数据,对中国国民经济的国际竞争力进行了分析和评价,内容涉及宏观经济、工业、科学技术、企业管理、金融体系、政府管理等方面。1997 年,中国人民大学竞争力与评价研究中心课题组在分专题出版的《中国国际竞争力发展报告》中讨论了中国产业组织的国际竞争力。

中国社会科学院裴长洪研究员就利用外资和产业竞争力问题进行了深入研究,在 1998 年出版了专著《利用外资和产业竞争力》。该书就国内外国际竞争力研究的现状进行了比较全面的总结,就国际竞争力的来源(特别是马克思经典著作关于竞争力的来源)、产业竞争力分析的主要方法进行了探讨,作者还就分工体系、中国出口竞争力、外商投资与中国产业竞争力进行了实证研究。该书在最后对日本、亚洲和拉美利用外资提高产业竞争力的经验进行了总结,就提高产业竞争力的宏观政策进行了讨论。

中国人民大学陈卫平、朱述斌(2002)对产业国际竞争力进行了细致的研究,从产业国际竞争力的概念、经济分析范式和评价的角度对产业国际竞争力进行了综合评述。中国社会科学院财政与贸易经济研究所博士后顾乃华和博士夏杰长(2007)则构建了一个由3个模块、12个竞争面、14个竞争力评价点共同组成的文化产业竞争力综合指标评价体系,借助因子分析模型,比较了中国有代表性的9个城市的文化产业竞争力现状,最后分析了提升文化产业竞争力的要点所在。

总体来看,国内关于竞争力的研究从1990年代开始,在1995年以后备受关注,有关产业、区域、国际竞争力的研究也逐渐增加。国家发改委宏观经济研究院产业发展研究所课题组认为,产业国际竞争力主要包括竞争实力、竞争能力、竞争潜力、竞争压力、竞争动力、竞争活力六个方面的内容,并据此设计出一套评价指标体系。

二、产业竞争力的评价方法

（一）以竞争结果为基础的评价方法

以竞争结果为基础评价竞争力时,可以将产业竞争力评价方法分为两类,包括可比性指标和代表性指标。

1. 选择具有可比性的指标。评价国家产业竞争力,往往会用一个国家的经济表现、政府效能、企业效益和国家基础结果等综合指标来衡量。Kravis等专家曾用153组商品的购买力平价(Purchasing Power Parity,PPP)来计算各个国家的GDP或人均GDP,认为这种方法确定的GDP更能反映各个国家的真实经济实力和生活水平。1986年,Hill提出,用某一年各国购买力平价汇率除以当年其相对于美元的汇率来进行GDP的计算和比较更为准确。世界银行、联合国等国际组织每年定期公布各国以购买力平价计算的GDP数据,以进行比较。

2. 注重指标的代表性。由于各个指标的准确性、解释力是不一样的,因此在选择指标时,确定最具代表性的指标对竞争力的评估是很关键的。比如在使用进出口数据进行国际竞争力比较时,Carmichael. E. A. (1978)用贸易竞争指数作为国家竞争力变化的评价指标。贸易竞争指数是进出口之之差和进出口贸易总额的比值。而Lundberg使用相对国际竞争力指数进行国际竞争力的评价。相对国际竞争力指数是指某个产业或产品的国内生产与消费之差和整个国内生产总额和消费总额之差的比值。相比而言,相对国际竞争力指数就比贸易竞争指数更加准确,因为前者考虑了国内消费的影响。

（二）以竞争力决定因素为基础的评价方法

以竞争力决定因素为基础的产业竞争力评价方法包括以单项因素为基础的分析和用多方面因素进行综合分析。

1. 以单项因素为基础的分析。在以单项因素为基础的分析中,以生产率为基础来评价竞争力高低一般争议不大,但如何计算出具有可比性的生产率有着不同的方法。围绕技术创新能力进行的国际竞争力比较,以申请专利数和申请商标数为基础的比较来评价产业竞争力,经许多学者检验是比较准确的;而使用工程师、科学家占总人口或产业工作者的比例来评价竞争力,有时被认为是不准确的。以新增投资规模为基础进行竞争力比较被证明是有说服力的,而以企业规模为评价标准在大多数情况下说服力不强。单项分析的优点是比较简单,数据也较易获取,缺点是难以避免以偏概全。

2. 用多方面因素进行综合分析。用多方面因素进行综合分析产业竞争力使得分析能更加全面,弥补单项分析的不足。世界经济论坛的《全球竞争力报告》、瑞士国际管理发展学院的《世界竞争力年鉴》和世界银行的国家竞争力数据库对国际竞争力的评价主要采取综合评价方法。波特对竞争力的评价,既考虑宏观国际因素,又考虑产业与政策因素,还考虑政府和企业因素,也是综合分析方法。有些政府机构或行业协会、咨询公司采用标杆测定法,首先经过调查研究确定决定竞争力的关键因素,然后实地调查并确定出关键因素,再与国家或企业的最佳实践进行比较,以此确定竞争力差距。用多因素综合法进行分析的优点是分析比较全面,但缺点也不容小视。在确定各个指标权重时会受到主观因素的影响,此外,由于各个国家统计的差异,数据也较难获得。

复习思考题

1. 产业的国际化程度如何影响产业竞争力研究?
2. 产业的生命周期阶段如何影响产业竞争力?
3. 产业竞争力是综合竞争优势,它是如何体现的?可以通过哪些指标加以描述和评价?
4. 如何提高我国的产业竞争力、国际竞争力以及企业竞争力?
5. 如何在提高产业竞争力的同时关注产业的可持续发展?

第十一章 产业生态化

学习要点

1. 了解产业生态化的背景。
2. 掌握产业生态化的基础知识。
3. 掌握产业生态化的实施路径。
4. 熟悉环保产业发展等问题。

第一节 产业生态化的背景

一、资源、环境约束与产业生态化

经济增长和产业发展在极大地提高人们生活水平、改善人民生活质量的同时,也给人类带来了前所未有的挑战:资源短缺和环境污染。虽然技术进步使人类不断发现新的资源(包括种类和数量)并持续提高资源的利用效率,但这仍无法抵消由于人均消费资源量增加而带来的资源消费总量的快速增长,资源总量日益枯竭和短期开采能力不足。尤其是区域性资源分布、开采所带来的生态破坏和环境污染日益严重,如酸雨、土壤沙化、生物多样性锐减、气候变暖、臭氧层破坏等。资源短缺和环境污染已经成为制约人类可持续发展道路上的一块拦路石。

从经济系统看,人类开采自然资源,获取生产所需要的原料和能量,再与来自人口系统的劳动力、技术和管理要素相结合,生产各种产品提供给消费者,并形成巨大的财富。出于利益最大化的欲望,常加大对资源的开发力度,当超出承载力时,就破坏了环境;然而,当人类认识到资源与环境的价值和可持续发展的理念时,就会保护环境,进行产业生态化的动机由此产生。

如何转变人类现有的发展模式,研究开发并采用新的资源利用途径,在确保人类资源可持续利用的同时,最大限度地减少资源开发与利用过程中对环境的影响已经成为全球的严峻挑战。正是基于对这一严峻形势的深刻反思,逐渐形成了产业生态化发展方面的研究。通过对这一方向的研究,追溯前人面对这一困境的反思与努力,正视我们背负的历史,最终我们一定能找到可持续发展的科学道路。

二、产业生态化的理论研究背景

(一) 工业生态系统理论

产业生态化的核心在于工业生态化,因此生态工业的相关理论是产业生态化的理论基础。工业生态系统理论把工业系统视为一类有赖于生物圈提供的资源和服务,具有物质、能量和信息流动的特定分布的生态系统,并运用生态学的观点,通过对工业系统与自然生态系统的对比,分析工业生态系统的组成及其进化。

Korhonen 指出工业生态系统与自然生态系统一样,具有四个基本生态系统原则:① 物质和能量的循环传输;② 行为者多样性;③ 地域性;④ 系统的渐变性。工业生态学理论的主要探索者之一 Braden R. Allenby 提出了一套工业体系三级生态系统的理论,如图 11.1。

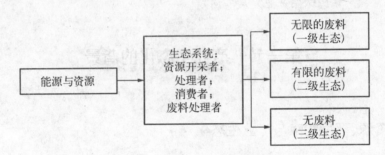

图 11.1 生态系统示意图

该理论认为三级生态系统(Type Ⅲ ecology)的物质来源于系统本身,又消化于系统本身,被充分利用而没有废物产生,是真正可持续的生态系统。Allenby 指出,一个理想的工业系统包括四类主要行为者:资源开采者、处理者(制造商)、消费者、废料处理者。Allenby 的三级生态系统理论为工业生态系统的进化提供了理论基础,对生态工业的理论具有重大的指导意义。其局限性在于将工业系统视为孤立的系统进行分析和讨论,而未将工业生态系统与整个社会经济体系联系起来进行研究。

生态重组是促进工业系统演进的一个重要战略。Ayres 在其专著《Eco-restructuring: The transition to an ecologically sustainable economy》中系统地阐述了有关生态重组的思想,认为生态重组是经济可持续发展的一个转变。Faye Duchin 认为,生态重组是通过按照尽可能对地球的生物系统干扰最少的方式进行技术设计和实施来推动社会发展的一种模式。Surem Erkman 指出,生态重组会在宏观、中观、微观三个层次上发生作用:

(1) 宏观层次上,生态重组是封闭工业体系乃至全社会的物质与能量循环,实现工业生态系统向三级生态系统进化和可持续发展的根本途径;

(2) 中观层次上,生态重组使工业企业从认识原料和产品的生命周期开始,重新审视产品设计、制造与消费的全过程,从而达到延长产品寿命,特别是减少废物,增强循环

的目的;

(3) 微观层次上,生态重组将优化反映过程,实现"原子经济性",即在原子层次上,提高反应的效率,设计最为高效、简捷的反应体系。

生态重组理论将工业生态系统与整个社会经济系统结合起来,通过经济体系的重组、经济结构的调整,在微观和中观层次上推动工业企业和社区实施生态化,在宏观层次上为实现可持续发展奠定基础。

(二) 物质与能源流动分析理论

随着可持续发展研究的不断深入,在经济系统特别是工业系统与自然环境相互作用的研究中,逐步形成了原料与能源流动分析的研究领域。其主要观点是:人类的经济系统仅仅是自然生态系统的一个子系统,它的物质和能量的流动与生态系统中原料与能量流动相类似,是一个将原料、能源转化为产品和废物的流动过程。该理论通过对工业系统中原料与能源流动,包括从原料的采集、生产、消费和最终处置等运行过程的分析,研究这些流动对经济、社会与环境影响,及如何减少其影响的问题。

原料与能源流动分析的目的在于了解原料提取、使用和其最后不管是作为废物还是作为再度使用的资源的系统方法。这些方法试图超越描述性的分析而进行较为严格的量化,以便找出在经济系统原料与能量流动以及环境之间的量化关系,从而为解决这些问题提供依据。

Ayres 等人通过对经济运行中原料与能量流动对环境的影响进行了开拓性的研究,提出了工业代谢的概念。工业代谢理论通过对生态系统和工业系统进行类比分析,认为经济系统是一些公司(企业)通过管理制度、工人、消费者以及货币和政策等结合在一起的集合。该理论分析了原材料和能源以及劳动在一种稳定条件下转化为最终产品和废物的所有物理过程。在工业系统中,企业之间通过提供产品或某种服务建立了相互关系,并通过各种工艺过程,把原料或半成品加工成产品,同时产生各种废弃物。一个从事加工制造的企业就是把原材料转变成产品和废物的单位。因此,整个经济系统的运行,就必然涉及自然生态系统内物质和能量的大流动。

工业代谢理论通过分析工业系统中的原料流动与全球物质循环的关系,并采用一些指标来表征和度量系统的状态。其目的旨在揭示经济活动纯物质的数量与质量规模,展示构成工业活动全部物质的与能量的流动、储存及其对环境的影响。目前的工业代谢理论研究的是静态条件(即最初条件——原材料、能源和劳动是确定的)下的能流分析,尚未涉及动态条件下的能流状况。

(三) 物质减量化(dematerialization)理论

物质减量化是为解决资源萎缩与环境污染日益严重的矛盾而提出的另一种研究思路:如果人类在世界人口增长迅速的情况下,既想享有高水平的生活,又想把对环境的影响降低到最低程度,那么只有在同样多的甚至更少的物质基础上获得更多的产品与服务。不同学者对物质减量化的定义如表 11-1。

表 11-1 不同学者对物质减量化的定义

学 者	对物质减量化的基本定义
WerniCK 等,1996	物质减量化是指服务于经济功能所需要的物质量的绝对或相对减少
Herman 等,1989	在最终工业产品中所用物质的重量随着时间而逐渐减少
Bernardini 和 Galli,1993	经济活动中,原材料(能量和材料)利用强度的减少,其衡量指标是以物理单位元表示的物质消耗量同国民生产总值(GDP)的比值
Labys 和 Waddell,1989	物质减量化意味着,对矿石等原材料的需求经历数个阶段,即与成熟工业有关的低质量物质材料会被高质量或技术更强的物质材料所取代

尽管各学者的定义不一,但其核心都在于提高物质的利用效率。目前提出的实现产品物质减量化的途径有:

(1) 能量再利用,提高能源的利用效率;
(2) 产品的耐久性设计和再设计,提高产品的使用价值和物质的可循环性;
(3) 产品的修理、再利用和再制造,提高产品的易替换能力和可长期利用性;
(4) 智能材料的研发,如纳米技术的利用;
(5) 能源脱碳,减少能源对环境的影响等。

目前物质减量化研究的目的在于提高物质利用效率,从而提高资源的生态效益和经济效益,但该研究尚未涉及物质利用与社会发展其他目标之间的关系,如社会福利、就业等方面。

(四) 生命周期评价(Life cycle assessment,LCA)

生命周期评价是一种面向产品系统的环境管理工具,也是实现工业生态化的重要途径和方法之一,它评价产品、工艺或活动从原材料采集,到产品生产、运输、销售、使用、回收利用及最终处置的整个生命周期阶段的所有环境负荷。这一概念是 1990 年由国际环境毒理学与化学学会(SETAC)主持的会议上首次提出的。目前,关于什么是"生命周期评价"有多种提法,见表 11-2。

表 11-2 生命周期评价定义的不同描述

部 门	生命周期评价不同定义
美国环保局	对自最初从地球中获得原材料开始,到最终所有的残留物质返归地球结束的任何一种产品或人类活动所带来的污染物排放及其环境影响进行估测的方法
环境毒理学与化学会(SETAC)	全面地审视一种工艺或产品"从摇篮到坟墓"的整个生命周期有关的环境后果
美国 3M 公司	在从制造到加工处理乃至最终作为残留有害废物处置的全过程中,检查如何减少或消除废物的方法
国际 GB/T 24040—1999 (ISO-1997)	对在一个产品系统的生命中输入、输出及其潜在环境影响的分析与评价

邓南圣、吴峰《工业生态学——理论与应用》一书将上述定义归纳起来，将生命周期表述为："对在一个产品及包装物、生产工艺、原材料、能源或其他某种人类活动行为的全过程，包括原材料的采集、加工、生产、包装、运输、消费和回用以及处理等，进行资源和环境影响的分析与评价。"其主要特点为：全过程评价、系统性与量化、注重产品的环境影响。

生命周期评价的思想试图在源头预防和减少环境问题，涵盖产品的生产、销售、消费和回收处理等过程以及在产品的功能、能耗和排污之间寻求合理的平衡。生命周期评价将产品对环境的影响进行从"摇篮到坟墓"的分析，为环境管理提供了一种较为系统的分析工具。

三、产业生态化在产业经济学中的地位与作用

产业生态化是研究产业与环境相互关系和产业运动规律的科学，但产业生态化作为正在发展中的一门学科，其中许多概念如清洁生产、循环经济等还没有一个鲜明的研究地位、框架和研究体系。为此，本书在前人研究的基础上，把产业生态化与产业经济学理论体系结合在一起，对人类生产系统与自然的关系加以概括。

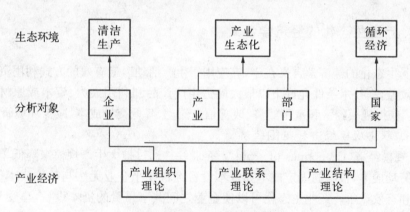

图11.2　产业生态化研究框架

从图11.2不难看出，企业与环境之间的关系研究属于清洁生产的研究范畴，国民经济与环境之间的关系研究是生态经济或循环经济，而以产业和产业部门与环境关系为研究对象的是产业生态化。这样，研究框架就比较清晰。环境污染与生态破坏的根源就在于不恰当的人类产业活动引起的，因此，解决环境问题必须从产业经济活动入手，进行产业组织、产业结构、产业制度等方面的深刻变革。产业生态在实现循环经济、解决环境的根本问题方面具有极其重要的地位和作用，是建立产业组织与产业结构、经济系统与自然系统有机联系的关键。

第二节 产业生态化基础知识

一、产业生态化的内涵

产业生态化要求综合运用生态经济学、管理学、系统工程学和环境科学等学科的理论和方法,将资源、能源高效利用和全过程污染预防的观念贯穿到生产全过程中,从而在宏观上协调整个产业生态系统的结构和功能,促进系统物质流、信息流、能量流和价值流的合理运作,确保系统稳定、有序、协调发展;同时,在微观上通过综合运用清洁生产、环境设计、绿色制造、绿色供应链管理等各种手段,大幅度提高产业资源利用效率,尽可能降低产业污染排放水平和生产全过程的环境影响,促进经济、环境和社会的协调持续发展。简而言之,产业生态化是将产业仿照自然生态系统的循环模式构造产业生态系统,以达到资源的循环利用,减少废物的排放,促进产业和自然环境和谐发展的过程。

二、产业生态化的经济学含义

产业生态化的经济学含义在于,它应用于生产活动以最有效的方式利用资源,改善了经济效益,在技术条件允许下以最大能力生产产品和利用人力、资本或原材料,主要表现在:获得规模经济和范围经济、改善信息流动、降低交易成本、减少环境管制成本。

（一）获得规模经济和范围经济

1. 规模经济(Economies of scale)。企业往往通过扩大生产规模来降低单位资本、材料和劳动成本,很高的固定成本如资本设备经常使小企业无法与单位成本低的大企业抗衡和有效竞争。产业生态化可以使企业之间共享昂贵的资本设备,享受到大企业的成本优势。

2. 范围经济(Economies of scope),是指由于厂商的范围而非规模带来的经济性。只要把两种或更多的产品合并在一起生产比分开来生产的成本低,就会存在范围经济。当一个企业生产两种产品比两个专门生产的企业在相应生产过程中更加便宜时,范围经济就会发生。

3. 当同样设备用于生产两种产品或当工人在一类产品生产中训练后,也能用于生产其他产品或当生产的副产品用于其他生产过程的投入时,范围经济也会发生。例如,企业利用生态产业链中其他企业的副产品,节省了材料的采购运输成本和管理成本,而且企业之间的合作生产比他们各自单独生产的效率更高,使效益最大化。产业生态体系通过提供一个紧密的合作机制,帮助中小企业获得规模经济和范围经济。

（二）降低交易成本(Transaction Costs)

包括买方和卖方为获得市场信息而付出的成本,由于信息成本的高昂可能导致市场的无效率。例如,佛山陶瓷生产加工过程中产生大量粉尘堆积,由于信息不畅,企业在当地找寻这些废料利用信息的预期成本很高,简单的处理是将其填埋,或大量堆积引起土地板结。而佛山高明区的一个微生物处理企业可以处理这些废料,转变为有机肥料用于高产水稻。信息不畅造成资源浪费和极高的处置成本,而一旦信息得以通畅,双方寻找到这种再循环的机会,就能通过交易副产品提高资源效率而不再危害环境。产业生态组织和生态工业园在降低这种交易成本方面可以发挥作用,园区管理机构为信息交换提供服务,包括所有的产品、副产品,企业的投资,租赁或信贷提供金融支持等。

(三) 降低管制成本(Regulatory Cost)

产业生态化和生态工业园可以减少企业对环境质量管制的负担而提高效率,减少环境管制要求的环保成本,减少废物运输,废物交换成产品可能只需要在园区内进行组合配置。企业可以销售废物获得收益,减少废物的运输成本,替代了处理或丢弃废物而支付的费用。对于危险物品由于缩短运输距离也降低了扩散的风险。由于企业在地理上的集中,政府还减少了环境管制的管理成本。

三、产业代谢

产业生态化的一个核心问题是产业系统内的企业之间能够进行物质代谢和共生发展。

(一) 产业代谢分析

产业代谢是指产业生态系统中的物质流和能量流以及生产出来的产品、副产品和废物。代谢分析的原意是以一个生物体为中心,研究所有进出该生物体的物流和能流的收支分析。把这一概念延伸应用到工业系统进行分析,就成为产业代谢。由于人类生产往往注重某一部分的生产或认识的片面性而忽略了其他问题,因此,需要对物质和能量的输入、输出进行一个综合的完整的系统研究。

产业代谢分析认为,现代产业系统是自然生态系统中的一部分,因此在某种程度上它也可以被视为一个具有生态功能的系统。现代产业系统实际上就是在一定的空间范围内,由所有产业部门的企业组成,通过不同企业之间物质循环和能量流动而形成的一个产业生态体系。通过价格机制、产业系统来平衡产品的供给和需求,建立起由企业、工人和消费者构成的整体的代谢机制。产业活动实际上就是一个将原材料和能源转化为产品和废物的代谢过程。产业代谢通过分析系统结构、进行功能模拟和输入输出信息流来研究产业生态系统的代谢机理。产业代谢的研究目的在于揭示整个产业活动过程中物质和能量的流向,并说明和评价物质和能量的流动对自然环境所产生的影响,力求发现造成这种影响的原因和解决办法。

与自然组织演化类似,通过经济—社会演变以及环境—经济系统的共同演化,经济系统的代谢随时间更替而变化。但是,经济系统代谢机制的变化更加迅速:产品、原料和物质的多样性,以及生产过程、人类劳动和经济体之间相互作用的复杂性,随着时间变化经济体之间的直接联系在不到数百年时间里扩展到全球范围,大量物质和原料的异地聚集对全球生物地球化学循环产生了扰动影响。经济系统在本质上是企业、社会公共机构、劳动者和消费者的集合,是一个通过价格来平衡生产和劳动供需的代谢机制。产业代谢理论认为,一个体系是否能维持稳定、持续状态,可采用一些指标来度量。物质的再循环和再利用率是产业体系持续稳定的度量。可用以下公式表示:

$$再循环利用率 = (再循环和再利用量 / 资源消耗总量) * 100\%$$

物质的再循环对产业系统的可持续发展具有重要意义。一方面减少了原材料的消耗,另一方面又减小了对环境的危害和影响。

原料生产力是每单位原料输入的经济输出。单纯的原料的消耗量并不能表示出原料的被利用程度,只有在与最终产物的产出结合在一起时,原料才能显示出其生态价值。

$$原料生产力 = 最终产物的总量 / 原料输入总量$$

该指标在一定程度上反映了所投入的原材料被利用的程度。因此对于体现原料资源利用的生态价值及生产体系的可持续性具有意义。

(二)产业共生分析

产业共生是指企业之间彼此利用产生的副产品或废弃物而构成的相互协作的产业网络。产业共生通过企业在空间分布上的集中与企业间合作,使产业活动的负面生态影响有效地降低和减少。通过建立一个大型有组织的产业关联系统,可以防止负面的溢出效应对一部分系统减少了负的生态影响而使系统的其他部分产生额外的或更坏的影响。运用集聚方法,企业通过物质材料、能量、水和副产品的交换取得竞争优势。

产业共生要考虑三个方面的资源交换:

(1)副产品的再利用,即两个或两个以上的企业之间使用特定的材料进行交换来替代企业产品或原材料;

(2)公用、基础设施共享对如能源、水和废水等一般资源进行共同使用和管理;

(3)联合提供服务来满足企业之间辅助活动的共同需要如消防、运输和食品供应等。

产业共生存在许多动机,直接或间接满足了其他的目的。最明显的动机是传统的经济原因,例如,资源共享可以减少成本和/或增加收入。另外,产业共生也能通过长期契约增加关键资源如水、能源或特殊材料的供应能力,从而加强企业自身的长期资源安全。在某些情况下,企业追求产业共生是出于对政府管制或企业内部对增加资源使用效率、减少排放或削减废物等要求的压力反应。

产业共生的各个企业的性质特征差异及外部环境差异,会使企业采用不同的共生方式,从而出现不同的共生关系结构。企业共生关系不同,或者说,企业共生组织网络中共生单元之间的联系结构不同,共生组织系统的功能也就不同。企业通过共生组织系统的整合功能带来的企业共生组织绩效变化,反过来又会对共生的外部环境产生影响。共生组织与共生环境之间的关系是动态的。

值得注意的是,以竞争—垄断为前提的传统产业组织与以有效利用资源、解决经济与环境冲突的产业共生组织有着根本的区别,传统产业组织围绕企业生存竞争而对同种企业采取兼并、遏制,对市场采取尽可能多的垄断、对消费者采取掠夺性定价和价格歧视,对自然资源采取掠夺、破坏生态环境的策略以追求自身利润最大化,即使企业之间的合作也大多是产量联盟和价格串谋;产业共生则是相互利用废物和余能,是以资源最优配置、经济与环境协调发展为实现目标,以达到社会整体福利的提高和区域协同效用的增加之目的。

第三节 产业生态化的路径

一、有利于环境的制度设计

要实现产业生态化,必须解决产业发展过程中的环境外部性问题,使产业发展的外部效应和环境成本内在化,并促使产业和企业的生产活动向减少环境负荷的方向转变。有利于环境的制度设计是产业生态化的制度保障。解决产业发展过程中的环境问题主要有两种思路,即环境管制与环境经济手段。

(一) 环境管制

环境管制是政府设定环境质量指标,通过立法、规定等非市场途径对环境资源利用进行的直接干预。其形式多样,比如,明令禁止某些污染经营活动;要求淘汰某些污染生产工艺;规定只有非市场转让性的许可证持有者才可以生产或排污。环境管制的理论基础是市场失灵。即对于基础资源的开发和利用,市场运作具有效率,能产生足够的激励;而对于污染的排放及废弃物的处置,市场运作则失灵,几乎完全不具效率。

环境管制最大的特点是能迅速地控制污染。企业必须依从政府的环境标准,从而改变生产技术、调整生产投入组合或直接投资于污染控制。排污标准是目前世界上使用最广泛的污染管制方法,它是由管制部门制定并依法强制实施的每一污染源特定污染物排放的最高限度。排污标准往往基于一定的健康指标设定,并与惩罚相联系,超过标准者将受到惩罚。

但是,包括排污标准在内的环境管制手段在通常情况下难以得到效率配置。这是因为:

1. 排污标准必须满足三个条件,即排污标准为最优排污量、超过标准的罚款等于最优排污量对应的罚款、罚款的实施是完全可行的,这时的排污标准才能达到污染最优水平。否则,管制会造成企业和社会的效率损失。

2. 由于各污染者的污染控制成本不同,而管制是一刀切的,导致污染控制得不到最优分配。

3. 由于信息不足与扭曲以及寻租活动等问题,不可避免地会造成管理失灵的情况,从而影响环境问题的解决。

(二) 环境经济手段

环境经济手段就是从成本效益入手,引导经济当事人将环境成本内在化,最终做出有利于环境的选择。这种手段主要表现为:在污染者和公众之间出现财政支付转移,如各种税收和收费、财政补贴、服务使用收费和产品税等;产生一个新的实际市场,如许可证交易。环境经济手段是向污染者自发的和非强制的行为提供经济刺激的手段。

环境经济手段可以分为两大类:

1. 侧重于通过政府干预来解决产业发展过程中的环境问题,可称之为庇古手段。该手段源于庇古在《福利经济学》中所表达的政策措施,他建议应当根据污染的负外部性所造成的危害对排污者征税,用税收来弥补私人成本和社会成本之间的差距。同样的,对产生正外部性的单位应进行补贴。庇古手段主要是利用税收手段、财政手段、收费制度和责任制度进行操作,包括排污收费(庇古税)、使用者收费、产品收费、财政补贴、利率优惠、押金退款制度等。

2. 侧重于通过市场机制本身来解决环境问题,可称之为产权管理。产权管理主要包括产权途径和排污权交易。产权途径的主要特征是将产权同外部性联系起来,强调市场机制的作用,认为可以在不需要政府干预的情况下,通过产权明晰和协调各方的利益,或讨价还价过程而使外部成本内部化。产权途径在实践中由于环境产权的难界定、交易成本过高以及环境信息的不对称和讨价还价过程中的非合作博弈而存在许多问题,使其优化机理难以运行。相比之下,排污权交易更易于实行并已在许多国家推行。排污权交易是指政府制定总排污量上限,按此上限发放许可证,排污许可证可以在市场上买卖。

二、建设生态产业园区

所谓生态产业园区,是指依据产业生态学原理和循环经济理论而设计的一种新型产业组织形态,是一种包括自然、工业和社会的地域综合体。生态产业园区通过区内成员间的副产物和废物的交换利用以及能量和废水的逐级利用,减少废物,综合利用,变废为宝,最终实现园区废物零排放。无疑,生态产业园区是目前人类开发的最具环保意义和绿色理念的工业园区。我国也于1999年开始启动生态产业示范园区建设试点工作。

生态产业园区作为一种新型的产业组织模式在一定程度上解决了目前普遍面临的环境污染、资源稀缺等问题。生态产业园使得整个企业生产结构合理和组织更为恰当。实践证明,生态产业园所带来的经济效益是明显的,网络化的制造业所使用的资源比依赖于新技术和外部资源的企业要减少3—4倍,固定资产的回报率高于企业平均数的20%—30%。生态产业园适应于日益发展的环境产品市场,以不可阻挡的优势成为未来产业生态化的最佳模式。政府在生态产业园区发展中的正确定位十分重要,在产业链建设过程中需要根据具体的情况进行布局和规划,整个产业园以生态为中心,形成一个统一的整体。

生态产业园区的发展模式与区域发展特点紧密结合,不仅有效规避了同类园区间可能产生的竞争,而且生态产业园区的特色经营成为经济发展一个亮点;园区的形成和发展多以市场机制为导向自发形成,政府属于服务角色。生态产业园区中以双边治理结构的综合园区型生态产业园居多,一体化治理结构的企业集团型相对较少。在生态产业园区的发展过程中,离不开企业和大学科研学术研究起的重大作用,为生态产业园区的规划与建设提供智力支持。所以生态产业园区需要政府、企业、学校共同努力探索。

三、传统产业的生态化改造

生态产业区别于传统产业的一个重要方面是物质的生命周期循环,即产业系统内综合地考虑产品从摇篮到坟墓到再生的全过程,并通过这样的过程实现物质从源到汇的纵向闭合,实现资源的循环利用。传统产业一般将废弃的产品(或材料)看成是无用的、等待处置的东西,因此来源于自然环境的原材料经过一次生产过程后,就变成了废弃物并排放到环境中,这样的线性过程打破了自然界的物质平衡。一方面,从自然界获取太多、回馈太少,造成了资源的枯竭(生态耗竭);另一方面,大量开发的自然资源中又只有少量变成产品,多数以废物形式排入环境,造成生态过程的阻滞(生态滞留)。传统产业与生态化产业的比较如表11-3。

表11-3 传统产业与生态化产业的比较

比较项目	传统产业	生态化产业
目标	单一利润、产品导向	综合效益、功能导向
结构	链式、刚性	网状、自适应型
规模化趋势	产业单一化、大型化	产业多样化、网络化
系统耦合关系	纵向、部门经济	横向、复合生态系统
功能	产品生产	产品+社会服务+生态服务+能力建设
产品	对产品销售市场负责	对产品生命周期的全过程负责
经济效益	局部效益高、整体效益低	综合效益高、整体效益大
废弃物	向环境排放、负效益	系统内资源化、正效益
调节机制	外部控制、正反馈为主	内部调节、正负反馈平衡
环境保护	末端治理、高投入、无回报	过程控制、低投入、正回报
行为生态	被动、分工专门化、行为机械化	主动、一专多能、行为人性化
自然生态	厂内生产与厂外环境分离	与厂外环境构成复合生态体
稳定性	对外部依赖性高	抗外部干扰能力强
进化策略	更新换代难、代价大	协同进化快、代价小
可持续能力	低	高
决策管理机制	人治、自我调节能力弱	生态控制、自我调节能力强
研究与开发能力	低、封闭性	高、开放性
工业景观	灰色、破碎、反差大	绿色、和谐、生机勃勃

为了实现传统产业体系向生态产业体系的转变,需要按照提升产业生态效率的标准对现有产业体系重新设计和安排。要优化原料和产品结构及产业布局,实现原料和产品结构、产业布局的战略性调整;要运用现代技术改造产业,提高产业自动化、数字化和非物质化水平;要加大产业技术改造和装备的更新力度,推动企业实施绿色供应链管理和清洁生产,降低污染排放;同时,要做好废物资源化及污染控制。其中,绿色供应链

管理又称环境意识供应链管理,它考虑了供应链中各个环节的环境问题,注重对环境的保护,促进经济与环境的协调发展。构建绿色供应链是生态产业建设的重要环节,其主要内容包括绿色设计、绿色材料的选择、绿色制造工艺、绿色包装、绿色消费、绿色回收等。

传统产业的生态化改造中,尤其要重视两个方面。

1. 要根据"一个生产环节的废物可以成为另一环节的原料"的原则,构建循环产业链,从根本上改变产业经济对自然资源的过分依赖。

2. 要按照自然生态系统中的物质和能量流动的方式,建立一个能够促进物质和能量在系统内循环流动、功能完善的产业体系,即按照环境系统与产业系统之间物质流动的方向,在产业系统的物质入口增加环境建设产业,在出口端进一步加强废物处置的环境保护产业(所谓"桥梁")。旨在保护和提高环境功能(生态、生产、经济)的环境修复和环境建设产业,是实现产业生态目标的一个重要的功能模块。同样,对于处于产业过程末端的环保产业,因其能够促进物质和能量在产业系统与自然生态系统的和谐流动和循环,则可以称之为产业系统与环境系统之间物质和能量流动的"绿色通道"。

四、面向环境的技术创新

产业生态化发展离不开为环境而设计(Design for Environment,DFE)的技术创新。为环境而设计是一种产品设计,要求在产业生产的开发产品过程中考虑生态要求与经济要求之间的平衡,考虑产品生命周期所有阶段的环境方面的问题,以使该产业在整个产品生命周期内不产生或产生最小的环境影响。为环境而设计是北美地区常用的术语,在欧洲常用生态设计(Eco-design)这一术语。DFE 其实是一种技术进步和技术创新,技术进步与产业发展过程中的环境问题密切相关。

为环境而设计的技术一般应用于产品制造业,包括家用电器、电子产品、航空设备、汽车等生产行业。在生产制造领域,将环境设计和技术研发相结合的做法越来越普遍。比如,AT&T 和福特汽车公司已就开发新的清洗工艺开展了合作,这种工艺使用冷冻的二氧化碳气流来清洗电路板,以替代原先使用的含氯溶剂。

一般来说,为环境而设计可以分为两类。第一类是普通环境设计,表现形式是通过环境设计来提高整体的环境效率。对于一个私人企业,普通环境设计应包括绿色成本管理体系,它将环境保护投资融入生产的成本,而不再作为额外的花费;普通环境设计也包括环保技术的选择,以使环境成本降至最低;另外,普通环境设计也要考虑一些与环境保护相关的生产技术标准如在所有生产过程中尽量选用可再生的回收材料,减少原材料的消耗等。第二类是特定环境设计,包括研究和选择特定的产品、生产过程和技术设计方式等。可以发展一种计算机化的环境设计模块,融入统一的 CAD/CAM 系统,这种系统可以解决一些生产过程中的环境问题。比如,通过模型设计简化生产工艺,减少材料用量。在大多数情形下,都可以得到比较理想的环境设计方案。还可以开发专门的环境设计软件,这项工作在科研院校和大型企业中都可以开展。

为环境而设计的技术与传统的产品设计技术有很大的不同。为环境而设计强调考虑产品可能带来的环境问题,并把对环境问题的关注与传统的设计过程相结合。为环境而设计与传统设计方法最根本的差异就在于设计理念的不同。在传统的产品设计中,主要考虑的因子有:市场消费需求、产品质量、成本、制造技术的可行性等技术和经济因子,而没有将生态环境因子作为产品开发设计的一个重要指标。而在为环境而设计中就必须引入以下新的思想和理念:

(1) 以人为中心的产品设计转向既考虑人的需求,又考虑生态系统的安全性;

(2) 在产品开发概念阶段,就引进生态环境变量,并与传统的设计因子如成本、质量、技术可行性、经济有效性等进行综合考虑;

(3) 将产品的生态环境特性看作是提高产品市场竞争力的一个重要因素,在产品开发中考虑生态环境问题,并不是要完全忽略其他的因子。因为产品的生态特性是包括在产品中的潜在的特性,如果仅仅考虑生态因子,产品就很难进入市场,其潜在生态特性也就无法实现。因此,关键是要在产品的经济效益和生态效益之间取得平衡。

第四节 环保产业化

环境保护是产业生态化的主阵地和根本措施,也是提高生态文明水平的关键和基础。环境保护工作的深化和创新,直接关系到产业生态化的成效。坚持走代价小、效益好、排放低、可持续的环境保护新道路,是解决资源环境问题的出路所在。环保产业化不仅有利于上述目标要求的实现,同时也是产业生态化与产业经济学最佳的理论结合新热点。

一、环保产业的定义

环保产业是随着环保事业的发展而兴起的新兴产业,是由经济合作和发展组织(OECD)的发达国家首先提出来的。OECD对环保产业的定义有两种:

1. 狭义的定义,认为环保产业是为环境污染控制与减排、污染清理以及废弃物处理等方面提供设备和服务的行业,即所谓传统环保产业或直接环保产业。

2. 广义的定义,认为环保产业既包括能够在测量、防治、限制及克服环境破坏方面,生产与提供有关产品和服务的企业,还包括能够使污染排放和原材料消耗最小量化的清洁生产技术和产品。

我国"十二五"节能环保产业发展规划中,定义环保产业是指为节约能源资源、发展循环经济、保护生态环境提供物质基础和技术保障的产业,是我国加快培育和发展的7个战略性新兴产业之一。环保产业涉及节能环保技术装备、产品和服务等,产业链长,关联度大,吸纳就业能力强,对经济增长拉动作用明显。加快发展节能环保产业,是调整经济结构、转变经济发展方式的内在要求,是推动节能减排、发展绿色经济和循环经济、建设资源节约型环境友好型社会、积极应对气候变化、抢占未来竞争制高点的战略选择。

二、环保产业的分类

环保产业的范畴十分广泛。按照不同的目的和要求,可以将其进行多种角度的分类。在我国,环保产业主要倾向于三个方面:

1. 环保设备(产品)生产与经营,主要指水污染治理设备、大气污染治理设备、固体废弃物处理处置设备、噪声控制设备、放射性与电磁波污染防护设备、环保监测分析仪器、环保药剂等的生产与经营。

2. 资源综合利用,指利用废弃资源回收的各种产品,废渣综合利用,废液(水)综合利用,废气综合利用,废旧物资回收利用。

3. 环境服务,指为环境保护提供技术、管理与工程设计和施工等各种服务。

三、环保产业化发展道路

实行环境保护的产业化,必须按照市场规律,进行环境保护工程的建设,将环境保护的潜在市场变为现实的环保市场,促进环保产业的发展。

(一)产业运行市场化

过去,环境保护的各种活动并不具有市场行为性质,仅是作为一项社会性公益事业,或是排污企业对社会的一项责任或义务,所以我们的政策也规定谁污染谁治理,这样,环境保护理所当然地应由政府或排污企业自身去做,而对更多的社会公众而言是没有这种责任和义务的。谁也不愿意主动投资于环境保护,这种投资只有投入没有产出。这违背了经济运行发展的基本规律。只有把环保的投资和环保设施的运行转变为市场行为,使之有投入有产出,使投资能产生效益,环境保护才能真正形成一个产业,实现产业化发展。

(二)产权股份化

以前环境污染防治设施的建设和运行,并不是经济意义上的投资经营活动,仅仅是政府或企业的一项责任或义务,是一般的设施建设和管理活动,不具有经济意义的行为,从而限制了这一活动向产业化发展。在环保产业化进程中,环保设施的企业化投资经营,必须实现产权股份化,即引入现代企业制度,由几家或数家企业合作,甚至商业银行与企业联手进行投资,实行股份制合作。这样才能使环保投资能力增加,使投资者之间的责、权、利比较清楚、明晰,使环保投资经营活动符合现代产业发展的需求,有利于环保投资经营活动向产业化方向健康发展。

(三)融资社会化

环保资金的短缺已经成为环保产业发展的瓶颈,除政府和团体投资之外,其主要原因是我国环保融资方式的单一以及融资渠道不畅。认真分析和研究我国融资问题,改变环保资本的融资现状,实现多元化融资方式,是解决资金短缺的现实选择。我国的环境问题最终是一个社会问题,只有依靠社会的力量、市场的力量才能最终得以解决,那种只是依靠政府财政的力量,只是依靠某一个行业的努力就能改变我国环境状况的想法是片面的、狭隘的。具体途径是：拓宽发展环保产业的融资渠道，从资本市场上募集资金投入环保产业，进行环境污染治理，建立环保产业基金以吸收社会资金，促使环境污染治理转向社会化和市场化。

（四）服务社会化

长期以来，由于我国落后的生产方式，环保服务社会化程度比较低，缺少环保产业发展方向的宏观引导，使技术和市场信息传递渠道不畅，导致技术转化的市场化程度低；从事环保活动的企事业单位，都是从属于各行业各部门的，并不是实质意义上的为全社会提供服务的独立法人，只能为各自所属的行业或部门服务。这一方面限制了企事业单位提供社会化服务的功能，相互之间互相封锁，互相排斥，形成封闭的体系；另一方面使得服务社会化程度低，特别是在环境保护的咨询服务、信息服务、市场服务、技术服务、设施运营、环境影响评价、环境工程评估、环境监测等方面都缺乏社会化服务，中介服务机构不完善，导致服务质量低。总之，环保服务业不发达阻碍了环境保护向产业化发展。要针对我国环保服务业存在的问题和现状，结合政治经济体制改革，使环保企事业单位从部门所有制中解放出来，真正成为社会的独立法人，成为能够提供环境保护社会化服务的主体。从而健全社会化服务体系，使环保产业的发展处于一种有序状态，促进环境保护生产方式转变成为社会化的大生产，提高环境保护社会化服务的水平和质量，加快环保产业化的进程。

（五）管理企业化

过去，环保设施的建设和运行没有实现企业化管理，缺乏经济约束机制，致使设施不能正常运行，运行成本高。环保活动实现管理的企业化，使效益与经营者的利益结合起来，有利于增强经营者的责任心，降低环保设施建设和运行的成本，加快技术进步和技术改造，提高设施的运行率，保证环境质量的改善。

复习思考题

1. 产业生态化的基本概念和经济学含义是什么？
2. 产业生态化的现实意义与理论研究背景有哪些？
3. 产业生态化在产业经济学中的地位与作用是什么？
4. 分别解释产业代谢与产业共生的含义。
5. 实现产业生态化的基本路径有哪些？
6. 什么是环保产业？如何实现环保产业化？

第十二章 产业集群理论

学习要点

1. 了解产业集群理论的形成过程。
2. 掌握产业集群的类型和特征。
3. 了解产业集群形成的原因和效应。
4. 掌握促进产业集群发展的政策要点。

第一节 产业集群理论概述

一、产业集群的理论基础

产业集群理论主要有三大来源:外部经济理论、集聚经济理论和新竞争优势理论。关于产业集群的研究最早可以追溯到马歇尔时代,马歇尔(A. Marshall,1920)解释了基于外部经济的企业在同一区位集中的现象。他发现了外部经济与产业集群的密切关系,指出产业集群是外部性导致的。马歇尔认为,外部经济包括三种类型:市场规模扩大带来的中间投入品的规模效应;劳动力市场规模效应;信息交换和技术扩散。前两者称为资金性外部性,即规模效应形成的外部经济;后者是技术性外部经济。

韦伯(A. Weber,1929)最早提出集聚经济的概念。他从工业区位理论的角度阐释了产业集群现象,把区位因素分为区域因素和集聚因素。在高级集聚阶段,各个企业通过相互联系的组织形成的地方工业化就是产业集群。克鲁格曼(P. Krugman,1991)则通过其新贸易理论,发展了集聚经济的观点,其理论基础仍然是收益递增。他的工业集聚模型假设一个国家有两个区位,有两种生产活动(农业和制造业),在规模经济、低运输费用和高制造业投入的综合作用下,通过数学模型分析,证明了工业集聚将导致制造业中心区的形成。另外,他的垄断竞争模型在融合传统经济地理学理论的基础上,综合考虑多种影响因素:收益递增、自组织理论、向心力和离心力的作用,证明了低的运输成本、高制造业比例和规模有利于区域集聚的形成。

迈克尔·波特(M. E. Porter,1998)从经济竞争优势的角度出发研究了产业集群的经济现象,认为产业集群有利于区域和地区获得竞争优势,并强调产业集群在获取信息、供应商、员工、公共物品等方面的优势,提出了基于产业集群的产业政策设计思路。

此外,区域经济学家佩鲁(F. Perrous,1945)的增长极理论也对产业集群做出过较深入的研究。佩鲁认为:区域的经济增长源于区域的增长极,区域增长极是位于某些区域或地区的一组扩张中的、诱导其区域经济活动进一步发展的一组产业,并通过产业的集聚效应促进区域经济的增长。

二、国内有关产业集群的理论综述

与国外产业集群理论相比,我国对产业集群的研究起步较晚,但是随着我国经济社会的全面发展,政府、学术界也越来越重视集群的理论探讨。北京大学王缉慈教授从1990年代开始就陆续把国外的产业集群的研究成果介绍到国内,并对我国部分有代表性的地方产业集聚现状进行了实证分析,她的《创新的空间——企业集群与区域发展》是国内研究这一理论的经典,该书评价了经济地理学研究的新产业区理论,并且对国内外著名产业区进行了实证研究。陈剑峰、唐振鹏(2002)介绍了国外学者对产业集群的定义和分类,从技术创新、组织创新、社会资本、经济增长等方面总结了国外产业集群的关联研究,阐述了国外产业集群的集群政策以及集群研究的逻辑关系,并综述了国外产业集群研究成果。梁琦(2003)对"新工业区"理论作了介绍,以及对克鲁格曼集聚理论、波特集聚理论和其他主要经济学家的集聚理论也作了介绍和研究。蔡宁等人(2002)对产业集群的区域创新体系及其集体学习机制进行了探讨;魏江(2003)以浙江产业集群现象为研究对象,对集群创新系统和技术学习问题做了系统研究;盖文启(2002)运用交易费用、规模经济、创新等理论从研究区域创新网络的角度探讨了新技术革命和全球一体化背景下的区域经济发展的新机制;仇保兴(1999)从专业化分工的角度分析了企业集群的形成机制,对小企业集群从历史与现实、理论和实践等角度分析了其形成、制约因素以及其创新意义和深化趋势;魏守华(2002)是从区域经济发展理论的角度研究产业集群的,他认为产业集群理论是继梯度推移、增长极和地域生产综合体理论之后的新型的区域经济发展理论。2000年左右,马宪民、路平、王珺、李新春等学者基于广东产业集群发展的实践和经验,创造性地提出了专业镇的概念。这具有重大的实践意义,为政府扶持产业集群的发展指出了方向,随后广东省科技厅等政府职能部门陆续选择了一部分地方试点产业集群,在全国引起极大的反响。符正平(2002)、龙志和(2004)、熊晓云(2004)、曾祥效(2003)、陈雪梅(2005)等以专业镇中的各个产业集群为研究对象进行了理论和实践方面的探讨,为产业集群研究作出了有益贡献。

总体来看,我国产业集群理论的研究仍然处于初级阶段,虽然近年来发表了大量文章,但大多数还只是介绍性文章,实证研究比较少。目前研究主要集中在专业化分工、竞争优势、规模经济、柔性生产方式、技术创新和知识溢出等。在全球价值链的今天,只有那些成功升级了的产业集群才能走出地方经济发展的陷阱,因此产业集群理论的研究应在此基础上更加深入、完善,理应受到学者的重视。

三、国外有关产业集群的相关理论

(一) 马歇尔的外部经济理论

新古典经济学的代表人物马歇尔在继承亚当·斯密劳动分工理论的基础上,进一步描述和研究了产业的集聚问题,被认为是第一个阐述产业集群理论的经济学家。他提出了"内部经济"和"外部经济"的概念。外部经济包括三种类型:市场规模扩大带来的中间投入品的规模效应;劳动力市场规模效应;信息交换和技术扩散。马歇尔认为"外部经济"促使中小企业的集聚并最终形成产业集群。外部规模经济是指企业利用地理接近性,通过规模经济使企业生产成本处于或接近最低状态,使无法获得内部规模经济的单个企业通过外部合作获得规模经济。他指出,集中于特定地方的"地方性工业"即产业区的本质是具有分工性质的企业在特定地区的集聚。马歇尔将集聚企业的地区称为"产业区"。他认为产业集聚的原因是为了获得外部规模经济的好处,许多性质相似的企业集中在一起就能获得外部经济的好处。他还用随着产业规模扩大而引起知识量的增加和技术信息的传播来说明产业集群现象,认为外部规模经济是产业集群形成的原因。外部经济理论是马歇尔企业集群理论的基础。

(二) 韦伯的工业区位理论

韦伯在 1909 年出版的《工业区位论》一书中首先提出集聚的概念,在考虑了运输、劳动力成本对区位选择的影响后,强调了集聚的经济作用,企业通过分享公共基础设施、专业化劳动资源、销售市场等获得集聚经济效益。把集聚分为初级和高级两个阶段:初级阶段是仅通过企业自身的扩大来产生集聚;高级阶段则是各个企业通过相互联系的组织使地方工业化,也就是我们所说的产业集群化。他从微观企业的区位选择角度,阐明了企业是否集聚取决于集聚的好处与成本的对比。他认为,影响工业区位的因素可以分为区域因素和位置因素,并且在探讨影响集群的一般因素中利用了等差费用曲线来解释产业集群的程度。韦伯认为,当集聚所带来的好处能抵消或超过由此引起的运费的增加时,迁移就有可能发生。并且认为集聚是企业为追求集聚经济而自发形成的,从这个角度看,在集聚过程中不需要政府参与。韦伯的集聚经济理论有一定的创造性,从企业的微观角度出发,阐明了企业按自身利益的要求来选择是否集聚。

(三) 佩鲁的增长极理论

佩鲁认为经济增长应该是不同部门、不同行业或者地区按照不同速度不平衡地增长。增长不是同时出现在所有地方,它以不同程度出现在一些增长点或增长极上,然后通过不同的渠道向外扩散,并对整个经济产生不同的影响。一些经济单位处于支配地位,称为推进产业,而另一些则处于被支配地位,称为被推进产业。增长极具有技术、经济方面的先进性,通过其吸引力和扩散力不断增大自身规模并对所在部门和地区产生支配作用。推进型产业和被推进产业通过经济联系建立起非竞争性的联合机制,并在一定区域上聚集,形成产业间的关联效应。佩鲁认为,占支配地位的企业是高效率的,能够有效地利用创新来增加产出;占支配地位的企业实现规模经济,反过来又刺激了创新。增长极理论中的集聚不能称为自发型的,政府在产业集群的形成和发展过程中扮演着重要的角色。

（四）波特的新竞争经济理论

1990年，波特通过对丹麦、德国、意大利、日本、英国和美国等十个发达国家进行考察的基础上，出版了《国家竞争优势》一书，认为一国的竞争力取决于产业创新与升级的能力，竞争优势是通过高度本地化过程而产生并持续发展的，各国只能在各有特色的产业中获得国家竞争优势。在该书中，提出了国家竞争优势的"钻石体系"。"钻石体系"由四个相互作用的关键要素构成，分别是生产要素、需求条件、企业战略及结构与同业竞争、相关支持性产业，它们组成一个完整的系统。他认为，国家只是企业的外在环境，政府的目标是为国内企业创造一个适宜的环境。因而，评价一个国家产业竞争力的关键是该国能否有效地形成竞争性环境和创新。地理集中性使得各个关键要素的功能充分发挥，在互动的过程中，推动产业集群的出现。1998年，波特又在《哈佛商业评论》上发表了《集群与新竞争经济学》一文，从竞争优势的角度系统地提出了产业群理论。波特认为，产业群不同于科层制组织或垂直一体化组织，是对有组织价值链的一种替代。这种独立的、非正式联系的企业及相关机构形成的产业集群，代表着一种能在效率、效益及柔性方面创造竞争优势的空间组织形式。它所产生的持续竞争优势源于特定区域的知识、联系及激励，是远距离的竞争对手难以达到的。波特认为以下三个原因可以解释产业群竞争优势的形成：

(1) 产业群能够提高集群内企业的生产率；

(2) 产业群能够提高集群内企业的持续创新能力；

(3) 产业群能够降低企业进入的风险，促进企业的产生与发展。

（五）科斯的新制度经济学理论

其主要代表人物有科斯、威廉姆森、诺斯、张五常等。科斯在1937年发表的《企业的性质》一文中认为企业是作为市场的替代物而产生的，并通过形成一个组织来管理资源，可以节约市场运行成本。威廉姆森认为，在介于纯市场组织和科层制组织之间，存在大量的中间性组织，这种中间性组织是克服市场失灵和科层组织失灵、节约交易费用的一种有效的组织形式。在新制度经济学看来，市场和企业只是一种可选择的组织形式，它们并没有本质上的区别，它们之间存在很多中间组织形式，集群就可以看作是介于市场和科层组织之间的中间组织。这种中间组织的存在大大降低了交易费用的作用，同时，聚集区内企业的地理位置接近，有利于提高信息的对称性，克服交易中的机会主义行为，并节省企业搜寻市场信息的时间和成本，大大降低了交易费用，因而新制度经济学从交易费用的角度很好地解释了产业聚集的成因。

（六）克鲁格曼的新经济地理学派

2008年诺贝尔经济学得主保罗·克鲁格曼以规模报酬递增、不完全竞争的市场结构为前提，借用规模报酬递增的分析工具，通过其擅长的国际贸易理论，把经济地理理论纳入了主流经济学。认为产业集聚是由规模报酬递增、运输成本和生产要素转移等通过市场的相互作用而产生的。他的中心—边缘模型证明了工业活动空间集聚的一般趋势，认为一个国家和地区要实现规模经济而使运输成本最小，制造业应该选择在市场需求大的地方，而反过来市场需求又取决于制造业的分布。而且空间集聚一旦形成，就很有可能自我延续下去。他还指出，产业政策和贸易保护政策只是影响产业集聚的因素之一，产业集聚中的不确定因素很多，因而克鲁格曼并没有提出政府选择扶持重点产业的观点。

（七）斯哥特和斯托波的新产业区和新产业空间理论

新产业空间理论的代表人物是斯哥特和斯托波，1980年代早期，斯哥特在研究洛杉矶妇女服装工业时开始把劳动分工、交易费用和集聚联系起来，1980年代后期斯哥特和斯托波深入研究了法国和意大利产业，在此背景下新产业空间理论应运而生。他们在对"第三意大利"的研究中发现这些地区的共同特征是：由中小企业集聚而来，企业间的"竞合关系"十分明显，企业间的合作不仅包括正式的经济合同、战略联盟、投入产出联系，还包括非正式的交流、沟通等，在平等竞争的同时，共同面对国际市场。为区别于马歇尔的古典"产业区"，后来学者们在讨论中把这些区域称为"新产业区"。根植性、机构稠密性、创新性、学习性和社会文化性是新产业区理论中最主要的概念。

第二节 产业集群的类型

随着产业园的不断发展，产业集群的性质也在慢慢地发生变化。为此，国内外学者大致给产业集群类型做了以下划分：

一、产业集群的分类方法

为了揭示中国不同类型产业集群发展的内在动力，中国学者很重视对产业集群进行分类（见表12-1），这些分类大多是根据中国产业集群实践进行的。下面主要介绍几种有代表性的分类方法。

表12-1 中国学者对产业集群的分类

作者	分类标准	分类
仇保兴（1999）	中小企业集群的结构	市场型 椎型（或中心卫星工厂型） "混合网络型"中小企业群落
仇保兴（1999）	企业的性质	制造业集群 销售业集群 混合企业集群
李新春（2000）	企业集群不同发展形态	历史形成的企业集群 沿全球商品链形成的企业集群 创新网络企业集群

续 表

作　者	分类标准	分　　类
王缉慈(2001)	新产业区	沿海地区的外向型出口加工基地 智力密集的高新技术企业集群 自然发展的乡镇企业集群 外资驱动的开发区 由国有大中型企业为核心的企业网络
陈佳贵、王钦(2005)	发生机制	内源传统型产业集群 内源品牌型产业集群 外商投资型产业集群

注:"市场型"集群的特点,是集群内部企业之间的关系以平等市场交易为主,各生产厂以水平联系来完成产品生产;"椎型"集群的特点,是以大企业为中心、众多中小企业为外围而形成的;"混合网络型"集群的特点,是以信息联系为主而不是以物质联系为主,以计算机辅助设计和制造业的柔性生产方式来进行生产。

二、产业集群的种类

(一) Shahid Yusuf 的产业集群分类

Shahid Yusuf(2004)将产业集群分为生产型集聚和服务型集聚两种基本类型(见表12-2)。其中,生产型集聚可以分为低技术集聚和高技术集聚,前者数量比较多,后者的成长与壮大依赖于持续的创新。而服务型集群的产生与发展与信息通信技术的扩散、全球化金融业发展和电子商务的兴起密切相关。

表12-2 Shahid Yusuf 的产业集群分类

类型	生　产　型		服　务　型
	低技术密集	高技术密集	
特点	灵活的劳动力供给 专业化的生产商 可提供支持的服务商 广泛的技术引出效应 大量的商业联盟和组织 更深的市场渗透 规模经济	适宜的文化和社会环境 金融、咨询管理服务发达 研究型大学、高新技术企业密集 大城市的经济辐射与关联效应 基础研究实力强且科技成果转化能力强	发达的专业化 快速发展的公司外包业务 发达的贸易服务 大量的高素质人力资源 优良的生活环境 发达的城市经济
案例	印度尼西亚爪哇中心Jepara区的家具集聚地;中国的珠江三角洲	日本的东京 中国的上海	中国的香港 新加坡

资料来源:Shahid Yusuf:《东亚创新未来增长》,中国财政经济出版社,2004年第8期,第182—194页。

(二) Lynn Mytdka 和 fuivia Farinelli 的产业集群分类

根据集群内企业技术水平、集群变化的广泛性以及企业间协作与网络化程度,联合国贸发组织(UNCTAD,1998)将产业集群分为非正式产业集群、有组织产业集群、创新型产业集群、科技园区和孵化器、出口加工区五种类型。Lynn Mytelke 和 Fulvia Farinelli(2000)在 UNLTAD 基础上,重点研究了自发的产业集群,并把它们分为非正式集群(如加纳库马西 sumame Magazine 汽车零部件集群)、有组织的集群(如巴基斯坦锡亚尔科特外科手术器械集群)和创新型集群(如丹麦日德兰半岛家具业集群)三种类型。不同类型集群的参与者特点、创新、信任、技能、技术、关联、合作、竞争、产品创新、出口等方面的表现各不相同(见表 12-3)。这种分类的一个重要特点,就是将影响产业集群的若干因素明确表示出来,有助于我们剖析产业集群成长的动力机制。通过这种分类我们可以发现,比较成熟的产业集群大多具有如下特点:中小企业高度参与,技能、技术和信任关系至关重要,高度竞争。

表 12-3 Lynn Mytdka 和 fuivia Farinelli 的产业集群分类

要 素	类 型		
	非正式集群	有组织的产业集群	创新型集群
关键参与者参与度	低	低到高	高
企业规模	个体、小	中小企业	中小企业和大企业
创 新	几乎没有	有 些	持 续
信 任	几乎没有	高	高
技 能	低	中	中
技 术	低	中	中
关 联	有 些	有 些	广 泛
合 作	几乎没有	有些不持续	高
竞 争	高	高	中到高
产品创新	几乎没有	有 些	持 续
出 口	几乎没有	中到高	高

资料来源:Lynn Mylelka 和 Fulvia Farinelli(2000),转引自陈剑锋、唐振鹏:《国外产业集群研究综述》,《外国经济与管理》,2002 年第 8 期,第 23 页。

(三) Peter Knorringa 和 Jorg Meyer Stamer 的产业集群分类

Peter Knorringa 和 Jorg Meyer Stamer(1998)借鉴产业区分类法,把产业集群分为"第三意大利式"产业集群、卫星式产业集群、轮轴式产业集群三种类型(见表 12-4),并详细分析了不同类型的特征、利弊、发展路线与政府干预等内容。

表 12-4 Peter Knorringa 和 Jorg Meyer Stamer 的产业集群分类

要素	"第三意大利式"产业集群	卫星式产业集群	轮轴式产业集群
主要特征	以中小企业居多 专业性强 地方竞争激烈，存在合作网络 存在信任关系	以中小企业居多 依赖外部企业 基于低廉的劳动成本	大规模地方企业和中小企业明显的等级制度
主要优点	柔性专业化 产品质量高 创新潜力大	成本优势 技能隐性关系	成本优势 柔性 大企业作用重要
主要弱点	路径依赖 适应性差	对外依赖程度大 诀窍有限	集体绩效取决于大企业
典型发展轨迹	停滞、衰退—内部劳动分工的变迁—部分活动外包—轮轴式结构出现	升级—前向和后向工序整合—提供全套产品或服务	停滞、衰退（随大企业变化）—升级—内部分工变化
政策干预	集体行动形成区域优势 公私部门合作	通过培训和技术扩散等方式，促进中小企业升级	大企业、协会和中小企业支持机构的合作，增加中小企业实力

资料来源：Peter Knorringa 和 Jorg Meyer Stamer(1998)，转引自陈剑锋、唐振鹏：《国外产业集群研究综述》，《外国经济与管理》，2002 年第 8 期，第 23 页。

第三节 产业集群的特征

从现有的研究看，产业集群主要有空间特征、产业特征、生产特征、制度特征、组织特征、互补性特征等六大特征。

一、集群的空间特征——地域上的集中性

企业在地理上的集中使得产业集群产生了规模经济，提升了竞争力，同时企业在地理上的集中也是集群作为一种地域经济现象存在的基础，是在某一特定地理区域内聚集的经济过程或现象。因其纵深程度和复杂程度不同，产业集聚包括的内容也不一样。按一些国内经济学家在欧洲各工业区所做的实际调查表明，产业集聚区内企业相距从 1—500 公里不等，而且大约每平方公里 50 家企业。集群内聚集大量企业，单位土地面积产值较高。一般来说，每平方公里土地面积上产生的产值在 1 亿元以上，而高新技术产业的集群该指标在 3 亿元以上。可见，空间上产

业的集聚是产业集聚的外在表现形式,也是首要的基本特征。集群的空间集中表现在两个方面:

(1) 经济要素、组织、行为的空间接近性或对地理与空间的集约使用;

(2) 集中的要素或经济活动必须要达到一定的规模,即具有一定的高密度性,在总体区域的经济规模中要有大容量。

二、集群的产业特征——产业地方专业化

在许多国内产业集群现象中,内部专业化程度大多较高,迂回生产方式明显,因地缘、血缘和亲缘关系而形成的社会资本较丰厚,一些集群具有一定的深度与广度,发展颇为成熟,表现出较强的集群效应。在产业集群里大量企业集中于一个主要产业,以生产经营性企业为主,其生产方式是使用灵活、通用的生产设备和适应性强的熟练劳动力,适应生产和服务客户的广泛要求。同时大量专业化企业的集聚使区域实现规模生产。相应地,企业集群创造了一个较大的市场需求空间,对分工更细、专业化更强的产品和服务,潜在的需求量也相应增加,同时随着技术发展和需求变化,工艺过程日益高度专业化,这不仅为专业化生产商提供较大的生存机会,还使它们实现规模生产,两者形成良性循环,不断提高企业集群的整体生产效率。集群产业的地方专业化表现在两个方面:

(1) 集群产业的经济规模占所在区域总体经济规模的较大比重,它从微观角度显示地域专业化的程度;

(2) 当地集群产业的经济规模或市场份额占全国甚至世界相关市场份额的较大比重,它通过描述集群产业在该地区的集中程度来从宏观上显示经济的地域分工状况。

三、集群的制度特征——网络组织及其社会根植性

狭义的网络组织概念关注的是资源配置与交易的制度特征,其经济性质可界定为一种内容广泛的中间组织形态,一端是等级制的权威协调式企业,另一端是自动协调的价格机制市场。在形式上表现为企业这只"看得见的手"和市场这只"看不见的手"之间的"握手"。在现实中,网络组织包括外包、战略联盟、价格联盟、卡特尔等众多内容。社会植根性又称嵌入性,最早由社会学家 Mark Granovetter 提出,认为一切经济行为都是嵌入或植根在人际关系网络中,并依赖于特定的社会关系和文化。产业集群不仅仅是一个从事区域专业化的聚集经济规模体,更是一个各主体之间存在复杂相互作用并有强烈文化同质和植根性的社会有机系统。首先,产业集群内部的众多主体具有多种身份。它包括一批对竞争起重要作用的、相互联系的产业和其他实体,还包括提供专业化培训、教育、信息研究和技术支持的政府和其他机构。其次,产业集群内众多主体和法人机构之间通过组成复杂的网络组织结构(广义的和狭义的),形成比市场稳定、比企业灵活的制度联系,在"合争"的战略组合中构成地方生产体系和区域创新系统,以应对后福特制时代对敏捷、定制和精益的要求。最后,网络组织具有

强烈的社会植根性特征,社会资本的质量和数量对产业集群的运行效率产生着重大影响。

四、产业集群的生产特征

(一)以"柔性制造＋持续创新"为本质内容的后福特制生产

由于产业群内集聚了大量的经济资源和众多的企业,一方面,高度集聚的资源和生产要素处于随时可以利用的状态,为产业群内的企业提供了极大的便利,降低了企业的交易成本;另一方面,大量企业的存在也使产业群内的经济要素和资源的配置效率得以提高,达到效益的极大化。产业群内自发形成的这种经济资源与企业效益的良性运作,增强了产业群适应外界变化的能力。使产业群具有开放经济形态不可比拟的柔韧性,造就了产业群持续繁荣的优势。现在的研究普遍认为,人类的社会生产迄今为止经历了单件生产、福特制生产和后福特制生产等三种形式,而其中第三种则是我们现在正在经历的并决定现代经济竞争力基础的生产范式。产业集群作为现代生产组织的一种重要形式和规模巨大的经济聚合体,必然要以后福特制生产形式作为自己的生产基础。而且更重要的是,现代意义的产业集群,有别于马歇尔笔下的传统的以福特制生产方式为基础的产业集聚现象,是作为后福特制模式的一种组织范例出现的,两者从本质上是一种水乳交融、互相依赖的关系。

(二)集群的组织特征——竞合网络特征

产业群内存在前向、后向和水平的产业联系的供应商、生产商、销售商、顾客之间的核心网络系统,这样便于网络内的各经济个体之间的相互交流、合作与竞争,虽然他们的出发点是纯经济联系,但通过合作、共同解决技术难题、创建"区位品牌",而使所有参与者都获利;竞合关系从企业角度上看,许多企业都把通过相互分包或加强同大型企业的联系等方式,建立密切的生产网络作为其主要的竞争战略。因而产业集群理论研究也就主要集中在合作与竞争的相互关系上。Enright(1996)认为,有关集群的合作与竞争不相容问题的争论是多余的。他认为,合作意味着企业有更多的机会去共享资产、营销和技能培训等方面的好处,但企业还得进行竞争,因为在市场中将遇到许多国内外竞争者。对企业而言,合作就是在向竞争者提供有价值的专用信息和得到大量资源之间的权衡问题;而对政策制定者而言,就是在无偏地支持合作和激励竞争促使经济增长之间的权衡问题。尽管波特的产业集群研究强调了竞争,但在他的产业集群理论中包含了许多有关合作的思想。这种企业间的竞争与合作,构成了产业集群模式的核心特征。

(三)集群的互补性特征

产业群内的企业既有竞争又有合作,既有分工又有协作,彼此间形成一种互动性的关联。由于这种互动关系的存在,形成了产业群内企业之间的竞争压力,潜在的压力有利于构成产业群内企业持续的创新动力,并以此带来一系列的产品创新,促进产业升级的加快。

第四节 产业集群形成的因素及效应

一、产业集群形成的因素

(一) 影响产业集群形成的理论因素

1. 产业集群的形成机理。基于古典经济学的观点对产业集群最早进行研究的是马歇尔。他指出,企业的区位集聚有三个原因:

(1) 劳动力市场共享:几个企业集中于一个区位,提供了特定的产业技能的劳动力市场,确保了工人较低的失业概率,并降低了劳动力出现短缺的可能性;

(2) 中间投入品共享:地方性产业通过产业的前后关联效应可以支持非贸易的专业化投入品生产;

(3) 知识溢出效应:信息的溢出可以使集聚企业的生产函数好于单个企业的生产函数,尤其是通过人与人之间的交流而促使知识的地方化溢出。

2. 韦伯最早提出聚集经济的概念,他在分析单个产业的区位分布时首次使用聚集因素。韦伯是在试图寻找工业区位移动的规律、判明个别影响工业区位的因素及其作用的过程中开始研究聚集问题的。他把影响工业区位的因素分为区域因素和位置因素,其中位置因素就包括聚集因素和分散因素,并在探讨影响聚集的一般因素中利用等差费用曲线来解释产业聚集的程度。韦伯还认为聚集之所以形成是因为各个工厂为了追求效益的增大、成本的节省而自发形成的,只有当工厂为追求聚集利润而迁移,且所增加的运费小于或等于迁移后聚集节约的成本时,换句话说就是只有当聚集点位于决定性等差费用曲线内或曲线上时,迁移才可能发生。如果能提供集聚好处的聚集点位于决定性等差费用曲线之外,意味着所增加的运费大于所节省的成本,此时工厂从自身利益出发是不会趋向于聚集点的。因此,他认为聚集的产生是自下而上自发形成的,是通过企业对聚集利润的追求而自发形成的。从这个意义上来说,集群的形成是不需要政府这种外部力量的。韦伯的聚集经济理论尤其强调了工业、企业在空间上的规模化,将聚集经济视为一种规模经济效益,或者说聚集能够享受专业化分工的好处。

3. 继马歇尔、韦伯之后的区域经济学家F·佩鲁的增长极理论也对产业集群的形成做出了解释。F·佩鲁认为区域的经济增长源于区域的增长极,区域增长极是位于某些区域或地区的一组扩张中的、诱导其区域经济活动进一步发展的一组产业,并通过产业的集聚效应促进区域经济的增长。增长极理论侧重于推动性产业集聚与经济增长的关系研究。保德威尔认为推动性产业能够导致两种类型的增长效应:一种是里昂惕夫乘数效应,它们通过部门之间的相互关系来发生;另一种是极化效应,当推动性产业生产的增加导致区域外其他活动产生时,这种效应就会发生。所以,当政府将某种推动性产业植入某一地区后,将产生围绕推动性产业的集聚,再通过乘数效应以及极化效应,就会导致区域经济的增长。增长极理论强调推动性产业的巨大作用,也强调政府和企业对推动性产业建立的巨大作用。这样的产业集聚强调的是一种自上而下的观点，政府在产业集聚的形成和发展过程中都担当着重要的角色。对产业集群研究最有影响的经济学家应该是迈克尔·波特，他提出了著名的钻石模型，并从经济竞争优势角度出发研究了产业集群的经济现象，从产业集群的诞生、发展和衰亡来探讨产业集群政策。他认为产业集群的形成是由于某地在特定历史情景下，形成了钻石体系的部分条件。从这种意义上说，产业集群是自发形成的，不过政府政策对产业集群的形成也有促进作用。因此，产业集群政策应以已经存在或正在萌芽中的，且已通过市场测试的新兴领域为基础，专注于取消妨碍集群形成和成长的阻碍，使产业集群的发展与升级更顺畅。波特还指出，产业集群一旦形成就会出现连锁反应，因果关系也很快变得模糊，整个流程大量依赖钻石体系中各个箭头的效能或回馈功能的表现。在一个健全的产业集群中，企业数目达到最初的关键多数时，就会触发自我强化的过程，但产业集群的发展要兼顾深度和广度，通常需要十年甚至更长的时间。因此，政府不能试图创造全新的产业集群，新的产业集群最好是从既有的集群中培养。波特在探讨产业集群衰亡的原因时把它们归结为两个方面的因素：一方面是内生的，源自地方本身；另一方面是外来的，因为外部环境持续或中断发展所造成的。因此，政府应该着眼于改变集群政策的僵化模式，并不断地引入新思维，防止产业集群成员的集体思考模式的僵化，政府还可以从其他地方引进新技术或购买能力、引进人才，促进本地产业集群的创新，从而促进其升级与变迁。波特的思想不仅成为产业集群研究的典范，也成为国家和地方经济政策制定者的经济发展良药。

（二）产业集群形成的动因

1. 自然资源可以成为引发产业集聚的一个重要诱因。在产业集聚区形成的过程中，自然资源也存在着一定的影响，起到了一个基础性的作用。良好的自然条件能够使企业降低运输成本和迅速获取市场信息，这些好处吸引中小企业倾向于在有利的地理位置上集中，从而成为产业集群形成和发展的诱因。马歇尔认为，"许多不同的原因引起了工业的地区分布；但主要原因是自然条件，如气候和土壤的性质，在附近的矿山，或是水陆交通的便利"。因此，金属工业一般是在矿山附近或是在燃料便宜的地方。自然资源对特定集群的存在有重要的作用，这种影响即使在直接作用消失之后也仍然存在。具体表现为：自然资源是某些产业集群(特别是资源型产业集群)形成的基础。自然资源在资源型产业集群的形成和发展过程中起到了根本性作用，这是因为：

（1）其原料指数较大，如金属矿石；

（2）某些自然资源属于局地原料，具有鲜明的地方特色。如名贵稀有中药材、稀有金属等；

（3）除了运输成本较高之外，某些局地原料远距离运输较为困难或者不经济，如新鲜蔬菜、水果等。

2. 集聚经济优势影响产业集群。集聚经济优势主要来源于两个方面：基于知识集中与外溢的技术型外部性和基于市场供求联系的金钱型外部性。集聚经济优势主要强调了专业化分工、规模报酬递增、消费多样化与产业空间结构的关系，认为现实中的区域经济发展必然表现出"块状式"的非连续和突发性过程，经济系统的内生力量是影响经济活动差异与区域产业集群出现的主要原因。

(1) 技术型外部性与产业集群。著名经济学家熊彼特(1939)认为,创新不是孤立事件,并且不在时间上均匀地分布,而是相反,它们趋于群集,或者说成簇地发生,这不仅是因为创新不是随机地均匀分布于整个经济系统,而是倾向于集中在某些部门及其临近部门。这是由于技术创新的出现,必将引起技术的扩散,而技术创新扩散的过程还受到空间范围的限制,也就是说,地理位置上靠近技术创新点的企业比较容易获得新技术,因此,很多企业为了能够得到率先使用新技术的优势,就会不断靠近技术创新源点,并围绕技术起源点的一定空间范围而形成集群现象。技术和人才是产业集群,特别是高科技产业集群形成和发展的基础。通过对国内外高科技产业集群的研究发现,大部分高科技产业集群都与高等院校或科研单位有密切的联系。对传统制造业产业集群来说,技术和人才同样扮演着重要角色。总之,从基于知识集中、创新与外溢的技术型外部性对产业集群形成和发展的解释,强调了厂商间生产函数或技术的相互依赖,是一种非市场性的相互作用效应,这种效应直接作用于厂商的生产函数,改变厂商的边际生产成本,有利于产业的集聚。

(2) 金钱型外部性与产业集群。金钱型外部性是指在市场价格的调节下由供求经济联系而产生的效应,金钱型外部性主要由本地市场效应与价格指数效应构成。金钱型外部性是指一个企业是某个行业的一部分,当整个行业增长时,企业为它投入的生产要素支付的市场价格降低而使企业的单位生产成本减少,这时候就存在金钱型外部性。在这种新经济地理学理论视角下,产业集聚来源于厂商和消费者之间的相互需求,产业的空间秩序并不是先天形成的,所观察到的产业空间形式并不是确定的空间经济问题的唯一"解",早期的偶然事件必然会影响产业的区位选择,产业集群的形成本身可能是一个历史的偶然。

(3) 厂商异质影响产业集群。标准的新经济地理学认为,产业集群的形成与发展主要是由于地方市场需求所诱发的循环累积机理的作用,但是,绝大多数新经济地理学理论模型却把生产厂商假设为对称的同质性。实际上,在现实生活中,厂商之间的规模相差很大,由此,它们的生产率也相差很大,不同规模的厂商有不同的区位选择行为,不同的相关活动倾向于集聚在不同的地方,从而导致产业集群的出现与发展,按照厂商同质性假设的逻辑,在最终均衡时,不仅同一区域之中的集群企业都具备相同的成本结构和知识基础,而且由于跨区域网络的存在,不同区域之间的集群企业的成本结构和知识基础也应该是相同的。但在现实生活中,由于厂商异质性的影响,不仅不同区域之间的集群企业的成长性具有显著的差异性,而且同一区域之中的集群企业的成长性也存在着显著的差异。集群内的异质的企业,可以通过多种途径进行合作,使企业生产系统的内力和企业外部资源的外力有效地结合起来,达到资源共享和优化配置,从而降低企业的生产成本,形成一种企业集群的邻近效应和社会效应,提高区域的整体竞争力。

(4) 政府的作用影响产业集群。在配置资源的过程中,市场是一只"看不见的手",政府是一只"看得见的手",两只手的结合使用是现代市场经济的特点。而政府在市场经济中履行职能的一般理由是市场失灵,市场的失灵为政府职能作用的发挥提供了依据和空间。政府在促进产业集群可持续发展方面的功能体现在:第一,发起或推动网络中介和仲裁服务,例如发起或推动行业协会、制定参与行业规则的制度、提供正式或非正式的知识交流场所和机会等;第二,创造一个鼓励创新和不断升级的氛围,设立和发展促进集群技术研发的竞争项目及计划,加强与科研院所的联系,以期攻破集群可持续发展的技术难关;第三,发挥与区外知识、信息交流的促进者和协调者的作用,提高集群与市场的对接能力;第四,作为区域代理人,实施区域整体营销,构建和维护区域品牌形象;第五,保证产业集群的开放度,降低集群的进入与退出壁垒,使企业能够自由进入或退出,这是防止集群成为孤立的、内向的系统,保证产业集群持续创新能力的关键。

二、产业集群的集群效应

产业集群是当今世界经济中颇具特色的经济组织形式,它表现为在某一特定领域中(通常以一个主导产业为核心),产业联系密切的企业以及相关支撑机构在空间的集聚。集群内的企业通过共享基础设施和市场及技术信息,创造良好的产业软环境,形成完善的创新体系,从而促进产业的发展,带动区域产业结构优化升级,是区域竞争力的重要来源。产业集群之所以能够具有如此大的促进经济发展的作用,关键就在于它本身所特有的集群效应。

（一）外部规模经济效应

产业集群的重要特点之一,就是它的地理集中性,即大量联系密切的企业以及相关支撑机构相互集中在特定的地域范围内。正因为这种产业地理位置的集中,在集群内的企业可以共享各种基础设施、专业信息资源和市场网络;共同利用某些辅助企业,包括提供零部件或中间产品、加工下脚料或废料,以及提供生产性服务的辅助企业,节约生产和运输成本;可以面对面交谈,从而增加了解与信任,并互通情报,减少信息搜寻和交通成本;可以促进技术创新,加快知识的扩散等,由此产生了外部规模经济效益。

（二）专业化分工效应

在产业集群内,大量的企业相互集中在一起,企业间形成密切而灵活的专业化分工协作关系。集群内按照产业链的上下游关系,各企业间分工明确。而且随着产业的发展,进一步促进了生产性专业化,原来内化在集群龙头企业中的生产性服务逐渐垂直分离出来,形成新的企业集聚在原主导企业周围进行配套的专业化生产服务。同时各企业与服务单位及政府机构在一起,共同构成了一个机构完善、功能齐全的生产、销售、服务、信息网络,从而形成专业化的生产和服务。

（三）集体效应

在产业集群内,企业与企业之间既有激烈的市场竞争,又会进行多种形式的合作,彼此间形成了一种互动性关联,企业可以在培训、金融、技术开发、产品设计、市场营销、出口、分配等方面,实现高效的、网络化的互动和合作,以克服其劣势方面。这样企业与企业之间可以缓和经济利益的冲突,减少交易过程的障碍,从而获取集体效率,实现共赢。此外,采取合作竞争的方式,也有助于企业建立战略联盟和伙伴关系,实行灵活的专业化生产。

(四) 溢出效应

在产业集群中,由于地理接近,企业间正式与非正式交流十分密切。这有利于各种新思想、新观念、新技术和新知识的传播,由此形成知识的溢出效应,获取"学习经济",增强企业的研究和创新机制。随着企业的不断创新,会引发产业的技术进步,进而实现产业升级与优化。

第五节 产业集群政策

如何走出一条有中国特色的高效率的新型工业化道路,需要研究具体的产业发展形态。其中,产业集聚是一个需要引起足够关注和重视的问题。学者们就产业集聚现象提出了丰富的理论和政策研究素材,这里我们着重提出几个从政策层面需要考虑的问题。

一、合理引导产业集聚发展,增强区域产业竞争力

我国已经进入产业集聚与产业竞争力密切关联的阶段。产业集聚是市场经济条件下工业化进行到一定阶段后的必然产物,是现阶段产业竞争力的重要来源和集中体现。从国际范围看,产业集聚是工业化进程中的普遍现象。在工业发达国家,竞争力强的产业通常采取集聚的方式,一类产品与某个城市的名字联系在一起。如在美国,底特律的汽车、西雅图的飞机、硅谷的电子产品等。美国哈佛大学以研究竞争战略而著名的迈克尔·波特教授,在《国家竞争战略》一书中,通过对各工业化国家的考察,提出一个国家的产业竞争力集中表现在这个国家内以集聚形态出现的产业上;成功的产业集聚需要十年甚至更长时间才能发展出坚实稳固的竞争优势。从国内一些产业集聚区的历史看,在起步阶段也曾经历过"村村点火,处处冒烟",到一定阶段后,才向特定区域集中,分工协作体系逐步深化。目前已经可以观察到这样的趋势:就同类产品而言,采取产业集聚方式的那些地方的竞争力,显著地强于没有采取这种方式的地方,而且出现了其他地区的企业向产业集聚地区转移的趋势。如果说以前产业集聚与产业竞争力相关度还不高的话,那么现在和今后一个时期,这种关联度已经并将进一步增强。对大多数产业特别是制造业而言,在具有产业竞争力的地方,总是存在有一定形态的产业集聚。而没有形成产业集聚的地方,或者没有产业竞争力,或者曾经有过也会衰落下来。由此可以考虑引出的一个基本判断是:我国已经进入产业集聚与产业竞争力密切关联的阶段,而且这种关联将随着时间的推移逐步加强。研究产业发展一定要有产业集聚概念,这是上一个判断的逻辑推论,但实践含义要更强一些。不论全国还是某个地区,产业发展都不是抽象概念,而是要具体地落实在某个具体区域。当产业集聚与产业竞争力有了密切关联后,如果某区域并不具备某个产业集聚的条件,却强行要上这种产业,那么失败的概率将大大增加。也就是说,当产业竞争力对产业集聚形成依赖后,区域产业发展中出现一种新的盲目性的可能性也大大增加了。而在产业集聚发展迅速的地区,地

方政府负责人则是另外一种思路,他们能够明确地强调发展哪一类产业,甚至是某一类产业中的某个环节,自觉或不自觉地接受了通过产业集聚增强产业竞争力的逻辑。

二、制定合理的产业集聚规划政策,促进集群创新

产业集聚的形成基本上是一种内生现象,所以,这方面的政策主要是一种支持性的。

(一) 集群政策设计的原则

政府集群规划的理论基础在于弥补市场失灵和制度失效,其目的是加强企业之间的知识网络和联系,满足企业的各种需要。与传统的产业规划相比较,集群规划更多地注重企业之间和企业与外部环境的战略联系,要求更多地向内审视自身的条件,以在经济全球化的趋势下取得国际竞争优势。由于集群规划目的、产业集群类别、集群类型、集群参与者等各种因素的影响,在经济合作与发展组织中采用的集群政策有着显著的不同,不同的政策只是说明在此方面没有"最好"的政策,也不存在一种政策能够满足所有的集群及集群内企业的需要,各种政策工具需要组合使用,以促进集群的健康发展。虽然不存在最好的,但从各国实践中,关注集群发展的学者还是得出了以下几个用于集群规划的指导性原则:

1. 政府必须以现有的或者是新兴的集群为前提制定相应的规划,而不能刻意创造产业集群。创造产业集群将会导致重复建设,破坏现有的市场结构和企业的竞争能力。由于参与者及相互联系的多样性和复杂性,产业集群是一个复杂的有机系统,试图通过政策来创造一个复杂系统几乎是不可能的。因此,政府最好是间接参与到产业集群的创建过程中,而不是主导集群的发展。

2. 集群政策的目标应该是鼓励集群内企业的合作和网络化,提供更好的公共计划和投资。市场失灵和制度失效会导致公共物品供给不足,集群规划的重点应放在为需要和有潜在需要服务的企业(不论企业是否在已存在的集群中)提供尽可能完善的服务,尤其是提供信息,建立交流的渠道和对话的模式。

3. 让企业成为集群的主导者,公共部门和政府只成为集群的催化剂和润滑剂或者桥梁。

4. 对于治理市场失灵要有明确的目标,并根据实际的情况组合使用各种措施。政府政策的信息要能够很顺利地到达需要了解这些信息的企业及其成员中。

5. 促进建立集群内企业的供应联系。

6. 帮助建立集群内部企业的学习链,加快知识在集群内的扩散,促进整个集群的升级。

7. 做好集群内的各种信息收集和评价工作,尽量少干预企业的事务。

8. 做好集群的外部宣传工作,吸引外部投资。

(二) 促进创新的政策工具

集群规划的目的是从整体上提高集群内企业的竞争力。在一个技术进步不断加快、产品生命周期日益缩短的变化的市场中,提高竞争力、取得竞争优势的唯一方式就

是不断地创新,因此,集群政策的很大一部分就是鼓励和促进集群内企业的创新。从经济合作与发展组织各国的政策实践来看,所选择的政策工具及其组合有明显的差别。这既反映出各国政策制定者的偏好,又与各国的经济、文化和社会传统以及所涉及的具体集群有关。一般而言,工具的组合使用还应当考虑以下几个因素:

1. 各种工具需组合使用,单一工具很难达到目标。
2. 易为企业获悉和使用。
3. 增加企业之间的联系。
4. 不会增加企业的负担。
5. 工具以不超出弥补市场失灵为限。

(三) 优化生产要素资源配置,为产业集聚创造条件

生产要素配置效率是生产能否进行和形成生产成本优势的重要前提,除一般意义上的资金和劳动力外,还包括企业家资源。

1. 资金的供给。企业集群中的中小企业由于主要靠自身资金的积累,通过银行获得贷款的难度较大,资本市场融资对于发展中国家而言更难,因此公共政策的一个重要方面就是设法将金融机构和企业集群发展融为一体。如在"第三意大利",本地银行系统的信贷原则建立在"诚信"的基础上。由于企业集群间的企业形成相互依赖的网络结构,任何一个企业对银行的一笔坏账都会对企业的名誉产生不利的影响。即使企业贷款的条件放松,但还债的责任心一点也不减弱。除银行信贷外,在政府的倡导下,还可设立产业发展基金和风险投资基金,对中小企业,特别是高科技中小企业进行扶持,使企业和本地机构(包括金融、行业协会、个人和其他团体)共同分担高风险、高投资,也分享高收益、高回报的超额利润,如在美国硅谷,风险基金和产业基金是集群发展的一个重要因素。

2. 本地劳动力市场形成。本地研究人员、工程师和技术人员对于每个企业,特别是高科技型企业技术创新的形成和发展非常重要,而且地方劳动力市场具有高流动性的特点,劳动力的高流动率加快了知识和技术的传播和扩散,增加了创新的机遇。技术创新是企业集群持续发展的推动力,因此公共政策不仅要完成单个中小企业难以承担的劳动力素质教育和培训活动,而且还可以通过本地的"极化"效应吸引更多的技术劳动力,满足企业对劳动力的数量和质量的要求,形成本地劳动力市场,如北京中关村科技劳动力市场约二十万从业者,高素质的技术和研究人员大部分来自园内 73 所高校和 232 个研究所,同时也吸引了全国各地大中专毕业生来中关村工作,进一步推动了区内外知识技术等要素流动和组合创新。

3. 企业家精神的培育。微观经济学一般把企业家当成是充分供给的,而实际上企业家是一种稀缺资源。企业家在创造和引进新的生产方法、介绍新产品和新的工业组织形式、开辟新能源及新市场等方面作用巨大。集群发展充满活力的一个重要原因,就在于不断创造和形成企业家,因为在企业家的培育和形成中,集群内的产业文化氛围起着相当大的作用,政府、机构、企业乃至整个社会环境应形成一种创业文化,而这需要企业集群中各个节点的共同努力。硅谷成功的经验之一就是硅谷内独特的创业精神:区内几乎每个人都有勇于冒险、不断进取的创业精神,每个人都努力创办新公司,都想成

为百万富翁，否则就被视为异类。而且创业精神是一种典型的隐含性知识。只有通过地理接近的正式和非正式交流，才能得以培训和发展，新企业的衍生和一些老企业的倒闭，才是企业集群有竞争力之所在。

（四）以工业园区为载体，促进产业集聚发展

工业园区是一个国家或地区为吸引外资、引进技术和发展对外贸易而设置的实行优惠政策的特殊区域。依其运作的形式和发展重点的不同可分为出口加工区、投资促进区、科技工业园区、经济技术开发区、保税工业区、多功能综合性经济特区等类型。工业园区作为区域经济发展的新亮点，如雨后春笋般地兴起，不少工业园区取得了良好的经济效益，甚至成为区域形象工程。

1. 应高度重视工业园区的区位选择与产业定位。工业园区的发展有赖于企业间协作，因此，要构建和发展工业园区，就必须从产业关联性的角度去考虑特色工业园区的产业定位和集群。

2. 以产业集聚的机理来组建工业园区，积极探索工业园区发展的多种模式。工业园区可以是围绕大企业提供配套服务而形成的共生圈，也可以是中小企业"抱团成堆"。

3. 发展工业园区应充分发挥产业集群科技孵化器的作用，培育科技创新网络孵化器就如一个"鸟巢"，一项新的创意进入"鸟巢"成功地孵化成为"小鸟"。

4. 完善工业园区产业集聚的相关政策，集群的竞争优势来源于拥有成员的资源和集群的结构方式，在集群的结构中形成了资源整合的协同效应。

政府机构应该以集群整体来看待区域集聚的企业群，培育高级资源要素，优化集群结构。尤其在人力资源开发和技术资源的培养方面，应通过有意识地培训和引进加强资源上的优势；适当引导集群的规模调整，增强集群总体的生产能力和市场占有率，扩大集群的影响力；在集群的形成和发展过程中，政府应引进产业内极具竞争力的企业或一些公共机构、智囊团体，改善集群的结构。在群内企业行为方面，政府应积极引导，规范竞争，促进合作。集群由众多独立自主决策的企业（包括各种中间机构）组成，总的来说，集群很难作为独立整体进行运作，然而集群可以制定共同的规则，使竞争更加透明化。政府部门应建立专门的中介服务机构以协调和解决集群中可能出现的问题，及时公布与行业竞争相关的信息，发挥竞争对于创新的积极作用。这些机制不是直接控制成员的决策行为，而是通过保持成员利益的一致性来规范企业的竞争行为。在促进群内企业的合作方面，主要是促进互信互惠的企业关系的形成。合作的基础是双方的信任，加强企业间的接触和交流有利于信任关系的建立。互惠是合作关系得以维持和发展的关键，建立在互惠之上的合作才具有持久性。政府可以通过对于集群行为的规范和合作报酬机制的设定平衡企业间的利益，达到企业在合作中的互惠互利。

对于群内企业，面对集群竞争的新竞争形态，个体企业也不是"无为而治"。在新的竞争形态下，两种不同的因素影响企业能够从集群中获取的价值：一是影响集群利益的因素；二是企业分享这些利益的影响因素。群内企业管理者不仅需要关心自己的利益，也要留意集群中其他企业的利益。此时，政府不仅要考虑集群赢得集体利益的可能性，同时也要认识到企业在集群中扮演的角色。

复习思考题

1. 从产业布局研究的视角来看,产业集群具有哪些基本特征?我国的"块状经济"是否具备了上述特征?
2. 产业集群研究的主要理论流派有哪些?请说明它们的主要观点。
3. 产业布局合理化有什么意义?
4. 试比较迈克尔·波特与保罗·克鲁格曼的产业集聚理论的异同。
5. 产业集群有哪些效应?
6. 如何理解产业集聚的根植性,对企业组织有何积极作用?
7. 集群内企业的生产成本优势表现在哪些方面?
8. 产业集聚为何能产生创新优势?
9. 制定产业集聚规划政策应遵循哪些原则?
10. 有些学者认为,产业集聚是市场自组织形式的结果,政府政策不应有所作为。请阐述你的观点。

第十三章 网络组织

学习要点

1. 了解网络组织形成的理论基础及未来研究方向。
2. 理解网络组织的内涵、形成动因。
3. 理解网络组运行机理及治理机制。

第一节 网络组织概述

一、网络组织形成的理论基础

(一) 分工与专业化理论

亚当·斯密的劳动分工理论认为,劳动分工会带来专业化,专业化有利于机器的发明与采用,提高劳动者的技巧,是提高劳动生产率、增加国民财富的源泉。同时,分工和专业化也是企业产生的必要条件,即当产品的市场交易效率低于用来生产产品的劳动的交易效率时,企业会因分工的内生演进而产生。马克思将社会分工划分为产业分工、企业间分工、企业内分工三种形态[①]。而企业间劳动和生产的分工与专业化正是网络组织形成的理论依据之所在。分工与专业化促使网络组织具备单个企业或是整个市场所没有的效率优势,同时网络组织这种中间性组织形式又反过来深化分工与专业化程度。随着分工与合作关系的不断扩大与加深,网络组织会得到进一步发展。

(二) 资源依赖理论与社会结构理论

资源依赖理论认为,获取生产经营活动所需的资源是网络组织形成的主要原因。在开放的系统中,企业间相互依赖的网络导致了对企业间作用的约束,企业要想获得生产所需的资源就必须与外部环境交互作用,在企业间建立合作关系,使具备各自优势资源的企业能够相互支持与补充,形成一种相对稳定且持续的资源流动方式。网络组织保证了企业生产活动所需资源的外部获取,同时也强化了企业自身的优势。

---

① 马克思在《资本论》中首次将分工划分为自然分工和社会分工,认为自然分工可进一步分为性别分工和地域分工两种形态,社会分工包括一般的分工(产业分工)、特殊的分工(企业间分工)和个别分工(企业内分工)三种形态。马克思:《资本论》第一卷,中国社会科学出版社1983年版,第389—392页。

社会结构理论则从网络关系的角度研究网络组织的形成与发展,认为企业现有的网络关系会影响其未来的机会集,企业形成新关系的能力受它在以前的网络组织中所处地位的制约。

(三) 交易成本理论

交易成本包括寻找市场成本、谈判成本,以及拟定、执行、监督合同履行等方面的成本,这一概念最早是由科斯(Coase,1937)在其论文《企业的性质》中提出的。通过引入交易成本,科斯解释了市场和企业这两种组织形式的形成及演变缘由,将企业的边界定在市场交易成本与企业内部管理成本相等的地方,认为市场和企业是由交易成本决定的两种可相互替代的经济活动的组织模式或制度安排。钱德勒将企业科层制组织比喻为"看得见的手",他在基于技术依赖角度研究企业存在的原因之后,指出当管理协调的单位成本低于市场交易成本时,市场组织这只"看不见的手"就会被企业科层组织这只"看得见的手"所替代。拉森(Richard Larsson,1993)则遵循亚当·斯密和钱德勒把市场与企业称作"看不见的手"和"看得见的手"的隐喻,进一步将组织间协调即网络组织形象地称为是"握手"。并建议用市场、网络组织等组织间协调及科层制组织的三分法代替传统的市场组织与科层制组织两分法。威廉姆森(Williamson,1975)在科斯交易成本理论基础上,引入交易的三重维度——资产专用性、交易频率、不确定性来对不同的交易范式加以界定,解释了不同交易类型与制度安排之间的关系。认为当资产专用性、交易频率、不确定性程度均较高时企业是有效的组织形式,当这三个交易维度处于低水平时,市场是有效的组织形式,而当交易维度处于这两者之间时则应采用中间性组织形态。威廉姆森论证了网络组织作为中间性组织的存在及意义。网络组织作为一种介于市场组织和科层制组织之间的中间性组织形式,具有区别于市场和企业的特性,是一种为了获得成本最低的制度安排。网络组织成员在节约交易费用的同时,能在一定程度上享有一体化组织具有的规模经济、范围经济和分散风险的经济性。

二、网络组织的概念

网络组织是一种适应时代与社会环境发展要求的新型组织形式,被誉为 21 世纪最有效率的组织模式。虽然网络组织因其具有市场和科层组织所不具备的竞争优势,日益成为学术界研究的热点问题,但纵观国内外的研究可以看出,网络组织是一个发展的概念,现有文献并没有形成"网络组织"这一概念明确统一的定义。学者们对网络组织的定义基本可以归纳为以下三类:

1. 从组织建制角度,把网络组织定义为适应动态变化环境并更具柔性和灵活性,以完成特定使命的组织。

2. 从行为学的角度,强调网络组织中各成员之间的交流与协作关系,将网络组织视为一种由不同企业组织构成的复杂多样的社会联系模式。

3. 从战略观点的角度,认为网络组织是相互独立的组织基于共同的战略目标而建立的长期战略安排。

基于网络组织的本质特征,我们认为,网络组织是以新信息技术为基础、由多个独立个体或群体组织为结点、以复杂多样的纵向或横向经济联系为纽带而构成的介于企业与市场之间的一种中间性组织形态。具体而言，网络组织的含义可以从以下四个方面来理解：

1. 网络组织建立在知识经济时代下形成的新的经济、技术、社会平台上，是企业自身适应动态经济环境和战略发展需要的产物；

2. 网络组织是一种具有自相似、自组织、自学习与动态演进特征的边界模糊的柔性组织系统。

3. 网络组织内各成员之间跨越企业边界进行资源整合，以形成网络组织整体竞争优势、实现成员共同战略目标为宗旨。

4. 网络组织各成员之间存在着复杂的竞争与合作关系。

三、网络组织的特征

网络组织作为一种企业成员之间具有竞争与合作关系的中间性组织，其基本特征主要包括以下五个方面：

1. 网络组织是介于企业与市场之间的一种制度安排。科斯（Coase）将企业和市场看作是由交易成本所决定的两种组织经济活动的基本模式或制度安排，认为企业和市场是经济组织制度的两极，是相互竞争替代、协调生产的手段。市场通过价格机制配置资源，以节约组织成本，尤其是代理成本为要约。企业通过科层制组织调节的方式配置资源，以节约交易成本为要约。而网络组织则以价格机制和科层组织混合调节的方式来配置资源，超越了传统科层制组织的有形边界，形成跨企业的组织架构，其运作成本也表现为交易成本和组织成本的混合。网络组织可以划分为以契约管理为主的组织结构和以产权管理为主的组织结构。契约型网络组织接近市场组织形式，成员企业之间以契约作为纽带，彼此之间的关系较为松散，如分包制、企业集群等；产权型网络组织接近企业集团组织形式，网络组织内居于主导地位的核心企业通过参股的方式进行协调，成员企业都是独立核算、自主经营、自负盈亏的独立法人。因此，网络组织可以被视为一系列处于市场和企业之间的制度安排。

2. 网络组织中的成员企业行为由相互之间的经济联系所决定。网络组织成员为实现共同的战略目标，彼此之间建立起紧密程度不同的经济联系。这种合作关系一旦建立，企业的行为将不再仅仅由供求关系所产生的价格机制或企业内部的行政计划和权威所决定，而是会受到网络组织总体战略目标、企业间合作方式等因素的影响所制约。虽然网络组织内各成员企业之间不一定存在隶属关系，但基于相互之间的经济联系而承担的组织角色和任务规定了成员企业新的权利与义务，从而对企业行为产生了新的约束，影响着成员企业的行为。

3. 网络组织具有增值性。网络组织的价值在于降低交易成本，消除价值链中无效或低效率的环节，同时增加整个产品和服务的价值，带来组织整体价值的提升。网络组织的增值性是成员企业间建立合作关系的主要动因。网络组织通过产生的规模经济效益、范围经济效应和集聚效应实现其整体价值大于所有成员企业价值的简单加总的目标,使成员企业获得比单个企业独立运营时所产生的更多的价值,甚至是单个企业独立运营时无法获得的利益。

4. 网络组织具有开放性、自学习性和自组织性。网络组织的形成和发展是一个自组织过程,是具有自适应、自调节能力的自然演化过程的结果。网络组织通常处于十分复杂、动态变化的运作环境中,当组织不再与外部环境相适应时,企业经营者就必须不断地根据外部环境的变化做出相应调整。因此,自学习性是网络组织生存和发展的重要源泉,网络组织要想获得长足发展就必须保持开放性和自学习性,具备通过自我学习、自我管理和自我适应而形成的一种能够适应动态变化环境的学习能力。

5. 网络组织具有动态性和灵活性。网络组织是建立在共同目标上的联盟,会随着市场环境的变化而进行调整,其在组织形式和运作过程等方面呈现出动态性和灵活性特征。网络组织作为一种由个体或群体组织为了实现特定的目标或项目而构成的超组织模式,通过利用信息网络技术,动态地集合和利用资源,并根据运作进程、项目进展或目标完成情况不断调整网络组织结构,以满足生产服务的新要求。一旦网络目标完成,网络组织便可以宣布解散,或依据新的目标调整组织成员,构建新的网络组织结构。因此,网络组织是活性结点的动态组合,其边界具有模糊性和时变性,组织结点通过灵活多样的合作形式,如股权参与、签订合作协议或口头承诺等,建立合作关系,并随着网络组织的目标及运行进程进行增减调整。

四、网络组织的作用

(一) 理论意义

网络组织理论研究是伴随着经济学家对企业本质的研究而发展起来的,其研究内容主要侧重于网络组织的生成机理以及经济学解释等理论问题上。关于网络组织的理论研究有利于产业组织理论的进一步发展。以交易成本为基石的新制度经济学是网络组织性质研究的主要思路,而引入交易费用理论的产业组织理论对新制度经济学的理论体系、基本假说、研究方法和研究范围作了系统阐述,彻底改变了只从技术角度考察企业和只从垄断竞争角度考察市场的传统观念,为企业行为研究提供了全新的理论视角,将研究重点深入企业内部,从企业内部产权结构和组织结构的变化来分析企业行为的变异及其对市场运作绩效的影响,对产业组织理论的深化起到了直接的推动作用。

(二) 实践作用

网络组织作为介于市场和企业之间的中间性组织,具备市场和单个企业所没有的竞争优势,对经济效益的提升有着十分重要的积极作用。

1. 网络组织是降低成员企业间交易成本的有效组织形式。威廉姆森(Williamson)从交易频率、交易的不确定性、资产专用性这三个交易维度来分析每一项交易成本的大小,指出不同的交易需要有相应的治理结构来匹配。网络组织正是企业为实现生产和交易成本的最小化而选择适当的交易模式和治理结构的结果。与市场组织的交易相比,网络组织成员之间的交易关系具有持久性和稳定性等特点。这种相对持久且稳定的交易关系为成员企业之间持续有效的信息沟通与共享、相互信任以及合作关系提供了保障,节约了谈判、拟定、执行协议的时间、精力和成本,同时能够简化冲突协调的过程,减少由于契约、规则、制度的不完备所造成的相互推诿、机会主义行为等带来的损失,增加关系性专用资产投资的激励,降低总体交易成本。

2. 网络组织是增加成员企业交易收益的有效组织形式。网络组织在复杂多变的市场环境中能够促进企业间的相互协作、降低运营风险、促进企业创新,形成协同效应,提高成员企业的市场竞争优势,为其带来交易收益的增加。网络组织是一个由众多拥有不同技术水平、价值观念和社会心理的企业融合到一起而组成的动态活性系统。该系统中各成员企业之间具有显著的差异,为企业彼此之间进行知识的学习与交流创造了良好的环境。这种双向互动式的学习与交流环境正是提升企业创新能力的基础,网络组织内企业间高频率的互动学习能够有效提升企业开展技术创新、管理创新和产品创新的能力。网络组织超越时间与空间的限制,突破了企业组织边界,形成企业间的相互协作、整合及价值的共同创造与分享,为各成员企业将有限的资源专注于自身特定的核心领域提供可能,使得企业能够进行不断改进技术水平和生产方式,提高经济效益,获得因从事专业化运营所带来的利益增值。同时,网络组织特有的协调运作功能使其具有高度的柔性与弹性,能够对环境的变化做出灵活的反应,迅速适应市场变化的要求。

3. 网络组织是实现规模低成本扩张的有效组织形式。网络组织能够为成员企业带来规模经济效应。不同于单个企业规模的扩大,网络组织规模的扩张不再是自有资源的扩张,而是通过建立合作的方式,充分利用所有成员企业拥有的经营资源,实现企业的产品开发、生产、销售、管理等功能的扩张。也就是说,网络组织有效地突破了设施、组织和机构等传统实物性扩张方式的限制,运用生产、销售、研发等功能性扩张方式实现组织规模的低成本扩张,形成规模经济优势。

4. 网络组织是实现资源优化配置的有效组织形式。网络组织内企业间的合作关系能够实现资金、设备、技术、人才等要素资源的合理运作,成员企业间优势互补,避免重复建设,以达到优化资源配置的目的。市场机制是依据企业之间的竞争关系分配资源的,科层制组织则是根据企业组织目标来进行资源配置,网络组织因其打破了传统层级制组织的控制体系,且各成员企业间具有较高的信任程度,使得企业之间的合作行为能够更加便利地开展,信息等重要生产要素的流动更加便捷,知识在企业内部的积累和成员企业间的扩散更加迅速,从而有效提高资源利用效率,实现资源的优化配置。

5. 网络组织是深化企业间分工和专业化的有效组织形式。随着市场需求环境的不断变化,产业技术复杂程度也大大提高,单个企业必须将有限的资源专注于某一特定领域,通过专业化运营才能获得自身的竞争优势。但是企业间的分工和专业化往往会带来交易和协调等方面的问题,而网络组织特有的协调和价值整合功能可以有效地解决这一问题。通过网络组织的协调、整合与价值创造和分享,为各成员企业的分工和专业化提供效率保证机制,使得成员企业能够专心于各自的专业领域,不断创新,提升生产技术水平,促进经济效益的提高。

五、网络组织的构成要素与类型

(一) 网络组织的构成要素

网络组织的构成要素一般包括网络目标、网络结点、结点联结、运行机制、网络协议等五大要素。网络目标是网络组织存在和发展的基础与动力;网络结点是构成网络组织的基本要件,其通过一定的联结方式建立有机联系的网络架构;运行机制和网络协议则是网络组织有效、稳定运行的重要保证。

1. 网络目标。战略目标是任何组织形成、运作、发展的行动指南,网络组织也不例外。网络目标来源于企业目标,又高于企业目标。它作为网络组织存在的基础和发展的动力,引导、协调合作各方的经济行为,整合网络结点具有的有形与无形的战略资源,同时培养成员企业的核心能力与创新能力,使得成员企业的中心业务具有较高的一致性与契合度,彼此能够携手共同实现仅靠单个企业无法完成的网络目标。

2. 网络结点。网络结点是网络组织形成的基本要件,可以是独立企业,也可以是诸如学校、科研机构等社会服务组织。结点具有决策和信息处理能力,其对网络组织价值的贡献是它们在网络组织中地位与权威的重要依据。依据结点在网络组织中位置的不同可以分为中心结点和非中心结点。依据性质的不同,结点分为同质结点和异质结点。同质结点功能相同或相近,具有替代性特征;异质结点功能差别明显,具有差异性特征。因此,同质结点间的合作主要表现为竞争性合作,即竞合关系;异质结点间的合作则多为互补性合作,即和合关系。网络结点为网络组织提供核心资源与关键技术。

3. 结点联结。网络组织是根据网络目标,通过一定的信息沟通方式和相互作用路径将网络结点联系起来,形成的有机联系的网络架构。结点联结方式具有多样性,从传统的资本纽带、产权关系、法律、契约协议,到信息交换、信任、感情、共同的价值观等都可以成为结点联结的桥梁。不同的联结方式决定了不同的结点间关系以及网络组织的性质。目前,契约性联结与资本性联结是两类主要的结点联结方式。在松散型网络组织中契约型联结占主导地位,如虚拟企业、企业集群等组织中多以合同、协议等经济性合约建立合作关系。在紧密型网络组织中则主要表现为资本型联结,如企业集团以股权参与为主要联结方式。

4. 运行机制。建立科学合理的运行机制是网络组织有效运行的重要保证。良好的运行机制对合作成员的行为具有约束、协调与激励作用,在合理的网络结构基础上,建立信任机制、决策机制、激励机制、分配机制等运行机制能够有效维护网络组织的稳定运行。运行机制的缺乏会导致企业行为紊乱,扭曲网络组织的经济活动,不利于网络目标的实现。因此,运行机制是网络组织运作过程中不可或缺的调节器。

5. 网络协议。网络协议是网络结点的活动规范和行为准则,同运行机制一样,是网络组织有序运行的重要保证。网络协议既包括结点的进入与退出条件、组织运行规则、利益分配原则等有形准则,也包括网络精神、组织文化等无形约束条件。虽然网络组织是具有高度柔性和弹性的开放系统,但成员企业共同的行为规范是网络成员实现资源共享、优势互补的必要条件。同时,网络协议的签订是网络组织生成的重要标志。

(二) 网络组织的类型

按照网络组织成员企业的地位是否对等,我们将网络组织的类型划分为两大类:不存在核心企业的网络组织和存在核心企业的网络组织。通常,前者的市场性质较为突出,后者具有更多的企业性质。

1. 不存在核心企业的网络组织。在该类型的网络组织中,企业间的合作关系比较松散。成员企业在地位上是平等的,各自拥有不同的技术或资源,并无明显的强势与弱势之分,即网络内任何一个企业都无法支配网络内的全部资源。整个网络组织的有效运行是依靠网络协议协调企业行为来实现的。其简易的结构模式见图13.1。无核心企业的网络组织主要包括战略联盟、企业集群网络等具体组织形式。

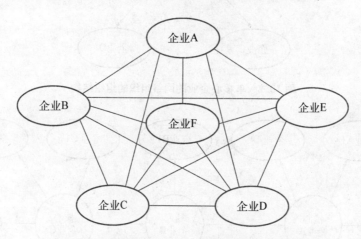

图13.1 不存在核心企业的网络组织的组织结构

(1) 战略联盟。战略联盟是指由两个或者两个以上有着对等经营实力和相同战略利益的企业,为了实现共同拥有市场、共同使用资源等战略目标,通过一定的方式结成的资源共享、优势互补、风险共担、要素双向或多向流动的合作机制或组织安排。战略联盟内合作与竞争并存,是一种较为松散的网络组织。从形成方式上看,战略联盟主要可分为股权式战略联盟和契约式战略联盟。

(2) 企业集群网络。企业集群网络是指众多的企业由于专业化分工和协作而聚集在某一特定的区域内,形成的规模较大、层次较多的企业群体。企业集群网络往往与特定的区域经济紧密联系,企业群体中除了有专业化生产性企业,还有运输业、服务业等其他行业的企业,是参与企业的数量和类别最多的一种网络组织,也是最接近市场的组织类型。这类网络组织的典型代表有美国的"硅谷"高科技企业群、意大利的普拉托毛纺企业集群、我国浙江一带的中小企业集群等。

2. 存在核心企业的网络组织。在该类型的网络组织中,企业间的合作关系比较紧密,通常是以某个大企业或大公司为核心建立起来的网络组织。核心企业拥有关键资源或者核心技术,对网络中的其他成员企业具有较强的控制能力。按照核心企业的数量,可分为单核心企业的网络组织和多核心企业的网络组织(见图13.2、图13.3)。按照核心企业对从属企业的控制程度,该类型的网络组织可以进一步分为"分包制"企业网络、虚拟企业、连锁经营企业网络、贸易商社企业网络等四种具体组织形式。

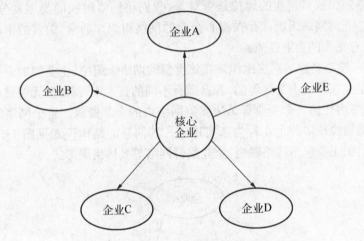

图 13.2　单核心企业的网络组织的组织结构

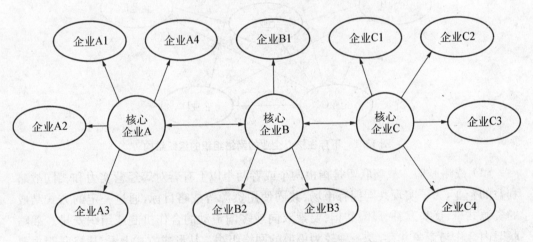

图 13.3　多核心企业的网络组织的组织结构

(1) "分包制"企业网络。"分包制"是指核心企业将生产链中的非核心业务通过契约形式交由其他企业生产,被委托生产的企业可以根据核心企业的要求,自己生产或进一步分包给其他企业来完成的一种生产活动协调方式。通常,核心企业控制着产品设计、生产、营销的核心环节。"分包制"最早产生于日本明治维新时期,目前日本制造业几乎都有一个中小企业承包集团,如丰田公司虽然自身只有 8 家工厂,但 450 多家企业与其有直接协作关系,参与生产的企业则达到 1 200 多家。

(2) 虚拟企业。虚拟企业突破了传统组织的有形界限,其核心企业一般不参与生产过程,而是仅保留关键的核心功能,将其他功能虚拟化。核心企业用特定的技术要求和严格的质量标准来协调网络内企业的生产合作,保持网络组织在生产、设计、经营、财务等方面功能的完整性。虚拟生产的典型代表有耐克公司和可口可乐公司。

（3）连锁经营企业网络。连锁经营企业网络是以契约为主要联结方式的企业间网络组织，其核心是特许权的转让。主导企业凭借特许权的转让实现对加盟店经营权的控制，各加盟店在所有权上独立于主导企业。零售业巨头沃尔玛就是一个跨国连锁经营企业网络，它在全球 27 个国家拥有 10 700 多家连锁分店。

（4）贸易商社企业网络。贸易商社企业网络是以贸易商社为主导企业，在资金、设备等方面给予众多中小企业以必要的支持，组织它们进行产品生产，最终由商社统一包销产品。在日本，市场上供应的纺织物大多是通过这种方式进行生产的。

第二节　网络组织运行机理

一、网络组织的形成动因

网络组织作为一种新型的组织模式出现绝不是偶然现象，必然有着深刻的现实背景和驱动力量。具体而言，网络组织的形成动因主要有以下四点：

（一）适应外部环境变化的需要

任何一种组织形式的出现都是适应当时社会、经济、技术发展的产物，网络组织也不例外。1980 年代末，企业面临的外部环境发生了巨大的变化，知识经济不断发展、市场全球化趋势显现、现代信息技术飞速进步。外部环境的剧变促使越来越多的企业改变传统的经营方式，从原有的对抗式竞争走向协同式的合作竞争，基于彼此间共同的利益形成长期稳定的合作关系。当前，知识资源已成为企业获得高效益的主要源泉，而单凭企业自身的知识资源已不足以形成竞争优势。同时，市场全球化趋势不断加剧，消费者需求日益多样化和个性化等因素都驱动企业寻求同其他企业建立合作关系，形成资源的优势互补，从中获得协同效益、规模效益等竞争优势以适应竞争日益激烈的市场环境。信息技术的发展为企业网络组织的形成提供了技术保障。

（二）资源优势互补与共享的需要

任何企业所拥有的资源都是有限的，没有企业能够独家长期拥有生产某种产品所需要的全部最优技术。当前日趋复杂的市场运营环境对企业提出了更高的要求，企业单独依靠自己的力量很难获得竞争优势。企业要想拥有其发展所需的一切资源，只有通过与其他各具资源优势的企业建立合作关系，形成资源优势互补，依靠外部资源弥补自身资源的不足，才能够获得开展生产经营活动所需的全部资源，从而提升自身的市场竞争优势。因此，企业间资源优势互补与共享的需要促进了网络组织的形成。

（三）分散经营风险的需要

在经营过程中，企业面临着诸多风险，既有因政治、经济、技术等宏观环境因素造成的风险，也有因企业自身决策失误而导致的风险。网络组织的建立可以有效降低企业在经营过程中可能出现的风险，实现分散风险的目的，因而促进网络组织的形成。如企业为保持其竞争优势必须不断地进行产品的研究与开发，在通常情况下，企业的研发费用非常高昂,且成功率低。如果企业独自完成一项研发任务,往往需要很大的资源投入,并且面临着失败的高风险。而如果企业寻求技术合作,通过构建网络组织与其他企业共同开发,就可以分担研发费用,大幅减少单个企业所需的资金投入,同时提高研发项目的成功率,有效分散单个企业所需承担的风险。

(四)提升学习与创新能力的需要

在知识经济时代的大背景下,学习与创新能力已成为企业的重要战略资源,是企业获得核心竞争力的基础。面对市场需求环境的快速变化,企业要想在其经营领域保持长期的领先地位,就必须提升自己的学习与创新能力,保证自己能够灵活快速地适应市场的变化。在网络组织内成员企业可以以低成本获取合作企业的知识与技术,实现企业间的知识共享,提高企业以及整个网络组织的创新能力和竞争力。因此,企业对提高自身学习与创新能力的需要是网络组织形成的驱动力量。

二、网络组织的运行机理

网络组织是一个动态的、开放的、自组织的复杂系统,物质、信息、能量的交换构成了网络组织运行的主要内容,正是通过这些内容频繁地交换使得网络组织不断获得演化与发展,创造、提升自身的机能和价值。下面将按照这三种交换机制对网络组织的运行机理进行介绍。

(一)网络组织运行的物质交换机制

物质交换是网络组织最核心的内容之一,物质交换机制主要包括物流网络、协作关系以及资源纽带三个方面的内容。

1. 物流网络。在网络组织的形成初期,物流通常是在不同企业之间根据业务联系而自发进行的。随着网络组织的成熟与发展,自发进行的物流运作模式会出现效率低下、资源浪费严重等问题,因此,在网络组织的成熟阶段必须建立集中的物流中心。目前,集中式物流主要可分为自有型物流中心、合作型物流中心、合同型物流中心三种类型。并且随着信息技术的发展,物流网络也呈现出信息化、网络化、自动化、智能化及柔性化等新的发展趋势。

2. 协作关系。网络组织中的成员企业为适应市场环境的迅速变化,通常只保留自身的核心能力与关键功能,因此企业间的协作关系在组织运行过程中显得尤为重要,是网络组织运行的重要内容。当前网络组织运行中的协作关系主要表现为协同商务和并行工程这两大特征。所谓协同商务,是指运用新兴信息技术建立企业供应链内或供应链间的业务合作,通过改变业务经营模式达到资源充分利用的目的。从价值链的功能来看,可以分为协同设计、电子商务、虚拟制造三个环节。目前,普遍认为虚拟企业是协同商务最典型的代表。以完成项目为目标的临时性合作通常是按照工作模块来分配工作的,这为合作能够并行作业提供了可能。并行工程的采用能够保证各工作模块成果的相互衔接,从而大幅缩短了产品的开发周期。

3. 资源纽带。企业对彼此资源的相互依赖是构建网络组织的重要基础,人力资本、技术、资金是企业生存与发展所依赖的主要资源,此处主要介绍网络组织中资金的流动。企业的资金流动主要沿着供应、生产、销售等三个环节循环不断地周转流动。网络组织中,资金的流转不仅存在于一个结点的企业内部,而且渗透于不同结点的企业之间,流动形式十分复杂,但主要表现为资金的筹集、使用、消耗、收回和分配等五个环节。

(二) 网络组织运行的信息交换机制

信息流是网络结点之间的联结纽带,是网络组织运行的第二项关键要素。网络组织各结点间的信息交换机制主要包括信息的汇报、控制、反馈与协调及实体的信息技术网络。前者是信息交换的内容,而后者则是信息交换的工具,也是网络组织有效运行的技术保障。网络组织中的控制、协调机制不同于一般科层制企业内部传统意义上的控制与协调,而是更多地依靠签订契约或合同的方式,建立彼此间的信任关系,并更多地运用灵活机动的沟通方式来协调随时可能会出现的冲突或复杂问题。同时网络组织的信息交换应重点抓住关键事件。

(三) 网络组织运行的能量交换机制

网络组织的能量交换主要指的是隐性知识、核心技术、企业文化等深层次的内涵转换。具体而言,它主要包括知识流动、创新及其管理应用、文化交流、联盟学习等内容。

知识管理是指在企业中营造知识共享与创新的良好环境,促进知识的收集、存储、加工、传递与应用。网络组织中,知识的流动则不仅限于企业内部,而是要在企业内部、成员企业之间、企业与外部环境之间进行传递,网络组织能够促进知识在不同企业间的传播与流动,这也正是其存在和发展的重要原因。在企业创新方面,网络组织的结构特征使其具备其他组织形式所不具备的创新优势,但同时,在网络组织运作过程中仍需加强对创新的管理与应用,从管理模式、监管方式的选择及企业文化等多方面保证网络组织创新能力的提高。企业文化是企业在长期的生产经营过程中形成的并为所有员工遵循的最高目标、价值观念及行为规范的总和。培育网络组织共有的文化能够在各成员企业中形成价值观和情感的共鸣,并内化为成员企业的行为准则,为网络组织稳定运行提供坚实的基础。适应网络组织运行的企业文化主要包括团队精神、信任、开放、宽容并以大局为重以及不断学习与创新的精神。同时,为减少因文化差异而导致的企业间矛盾,促进组织共有文化的渗透与交流,网络组织内部应建立良好的信任机制;选择合适的组织与管理模式;以自我管理方式代替监督与控制等措施。

第三节 网络组织的治理机制

网络组织中信息不对称、寻租行为、逆向选择与道德风险等现象的存在使得网络组织治理具有十分重要的意义。通过建立合理的治理机制,达到协调网络组织中成员企业间的合作关系、在冲突中维护成员企业的合理利益以及网络组织的整体运作机能的目的。网络组织的治理机制是指为保证网络组织的稳定、良好运行,对成员企业的行为起到调节与制约作用的规范准则的总和。接下来,本节将从宏观与微观两个层面来介绍网络组织的治理机制。

一、宏观机制

宏观机制是保障网络组织有序运行的外在环境条件,其主要包括信任机制、宏观文化、联合制裁以及声誉机制。

(一) 信任机制

信任是网络组织形成与运作的基础,信任的存在影响着成员企业的行动选择,信任程度越高,成员企业间的合作动力越强。信任不仅是合作关系形成的催化剂,也是企业彼此之间良性互动、获得网络组织协同效应的基础。企业间的高信任度,有利于减少网络结点间的交易成本,防止企业采取机会主义行为,降低经营风险,消除外部资源陷阱、文化侵蚀、核心技术资源泄露等方面的顾虑。成员企业间的信任程度已经被视为实现网络组织目标的关键因素,信任的缺乏通常会导致企业间合作关系的破裂。因此,信任机制是网络组织治理的基础性机制,它贯穿于网络组织治理逻辑的全过程,发挥着重要的协调作用。

(二) 宏观文化

宏观文化是指由网络组织内成员企业各自具有的行业专业知识、制度资源、民族文化所形成的且为网络组织成员共同拥有的行为规范准则、价值文化观念等的总和。网络组织形成的共有文化不仅能够为成员企业创立典型的行为模式,指导成员企业间的交易行为,而且可以塑造角色、定位角色关系以及确定问题的解决方式。宏观文化主要是通过以下三个方面协调成员企业间的行为:

(1) 在成员企业间形成共同的期望聚合;
(2) 用特定的语言表述复杂信息;
(3) 形成了特殊情况下的共同行为准则。

正是由于宏观文化为企业提供了基本行为准则,使得网络组织不再需要为每一次交易进行重复性的工作,从而简化了交易过程,提高了企业间交易的效率。

(三) 联合制裁

联合制裁是指对违反网络组织共同规范的成员企业施行集体惩罚措施,以达到约束成员企业行为的目的。联合制裁是通过规定违反规范需要承担的后果来强调网络组织可接受的行为。联合制裁能够防止机会主义行为,有助于增加成员企业间的信任程度。然而现实中,由于执行成本的原因,常出现不对违反网络组织共同规范的行为执行惩罚措施的现象,因此现实中常常需要变形规则(即对不惩罚违规者的人进行惩罚的规则)来保证联合制裁的有效执行。

(四) 声誉机制

企业的声誉是一种与其交易有关的属性的社会记忆,包括企业的特征、技能、可靠性等。声誉是企业获得信任的来源,良好的交易记录是企业间深入合作的基础。企业的声誉越好,合作者对其的信任程度就越高。在网络组织中信息能够在企业间快速流动,同样的,企业在任何一次交易中的违规行为信息也会在网络组织中得到广泛传播,并可能扩散到未来潜在的合作伙伴中,导致企业的声誉受损。因此,声誉机制能够通过阻止机会主义行为来保证交易的顺利进行,强化企业间的合作关系,特别是在重复交易中,声誉是企业采取交易行为时必须考虑的重要因素之一。

二、微观机制

微观机制是网络组织成员企业在互动合作过程中调节交易行为的内生依据,是网络组织运行过程中的调节器,其主要包括进入壁垒、学习创新、激励约束、决策协调等运作机制。

(一) 进入壁垒

进入壁垒是通过限制网络组织内成员企业的规模或数量等措施,达到保证网络组织成员交易的目的。进入壁垒机制主要通过关系契约和地位最大化两种方式实现对网络组织成员企业的控制。网络组织规模过大会增加成员企业间关系协调的难度,降低合作关系的质量和密切程度,因此进入壁垒通过建立关系契约,限定网络组织内交易企业的数量,从而降低了协调成本,增加了企业间互动的频率,为成员企业间建立强联结关系创造了良好的条件,进而能够有效提高交易的保证程度。

(二) 学习创新

网络组织的构建为企业间相互学习技术与知识提供了一个良好的环境,能够有效提高企业的创新能力。网络组织能够使成员企业相互整合优势资源,并通过彼此间的密切联系,将互补性的经验与观念带入研发过程中,从而更快、更多地创造出新的技术,尤其是单个企业无法独立完成的复杂技术。同时,成员企业在持续重复的沟通交流中获得知识的传递。

(三) 激励约束

激励机制是企业经营活动的助推器,网络组织具有天然的激励作用,且效果明显。网络组织内企业间不存在等级的高低,各成员企业拥有一个相对宽松的环境。基于共同的利益目标,参与交易的企业在关心自身利益的同时也会关注网络组织整体的价值实现情况,并共享在经营成功之后所带来的合作收益。约束机制是企业经营活动的制动器。网络组织内成员企业的行为会受到诸如企业间合作方式、角色定位、任务分工等企业间相互关系的制约。同时,由于成员企业大多只保留了自身的核心资源与关键功能,相互之间存在着较强的竞争性互赖或共生性互赖关系,这种依赖程度较强的合作关系强化了企业的自我约束能力。

(四) 决策协调

网络组织的决策协调机制是由成员企业按照某种方式组成一个分布式的决策群体,其利用计算机通信技术、人机接口工程、管理科学等理论成果,在计算机协同工作环境提供的技术支持下实现基本的协调功能。由于网络组织中的资产所有权是分散在各个成员企业之中的,且各企业拥有不同的资源能力、技术水平、信息优势各异,从而对网络组织协同效应的贡献大小也不尽相同,因此网络组织在决策权分散基础上的群体决策模式能够有效保证决策的科学性,维护网络组织的稳定运行。

总而言之,网络组织作为 21 世纪组织模式的发展方向,有关网络组织的研究已成为学术研究的前沿热点问题。目前对网络组织理论的研究仍处于探索阶段,完整的理论体系尚未建立起来,对网络组织治理规律的探索仍显不足,治理体系框架构建不完善,研究过程中过分关注具体的治理模式。因此,归纳总结实践中形成的多种多样的网络组织模式的共同特征,形成系统、科学的网络组织理论,并揭示网络组织治理的一般规律,探寻网络组织治理的有效模式是今后网络组织理论研究的重要方向。同时,由于网络组织的复杂性特征,多学科交叉研究也将成为未来网络组织研究的一个发展趋势。

复习思考题

1. 什么是网络组织?有几种类型?
2. 网络组织的作用是什么?
3. 网络组织的形成动因是什么?
4. 简述网络组织的治理机制。

第十四章　双边市场

学习要点

1. 了解双边市场的形成、基本特征。
2. 理解双边市场的定价机制。
3. 理解双边市场的基础模型。

第一节　双边市场基本理论

一、双边市场理论的形成

具有"双边市场"特征的产业在现实经济生活中是普遍存在的,如银行卡产业中的卡组织网络平台(如 Visa、Master 等卡组织)联结着持卡消费者和商户;操作系统平台(如 Windows、Unix 等操作系统)联结着消费者和软件开发商;搜索引擎平台(如百度,google 等)联结着广告商和用户。这些双边市场产业不仅丰富了产业类型,还带来了传统经济理论难以解释的商业模式和经营理念。例如,为何银行投入大量营销成本吸引人们办理银行卡,而持卡人却无需支付使用费或是只需交纳很少的费用就可享受到刷卡消费的便利;搜索引擎公司不断改进技术以提高搜索的便利性和安全性,但用户却无需为此支付任何费用。这些商业模式看似违背了企业逐利的特性,但换个角度会发现,企业采用的是从市场另一边群体——受理银行卡的特约商户,或广告商获取利润来源,再对用户进行交叉补贴的方式吸引用户。常见的具有"双边市场"特征的平台企业实例和商业模式详见表 14.1。

表 14.1　常见双边市场的类型与商业模式

类别	产业	产品	双边		实例
			亏损(被补贴)一方	盈利(补贴的)一方	
服务经济 网络经济	电信	语音增值 数据业务	消费者	SP,CP	
服务经济	媒体与期刊	报纸、杂志	读者	广告商	例如,FOX 电视网络主要从广告商那里获得收入。报纸收入的大约 80%来自广告商
		广播	听众	广告商	
		电视	观众	广告商	

续表

类别	产业	产品	双边 亏损(被补贴)一方	双边 盈利(补贴的)一方	实例
服务经济 网络经济	软件业	网络游戏	游戏玩家	游戏开发商	例如，Yahoo! 从广告商那里获得75%的收入，微软至少67%的收入来自向用户许可的软件包
		浏览器	成员	网站服务器	
		操作系统	软件开发商	用户	
服务经济	银行卡系统	信用卡	持卡消费者	特约商户	2001年，American Express 从商家那里获得82%的收入，还不包括金融支票收入(信用卡)
		借记卡	特约商户	持卡消费者	
服务经济	大型商场	各类型消费品	消费者	生产商	
服务经济 网络经济	各类中介机构及企业	婚介所 人才市场 房产中介	房地产开发商	消费者	房地产经纪人主要从销售佣金中获取收入
服务经济	娱乐	酒吧	女性	男性	

资料来源：根据 Evans(2003b)表1、Rochet 和 Tirole(2003a)表1、Armstrong(2004)中相关资料整理而得。

双边市场作为一种特殊的企业形态，尽管早已有之，但对其研究的理论——双边市场理论却发展较晚。1833年《纽约时报》在美国掀起的"便士报纸"运动被认为是最早的双边市场范例[①]，1983年 Baxter 对银行卡市场的反垄断规制分析被视为对双边市场理论研究的萌芽[②]。然而，此时产业经济学者们并未注意到双边市场的重要性，直到进入21世纪后，学者们发现用传统经济学理论难以对某一类型市场进行合理地解释，双边市场理论才逐渐引起产业经济界的重视。从2002年开始，Tirole 和 Rochet，Armstrong，Evans，Caillaud 和 Jullien 等知名学者投入这个领域的研究，不断有开创性的研究成果在主流经济学和管理学杂志上发表。尤其是在2004年由法国图卢兹大学产业经济研究所(IDEI)和政策研究中心(CEPR)召开的"双边市场"经济学会议之后，双边市场理论引起许多产业经济学者极大的兴趣，引发了双边市场研究的热潮。而这次会议也标志着双边市场一般理论的正式形成。

[①] 1833年，《纽约时报》在美国掀起"便士报纸"运动，只要一个便士就可以买到一份报纸。因而，普通大众都能买得起，导致该报的销量急剧增加，进而诱发了广告商的吸引力。最终，《纽约时报》不仅销量剧增，而且还获得了大量广告收入。

[②] 1979年，Nabaco 公司就对银行卡组织 VISA 的反垄断妨害提起了诉讼，而经济学家和政策制定者们在对 VISA 的商业行为进行分析的时候，发现银行卡组织与传统理论中的企业在行为模式和市场绩效方面具有较大的区别，难以用传统理论进行分析。Baxter 于1983年发表文章，提出 VISA 等银行卡组织面对持卡人和商户的联合需求特征，以及不能隔离一个市场考察另一个市场的重要性，这篇文章后来也被认为是最早搭建了双边市场的研究框架。

双边市场理论的兴起是产业组织理论发展过程的一个突破,它丰富了产业组织理论的研究工具,为其提供了一个分析现代企业行为的全新视角。双边市场理论与博弈论、信息经济学等分析工具相结合,能够使产业组织理论更好地符合和体现现实中的产业和市场。同时,双边市场理论的兴起也是网络经济时代产业组织理论发展过程的一个必然,伴随着以计算机、通信和互联网应用技术为代表的新经济迅猛发展,各类新兴产业不断涌现,而这些信息基础产业中很大一部分都具有双边市场特征。因此双边市场理论对于新兴产业中平台厂商的策略行为和商业赢利模式的选择具有很强的指导意义。在政府规制方面,由于双边市场的特性对反垄断实施造成了很多问题,不断提出了新的挑战,比如 Microsoft 反垄断和 Visa 银行卡组织的案例。而双边市场理论的提出与发展有助于解决其面临的复杂问题,同时丰富了规制解决范式。

二、双边市场概念界定

双边市场理论是进入 21 世纪以后才引起学术界和产业界广泛重视的新兴理论。一直以来,对于双边市场的概念界定,更多的只是描述性定义,缺乏对其本质进行的深层次描述的严格定义。直到 Rochet 和 Tirole(2003)首先提出以价格结构非中性(Non-neutrality)的平台特性对双边市场进行定义,即"价格总水平不变,价格结构就会影响平台交易量的具有双边结构的市场"。他们所提出的非中性定价强调了平台出于自身利益最大化的考虑对两边不同类型的客户采取不同的定价,这一观点从双边市场特性出发,描述了双边与单边市场的本质区别,因此被越来越多的学者视为双边市场界定的标准。这一界定学派也被称为"价格结构学派"。

具体定义:考虑在某交易市场中,平台向参与方 B(买方)、S(卖方)分别收取 P_B 和 P_S 的价格,因此其索取的价格总水平 $P = P_B + P_S$。如果平台的交易总量 Q 仅仅取决于价格总水平 P,而与 P_B 和 P_S 的相对大小无关联,即:$Q = f(P)$,则该市场为单边市场。与此相反,如果在 P 总量不变的前提下,Q 的大小随着 P_B 和 P_S 的不同组合的变化而改变,也就是说交易总量 Q 的水平受到总价格在交易双边分配比例的影响,即 $Q = f(P_B, P_S)$,这样的市场就是双边市场。

以 Armstrong(2006)等人为代表,指出双边市场所具有的交叉网络外部性(Cross-group Externalities)特征,并将其引入双边市场的概念界定中,形成了又一具有影响力的"网络外部性学派"。所谓交叉网络外部性是指双边市场中,一边市场用户获得的网络外部性收益会随着另一边用户数量的增加而增加。例如:如银行卡组织(如 Visa、Master 等)联结着持卡消费者和商户,消费者的数量增加会增加商户的收益,加入商户数量的增加也会提高消费者的效用。这种运用交叉网络外部性的界定方式比较符合直观理解,同时方便后续的模型分析,同样受到了学术界的广泛认可和应用。

双边市场究竟应以价格结构为界定要素,还是应以交叉网络外部性为必备条件,还是两者必须兼而有之,学术界对这个问题仍无定论。但是,从以往的研究中还是可以得到一些界定的一般性描述。双边市场的结构如图 14.1 所示,其存在必须满足以下三个基本条件:

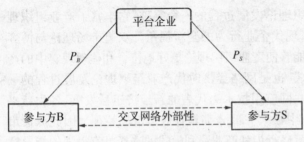

图 14.1 双边市场结构示意图

(1) 双边市场的主体至少存在一个平台企业和两类性质不同的用户群体,由平台提供有形或无形的服务,两类用户通过平台服务发生交互。当用户群体超过两个,称之为多边市场(Multi-sided Markets)。

(2) 平台企业非中性价格结构(Price Non-neutrality),即平台的定价结构会影响平台两边的交易量,平台的收益不仅仅取决于其绝对价格水平,同时还取决于两边用户的价格结构。

(3) 聚集在平台两边的不同用户之间具有交叉网络外部性(Cross Network Externality),即一边用户通过平台进行交易所获得的收益与加入同一平台的另一边用户的数量相关,这种交叉网络外部效应不能被用户完全内部化,需一个或若干平台将其内部化。

三、双边市场的基本特征

(一) 双边需求互补性和相互依赖性

在双边市场中,平台双边用户对平台服务的需求存在着显著的互补性和依赖性,平台厂商通过向双边用户提供相互依赖性(interdependent)和互补性(complementary)的产品服务来促使其达成交易。这种互补性不同于传统多产品市场中可以被消费者完全内部化的功能性互补,该互补性是指只有两边用户同时出现在平台且形成一定的客户基(Install Base),并同时对该平台提供的产品或服务有需求时,才能形成有效的需求和供给,完成交易。也就是说,平台所提供的产品或服务能否真正有价值,取决于双边市场两边用户的联合需求,缺少任一方需求,平台就不复存在。

例如在银行卡支付市场上,如果有为数众多的消费者具有对银行卡支付方式的需求,那么商户将有更大的动机去受理卡支付方式。相反,当银行卡支付方式被商户广泛接受时,消费者也将有更大动机去持有银行卡;在房屋中介市场上,中介需拥有大量的出售房屋的卖方才能满足买方对中介的需求,如果没有,买方对房屋中介的需求就为零。相反,当中介一边的买方越多时,卖方对中介的需求也越大。买房者仅购买中介对买房一方提供的服务,而卖方也是如此,两者通过中介实现互补需求。这种需求之间相互依赖和相互补充的现象也被称作"鸡蛋相生(Chicken & Eggs)"问题①。

正是由于双边市场的上述特性,平台企业最重要的任务就是使双边用户同时产生

---

① "鸡生蛋,还是蛋生鸡"这是双边市场基本问题之一。虽然大多模型为了研究方便,假设双边市场的用户是同时进入市场的,但实际上双边市场建立时平台必须选择先吸引哪一边用户进入平台(on board),再利用外部性获取另一边用户。在以某些信息技术为基础的需求协调型双边平台,因其平台所具有的和卖者共同提供产品供给的特性,平台两边用户的进入具有特定的先后次序。比如说,手机应用商城 app store 必须先引入软件开发商进入以实现软件的供应,再引入消费者进行软件的购买。

对平台企业产品或服务的需求。因此,也可以认为,双边市场区别于单边市场最大的特征就是不同类型的参与主体对平台企业的产品或服务需求的相互依赖性。

(二) 交叉网络外部性特征(Cross Network Externality)

正如上文中所指出,交叉网络外部性是界定双边市场的重要标准,同时也是双边市场的主要特征之一。传统意义上的网络外部性通常指某种产品或服务所能提供的价值或效用与使用该种产品或服务的用户规模正相关,典型例子如电话网络。而双边市场中的交叉网络外部性则包含着几层含义:

(1) 外部性,即市场中存在着效用的溢出现象;

(2) 网络外部性,这表明溢出的利益与市场规模是成正比的;

(3) 交叉网络,强调这种溢出效应不同于传统的网络外部性理论所讨论的一边市场内部用户间的效用溢出,而是不同市场用户之间的相互溢出,同时这种溢出效应又很难被双边市场用户自身内部化。

例如在操作系统平台上,操作系统终端用户数量的增加提升了应用软件开发商在此操作系统上进行软件开发的激励,与此同时,此操作系统平台兼容的应用软件越多,越能吸引更多的PC用户使用此操作系统,这就说明操作系统用户和软件开发商就之间存在着交叉网络外部性。

这种具有交叉性质的网络外部性与传统意义上的网络外部性的区别在于,前者取决于接入该平台的不同类型参与者的数量,而后者取决于接入该平台上的同类型参与者的数量。我们把这种网络外部性效应称为"交叉网络外部性"效应(cross-network externalities)。

(三) 价格非中性特征(Price Non-neutrality)

作为双边市场区分单边市场的最突出的特征,价格结构非中性表现为平台运营商为了平衡两类用户需求,往往采取不对称定价方式对接入平台的某种类型用户制定低于其边际成本的价格,甚至采取免费或者补贴的方式,而对另一类用户却制定高于边际成本的价格。也就是说,平台的双边价格水平无法反映其边际成本,平台采用先扶持一方市场再利用其交叉网络外部性来吸引另一方市场这种"各个击破"的策略,将双边用户之间的外部性内部化。从而平衡双边的成本和收益,确保资源一边转移到另一边时平台参与者的成本得以补偿。这种交叉补贴的定价行为建立在科斯定理失灵的基础上,违背了传统的经济学原理。也正是因为这种特征的普遍合理性存在,反垄断问题就成为双边市场理论的一个难题,因为一般的反垄断程序如价格歧视等无法适用于双边市场的竞争上,需对其制定特殊的反垄断政策。

(四) 双边用户多归属性特征(Multihomeing)

多归属性也被称为多平台接入性,是指市场用户可以同时选择多个平台进行注册交易,与之其相对应的是单归属(Single-homing),即用户只能在一个平台上注册交易。双边市场中的用户多归属性行为是一种在竞争平台中普遍存在的现象,在有两个或者更多平台可供选择时,如果平台没有实施排他行为,用户往往会权衡采取多归属行为的支出和收益,从而造成了多归属的可能。比如客户同时拥有多张银行卡用于商店刷卡消费,广告商会选择多家报纸做广告,应用软件开发商会选择开发能够运行于

Windows 和 Linux 上的程序。这种现象存在的原因一方面是由于平台的不完全替代性;另一方面也是更为主要的原因是在双边市场需求互补情况下,多平台参与所能带来更大的另一边用户的市场规模。

用户多归属性并非平台的固有特征,但它的存在导致平台出现了两边单归属、两边多归属、竞争性瓶颈(一边单归属一边多归属)多种类型,对平台的定价、竞争策略、互通互联策略等都造成了深远影响,因此越来越被视为平台的重要特征之一。

四、双边市场的分类

作为当前产业组织理论的研究前沿,双边市场理论已经形成了规范的经济学分析体系,得出诸多有益的基础性理论。然而在从一般层面拓展基础研究时,尤其是在具体的产业化应用中,受到了不同双边市场类型、双边用户需求特征以及用户之间的相互作用的假定等的影响。而且具有双边市场特征的产业涵盖了传统产业和新兴产业,具有范围广阔、结构复杂等特点,因此如何对其进行类别划分以涵盖所有可能性,同时在一定程度上指导拓展性研究也就成了双边市场理论的研究热点。目前较有影响力的划分方式有以下几种:

(一)基于市场功能的分类

Evans(2003)提出,根据平台企业的市场功能将双边市场划分为市场制造型(Market-makers)、受众制造型(Audience-makers)和需求协调型(Demand-coordinators)。这种分类方式是目前最广为接受、影响最为深远的方式。

1. 市场制造型特点是通过平台促使不同市场的成员互相交易,增加双边用户匹配的机会和交易成功的可能性,减少配对所需的搜寻成本,从而方便双边用户的交易。拍卖行、房屋中介、股票和期货交易所、购物中心,以及淘宝、易趣等电子商务网站等都属于这类双边市场。

2. 受众制造型市场的主要职能是吸引受众(观众、读者和网民等)参与平台,将其与广告商进行匹配。一般而言,受众数量越多且正反馈比例越大,广告商才愿意到交易平台上发布广告和产品信息,如电视、报纸、杂志、电话黄页及门户网站等。这类平台的双边用户之间不存在直接交易关系,常常与负网络外部性相关联,具有网络外部性结构复杂等特点。

3. 需求协调型市场是建立在功能互补、需求相依赖的基础上的。一方面促进不同类型的用户在该平台达成交易,另一方面是为接入该平台的不同用户提供了不可或缺的产品或服务,通过这种产品或服务将不同类型的用户串联在一起,满足相互需求。一般而言,需求协调型平台双边存在着交易关系,平台作为基础平台,和互补品提供商之间是基础产品和应用产品的关系,共同组成完整的产品组合并提供给最终用户。这类双边市场主要分布在 IT 行业、金融行业、通信行业,典型例子如操作系统为开发商提供 API 等开发工具作为基础产品,使其可以在其基础上共同开发出适合终端消费者的软件。此外还有浏览器、网络游戏、银行卡系统、移动增值业务平台等。以往的研究中将此类市场视为特殊的少数类别(residual category),市场情况相对复杂,研究成果较少。

随着信息技术的发展和新兴产业类别的增加,此类市场逐渐成为双边市场理论研究的焦点。

(二) 基于市场结构的分类

Armstrong(2006)从市场结构角度结合平台竞争程度将市场分为四种类型:

(1) 垄断者平台,即市场上只有一个平台企业;

(2) 单归属性竞争平台,指市场上存在着多个相同或相似的平台可供选择,且双边两边的用户都只能选择一个平台进行交易;

(3) 多归属性竞争平台,指用户可以同时选择介入多个平台的竞争性市场类型;

(4) 竞争瓶颈性(competing bottlenecks)的平台,指存在多个平台可供选择的情况下,一边的参与者选择多平台接入,而另一边的参与者选择单平台接入的情形。

这种分类方式清楚直观,分析时较为简单、易操作,一般应用于双边市场定价及相关理论模型的建立上。

(三) 基于市场周期的分类

国内学者陈宏民、胥莉(2007)提出应从产业实践角度出发,根据具有双边市场特征的产业的发展周期对其进行划分,以满足企业运作和政府规制方面的需求。基于产业周期将其划分为:萌芽型、成长型、成熟型和衰退型,处于不同周期的双边市场产业具有十分不同的产业特性,因此通过产业发展周期对产业进行划分具有一定的实践价值和指导意义。具体来说,萌芽型是指一类正在由单边市场演变成双边市场的产业,双边用户尚未完全分化,因此其双边市场的特征尚不显著。例如中国的金融第三方认证,新型支付方式等。成长型是指一类已经具有双边市场特征,但是基于平台的交易还不活跃的产业。成熟型是指一类已经具有双边市场特征,且基于平台的交易很活跃的产业。此时双边用户之间的依赖性很强,但平台仍需制定和维持一个最优的价格结构,并不断提供有质量的平台产品和服务。这类产业里面,企业已经完成由一体化到分散化而后形成平台化的过程,平台企业已经成为主导产业发展的中坚力量。例如微软的操作系统、Visa、万事达银行卡组织等。衰退型是指一类已经具有双边市场特征,但是基于平台的交易开始逐渐不活跃的产业。

第二节 双边市场的定价理论

同产业组织理论其他分支一样,定价问题也是双边市场理论研究的核心问题。如前所述,价格结构非中性是双边市场的基本特征之一,平台往往采取不对称定价策略,以低价大力培育客户基础,通过网络外部性的作用来吸引更多的用户到平台上交易,并在另一边收取高价以保证平台的收入和盈利。因此,平台厂商不仅仅要关注其向两边用户收取的价格总水平,更为重要的是关注其价格在两边的分配结构。平台企业如何制定和维持一个最优收费结构或价格结构,以保持双边客户的利益平衡?这是双边市场价格理论中的基本问题。本节将从平台厂商的定价作用机理出发,着重探讨平台厂商价格工具的选择及影响,以及影响双边市场两边定价的主要因素。

一、价格工具的选择

一般而言,平台的价格工具主要有两种形式:一种形式为注册费即会员费(membership charges),指用户参与平台所缴纳的固定费用,例如证券交易所向新用户入市所收取的注册费。另一种形式为使用费或交易费(usage charges),指平台根据双边交易行为向用户收取的交易费用,例如房产中介根据买卖双方成交的销售额收取提成盈利。这两种收费方式具有各自不同的用途与影响,因此将其进行区分是十分必要的。通常来说,会员费的收取影响接入到平台的双边用户的数量,决定了平台终端用户的存在和规模;而使用费则影响双边用户的交易意愿,进而影响平台交易总量。

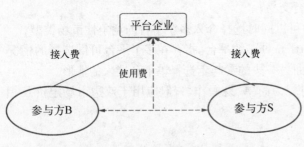

图 14.2　平台企业价格工具

除此之外,平台还可以采取两部收费制的定价方式,即先收取注册费,控制用户接入,再收取交易费。典型的例子如某些电子商务网站,对卖家进入收取注册费用,交易达成后,平台又会抽取一定比例的交易费(可能与交易金额相关,也可能是固定费用)。也有些平台,将两种工具运用在不同市场用户上,像银行卡组织就对消费者收取卡费即接入费,对商家收取提成费用即使用费。常见的双边平台价格工具及其组合见表14.2。

表 14.2　常见的双边平台价格工具选择

平台类型	双边用户	接入费	使用费
交友平台	男　士	√	√
	女　士	∅	∅
房产中介	房产出售者	√	√
	房产需求者	∅	∅
报纸杂志	广告商	∅	√
	读　者	√(<=MC)	∅
Shopping mall	商　家	√	∅
	消费者	∅	∅
银行卡组织	签约商户	∅	√
	持卡人	√(<=MC)	∅

续 表

平台类型	双边用户	接入费	使用费
操作系统	软件开发商	√(<MC)	∅
	用 户	√	∅
电子游戏机	游戏开发商	√	√
	游戏玩家	√	∅

注：√表示支付相应费用，∅表示不支付相应费用。括号内表示平台对某边用户定价等于或者低于其边际成本。

资料来源：根据 Evans(2003)，Armstrong(2004)的相关资料整理而得。

选择何种定价模式是平台定价理论所面对的首要问题，而平台价格工具的选取又会受到很多因素的影响，包括：双边市场的外部性特征、对交易量的控制程度等。因此价格工具的选择和组合对平台定价有哪些影响一直是学者们研究的重点。在以往的研究中，对价格工具分析做出开创性贡献的有：Rochet 和 Tirole(2003)基于 Baxter(1983)对银行卡交换费的研究，着重考虑了只收取交易费的情形；Nockel 等人(2004)对购物中心(shopping mall)仅考虑进场费的情况进行了研究；Armstrong(2006)讨论了注册费和两部收费制的使用对均衡结果的影响，研究表明，两部收费对定价的影响难以确定，但是相对于只收取注册费而言，平台的利润有所增加。Hagiu(2006)则以操作系统为背景，讨论这类具有特定进入次序的双边市场的使用费——版税的含义，证实了版税的征收是操作系统平台企业对未来在消费者市场上表现的一种可置信承诺，解决了应用软件企业的平台加入动机不足的问题。

二、定价影响因素

从现有研究来看，影响平台企业定价策略的因素主要来自三个方面：

（1）用户的行为特性，包括用户对另一边的交叉网络外部性强度、用户的需求价格弹性、用户的多归属性行为、产品多样性偏好等；

（2）平台行为特性，包括平台之间的竞争性行为、平台竞争策略的选择、平台互通互联等；

（3）其他因素对平台定价的影响，如两边市场的自相关网络外部性等。

（一）用户行为特性

1. 交叉网络外部性强度。作为双边市场基础特征之一，部分学者认为正是交叉网络外部性的存在，导致了平台不对称定价结构的选择。虽然这一看法并未得到普遍认可，但是其对平台定价策略的重要影响在 Armstrong(2004)等人的研究中得到了证实。

网络外部性对平台定价的影响主要体现在：如果平台一边市场(B 边)对另一边市场(S 边)产生的交叉网络外部性越大，则 B 市场的用户规模对 S 市场用户的效用就越有影响，平台会将这种影响考虑到定价策略的选取中。一般而言，我们假设交叉网络外部性为正，则 B 边用户数量增加会提高 S 边每个用户所获的效用，S 边用户就会越愿意接入到平台中。正是因为这种效应的存在,平台会对产生较强交叉网络外部性的一边用户收取较低价格吸引其参与,培育客户基,再利用外部性效应对另一边市场收取高价以弥补亏损,从而达到获取利润、扩大市场的目的。交叉网络外部性越强,平台两边价格的不对称性越严重,平台一边市场甚至会出现低于成本的价格或免费,即完全补贴现象。

2. 需求价格弹性。平台双边市场的需求价格弹性是平台定价的重要决定因素,Rochet 和 Tirole(2003)、Armstrong(2004)等人都对其在定价中的重要地位进行了揭示。在他们的研究中,通过数理模型的建立构造出类似与勒纳指数(Lerner index)的形式,来分析需求价格弹性与定价策略之间的影响关系①。得出的结论与传统单边市场相同,即平台往往对弹性较小的一边用户设定较高的价格成本加成,而对弹性较大的一边用户加成较低,甚至低于边际成本。根据 Wiiko Bolt 和 Alexander F. Tieman(2005)的倾斜定价理论可以对这一点做出较易理解的解释:市场中需求价格弹性较大的一边(通常为买方)对价格变动比较敏感,这一方用户会因为平台收取的低价格而迅速参与到平台中。从而引起市场需求的上升,再加上正的交叉网络外部性的影响,另一边需求价格弹性较低的用户(通常为卖方)也会被吸引到平台上来,因为其有利可图,并且承受平台企业收取的较高的价格。

此外,需求价格弹性受到该边市场用户安装基础的影响,即可虏获用户数量(captive buyers)。某边用户安装基础越大,虏获的用户数量越多,则该边市场对平台的需求价格弹性越小。也就是说,两者之间呈现负相关的关系。

3. 用户的产品多样性偏好。用户对产品的多样性偏好往往存在很大的差异性,尤其是在某些需求协调型市场中。例如操作系统平台和电子游戏平台,操作系统用户对操作系统软件偏好较为专一,软件生命周期较长,如 office 软件;而在电子游戏平台中,游戏玩家往往会选择多个游戏,且频繁更换,游戏的生命周期较短。Hagiu(2006)指出这种现象的存在对平台价格策略和最优定价架构的选择产生了重要影响,例如在操作系统平台内,平台采取向消费者进行收费,即通过向消费者销售操作系统来获取主要利润,而向开发商提供免费的技术服务、研发工具支持等;而在电子游戏平台却采取了相反的定价方式,即通过向游戏软件开发商收取版税(royalties)来实现利润。这是因为用户对多样性偏好的强弱导致产品之间可替代性的高低,从而相对增强或削弱了生产者的市场势力,这就导致平台出现不同的多样化需求,产生了不同的价格结构。Hagiu通过模型推理得出相关结论:用户对产品多样性偏好及产品开发商的市场势力会对平台的定价产生重要的影响。用户对产品多样性的偏好越强或者说生产者的市场势力越强,平台就越倾向于从开发商一边获得主要收入,反之从用户一边获得主要收入。这个结果可以用来解释在现实生活中所观察到的平台定价结构的不同,例如在操作系统和电子游戏机之间的不同。

4. 用户多归属行为。当用户面对多个平台可供选择时,如果平台没有实施排他性策略,而且平台的接入成本为零或是可以忽略的情况下,终端用户会倾向于将选择多平

---

① 具体影响机理参考第三节模型的构建。

台接入,即多归属行为(Multi-homing)。多归属行为被视为双边市场中用户行为的基本特征,它的作用机理在于拓展了多归属一方交易对象的范围,从而增加了交叉网络外部性的效用,提高了交易成功率和效率,进而对平台定价策略产生影响。徐晋(2007)指出,从这个角度来看,如果平台对用户只按交易次数收费,则会助长用户的多归属行为,因为多归属并不会造成额外的成本。

Armstrong(2006)通过建立一个竞争瓶颈性模型(即一边单归属,一边多归属)对归属性行为的影响机理进行了分析。结果表明,平台通常会对单归属性一边制定补贴价格,而对多归属性一边收取高价。简单进行理解,平台采取的价格策略是希望通过低价吸引单归属性一边的用户参与到平台上,形成市场需求。由于平台两边市场所具有的需求互补性和依赖性特征,多归属一方自然只能依从与单归属一方的平台选择,平台也具有了对其制定高价的势力,从而对其收取高价以获取利润。Doganoglu(2006)研究指出,由于用户对接入到平台所获得的网络效应评价是有差别的,对网络效应评价较低的用户可能不会多平台接入,因此不同多平台接入行为的用户所支付的接入价格是不一致的。

(二) 平台行为特性

1. 平台竞争结构。在具有双边市场特征的产业中,平台企业的市场结构通常表现为寡头垄断或竞争性,仅由一家平台企业垄断的市场结构几乎没有。平台之间的竞争行为对双边平台定价策略的影响较为复杂,一方面是因为用户多归属特征的存在,部分用户选择同时接入多个竞争性平台,增强了竞争的难度和非直观性;另一方面,平台往往采用多种竞争策略来应对竞争状况,如平台差异化策略、排他性策略等。正是由于这些复杂因素的影响,竞争对定价策略的影响的一般性结论目前尚难以形成,现有研究一般以某一类型的双边市场为前提,研究内容集中于竞争与垄断平台定价均衡的比较、平台竞争策略的选择和相关策略对定价的影响等。

Rochet 和 Tirole(2003)指出,平台竞争将促使双边市场的价格总水平下降,但是对价格结构的影响并不确定。在双边市场下,引入竞争对价格结构的影响难以预测,平台竞争并不一定使得价格更加合理,也不一定提高社会总福利,某些情况下甚至会产生一个更歪曲的价格结构。Schiff(2003)通过比较竞争性平台的兼容性研究了平台竞争的效应。研究表明,兼容性的平台竞争市场结构是最优的市场结构,而不兼容的双网络平台的市场结构甚至不如垄断市场结构。平台可能有动机去向某边多平台接入的用户如卖者提供一份排他性协议,禁止卖者的多平台接入行为。平台可以通过完全占用签订排他性协议的卖者,来吸引买者到平台上来。

Armstrong(2006)在外部性的基础上,采用横向差异的 Hotelling 模型刻画平台竞争,最终均衡时市场中两个平台企业在每一个市场上的定价相同,平分市场。之所以这样处理的原因在于,平台在一边市场的竞争策略选择由于涉及另一边市场的反馈影响,导致模型推导过程相当复杂。研究发现,由于交叉网络外部性的存在,与传统不存在外部性市场相比,平台企业竞争对市场份额的争夺更激烈;相比于垄断平台情形,竞争平台对市场份额的重视程度更高。这一模型虽然具有相当的解释力,但只适用于特定的双边市场如电话黄页等,而且其对均衡进行对称的技术处理与大多数市场现实情况不符。

2. 平台竞争策略。竞争平台提供差异化的产品与服务,会导致用户无法完全自如地在多平台中随意接入,进而影响其多归属性行为。平台为两边用户所提供产品或服务的差异度,影响用户的归属性选择,进而影响了两边市场的多归属比例,从而降低了平台之间的竞争程度。一般而言,当部分用户(B)进行多平台接入时,其有能力在多个平台之间进行转换,这就导致该边用户针对特定平台厂商的需求价格弹性增大。这种现象同时也影响到另一边用户(S),平台将努力引导 S 边用户在竞争性平台中做出选择,随后通过外部性操纵(steer)B 边用户的加入。例如,在广告支持型的传媒产业中,媒体只有提供更加具有吸引力的内容才能吸引更多观众,观众数量的增加又提高了广告商在该媒体上做广告的意愿度。由此,平台产品差异化策略是影响用户多归属性行为的关键因素,而且产品和服务越趋向于同质化,竞争就越激烈,其定价就越低,反之亦然。Armstrong 和 Wright(2005)研究指出,竞争平台两边产品的差异化程度决定了其市场势力,也就决定平台对用户的价格加成。差异化程度越大,市场势力越强,则价格加成越高;而差异化程度越小,导致平台在同一边上的竞争趋于加剧,平台在这一边的定价会逐步下降,直至为零;如果差异化程度继续变小,受到非负价格的限定,平台在另外一边的定价也会下降,若价格下降至平台的盈亏平衡点以下,平台就开始亏损。

同单边市场相同,平台会通过签订独家协议等方式来限制多归属用户在竞争性平台上的接入,而排他性策略的使用对用户多归属性及价格均衡具有很大影响。Armstrong 和 Wright(2005)对竞争性瓶颈均衡和排他性均衡进行了比较研究,结果表明排他性协议的使用改变了原有的竞争性瓶颈均衡①。但是,在现实生活中,有部分具有排他性能力的产业却不采用排他性策略,如超市并没有限制供应商只向自己一家供货;Windows 操作系统也没有限制其软件开发商不能将软件供应给其操作系统。Calliaud 和 Jullien(2003)针对上述问题,以互联网信息中介平台为例,采用一个存在主导平台的竞争性市场结构进行博弈分析,结果表明,如果平台实施排他性策略,不论是主导平台还是竞争平台最终都将无利可图,而如果平台不实施排他策略,竞争平台无论做出怎样的选择,均衡时两个平台都将获取正利润。因此,理性的平台往往会允许用户的多归属行为,不采用排他性策略。

3. 互通互联及捆绑销售。互通互联现象指竞争性平台之间可以通过某种方式进行相互联通,用户只需接入一个平台,就可以享受其他同样类型的平台所提供的资源。从用户角度看,这样减少了用户的搜寻成本,提高了效率和社会福利。纪汉霖、管锡展(2006)认为从定价角度来看,平台为了收回互通互联的成本,通常会提高价格,例如信息中介和电子商务平台。

捆绑销售是指平台企业可以通过将多种具有相互关系的服务进行捆绑销售以获取利润。例如,银行卡组织——Visa 和 Master,一直采用"受理所有卡规则"在收单市场上鼓励特约商户对借记卡和信用卡进行捆绑使用。在传统意义上,这种行为是一种滥

---

① 在竞争性瓶颈均衡中,多平台接入的卖者将获取不到任何交易的剩余,而单平台接入的买者却享受到了一个低于成本的价格。

用市场势力、实施价格歧视、提高进入壁垒的破坏社会福利的行为,而在双边市场中,捆绑销售却成为平台厂商克服负价格约束、积累接入规模和协调市场间需求的有效手段。Rochet 和 Tirole(2003)指出,在双边市场中,为了扩大双边用户的接入规模,平台普遍选择倾斜性的价格结构对双边用户进行交叉补贴,捆绑销售策略实质上是一种价格补贴的工具,用于解除平台厂商对一边用户施行价格补贴时的非负价格的约束,来提高平台的网络效应和盈利能力。捆绑销售能够在不损害甚至增加社会福利的前提下,使平台厂商更好地平衡双边市场的发展,使得平台能够更加有效运行。以银行卡组织分析,持卡人可以使用同一品牌下信用卡和借记卡,这就为其提供了多种选择,给持卡人带来了便利。便利的增加导致更多持卡人持有该种组织的银行卡,通过网络外部性又给特约商户带来了正反馈利益。所以,这种捆绑行为导致消费者享有更大的便利和商户利润的增加,增加了社会福利。

(三) 其他影响因素

自相关网络外部性。自相关网络外部性也称为组内网络外部性。与交叉网络外部性相反,它指的是双边市场中同边市场中用户的数量对该边用户的参与平台的效用、动机和规模的影响。组内网络外部性对组内用户的影响有正的网络外部性和负的网络外部性,通常来看,正的网络外部性一般发生在用户市场一边,与产品口碑、产品规模经济特性等相关。比如淘宝等电子商务网站,用户会由于其他用户的购买数量对产品进行评价,从而决定是否加入;而在某些即时通讯软件平台中,参与的用户规模越大,对新用户就越有吸引力。负的组内网络外部性更多地发生在双边市场的卖方市场一边,这是因为在同一平台的同类型卖方的数量越多,他们为争夺买者而展开的竞争越激烈。

以往的研究大多只从交叉网络外部性出发,几乎没有考虑过自相关网络外部性对平台定价的影响。近几年,随着双边市场理论在实践中的应用增加,部分学者意识到两边市场的本身特性对平台企业决策也有着不可忽视的影响,由此,诞生了自相关网络外部性的相关研究成果。程贵孙(2010)以卖方市场(S)的负的组内网络外部性为研究对象,分析了其存在对平台定价的影响。通过进行比较分析,得出结论:

(1) 自相关网络外部性对定价策略的影响与平台的归属性结构相关。在双边用户均为单平台接入下,买方的价格不受组内网络外部性强度的影响,卖方的价格与组内网络外部性强度成正比关系。在厂商多平台接入、用户单平台接入的竞争性瓶颈结构均衡情况下,消费者的价格与组内网络外部性强度成正比,此时厂商的价格不受组内网络外部性强度的影响。

(2) 无论双边市场具有怎样的归属性结构,平台竞争获得的利润水平都与组内网络外部性成正比,因此平台企业应该积极引导卖方接入到平台中来。

(3) 双边用户的价格在不同的市场结构下的大小关系取决于厂商组内网络外部性的强度。当自相关网络外部性较弱时,双边均单归属下的买方价格要高于卖方多归属时的竞争性瓶颈下的买方价格,卖方价格正好相反。当自相关网络外部性较强时,双边均单归属下的买方价格要小于卖方多归属时的竞争性瓶颈下的买方价格,卖方价格正好相反。

尽管如此，目前仍缺乏整体的一般性影响研究，自相关网络外部性的强弱是否具有评价标准？如何将平台两边市场的外部性都纳入研究？是否可以将平台归属性结构进行拓展？这些都是今后可以继续探讨的问题。而这一领域的研究也将进一步完善现有的双边市场价格理论。

第三节 双边市场基础模型

Armstrong(2004)建立了较为完整的双边市场价格分析框架，虽然其研究并不适用于所有双边市场类型，但仍具有一定的适用性基础，对双边市场的定价特征进行了较为完整的概括。本节主要基于其研究成果介绍双边市场分析的基础模型。

一、垄断平台基础模型

基本假设：假设平台两边分别为买方 B 和卖方 S，参与数量分别为 n_B 和 n_S。为简化分析，忽略自网络外部性，只考虑正的交叉网络外部性。参数 α_B 和 α_S 为交叉网络外部性参数，参数 α_B 表示每一个参与平台的卖方用户 S 给买方用户 B 带来的外部性，也可将其视为买方 B 通过平台厂商与卖方 S 发生每一笔交易所获得的效用，参数 α_S 表示每一个买方用户(B)参与平台给卖方用户(S)带来的外部性，即卖方 S 通过平台厂商与买方 B 发生每一笔交易所获得的收益。其中 $\alpha_B > 0, \alpha_S > 0$。$p_B$ 和 p_S 分别表示平台向买方和卖方用户提供单位产品或服务的价格。可以得出买方与卖方的效用函数分别为：

$$u_B = \alpha_B n_S - p_B; u_S = \alpha_S n_B - p_S \tag{14.1}$$

假设平台是通过设定效用$\{u_B, u_S\}$，而不是价格$\{p_B, p_S\}$来影响需求，则将效用函数转换为：

$$p_B = \alpha_B n_S - u_B; p_S = \alpha_S n_B - u_S \tag{14.2}$$

为了更准确地刻画平台厂商面临的需求函数，由双边市场的用户通过平台交易获得的效用函数 u_B 和 u_S 可得平台厂商面临的需求，将 n_B, n_S 表示为：

$$n_B = \Phi_B(u_B); n_S = \Phi_S(u_S) \tag{14.3}$$

成本方面，假设平台厂商为买方 B 和卖方 S 提供单位产品或服务的成本分别为 f_B 和 f_S，则垄断平台厂商的利润函数为：

$$\pi = n_B(p_B - f_B) + n_S(p_S - f_S) \tag{14.4}$$

将(2)式、(3)式带入(4)式可得：

$$\pi(u_B, u_S) = \Phi_B(u_B)[\alpha_B \Phi_S(u_S) - u_B - f_B] + \Phi_S(u_S)[\alpha_S \Phi_B(u_B) - u_S - f_S] \tag{14.5}$$

命题 1：社会总福利最大情况下：令买方 B 的总剩余表示为 $v_B(u_B)$，卖方 S 的总剩余表示为 $v_S(u_S)$，其中 v_i 满足包络定理 $v'_i(u_i) \equiv \Phi_i(u_i)$。社会总福利可表示为：$w = \pi(u_B + u_S) + v_B(u_B) + v_S(u_S)$。

由一阶最优条件可得：$u_B = (\alpha_B + \alpha_S)n_S - f_B ; u_S = (\alpha_B + \alpha_S)n_B - f_S$

由式(1)可得社会最优价格为：

$$p_B = f_B - \alpha_S n_S ; p_S = f_S - \alpha_B n_B \tag{14.6}$$

结论 1：垄断平台对买方 B 的最优定价与平台为其提供服务的成本 f_B 以及买方 B 带给买方 S 的外部性收益 $\alpha_S n_S$ 有关，其中价格的高低与成本大小呈正相关关系，与外部性收益多少呈负相关关系。α_S 表示每一个买方的参与平台给卖方带来的外部性，因此 $\alpha_S n_S$ 表示每增加一个买方 B 对卖方 S 所带来的外部性收益。正是因为外部性收益的存在，平台厂商通过转移支付的形式来吸引买方的参与，从而带动卖方的进入。如式(6)所示，这个转移支付的程度等于其所带来的外部性收益。因此，如果买方给卖方带来的外部性收益越大（即 α_S 越大），平台对其定价就越低。特别在 α_S 足够大的情况下，p_B 可能会低于成本甚至为零，即平台对其进行补贴定价。同理，也适用于卖方一边。

命题 2：平台利润最大化条件下：

$$\frac{\partial \pi}{\partial u_B} = 0 \Rightarrow \Phi'_B(u_B)[\alpha_B \Phi_S(u_S) - u_B - f_B] - \Phi_B(u_B) + \Phi_S(u_S)\alpha_S \Phi'_B(u_B) = 0;$$

$$\frac{\partial \pi}{\partial u_S} = 0 \Rightarrow \Phi'_S(u_S)[\alpha_S \Phi_B(u_B) - u_S - f_S] - \Phi_S(u_S) + \Phi_B(u_B)\alpha_B \Phi'_S(u_S) = 0$$

联合求解得：

$$u_B = (\alpha_B + \alpha_S)n_S - f_B - \frac{\Phi_B(u_B)}{\Phi'_B(u_B)} ; u_S = (\alpha_B + \alpha_S)n_B - f_S - \frac{\Phi_S(u_S)}{\Phi'_S(u_S)}$$

联立求解可得到垄断平台利润最大化条件下的价格结构公式：

$$p_B = f_B - \alpha_S n_S + \frac{\Phi_B(u_B)}{\Phi'_B(u_B)} ; p_S = f_S - \alpha_B n_B + \frac{\Phi_S(u_S)}{\Phi'_S(u_S)} \tag{14.7}$$

令 $\varepsilon_B(n_S) = \frac{p_B \Phi'_B(u_B)}{\Phi_B(u_B)}$ 表示 n_S 个卖方用户参与平台时，买方用户对垄断平台的需求价格弹性。$\varepsilon_S(n_B) = \frac{p_S \Phi'_S(u_S)}{\Phi_S(u_S)}$ 表示 n_B 个买方用户参与平台时，卖方用户对垄断平台的需求价格弹性。这时平台利润最大化的价格结构满足：

$$\frac{1}{\varepsilon_B(n_S)} = \frac{p_B - f_B + \alpha_S n_S}{p_B} ; \frac{1}{\varepsilon_S(n_B)} = \frac{p_S - f_S + \alpha_B n_B}{p_S} \tag{14.8}$$

即产业组织理论中的勒纳指数形式。

结论 2：与单边市场进行比较，单边市场上垄断企业利润最大化的价格满足：$p = $

$f+\dfrac{q}{q'(p)}$，与(7)式相比较，可以看出双边市场垄断平台企业对买卖两方的定价中扣除了一方用户给另一方用户带来的外部性即 $\alpha_S n_S$ 和 $\alpha_B n_B$。当网络外部性参数 α 很大时，平台向用户收取的价格会很低，甚至为零。

单边市场上垄断企业利润最大化下的勒纳指数为：$\dfrac{1}{\varepsilon}=\dfrac{p-f}{p}$，与(8)式相比较，都是用户的需求价格弹性越大，平台向其收取的价格越低，这一点是一致的。但交叉的网络外部性的存在吸引另一边用户参与到平台，给平台带来了额外的收益，从而降低了平台制定高价的垄断势力。因此，一边为另一边用户带来的外部性越大，即 α 越大，平台对其制定的价格越低。ε 和 α 的大小差异可表现出平台对两类用户定价的不对称性。如果买方用户的需求价格弹性 $\varepsilon_B(n)$ 和买方用户参与交易平台给卖方用户带来的外部性参数 α_S 相对越大，那么平台向买方用户收取的价格就越低。

二、竞争平台基础模型

引入 Hotelling 模型描述平台竞争：假设有两个平台进行相互竞争，它们分别位于线性市场$[0,1]$两端。假设双边用户都是单归属性的，买卖双边用户均匀分布于两个平台之间，且每类用户总和为 1 单位，即

$$n_B^1 + n_B^2 = 1; n_S^1 + n_S^2 = 1 \tag{14.9}$$

平台厂商 $i=1,2$ 的双边用户效用可表示为：

$$u_B^i = \alpha_B n_S^i - p_B^i; u_S^i = \alpha_S n_B^i - p_S^i \tag{14.10}$$

$t_B,t_S>0$ 表示平台的产品或服务对买方和卖方用户的差异化程度参数①，同时体现了双边市场的竞争程度。得出：

$$n_B^i = \frac{1}{2} + \frac{u_B^i - u_B^j}{2t_B}; n_S^i = \frac{1}{2} + \frac{u_S^i - u_S^j}{2t_S} \tag{14.11}$$

将式(11)、式(9)带入(10)式中可以得出平台厂商 $i(i=1,2)$ 在双边市场的市场份额：

$$n_B^i = \frac{1}{2} + \frac{\alpha_B(2n_S^i-1)-(p_B^i-p_B^j)}{2t_B}; n_S^i = \frac{1}{2} + \frac{\alpha_S(2n_B^i-1)-(p_S^i-p_S^j)}{2t_S}$$
$$\tag{14.12}$$

式(12)表示在卖方 S 承担的价格一定的情况下，平台 i 每增加一个买方 B，将为平台 i 吸引到 $\dfrac{\alpha_S}{t_S}$ 个卖方。

假设与差异化参数 $\{t_B,t_S\}$ 相比，网络外部性参数 $\{\alpha_S,\alpha_S\}$ 很小，均衡存在的充要条

---

① 通常被称为买卖双方到达平台的单位距离成本。

件为：
$$4t_B t_S > (\alpha_B + \alpha_S)^2 \qquad (14.13)$$

平台 i 的利润为：
$$\pi = (p_B^i - f_B)\left[\frac{1}{2} + \frac{1}{2}\frac{\alpha_B(p_B^j - p_S^i) + t_B(p_B^j - p_B^i)}{t_B t_S - \alpha_B \alpha_S}\right]$$
$$+ (p_S^i - f_S)\left[\frac{1}{2} + \frac{1}{2}\frac{\alpha_S(p_B^j - p_B^i) + t_B(p_S^j - p_S^i)}{t_B t_S - \alpha_B \alpha_S}\right]$$

命题3：结合必要条件(13)对平台利润进行最大值求解，可得：
$$p_B = f_B + t_B - \frac{\alpha_S}{t_S}(\alpha_B + p_S - f_S); p_S = f_S + t_S - \frac{\alpha_B}{t_B}(\alpha_S + p_B - f_B)$$
$$(14.14)$$
$$\Rightarrow p_B = f_B + t_B - \alpha_S; p_S = f_S + t_S - \alpha_B \qquad (14.15)$$

结论3：单边市场 Hotelling 竞争模型的均衡价格为：$p = f + t$，与(15)式比较可以看出，交叉网络外部性的存在对竞争平台价格具有负的影响，平台竞争的双边市场均衡价格同样要减去用户间的网络外部效应 α。产品或服务的差异化程度 t 与单边 Hotelling 模型所阐明的效应一致，平台将对产品或服务差异化程度较小的、外部性较强的一边用户收取低价甚至免费（即不对称的定价）。

命题4：买方和卖方两类用户的对竞争平台的需求价格弹性：$\eta_B = \frac{p_B}{t_B}; \eta_S = \frac{p_S}{t_S}$。
进一步将(15)式改写为勒纳指数形式：
$$\frac{p_B - (f_B - 2\alpha_S n_S)}{p_B} = \frac{1}{\eta_B}; \frac{p_S - (f_S - 2\alpha_B n_B)}{p_S} = \frac{1}{\eta_S} \qquad (14.16)$$

结论4：比较公式(8)和公式(16)可以发现，竞争平台的勒纳指数对网络外部性效应赋予的权数是垄断平台的两倍。这是由于平台之间的竞争造成的。如果垄断平台提高一边用户的价格，致使边际用户离开市场时，该边际用户将从市场上消失；而在竞争平台中，如果平台 i 提高一边用户价格，将使其边际用户转换至平台 j，用户间的网络外部性会导致平台 i 的另一边用户也发生相应转换。因此，双边市场中用户间网络外部性的双重效应进一步限制了竞争性交易平台价格加成的能力。

以上基础模型是基于 Armstrong(2006)的研究模型总结而得，主要概括了当平台采用注册费方式、两边用户单归属、只存在交叉网络外部性等最简单条件下垄断与竞争平台的行为模型。相较于 Rochet 和 Tirole(2003)所建立的一般模型，此模型考虑了交叉网络外部性的影响机理，建立了更加完整的分析框架，更系统地解释了平台对一边用户亏本甚至免费提供产品和服务的原因。因此现有的文献大多采用此基准模型进行拓展，融入行业特征因素，对双边市场各个不同行业的定价模式和竞争垄断行为等进行研究。

复习思考题

1. 双边市场该如何进行界定?
2. 双边市场具有哪些基本特征?
3. 双边市场具有哪几种常见的分类方式?
4. 哪些因素对双边市场价格策略造成影响?
5. 双边市场基础模型得出了哪些结论?

第十五章 产业融合理论

学习要点

1. 掌握产业融合基本理论。
2. 理解产业融合对产业发展的影响。
3. 了解产业融合中的问题和措施。
4. 了解产业融合未来发展方向。

第一节 产业融合基本理论

产业融合是信息化进程中呈现的一种产业新范式,正在全球范围内呈现出蓬勃发展的态势。对于产业融合的研究已经成为经济学、管理学、社会学和地理学等众多学科的研究热点之一,并引起了地方政府和决策部门的极大兴趣。对产业融合内涵、基本特征、类型和动因进行梳理,便形成一个比较系统的产业融合基本理论体系。

一、产业融合内涵

产业融合是伴随技术变革与扩散过程而出现的一种新经济现象。国外产业融合思想最早起源于美国学者罗森伯格(Rosenberg,1963)。但是直到 1970 年代末,这种现象才受到广泛关注,并最初是来源于实业界关于"电脑和通信融合图景的描绘",此后才扩展到学术界和政界。

1978 年,麻省理工学院(MIT)媒体实验室 N·尼古路庞特对计算、印刷和广播业三者间技术融合的模型化进行了描述,认为交叉处是增长最快、创新最多的地方,开启了学术界对产业融合研究的大门。此后的一段时间里,学术界对产业融合的研究成果也只是零星地出现。直到 1990 年代中后期,美国新电信法案通过后,信息通信领域里跨媒体、跨产业、跨地域的企业并购风起云涌之时,才出现了产业融合研究的高潮,大量研究文献才开始出现。国内外学者对产业融合现象进行研究时,尝试着从不同视角对其内涵进行界定,结果使得其内涵至今仍未形成一致意见。具体而言,现有研究成果主要从技术、产品、企业、市场及制度等视角来界定产业融合内涵的。

(一)技术视角

产业融合现象研究最早始于技术融合。罗森伯格(Rosenberg1963)在对美国机器工具产业演化研究中发现了同一技术向不同产业扩散的现象,并把该现象定义为"技术融合"。所谓技术融合,是指迄今为止不同产业分享共同知识和技术基础的过程(Athreye & Keeble, 2000;Fai & Tunzelmann, 2001;Lind, 2004;张磊,2001),也是某些技术在一系列产业中的广泛应用和扩散,并导致创新活动发生的过程(Sahal, 1985;Dosi, 1988;岭言,2001;卢东斌,2001)。当不同产业技术的一体化(即共享相同的技术基础)显著地影响或改变另一产业中产品、竞争、价值创造过程的本质(Lei, 2001)时,意味着技术融合产生。融合被界定为新技术不断替代以前技术的过程(Gains, 1998)。

(二) 产品视角

产业是由具有同类属性的企业组成的,产品是同类属性的重要体现与载体,因此一些学者从产品视角来界定产业融合。从需求角度看,产业融合是指以产品为基础的融合(Stieghtz Nils, 2003),或者是采用数字技术后原本各自独立的产品的整合(Yoffie, 1997)。这种融合可以分为替代性融合与互补性融合(Greenstein Shane, Khanna Tarun, 1997;Stieglitz Nils, 2003;张磊,2001)。

(三) 企业视角

企业作为产业融合的主体,在产业融合中,两个或多个以前各自独立的产业,当它们的企业成为直接竞争者时,即发生了融合(Malhotra,Cupta, 2001;植草益,2001;马健,2003;李美云,2007)。产业融合的发起者是企业,但仅以企业竞争合作关系的变化作为衡量产业融合是否发生的标准,往往忽视了处于不同产业而互补的企业。

(四) 市场视角

融合是消除市场准入障碍和产业界限后,迄今各分离市场的汇合与合并(Lind, 2005),融合型产业出现萌芽状态后,这种融合是否成功乃至能否持续下去需要经过市场的检验。对于市场而言,需要达到相应的收入弹性条件和生产率上升条件,该产业才具有潜在的市场。此外,还有学者从更广范围研究产业融合含义,如基于企业对产业融合的反应(Estabrooks, 1995;Malhortra, 2001)、基于产业演化角度(Stieglitz, 2002)、基于产业边界视角(植草益,2001;周振华,2003;周旭霞,2007;高煜、刘志彪,2008)、产业属性视角(厉无畏,2002;陈柳钦,2006)及模块理论视角(朱瑞博,2003)。基于从产业融合的关键特征进行定义和从产业融合的涉及范围进行定义(胡永佳,2007)。

郑明高博士认为:从信息通信产业角度看,产业融合是在技术融合、数字融合基础上所产生的产业边界模糊化,最初指计算机、通信和广播电视业的"三网融合"。从原因与过程看,产业融合是从技术融合到产品和业务融合,再到市场融合,最后达到产业融合,是一个逐步实现的过程。从产业服务和产业组织结构看,伴随着产品功能的改变,提供该产品的机构或公司组织之间边界逐渐模糊。从产业创新和产业发展看,指不同产业或同一产业不同行业在技术与制度创新的基础上相互渗透、相互交叉,最终融合为一体,逐步形成新型产业形态的动态发展过程。

综合来看,虽然学者们对于产业融合的定义各有侧重,但本质上来看,他们都基于一个共同认识:产业融合是一种从信息产业逐渐扩散的全新经济现象;产业融合的发展态势已广泛影响到世界产业的走向,并必将重塑全球产业的结构形态。

二、产业融合的基本特征

对于产业融合的内涵定义,尽管由于视角不同,各种表述也不尽相同,但产业融合具有它共同的特征。

(一)产业融合本质上是一种创新

在信息化时代下,产业融合是一场新的产业革命,它加速了社会经济系统的深刻变更。产业融合在本质上是一种突破传统范式的产业创新,它丰富了传统的产业创新理论。新产业革命不仅仅是信息技术产业对传统产业的整合和改造,更重要的是以信息技术与信息产业为平台,关联产业互动与融合形成了一种新的产业创新方式。

(二)产业融合往往发生在产业边界处

产业融合发生的前提条件是产业之间具有共同的技术基础,能够首先发生技术融合,即一产业的技术革新或发明开始有意义地影响和改变其他产业产品的开发特征、竞争和价值创造过程(Lei,2000),因而产业融合一般发生在产业之间的边界和交叉处,而不是发生在产业内部。产业融合不是产业重叠,因为信息化并不能完全消除产业边界,融合后的新产业可能会在很大程度上替代原有的产业,但是并不能完全替代原有产业,而是部分替代。

(三)产业融合是一个动态的过程

在产业融合发生之前,各产业内的企业之间是相互独立的,它们各自生产不同的产品,提供不同的服务,完全是一种"互不相干"的状态。随着企业规模的扩大和技术进步,一些企业为了生存,选择了多元化生产的路径和方法,生产多种产品、提供多种服务,这样一来,就会有部分企业的产品和服务有接近的地方,但它们之间的影响甚小。当越来越多的企业选择多元化生产和服务时,产业边界会逐渐模糊,不同产业之间发生交叉,融合型产品出现,标示着产业融合的发生。不同产业之间的相互促进,会促进产业创新,当新兴产业出现并且融合型产品成为市场的主导时,产业融合的实现就成为事实。

(四)产业融合是产业间分工的内部化

产业融合是产业分工的新路径和新起点。分工的基本含义是由两个或两个以上的个人或组织去执行原本由一个人或一个组织所执行的不同操作或职能,融合的基本含义是由一个人或一个组织去执行原本由两个或两个以上的个人或组织所执行的不同操作或职能。

(五)产业融合是信息化与工业化融合的重要依据

信息化和工业化都是社会生产形态演进过程,在演进过程中生产方式内容包括发展理念、发展方式和发展动力、产业内容和管理模式等多方面。产业内容则是对应生产方式的重要组成部分和基础,没有产业内容的生产是不存在的,无法促进社会形态的变化。推进信息化与工业化的融合应首先促进产业融合,用信息化的先进技术、理念和管理模式推动传统产业分解和重构,促进产业创新,实现新的市场、业务和产业发展,所以产业融合应是信息化与工业化融合的重要依据和出发点。

三、产业融合的类型

产业融合作为现代经济的新现象,从不同的角度分析会得到不同的结果。国内外学者基于自己的研究视角进行了分类,归纳起来可以分为以下几个大类:

1. 从技术角度分析,格林斯腾和汉纳(Greenstein & Khanna,1997)、张磊等学者认为产业融合包含两类模式:第一类是替代性融合,表现为一种技术取代另一种技术;第二类是互补性融合,表现为两种技术共同使用比单独使用时效果更好。

2. 从市场供需角度分析,分为需求融合和供给融合两类。M·派宁斯和普罗纳姆(M. Pennings & Puranaln,2001)在替代—互补的角度基础上,增加了供给—需求的角度,通过 $2×2$ 矩阵把产业融合分为供给替代性融合、供给互补性融合、需求替代性融合和需求互补性融合四类。麦霍特纳(Malhotra,2002)从功能融合和机构融合出发,认为产业融合的三种类型为:高功能和高机构融合(纯粹的融合)、高功能和低机构融合(需求驱动的融合)、低功能和高机构融合(供给驱动的融合)。

3. 从产品角度分析,周振华(2004)把产业融合区分为替代型融合、互补型融合和结合型融合三种类型。王丹(2008)把产业融合概括为以下三种形态:一是改造型融合;二是互补型融合;三是替代型融合。

4. 从融合程度分析,植草益(2000)和厉无畏等(2003)都将产业融合分为全面融合和部分融合。马健(2003,2006)从产业融合的程度和市场效果,将产业融合分为完全融合、部分融合、虚假融合三种类型。

5. 从制度视角分析,胡金星(2007)将产业融合分为微观层次的标准融合与宏观层次的制度融合两类。

6. 从产业角度分析,胡汉辉、邢华(2003)将产业融合分为产业渗透、产业交叉、产业重组三种形式。聂子龙、李浩(2003)提出产业融合有四种主要形式:高新技术的渗透融合、产业间的延伸融合、产业内部的重组融合、全新产业取代传统旧产业的融合。

除了以上的分类标准之外,斯蒂格里特兹(Stieglitz,2002)的研究涵盖了前三类的标准(技术、供需、产品),将产业融合分为四种基本类型:技术替代性融合、技术互补性融合、产品替代性融合、产品互补性融合。从供给方来看,用相同的技术生产不同的产品和服务,即为技术融合;从需求方来看,用不同的技术提供替代性或互补性产品,则为产品融合。胡永佳(2007)在其博士论文中提出从生产、供给的角度对产业融合进行分类:从产业融合的方向上看,可分为横向融合、纵向融合和混合融合;从产业融合的结果上看,可分为吸收型融合和扩展型融合。

四、产业融合的动因

从当今世界产业融合的实践看,推动产业融合的因素是多方面的,归结起来主要来自技术、政府、企业、市场等层面。产业融合的动因既有技术创新的驱动,又有企业之间的竞争合作以及自身对产出效率的追求,同时还有市场需求的推动、政府的外部措施支持等。归根结底,产业融合是产业发展的内在规律所决定的,是社会经济发展的必然结果。

(一)产业发展的内在规律

人类社会的发展离不开其客观规律,产业的发展也必然遵循经济发展的一般规律。在产业发展过程中,产业种类越来越多、产业组织越来越复杂、产业边界越来越模糊、产业间的作用和影响越来越大,直至产业融合的出现,都是产业发展的内在规律所决定的。产业结构有着从低级向高级的演进规律,随着经济的发展,产业结构总是趋向不断优化,而产业融合正是产业结构优化的重要途径。

(二)技术的创新

技术创新是产业融合的源泉所在。技术创新按其产生的效应和其他技术的关系,可以分为革命性的技术创新和扩散性的技术创新,二者对产业的发展具有不同的影响。技术创新的溢出效应加快了不同产业之间的技术融合。技术融合推进产业融合技术创新特别是扩散性的技术创新是促进产业融合的拉力,是产业融合发展的催化剂。在技术创新和技术融合基础上产生的产业融合是对传统产业体系的根本性改变,是新产业革命的历史性标志。可以说,产业融合是现代产业发展及经济增长的新动力。

(三)企业内部因素

企业间日益密切的竞争合作关系和企业对效益、效率的持续追求是产业融合发生的重要原因。同一产业内部不同企业间的合作只是使企业的规模扩大,而不同产业间企业的合作则是产业融合的组织基础。企业之间通过竞争与合作,更多的资源能在更广阔的范围内得以合理配置和利用,生产出来的产品或服务将会更具有竞争力。所以,企业间的竞争合作关系是产业融合的企业动因。不同产业中的企业为追求范围经济而进行多元化经营、多产品经营,通过技术融合创新改变了其成本结构,降低了其生产成本,通过业务融合形成差异化产品和服务,通过引导顾客消费习惯和消费内容实现市场融合,最终促使产业融合。

(四)市场需求的扩大

市场需求的扩大是产业融合的推动力。随着社会经济的发展,人类的需求不断提高,人们往往追求更加方便快捷、满意舒适、低成本高效率的消费方式,这种无止境的需求使得企业不断谋求创新发展。随着技术不断创新和扩散,产业融合不仅出现在信息通讯业,金融业、能源业、运输业的产业融合也在加速进行之中。现代社会的消费正朝着享受性消费发展,产品只是一个待发生的服务,服务则是实际上的产品。在这种情况下,有同时既是产品、又是服务的供应才能满足消费需求,正是市场需求的变化推动了产业融合的发展。

(五)跨国公司的发展

跨国公司的快速发展是产业融合的重要载体。在经济飞速发展的今天,企业的技术、经营、战略等都需要随时更新,才能赶上信息化时代的步伐。从20世纪起,跨国公司的发展为全球经济体带来了新的活力。在当前技术飞速进步和竞争日趋激烈的背景下,各国的跨国公司和大型企业集团在扩大经营规模和服务范围时,它们综合了技术开发、投资、生产、制造、贸易、售后服务等于一体,而计算机网络和通信网络的融合为跨国企业的全球化发展提供了重要的技术支撑平台。根据整体经济利益最大化和共赢的原则,跨国公司在开展国际一体化经营活动中,已开始从产业划分战略转向产业融合战略。可以说,跨国公司是推动产业融合发展的主要载体。

(六)政府管制的放松

政府管制的放松为产业融合提供了外部条件。1980年代以来,技术创新和技术扩散改变了自然垄断产业的技术基础,由于更多产业的企业可以同时享有新技术的溢出效应,引起自然垄断产业的成本函数和市场规模的变化,这些都在一定程度上改变了它的自然垄断性质。从自然垄断到垄断竞争,再到完全竞争、竞合关系的出现,都离不开政府管制政策的放松。管制的放松导致其他相关产业的业务加入到本产业的竞争中,从而逐渐走向产业融合。

第二节 产业融合与产业发展的影响

产业融合是在经济全球化、高新技术迅速发展的大背景下产业提高生产率和竞争力的一种发展模式和产业组织形式。产业融合涉及产业之间的行为与关系,其不仅从微观上改变了产业的市场结构、市场行为和市场绩效,而且从宏观上改变了一个国家的产业结构和经济增长方式。产业融合在整个经济系统中越来越具有普遍性,它将导致产业发展基础、产业之间关联、产业结构演变、产业组织形态和产业区域布局等方面的根本变化,对整个经济与社会产生综合影响。

在产业融合中随着融合产品的替代性和互补性大大增强,市场边界发生重大游移。这不仅给市场界定带来了新的问题,并使以其为基础的产业集中度的衡量变得更为复杂,而且也在很大程度上改变了传统市场结构的形态,增强了竞争效应,并促使企业的市场行为有较大的改变。这对传统产业组织理论提出了新的挑战,需要我们加以认真研究,提出新的解释和说明。

一、产业融合对市场结构的影响

产业融合往往发生在产业的边界和交叉处,必然带来产业边界的模糊或消失,并通过市场融合改变传统的市场结构,使其发生更为复杂的变化。产业融合能够通过建立与实现产业、企业组织之间新的联系而改变竞争范围,促进更大范围的竞争。产业融合使市场从垄断竞争向完全竞争转变,经济效率大幅度提高。产业融合拓宽了产业发展空间,促使产业结构动态高度化与合理化,进而推动产业结构优化与产业发展。根据王丹(2008)的研究,不同类型的产业融合对企业市场结构的影响效应存在较大差异。对于改造型融合,由于其实质是传统产业信息化的过程,该融合主要发生在信息产业与传统产业之间,改变传统的采购、生产、营销的流程,并不会导致最终产品发生物理变化,也不会导致产品市场结构的变化,因此对市场结构的影响作用比较小。但是对于替代型融合和互补型融合,这两种融合对市场的影响较大,影响效果也存在较大差异。替代型融合的产生与发展将降低原有产业的市场集中度;互补性融合导致纵向一体化的市场结构逐渐转变为横向市场结构。产业融合的一个重要特征是产业边界的变化,产业边界可能会收缩或消失,也可能发生交叉渗透和模糊。产业边界的变化不可避免地要引起市场结构的变化。一般来说,决定市场结构的主要因素是市场集中程度、产品差别化程度和进入壁垒的高低。

(一) 产业融合对市场集中度的影响

从产品的销售阶段来看,融合也在改变着市场集中度(Greenstein & Khanna, 1997)。产业融合有着良好的技术基础,能够充分发挥产业间的协同效应,引起产业边界的交叉渗透,从而导致市场集中度的提高。产业融合的一个重要特征是产品的趋同,即产品在很大程度上都以数字形式存在。这种产品趋同使得市场竞争更加激烈,当然产业边界也就更加模糊。自1980年代起,随着信息化技术发展,用户逐渐掌握了信息处理和存储设备,媒体的纵向环节逐渐被内容、包装、传送、操作和终端五个横向环节构成的数字融合市场所代替。结果往往是某几个企业占据了市场的大部分份额,融合的推广导致了相关产业的集中度提高。一个产业和其他产业的企业内融合,可以促进其技术创新和产品创新,拓宽企业的产品市场,企业带来更大的利润空间,提升企业竞争力。因此,企业兼并重组的愿望很强烈,大规模的并购重组会导致产业边界的交叉和渗透,并出现少数大企业控制市场的现象,从而导致市场集中度的提高。惠普公司和康柏公司的合并、美国在线和时代华纳公司的合并都是产业融合引起市场集中程度提高的案例。然而,产业融合也会降低产业集中度,替代性融合和互补性融合对市场结构的影响就不完全相同。第一,替代型产业融合会降低原有产业的市场集中度,使行业领导者的控制力减弱。第二,产业融合增加了市场需求,也会降低市场集中度。就需求而言,产业融合扩大市场容量,增加了需求,进而影响了市场结构。

(二) 产业融合对产品差别化的影响

产业融合的一个重要特征是产品的趋同,即产品在很大程度上都以数字形式存在,产品的差别化程度降低。传统产品虽然也包含了一些数字化的信息,但在信息社会下,由于信息技术革命和互联网的高速发展,产品的数字化程度大幅提高,很多产品都以相同的数字形式存在。这种产品趋同使得市场竞争更加激烈,产业边界也就更加模糊。同时,一些传统产品市场在收缩,传统产品与现代产品的差别化程度加大,这两种产业边界互为消长,但又同时出现融合现象。新的产业融合现象又会导致产品差别化程度发生变化。产业融合促使产业边界模糊,进入壁垒逐渐降低,带来产业组织规模的扩大,因为产业融合降低了企业的进入成本和交易成本。科斯曾明确指出新古典企业理论的明显缺陷,认为新古典企业理论忽视了制度安排的作用,没有注意到交易费用的存在,因此没能很好地解决企业边界的决定问题。他认为,企业边界由效率来决定,其中交易费用起着重要作用(科斯,1960)。

(三) 产业融合对市场进入壁垒的影响

产业融合对市场进入壁垒的影响是双向的:一方面,产业融合使得市场进入更加容易,主要表现为企业之间的并购;另一方面,产业融合又在阻止其他企业的进入,由于大企业之间的融合,使得市场集中度提高,提高了进入的门槛。

二、产业融合对市场行为的影响

(一) 产业融合对企业组织的影响

按照哈佛学派的观点,市场结构决定着企业的市场行为,而市场行为又决定了企业的市场绩效。因此,产业融合在影响市场结构的情况下,也会对企业的市场行为产生影响。

产业融合带来企业组织规模扩大的冲动,并不意味着大规模复合型企业的管理体制和组织模式会僵化,相反,其内部组织体系十分灵活而富有弹性。管理学家哈拉尔(1991)认为,企业共同体的组织管理形式经历了工业时代、新工业时代和信息时代的三种转变。美国未来学家保罗萨福(1995)认为,公司的结构总是同一定时期拥有的信息技术体系极为相似,当信息工具发展到一定程度的时候,公司的组织结构也将改变。他认为目前按照现有信息技术体系而形成的组织模式运动,不同于以往的命令和控制结构,是一种非平面的等级制度。

在产业融合过程中,企业生产技术、竞争基础会发生转变,这不仅导致了企业所处产业环境的变化,而且导致了企业所面临市场环境的变化,企业的组织模式也在发生变革,企业必然要调整其市场行为。

(二) 产业融合对企业市场行为的影响

企业为了在新生存环境中获得竞争优势,就必须调整其市场行为,主要表现为企业的竞合战略和争夺标准战略的实施。

竞合战略的实施是为了顺应专业化、精细化生产下的融合趋势,是竞争与合作共存的态势。在产业融合中,为达到"双赢"的目的,竞争双方在各自的关键成功因素——价值链的优势环节上展开合作,可以取得整体利益的最大化,这是企业采取合作竞争战略的原动力。产业融合之后,实业界逐渐突破了产业分立的限制,大多数企业都围绕核心能力进行开放式专业化生产经营,着重发挥它们的核心能力,借助日益发达的信息技术同外部企业建立开放合作的生产体系,在与其他企业合作当中发展,并致力于成为某一领域的行业领先者。例如,当英特尔公司面临网络电脑、多媒体和三维图像等市场融合的变化情况,其首要的市场行为则是战略定位。在公司内部成立了网络部,并与微软公司联合开发 NetPC(一种直接针对网络电脑市场的混合型产品),获得了巨大的收益。

争夺标准战略的实施是为了顺应产业融合中市场竞争的白热化趋势,企业能够掌握产品和服务的相关标准(包括程序、商标、定价等)的主动权。在新的融合产业中,企业从标新立异、生产互不兼容的产品转变为生产具有广泛适用性的零部件或通用性的软件产品,标准竞争将成为产业融合过程的一个主要竞争手段,产业的主导者将是那些控制了产业标准的厂商。产业融合条件下企业通过产品设计规则的标准化影响市场行为。网络的外部性效应是标准竞争的主要动力。网络的外部性主要是指需求之间的相互依赖性,也就是需求的规模经济。网络效应最终会使融合产业的市场成为一种技术标准主导的市场。正如戴维莫谢拉(2002)指出的,当电脑、电信、消费电子产品以及出版、传媒等产业发生聚合,IT 产业将再一次经历新卖主、新商业模式以及全球市场领导新格局纷纷涌现的局面。产业融合后的公司业务更多地建立在网络平台上,公司和顾客的距离大大拉近,所以如何在虚拟世界里获得更多客户的关注就成为现代公司的主要目标。融合后的公司的营销策略也较传统企业发生了很大改变,很多大型公司在定价策略上并不是按照以往的生产成本来定价,而是根据顾客的消费需求来定价。

三、产业融合对市场绩效的影响

SCP 模式强调,市场结构是市场绩效的原因,产业集中度越高,市场绩效越低。产业融合对市场绩效的影响,主要通过对供给和需求的影响以及企业成本的降低,实现经济效益的提高。

产业融合导致的产品创新,扩大了产品的供给,并通过供给引致和创造需求,扩大了市场对新产品的需求,使产业融合提高了市场绩效。产业融合导致更多创新产品的出现,融合产品的功能更齐全,产品的收入弹性较高。产业融合带来的产品标准化和模块化,使得产品的规模生产变得更加容易,产品生产的柔性也得到提高,从而产生规模经济和范围经济。由于产业融合导致的企业组织网络化,使得企业内部部门的联系和效率得到提高,企业的外部关联也得到加强。在网络化的组织架构下,企业和客户之间的纽带进一步加强,更重要的是消费者被嵌入到网络当中来,消费者参与了产品的创新,并加大了对产品的需求。基于新产品的服务功能也得到强化,很多新的服务和原有的服务进行集成或者"打包"催生了新的服务程序,提高了产品的服务化水平。产业融合降低了企业研发成本、生产成本和交易成本,也是实现市场绩效提高的重要途径。产业融合有利于具有互补技术的企业进行合作,实现资源共享,利用共同开发平台,从而大大降低研发成本。产业融合导致的企业内外部组织的网络化,使得企业的库存占用大大减少,企业也具备了更为快速的市场反应能力,大大降低了企业的生产成本。另外,产业融合是在信息化技术条件下发生的,基于互联网的大量网上交易也大大降低了企业的交易成本,使得企业更能迅速地组织生产和销售。例如,美国经济的高速增长很大一部分得益于用高新科技融合传统产业,促进产业升级。美国信息产业的快速发展,融合了传统产业,推动了新的工业技术革命,其做出的经济贡献率高达 33% 以上。

因此,产业融合从供给、需求和成本费用等方面促进了企业创新发展,改变了产业环境和企业市场结构,促使企业调整其市场行为,推出新战略、新产品和新服务,最终使企业获得更大的经济效益,大大提高了其市场绩效。

四、产业融合对产业规制政策的影响

经济性规制的放松为产业融合创造了制度环境,而产业融合使产业边界发生了变化,对规制政策及规制体制又形成巨大的冲击与挑战。

(一) 传统的规制政策及规制体制

传统的规制理论和规制政策是以产业边界既定为假设前提的。当不同产业处于分立阶段时,经济发达国家一般采取分立型的规制体制。例如,当假设 A 产业、B 产业是

两个各自独立的产业,存在着技术性进入壁垒,分别由不同的政府规制机构 R_a、R_b 来规制,A 产业与 B 产业之间的边界固定、明晰,即 A、B 产业处于产业分立阶段。传统的规制政策是在产业分立的前提下确定下来的,分立的规制体制很大程度上反映了当时的技术状态。当信息产业、有线电视业、计算机业处于产业分立阶段时,在经济发达国家,不同政府规制机构分别对电信业、有线电视业和计算机业进行经济规制。传统的信息产业规制体制是以计算机、电信业、有线电视业之间的边界不变为基础的。

（二）产业融合对规制政策及规制体制形成的冲击与挑战

无论从静态角度还是从动态角度,在特定的时期内,产业具有相对的边界。产业融合使得原本固定的产业边界发生变化,不同产业中企业群处于相对竞争的状态,导致以产业分立为依据的传统规制体制出现规制职能重叠;产业边界的变化使得政府规制政策的制定、实施更加困难,出现规制失灵现象。如果规制体制与规制政策没有进行相应的调整,就会与现实相脱节,不仅达不到规制的目的,甚至会引起混乱。假设 A 产业、B 产业是两个不同的产业,分别由不同的机构 R_a、R_b 来管制,即产业分立。由于技术创新、政府放松管制等因素,A 产业、B 产业之间的传统边界模糊,甚至消失,形成一个新的产业 C 和出现许多新业务,即产业融合。那么新产业 C 和这些新业务究竟应由 R_a 来管制、还是 R_b 来管制,或者两家机构共同管制?计算机业、电信业、有线电视业出现融合趋势后,技术融合、业务融合就使得政府规制的领域更为广泛,也更加复杂。企业为一项业务可能会向不同的机构多次申请,这就出现规制职能重叠问题。以产业分立为依据的传统规制政策阻碍技术创新及技术融合,抑制产业融合的进一步发展,这就为各国政府规制政策及规制体制改革提出了新课题。

第三节　产业融合中存在的问题与措施

一、产业融合中存在的问题

产业融合在发展过程中,已经改变了很多行业和领域的现状,它正在改变着我们的生产和生活方式,但仍然面临着很多问题和挑战,包括认知问题、宏观环境问题、微观技术基础问题等。

（一）对产业融合的认知问题

一个新生事物或新兴产业要想发展,对于它的认知是第一位的,只有在充分认知的基础上,才会有宏观政策的改变和微观技术基础的提升,它才能够稳步推进。产业融合作为一种新兴产业革命,尽管在某些领域已经取得了不错的成果,但我们对于它的认知还不深入,没有完全理解产业融合的实质和意义。

1. 对于产业融合的广阔前景仍持怀疑态度,对其未来的发展方向把握不准,特别是对它带来的全方位冲击缺乏足够的准备和应对措施。由于我国的一部分人观念落后,长久以来的小农意识导致了很多企业都以"拥有"为第一要务,而不愿意与人合作,失去了在产业融合中壮大自己的机会。

2. 片面理解产业融合的实质,夸大了产业融合的效应。有的观点认为,产业融合只是某一产业或某几个产业发生的一种简单混合现象,忽略了其中的风险因素。企业由于盲目的多元化扩张,而没有注重各产业之间是否协同互补,最后反倒处于不利境地。

3. 对于产业融合的认知导致了消费需求问题。产业融合能否最终实现关键取决于融合型产品对传统产品的替代能力,这与消费需求能力密切相关,具体表现在消费者的购买能力、消费行为惯性与消费者的学习能力等。由于对于产业融合的认知不足,对于融合型产品的市场会产生巨大影响,消费需求的降低必然会导致其替代传统产品的能力降低,不利于产业融合的进一步发展。

(二) 产业融合中的宏观环境问题

产业融合的发展离不开外部环境的影响,它需要政府宏观政策和制度的支持。在产业融合过程中,同时也面临许多有待解决的问题。产业融合与制度因素有重要关系,制度因素是影响产业系统开放性的重要变量,具体表现在产业管理体制与市场结构垄断因素等。由于不同管理主体有着不同的利益诉求,当不同产业分别由不同管理主体进行管制时,其结果是导致产业系统的封闭性。政府的政策在一定程度上决定了产业的结构形态,例如电信、铁路、煤炭、航空等行业还是以国企垄断为主,要想实现产业融合,还需要政府政策的放开,允许更多的市场主体加入到这些产业当中。但我国政府规制还很不规范,目前面临的主要问题是如何放松产业管制以促进产业融合。发生在电信、出版和广播电视产业之间的融合经常受到产业管制环境的影响。事实上,只有在放松管制的条件下,才会使企业互相介入,从而推动产业融合的发展。产业融合还会受到市场瓶颈的制约,在产业融合过程中,常常由于市场瓶颈的制约而未能达到预期效果。

(三) 产业融合中的技术基础问题

产业融合的主体是各类企业。企业的融合发展不仅需要良好的外部环境,更重要的是企业自身的能力问题。如果企业自身能力不行,即使国家政策做好了各种铺垫,这些促进产业融合的政策措施也无法真正发挥其功能。由于很多企业的技术创新能力不强,没有强大的技术基础作支持,只能依靠贴牌生产国外公司的产品。技术上的不完善使得融合后的新产品、新业务不能满足新需求,缺乏市场活力,不能得到广大消费者的青睐,最后不得不退出融合市场。电子商务虽然在近几年取得了快速发展,但由于技术支持不够,其交易的安全性不能得到充分保证,这仍然是其一大缺陷。金融产业的融合也离不开信息安全技术的发展,网上银行、网上支付等业务都需要数字技术的大力支持和保障。在信息产业融合中不同行业相互融合过程中往往存在着技术融合上的障碍,而这种障碍又可分为标准接口、技术刚性和技术不完善。例如,信息技术企业间为取得垄断优势而进行的"标准"竞争会引发标准接口产生封闭性,而不同产业产品在联合使用时应具有共同的标准硬软件接口,这一技术矛盾会阻碍产业融合的发展。另外,在高科技产业与传统产业的融合过程中,由于技术刚性的存在,使得传统产业旧的生产技术对外来的新技术具有一定的排斥性,影响了新技术扩散,降低了技术的扩散效应和溢出效应,同时阻碍了传统产业的信息化进程。

二、促进我国产业融合的相应措施

产业融合对产业发展已产生巨大影响和重要作用,产业融合的新趋势对我国经济在新世纪的发展具有极其深远的意义。为了顺应产业融合这一趋势,我国政府应制定相应的措施来促进我国产业融合及产业的健康发展。

1. 政府要为产业融合创造良好的支持环境。一个良好的支持环境可以维护市场竞争的公平性、降低交易费用和使交易活动加快,保护市场主体(企业)的合法权益,完善市场的决策与管理。政府在促进产业融合过程中,积极推进产业融合机制的建立,包括组织协调机制、企业为主体机制和提供必要服务的中介机制。这些机制在实践运作上没有统一的模式,政府应为三大机制的建立提供良好的制度和政策环境。

2. 适应产业融合的要求和原则,适时改变现有产业管制政策。产业融合要求政府必须密切关注受规制产业的动态发展,把握技术创新和技术融合对受规制产业的影响。根据本国的技术、经济状况,较为准确地把握具体产业的边界,了解技术创新和技术融合对规制政策的挑战,对已经发生变化的产业放松经济性规制或进行规制改革。产业融合的变化,从总体上讲,是要求更加宽松的环境。这对市场准入及许可方面的管制程度及方式提出了新的要求,产业融合带来的新的管制问题,是前所未遇的。产业融合不可避免地要求改变我国的产业管制框架,我国的产业管制框架也应进行调整。要尽快形成条块结合的、辐射联系的管制模式,打破部门分割及行政垄断局面,打破部门、行业、城乡的界限,形成统一开放的市场,在产业间形成合理的经济联系,加快推进产业间的融合进程。

3. 制定合理的产业技术政策,大力发展高新技术及其产业,为各产业间的融合创造一个良好的技术平台与产业平台。从产业融合理论的角度看,必须发展高新技术,促进信息技术的融合。技术创新是技术融合与产业融合的先决条件和根本保障,政府应重视和鼓励关联度高的产业技术创新,通过技术融合与产业融合培育和提高产业的核心竞争力。核心技术的产业化、自主化是一个国家产业竞争优势的主要标志,企业技术标准将成为决定融合型产业竞争优势的关键因素。目前我国网络设备开发滞后,商品化程度很低,大批尖端技术设备不得不依赖进口。因此,我国政府必须对信息产业中的关键性技术、战略性技术集中各方面力量进行重点开发,形成部分关键技术和设备的自主知识产权。发展高新技术的主体是企业,国家应积极鼓励和引导企业进行高新技术投资,通过多种形式来加强基础技术的研究,建立产学研的技术网络,加快我国产业技术的发展。

4. 推进信息化业务关系,实现业务融合;以市场为向导,推进产业市场融合。应实现信息化的企业客户关系与管理(CRM)、供应链管理(SCM)和价值管理(VBM),实现生产经营体系耦合,并在此基础上通过电子文字交换(EDI)与外部相连接,跨越机构与空间的限制,把更多的资源和用户连接起来。这样,不仅企业内部的大部分业务活动日益融合,而且企业之间也会有越来越多的业务交叉,特别是企业之间交易活动的业务将在新的平台上日益趋于融合。市场融合是实现产业融合的必要条件,没有市场融合就不可能有产业融合的形成。

5. 建立实现产业融合的企业主体机制。企业是产业融合的主体,要顺应融合的发展,在观念上进行革新、战略上实施转变,从多方面推进产业融合。作为实现产业融合主体的企业要充分认识到产业融合发展是提升传统产业的必然选择。顾客的需求是企业创新的动力,企业要从研究需求出发,推进技术的创新融合。无论新旧产业都有开展技术创新的必要性,以适应新经济的发展要求。

6. 大力发展教育,消除产业融合的人才瓶颈。信息时代高新技术企业大量出现,对人才也提出了更高的要求。产业融合既然是由高新技术所引起的,那么,要促进产业融合的发展,就必须培养大批精通新技术、精通新经济的专门人才。高科技人才是推动产业融合发展的重要力量,人才是实现产业融合的关键。产业融合的发展趋势也意味着未来对跨行业复合型人才的更多需求。科技与体制的创新都需要人力资本来推动。没有创新型的人才观,科技与体制的创新也就无从谈起。

7. 提高产业融合发展的国际空间。对一个区域来说,产业的有效升级一般有两条路径:一是沿着产业层次的不断提升,即从传统产业向高新技术产业、从轻工业向重化工业演进,这是众所周知的产业升级路径。二是沿着全球分工体系中的价值链提升,即从低附加值产品向高附加值产品、从低加工度向高加工度、从生产普通零部件到关键的核心部件的基于专业化分工和协作的产业创新升级模式。由于区域和全球化的联系日益增强,区域产业创新不是封闭的,而是开放的,要与其他地区和全球产业价值体系相融合,使创新要素在跨区域和全球流动。因此,我们要加强与世界一流的跨国公司的合资与合作,吸引跨国公司的资金与先进技术,尤其要吸引跨国公司在中国设立研发中心、采购中心、管理中心;鼓励有条件的企业集团到国外投资,积极参与国际竞争,推进产业发展融入更大区域乃至全球产业价值链。

三、产业融合的未来发展方向

近年来,基于传统产业与新兴的数字化产业融合、基于数字化产业基础上的传统产业和新兴产业间的产业融合的案例比比皆是,这些都是比较成熟的,是现阶段产业融合最大的亮点,而基于纳米技术产业和生物技术产业的产业融合现象已经开始萌芽,但还不是很成熟。展望未来,我们可以预测到这三个新兴行业的技术性突破将会与传统产业形成新一轮的融合浪潮,具体可以做出以下几个方面的展望:

(一)信息技术推动产业融合

新一代信息技术产业是我国战略性新兴产业重点发展的七大产业之一,具有创新活跃、渗透性强、带动作用大等特点,被普遍认为是引领未来经济、科技和社会发展的重要力量。电子信息产品制造、信息网络、信息服务和软件产业与其他相关产业的融合,催生了诸如云计算、物联网、移动互联网、新一代移动通信等新兴业态的产生与发展。未来,随着新一代信息技术的发展,新的产业形态将会不断产生。

(二) 纳米技术推动产业融合

纳米技术的突破被认为是引起新一轮长波的原动力之一。2000年3月，美国总统克林顿向国会发布了关于美国纳米技术促进计划，标题是《纳米技术：要引发下一场工业革命》。原因是这种技术能对社会展望、经济振兴、国家安全乃至人民生活水平的提高等各个领域都起到关键作用，而且这种技术影响面极广，向各个领域渗透能力相当强，纳米技术产业和其他很多产业的融合可以带动很多行业的发展。把纳米技术称为第五个长波的主导技术是历史发展的必然结果。主要包括纳米技术产业和信息产业的融合、纳米技术产业和环境产业的融合、纳米技术产业和环保能源产业的融合、纳米技术产业和生物医药产业的融合、纳米技术产业和材料产业的融合、纳米技术产业和传统产业的融合。

(三) 生物技术推动产业融合

从生物技术及其产业发展来看，在人类测定出基因组排序以后，我们对遗传疾病、疑难病症又有了新的认识，而且利用基因排序，可以进行医药、医疗方面的研究。目前，基因芯片研究已经进入实验室，生物芯片组装就是用纳米技术，而生物酶也是纳米尺度，这些研究对象是纳米生物学研究内涵之一，下一步生物技术的发展就要和纳米技术相结合。譬如，为什么病毒顽固，现在没有一种药物能治疗，就因为它非常小，用纳米结构组装一种寻找病毒的药物后，艾滋病、病毒性感冒等都可以治疗。生物技术，包括生物制药等相关产业应用纳米技术已是刻不容缓。生命科学和生物技术经过近二十年的发展，现在已经迎来开始进入大规模产业化的阶段，生物医药新产品大量涌现，转基因农作物种植面积大幅度增加，生物化工、生物能源、生物环保等一批高新产业群体正在逐步形成。生物技术对现有生产方式的革命性影响，不仅极大地推动高技术产业的发展，同时也将从根本上有效缓解国民经济和社会发展中重大的资源、环境等瓶颈制约，成为实现经济、社会全面协调可持续发展的有效手段。主要包括有生物技术产业和农业的融合、生物技术产业和饰品产业的融合、生物技术产业与环保产业的融合、生物技术产业与医药产业的融合、生物技术产业与能源产业的融合。

复习思考题

1. 阐述产业融合基本理论。
2. 产业融合对产业经济学有何影响？产业融合中发生的问题是什么？
3. 根据你所学知识，谈谈你对"三网融合"的认识。
4. 谈谈产业融合未来可能的发展方向。

第十六章 产业内贸易

学习要点

1. 理解产业内贸易定的定义与分类。
2. 理解产业内贸易理论的构架。
3. 掌握产业内贸易的影响因素、产业内贸易的计量。
4. 熟悉产业内贸易与国际投资的关系、贸易政策对产业内贸易的影响以及我国产业内贸易发展的状况。

第一节 产业内贸易的定义与分类

随着新贸易理论的广泛应用和世界贸易的不断发展,产业内贸易已成为当今国际贸易的一个重要现象。产业内贸易又称为"双向贸易"(two-way trade)或"交叉贸易"(over-lap trade),是指一个国家或地区,在一段时间内进口又出口某种同类产品的现象。产业内贸易始于发达国家之间,后来随着国际分工的深化和经济全球化的加剧,发展中国家也加入了产业内贸易中,产业内贸易与外商直接投资存在较为紧密的联系。

产业内贸易现象被视为战后国际贸易领域的两大发现之一(另一发现是里昂惕夫之谜),1960年代以来同类产品之间的贸易变得越来越频繁,佛丹恩(Vordoorn,1960)在考察比、荷、卢经济联盟内部的贸易形式所发生的变化时,第一次注意到了这种贸易的存在,他发现经济联盟内部各国专业化生产的产品大多是同一贸易分类目录下。巴萨拉(Bela Balassa,1966)对欧共体形成后各成员国贸易现状分析后发现,欧共体各国的贸易增长大部分发生在国际贸易商品标准分类的商品组内,而不是在商品组之间,他把这种现象,即同一产业内的产品在国家间进行的贸易称为产业内贸易(Intra—Industry Trade)。1970年代以来,产业内贸易研究一直是经济学界的热点。1970年代中期格鲁贝尔和劳埃德的《产业内贸易》的出版标志着产业内贸易理论的发展由经验性检验进入到理论性研究阶段。

产业内贸易在发达国家和自由贸易区、经济同盟等国家之间发展非常迅速。1996年美国57%的贸易发生于4位SITC标准分类的工业内部,欧盟60%的贸易属于产业内贸易。根据世界贸易组织(WTO)数据统计,2004年北美自由贸易区(NAFTA)贸易总额的88%属于产业内贸易,东亚也已经达到72%,产业内贸易已经成为国际贸易的重要组成部分。

产业经济学

一、产业内贸易的定义

早在1975年,美国学者格鲁贝尔(Grubel H. G.)和澳大利亚学者劳埃德(Lloyd P. J.)在其《产业内贸易——差别产品的国际贸易理论和度量》一书中,将产业内贸易定义为总贸易减去产业间贸易的余额,或是一国某产业产品的进出口总和。后来,产业内贸易研究者们对产业贸易提出了不同的看法。Grimwade N. (1989)、greenaway D. (1983)将其定义为同一产业内部产品的进出口活动。Brander J. A. (1981)将其定义为相同产品贸易。MacCharles D. C. (1987)认为产业内贸易是同一产业相似产品贸易。Falvey R. E. (1981)、Finger J. M. (1975)、Lundberg L. (1986)等认为产业贸易是指一国进出口某一相同产品类别(指SITC某一组下的产品)的活动。Wickham. E. (1988)、Thompson H. (1988)认为,产业内贸易是具有相似生产分类但不具有完全消费替代的贸易活动。

从上述学者的观点出发,可以发现,产业内贸易的关键是对同一产业的定义。作为一个经济学概念,产业的含义非常广泛,具体在产业内贸易领域中,大多数学者根据各自研究的需要主要遵从以下三种标准:

1. 消费替代标准。即把具有相似用途的"消费者可以在一定程度上以其中某一产品代替其他产品的所有产品视为一个集合,这种具有充分替代性的产品集合就被定义为某一特定的产业"。这种以消费需求关系为基础的产业划分方法曾被很多学者所采用,比如,Lancaster K. (兰卡斯特,1979)把特定产业下的所有产品,按其所拥有的变体或质量差异划分为水平差异和垂直差异两种。他认为,前者的消费需求主要取决于消费者的变体爱好倾向和理想变体倾向;而后者的消费需求不仅受消费者偏好的影响,同时也受收入水平的制约。

2. 相同技术密集度标准。也就是把通过大致相同的生产方法或过程制造出的产品群视为一个产业。这种产业界定方法是以供给关系为基础的,Falvey R. E. (弗尔维,1981)认为"'产业'最好被定义为由特定资本设备生产出来的产品群"。

3. 生产替代标准。采用这种分类方法的学者一般把适用大致相同的要素投入或要素密集度生产出的产品群视为一个产业。Finger(芬格,1975)在《贸易重叠与产业内贸易》一文中,把产业定义为相似要素比例生产出的产品群。

理论上看,以上三种标准很难有统一的界定,但在实践中,产业内贸易指数的计算大多按照联合国国际贸易标准分类(SITC)来进行。"在SITC中,把所有经济活动与产品的贸易资料和数据分为10类,并根据这些活动和商品的生产替代和消费替代关系的紧密程度进一步划分为4个层次:章、组、分组和项目。"在大量的经济研究中,很多学者把SITC第三层次以后的所有产品视为一个产业,如格鲁贝尔和劳埃德(1975)等。

我们认为,产业内贸易又可称为"双向贸易"(two-way trade)或"交叉贸易"(overlap trade),是指一个国家或地区,在一段时间内进口又出口某种同类产品的现象,例如,中国向韩国出口某种品牌的衬衣,同时又从韩国进口某种T恤衫的贸易活动。产业内贸易中产品具有相似性,同类产品是指在一定程度上具有生产替代性或消费替代性的产品。

产业内贸易与产业间贸易有什么区别呢？

(1) 产业内贸易是同一产业产品，是双向流动的；产业间贸易中同一产业产品基本上是单向流动，要么进口，要么出口。

(2) 产业内贸易主要是工业品中某一类产品的贸易；产业间贸易是不同产业间产品的贸易。

(3) 产业内贸易是通过内部和外部两个市场来实现的；产业间贸易一般通过不同国家的独立厂商进行贸易来完成。

二、产业内贸易的分类

(一) 水平型产业内贸易和垂直型产业内贸易

根据贸易发生在不同生产阶段之间还是发生在同一生产过程的不同阶段之间，产业内贸易可以分为水平型产业内贸易和垂直型产业内贸易。水平型产业内贸易不包括中间产品的贸易，而垂直型产业内贸易包括中间产品的贸易。

(二) 同质产品的产业内贸易和差异化产品的产业内贸易

美国学者格鲁贝尔(Grubel H. G.)和澳大利亚学者劳埃德(Lloyd P. J.)在其《产业内贸易——差别化产品的国际贸易理论和度量》专著中，把产业内贸易分为同质产品的产业内贸易和差异化产品的产业内贸易两大类。同质产品是指产品完全可以相互替代，同质产品的产业内贸易大致包括大宗原材料的国际贸易、转口贸易和再转口贸易、产量的季节性差别导致的国际贸易等。差异化产品是指具有差别化特征的产品，差异化产品又可以分为水平差异化产品和垂直差异化产品。

1. 同质产品的产业内贸易。指可以完全替代的产业内产品的贸易。发生同质产品产业内贸易的原因主要有六种情形：

(1) 运输成本差异导致不同国家间大宗产品的交叉型同质产品的国际贸易。如我国的东北出口水泥，而华南却进口水泥。

(2) 经济合作或因经济技术因素而产生的同质产品的国际贸易，如各国银行与保险业走出去、引进来的情况。

(3) 大量的转口贸易。转口国的进口项目与出口项目的产品，在统计中会形成产业内贸易。

(4) 政府干预下的价格扭曲，如在不同时期国家实行出口退税或进口优惠时，国内企业为了与进口货物竞争，可能以出口得到退税，再进口以享受进口优惠，从而造成同质产品的产业贸易。

(5) 相互倾销形成的同质产品的产业内贸易。

(6) 季节性同质产品的产业内贸易，是为了满足不同季节国内市场对同质产品的供需平衡而进行的贸易。比如欧洲一些国家为了"削峰添谷"的电力进出口贸易。

2. 差异化产品间的产业内贸易大量发生的经济技术水平相近的国家之间。差异化产品又可以分成三种：水平差异化产品、技术差异化产品和垂直差异化产品。不同类型的差异产品引起的产业内贸易也不相同,分别为水平差异化产业内贸易、技术差异化产业内贸易和垂直差异化产业内贸易。

(1) 水平差异化产业内贸易。水平差异化是指由同类产品相同属性的不同组合而产生的差异化。烟草、服装及化妆品等行业普遍存在着这类差异化。

(2) 技术差异化产业内贸易。技术差异化是指由于技术水平提高所带来的差异,也就是新产品的出现带来的差异化。从技术的产品角度看,是产品的生命周期导致了产业内贸易的产生。技术先进的国家不断地开发新产品,技术后进的国家则主要生产那些技术已经成熟的产品,因此,在处于不同生命周期阶段的同类产品间产生了产业内贸易。

(3) 垂直差异化产业内贸易。垂直差异化就是产品在质量上的差异化。汽车行业中普遍地存在着这种差异。为了占领市场,人们需要不断提高产品质量,但是,一个国家的消费者不能全部追求昂贵的高质量产品,而是因个人收入的差异致使不同的消费者需要不同档次的产品。为了满足不同层次的消费需求,高收入水平的国家就有可能进口中低档产品来满足国内低收入阶层的需求;同样,中低收入水平的国家也可能进口高档产品以满足国内高收入阶层的需求,从而产生产业内贸易。

(三) 外部市场的产业内贸易和内部市场的产业内贸易

根据贸易中不同的市场途径,产业内贸易可以分为通过外部市场的产业内贸易和通过内部市场的产业内贸易。通过外部市场的产业内贸易是通常意义上的产业内贸易,是指在没有跨国公司直接投资情况下的通过外部市场的各个独立的企业间进行的产业内贸易,南北贸易一般特指发达国家和发展中国家之间的贸易,此外,还有发达国家之间的贸易。通过内部市场的产业内贸易是由跨国公司推动的,形成公司内产业内贸易,其中以中间产品为主。

第二节 产业内贸易的理论框架和理论模型

一、产业内贸易的理论框架

从产业内贸易理论的发展看,1960 年代以来伴随着产业内贸易经验研究的发展,林德(Linder,1961)、波斯纳(Posner,1959)、弗农(Vernon,1966)、基辛(Kissing,1968)等提出了相互需求、技术差距、产品生命周期和人力资本等理论,不断深入探索战后贸易的新格局,为产业内贸易的理论研究奠定了基础。自格鲁贝尔和洛伊德(Grubel & Lioyd,1975)开创了产业内贸易的理论探索以来,1970 年代后期,迪克希特和斯蒂格利茨(A. Dixit & Stiglitz,1977)发表的《垄断竞争与最优产品多样化》一文,标志着产业内贸易研究进入对市场结构研究的阶段。此后,以克鲁格曼(Krugman)、兰卡斯特(Lancaster)、布兰德(Brander)、赫尔普曼(Helpman)为代表的一批西方经济学家在不完全竞争体系的基础上对产业内贸易现象做出了解释。1980 年代中期,大量解释产业内贸易现象的理论模型的出现使产业内贸易的理论研究达到顶峰。此后,随着对贸易成本、经济地理学、产业组织以及跨国企业生产国际化的进一步深入研究,产业内贸易理论得到了重大发展,新的理论模型不断涌现。

表16.1显示了产业内贸易理论架构。从总体上看,经济学者主要从供给和需求两大角度对产业内贸易进行研究。有学者将最终产品产业内贸易的研究称为产业内贸易传统理论,将基于跨国公司产品生产阶段或生产工序的可分割性的中间产品产业内贸易研究称为产业内贸易理论拓展。

表16.1 产业内贸易理论架构

产业内贸易理论分类		经验研究	代表人物、模型	形成基础
传统产业内贸易理论	从供给角度研究	水平产业内贸易	Greenaway & Miler(1984)	新张伯伦模型(Dixit, 1977; Stiglitz, 1977; Krugman, 1979)、兰卡斯特模型(Lancaster, 1980; Helpman, 1981)、布兰德—克鲁格曼模型(Brander & Krugman, 1983)	规模经济、产品多样化与消费者偏好
		垂直产业内贸易	Greenaway, Hine & Miler(1995)、Greenaway & Tosstensson(1997)、Celi(1999)	新H-O模型(Falvey & Kierzkowski, 1981, 1987)、S-S模型(Shakedand Sutton, 1984)	完全竞争市场结构、要素禀赋比较优势
	从需求角度研究	需求相似理论		需求相似理论(Linder, 1961)	收入差异
产业内贸易理论拓展	从产品生产工序的可分割性研究	产品生命周期理论、跨国公司内产业内贸易模型	Kyoji Fukao, Hikafi Ishido & Keiko Ito(2003)	Hummels等人(2001)、Jones, Kierzkowski Leonard(2002)、Turkcan(2005)、Ando(2005)	要素禀赋差异

资料来源:根据相关文献整理而得。

二、产业内贸易理论模型

(一)垂直产业内贸易模型

垂直产业内贸易理论中,比较典型的有Falvey模型。Falvey和Kierzkowski(1987)在研究产业内贸易与要素比率之间的关系之后,认为就算不存在不完全竞争和收益递增,垂直性产业内贸易也会存在。

模型假定如下：

(1) 每一个国家只有两个部门，其中一个部门生产一种同质性产品，另一个部门生产同种商品中不同质量的产品（这些商品在国家之间的贸易将是垂直性产业内贸易）。

(2) 资本的使用随着产品质量的不同而有所不同，高质量的产品体现了相对较高的资本/劳动比率；技术（劳动生产率）在两国之间的差距使得它们之间的贸易不会引致各国工资均等化，资本的租金也不会相等。

(3) 工资相对较低的国家在生产低质量产品上有比较优势，工资相对较高的国家在生产高质量产品上有比较优势（在这些国家，资本的价格相对较低）。

(4) 两国消费者有相同的偏好，在相对价格一定的情况下，对不同质量产品的需求依消费者的收入而定，收入越高就越是倾向于消费更高质量的产品。

(5) 由于分配不均，每一个国家都既有低收入的消费者，也有高收入的消费者，所以，每个国家都有对不同质量产品的需求。

在 F-K 模型中，在完全的垂直性产业内贸易与完全没有这种贸易之间有许多过渡类型，"实际的贸易类型（垂直性产业内贸易的程度与特性）依赖于要素禀赋、技术和收入分配情况这三个因素对不同国家的相对影响"。如果要素禀赋一致、技术不一致，垂直性产业内贸易的形式可以被决定：拥有高技术的国家将出口高质量的产品，进口低质量的产品。在这里，两个贸易国的收入分配情况不是重要的决定因素，在两个国家中都会既有高收入群体也有低收入群体，高收入群体将购买高质量产品，低收入群体将购买低质量产品。另外，两国之间要素禀赋相对差异的变化对于垂直性产业内贸易份额的增减有重要影响，垂直性产业内贸易是增加还是减少取决于是哪个国家使自己的资本/劳动比率更高：如果是高质量产品出口国的资本/劳动比率升高，垂直性产业内贸易将下降；如果是低质量产品出口国的资本/劳动比率升高，垂直性产业内贸易将上升。

(二) 水平产业内贸易模型

水平产业内贸易理论则主要包括新张伯伦模型和新豪泰宁模型：

Krugman(1979)把张伯伦垄断竞争理论引入产业内贸易分析中，提出了"新张伯伦产业内贸易模型"。他认为，如果存在规模收益递增、产品差别化、不完全竞争和消费需求多元化，则生产要素禀赋相同的国家间就会产生产业内贸易。从生产方面来看，某一产品的市场中存在多个厂商，每个厂商都各自生产某一种或几种相似的产品，从而追求收益递增；从消费方面来看，消费者行为在示范效用和消费效用最大化原则的影响下更加多元化。这两个方面都推动了同一产业内产品的双向流动。

Lancaster(1980)提出的新豪泰林模型认为，在具有相同特点的经济体之间，如果不存在贸易壁垒和运输成本，由于受规模经济和消费偏好差异的影响，有关国家同一制造业部门的两个厂商在有无限的产品系列可供选择时，不会选择生产完全相同的产品。

新张伯伦和新泰林模型有两个共同的前提假设：

(1) 各国都存在差别化产品生产部门和对差别化产品的广泛需求；

(2) 各个差别化产品的生产都存在内在的规模经济。

但是这两种模型在消费者效用的假设上却存在着差异：新张伯伦模型中，假设同一产业内的任一种差别化产品对消费者来讲都具有相同的效用,消费效用只受预算和消费产品数量的影响;而新泰林模型中提出的差别化产品被假定为由产品基本特征上的差异所造成,且每一个消费者都有一个最希望从消费中获得的产品特征。于是,他们对同一产品系列中的任一产品种类的需求都不相同,并反映在生产上。在新张伯伦模型中,厂商无需考虑生产产品的选择,只需面对价格竞争并有效运用自己的垄断优势;在新泰林模型中,厂商产品种类的选择却是至关重要的,不仅需要参与价格竞争和利用有限的竞争优势,而且还要面对产品选择的竞争。

第三节 影响产业内贸易的因素

影响产业内贸易的因素有很多,主要有国家特征因素和产业特征因素两类。国家特征因素主要包括人均国民收入、国家规模、一体化程度、地理因素等,产业特征因素主要指产品差别化程度、规模经济、产品生命周期、市场结构以及外商直接投资等。外商直接投资在本章第六节中会进行详述。

一、国家特征因素

(一) 人均国民收入

人均国民收入是决定一个国家消费者购买能力和消费者行为的关键因素。一般情况下,收入水平的变化与差异化产品的需求呈正相关,即收入水平越高,人们对差异化产品的需求越高。这种需求推动了产品差异性的发展,促进产业内贸易的发展。

(二) 国家规模

国家规模有两重含义:一是指地理上概念上的大小;二是指经济概念的大小。一国国内生产总值规模较大能为生产者提供广泛的市场活动空间,为企业在规模报酬递增的条件下加强对差别化产品的生产奠定基础,从而促进产业内贸易的发展。一般而言,较大的国家具有较大的市场,大市场能够促进差异化的发展。

(三) 一体化程度

随着经济全球化的发展,经济一体化成为一种趋势。一般而言,经济一体化对促进产业内贸易发展具有积极意义,例如,欧盟的经济一体化程度比较高,欧盟内部的国家之间的产业内贸易非常发达。一体化程度的不断提高,使人们的需求模式和消费行为在日益密切的文化和经济交往中发生变化,为差别化产品生产提供了需求条件。此外,一体化程度的提高有利于消除成员国之间的贸易壁垒,促进生产要素在各成员国之间的流动,加深产业内分工,扩大产业内贸易。

(四) 地理因素

交通运输对产业内贸易的发展较为重要,人们在相似价格下,对差异化产品的偏好程度往往取决于交叉弹性的强弱。远距离的运输可能会导致价格大幅度上涨,使得差异化的产品交叉弹性减弱,从而抑制产业内贸易的发展;相反,则会促进产业内贸易的发展。交通运输成本越高的国家,其产业内贸易水平越低;交通运输成本越低的国家,其产业内贸易水平越高。

此外,由于地球分东西半球,季节性因素对产业贸易也有影响。例如,当中国处于严寒的冬季时,南半球的巴西处于夏季,两国可进行时令性水果的贸易。

二、产业特征因素

(一) 产品差别化程度

产品差别化程度包括产品本身、品牌、包装、交易条件、售后服务等一切有形和无形的差异。同一产品在任何方面的变化都会导致产品差异的形成。产品的差异分为水平差别和垂直差别。水平差别是指具有完全相同的根本特性的同类产品具有的一系列不同规格、商标和款式等的差别,对消费者而言偏好不同,对产品的评价也不同;垂直差别则是指同一类别的产品虽具有一样的根本特性,但是产品的根本特性在程度上有差别,消费者都偏好某一特征的产品。

产品差异(Product Differentiation)被认为是影响产业内贸易的主要因素,差异产品能满足消费者的不同偏好。随着社会的发展,人们对产品的偏好会逐渐出现差异化的趋势。以消费不同的产品来体现自我的个性,已成为新时代消费者的主要特点,人们对差异产品的需求是永无止境的。然而,一个国家不可能生产出消费者需求的全部产品,大多数还需要从国外进口。同时,本国具有生产优势的产品也同样出口到别的国家,以满足不同人的需求。所以,产品差异化程度的变化与产业内贸易水平之间有着密切联系,同一产业内产品差别化程度越大,产业内贸易越发达;反之,产品内产品差别化越小,产业内贸易水平就越低。

(二) 规模经济

规模经济(Scale Economy)是新贸易理论的主要特征,也正是因为规模经济理论的出现,产业内贸易理论才得以不断完善。规模经济是指在一定的产量范围内,随着产量的增加,平均成本不断降低的经济现象。规模经济有内部规模经济和外部规模经济之分。一个国家规模经济越大,则该国家生产的产品种类就越少。在产品差异度一定的情况下,为了满足消费者的多样化需求,同一产业进口、出口产品就越多。所以规模经济越大,则产业内贸易就越大。此外,国际分工的细化和深入使得企业从事更为专业的生产,采取更为专业化、高效率的生产设备,提高企业生产效率,降低生产成本,从而在竞争中获得比较优势。规模经济的存在,使两个技术水平和资源条件完全相同的国家,也可以发展专业化分工,进行产业内贸易。

(三) 产品生命周期

产品生命周期是影响产业内贸易的重要因素,斯蒂格勒在其著名论文《市场容量限制劳动分工》中,分析了在产业的整个生命周期垂直化的变化趋势。产品分为如下三个阶段:

1. 产业发展的起步阶段,新产品的生产技术、原材料、生产设备等均需要研发者亲力亲为。在这一阶段不存在垂直化分工。

2. 产业经过一个时期的发展,已具有一定的规模,生产技术、设备、工人技能等都相对成熟,可以进行专业化生产,此时,出现了垂直分工并不断地深化和细分。

3. 产业开始衰落,垂直化分工日渐萎缩。第二阶段产生的专业化生产和垂直分工促进了产业内贸易的发展。

(四) 市场结构

市场结构(Market Structure)是产业内贸易的另一个重要影响因素。一个市场的结构依赖于买者和卖者的数量以及产品差别的大小。依照市场上厂商的数量、厂商所提供产品的差异、对价格的影响程度以及进入障碍等特征,市场被划分为完全竞争、垄断、垄断竞争和寡头四种市场结构。

市场结构是影响企业行为的一个重要因素。有关市场结构对产业内贸易的影响至今仍存在很多争论,特别是将市场进一步细分为垄断竞争市场与寡头垄断市场之后。有的认为垄断程度越高的市场结构,产业内贸易就越大(Cavas,1981)。市场中某一产业垄断性越强,该产业内的企业数就越少,能生产出的产品种类就越少,在产品差异一定的情况下,该产业需要进出口的差异产品就越多,产业内贸易必然增加。有的则发现它们之间存在负的相关关系(Balassa,1986)。产业垄断性越弱,该产业内的企业就越多,市场竞争程度越高,就会生产出越多的差异产品,产业内贸易必然就越小。总之,产业内贸易的进行,扩大了企业的市场份额,满足了消费者多样化的需求。

第四节　产业内贸易的计量

西方国家对产业的经济学划分主要依据三项标准:产品是否具有相近的生产替代关系;产品是否具有相近的消费替代关系;产品是否具有相近的技术密度。如果满足三者之一,就能界定属于同一产业。一般统计上的产业划分通常以国际贸易标准分类(Standard International Trade Classification)中 3 位数分组为标准。SITC 将国际贸易中的商品分为 10 大类,大类以下分为 63 个部或章,部以下才又分为 233 个组,组以下又分 786 个小组,小组以下又分 1 924 个项目,同一"组"的产品就是同类产品。近年来协调体系分类(Harmonized System Classification)中以 4 位数分组为标准的产业内贸易计量也逐渐盛行。产业内贸易的传统计量,通常是指以 SITC 3 位数或 HS 4 位数贸易数据为基础,计算产业内贸易指数。计量方法上主要包括格鲁贝尔和劳埃德计量法、阿奎诺计量法和巴拉萨计量法等。

一、格鲁贝尔和劳埃德计量法

1975 年,格鲁贝尔(Grubel H. G.)和劳埃德(Lloyd P. J.)开始对产业内贸易进行计量探索。他们假定 i 表示某一特定产品组合或产业,j 是指第 j 个国家,B_i 为产业内贸易指数,X_i、M_i 分别为特定产业的进口和出口贸易额。该产业内贸易指数表示为:

$$B_i = \frac{(X_i + M_i) - |X_i - M_i|}{X_i + M_i} \times 100\% \tag{16.1}$$

其中，$0 \leqslant B_i \leqslant 1$，若 $X_i = M_i$，则 $B_i = 1$，即所有贸易均为产业内贸易；若 $X_i = 0$ 或 $M_i = 0$，则 $B_i = 0$，表示所有贸易均为产业间贸易，不存在产业内贸易。B_i 越大，产业内贸易越多。从上式可以发现，如果产业部门的划分越细，该产业内贸易指数就越小，如果产业内贸易部门划分较为粗略，该产业内贸易指数就比较大。

一国产业内贸易的平均水平为：

$$B_j = \frac{\sum_{i=1}^{n}(X_i + M_i) - \sum_{i=1}^{n}|X_i - M_i|}{\sum_{i=1}^{n}(X_i + M_i)} \times 100\% \tag{16.2}$$

格鲁贝尔(Grubel H. G.)和劳埃德(Lloyd P. J.)在考虑了贸易不平衡基础下，对一国产业内贸易的平均水平计算进行改进，测定了一国的产业贸易的平均水平。该国的产业内贸易平均水平指数表示为：

$$\overline{B}_j = \frac{\sum_{i=1}^{n}(X_i + M_i) - \sum_{i=1}^{n}|X_i - M_i|}{\sum_{i=1}^{n}(X_i + M_i) - \left|\sum_{i=1}^{n}X_i - \sum_{i=1}^{n}M_i\right|} \times 100\% \tag{16.3}$$

$\overline{B}_j$ 表示 j 国在贸易不平衡下，存在贸易逆差或顺差的情况下的产业内贸易平均水平，$0 \leqslant \overline{B}_j \leqslant 1$。$\overline{B}_j$ 越大，该国产业内贸易平均水平越高，在一国贸易顺差或逆差越大，B_j 和 $\overline{B}_j$ 的差距就越大。

二、阿奎诺计量法

阿奎诺(Aquino A.)认为格鲁贝尔和劳埃德计量法没有完全消除贸易不平衡带来的计量误差。贸易不平衡发生在各个具体产业之中，一个国家整体产业内贸易是由各产业的产业内贸易加权所得，所以消除计量误差应该首先调整每一个产业的产业内贸易指数，而不仅仅只通过减去总体的贸易差额以消除贸易不平衡。假定 i 表示某一特定产品组合或产业，j 是指第 j 个国家，X_i、M_i 分别为特定产业的进口和出口贸易额。在阿奎诺计量方法中，具体调整为：

$$X_i = \frac{X_i \frac{1}{2}\sum_{i=1}^{n}(X_i + M_i)}{\sum_{i=1}^{n}X_i} \tag{16.4}$$

$$M_i = \frac{M_i \frac{1}{2}\sum_{i=1}^{n}(X_i + M_i)}{\sum_{i=1}^{n}M_i} \tag{16.5}$$

根据上式得到不平衡贸易调整后的总产业内贸易公式

$$Q_j = \frac{\sum_{i=1}^{n}(X_i + M_i) - \sum_{i=1}^{n}|X_i - M_i|}{X_i + M_i} \times 100\% \tag{16.6}$$

Q_j 介于 0 到 1 之间，如果产业内进口和出口一样，则完全表现为产业内贸易，$Q_j = 1$；如果进口与出口集中在不同的产业，则表现为产业间贸易，$Q_j = 0$。该指标修正贸易失衡的同时，也出现了新的问题。首先，公式中隐含地假定了所有贸易不平衡在各产业中按等比例分布，这在实际中是不可能出现的；其次，阿奎诺计量法忽视了周期和其他因素对一国整体贸易收支的影响。

三、巴拉萨计量法

在测量欧共体产业内贸易分工程度时，巴拉萨提出以各产品群（产业）的贸易差额除以总贸易差额，然后再除以产业数。用公式表示为：

$$E_j = \frac{1}{n}\sum_{i=1}^{n}\frac{|X_i - M_i|}{(X_i + M_i)} \tag{16.7}$$

这里，j 表示国家，i 表示该国 n 产业中第 i 产业。E_j 是产业内贸易平均水平，其中 $0 \leqslant E_j \leqslant 1$，当所有贸易均为产业内贸易时，$E_j = 0$；反之，当所有贸易均为产业间贸易时，$E_j = 1$。

第五节 产业内贸易与国际投资

有关国际直接投资对产业内贸易的影响尚无明确定位。在经验研究中，高越、高峰（2006）建立了一个产品内分工的分析框架，并运用协整方法和误差修正模型考察了FDI与中国产品内贸易的关系，结果表明，FDI与中国加工贸易进口和出口之间均存在长期均衡关系。李伍荣、余慧（2006）认为，由不同类型的直接投资所产生的产业内贸易对中国外贸竞争力的提升作用是不同的，应积极吸收跨国公司的水平直接投资。韦倩青（2005）运用计量模型检验了化工产业内部美对华直接投资与双边产业内贸易之间的关系，发现两者呈负相关关系，而与两国经济发展水平的差异呈正相关关系。林琳（2006）通过对中美制成品产业内贸易的分析发现，垂直型产业内贸易是中美产业内贸易的主要形式。种种经验研究均表明，产业内贸易与国际投资存在着较为紧密的联系。

跨国公司投资与产业内贸易存在着相互促进的关系。跨国公司是国际投资的主体，跨国公司的发展促进了产业投资国和被投资国之间的产业内贸易的发展，扩大和繁荣产业内贸易；而产业内贸易的发展刺激了跨国公司进行国际投资。1990 年代以来，发达国家以跨国公司为载体实现了发达国家和发展中国家之间的垂直专业化分工，即对同一种产品内部工序或零部件的分工,表现为劳动密集型工序或零部件生产与资本、技术或知识密集型工序或零部件的生产之间的分工,产品研发、产品设计以及高附加值的零部件生产在发达国家进行,产品制造在很多发展中国家或新兴工业化国家进行,不同发展水平的国家生产不同层次的零部件或从事不同层次的工序。不同国家之间的优势体现在价值链上某一特定环节上,这一情况导致各国按价值链不同环节进行分工。

因此,在全球化经济中,发展中国家与发达国家间的产业内贸易模式主要表现为垂直型产业内贸易,这种新型的产业内贸易模式对发展中国家的贸易利益的获取将产生深刻影响。从短期看,发展中国家特别需要利用发达国家的垂直一体化跨国投资,加入到跨国公司的全球生产链中,在代加工中间产品和零部件的同时,使产业结构向高附加值的行业领域转移,提高发展中国家产业内贸易的质量。从长远看,发展中国家需要尽量吸引发达国家的一体化跨国投资,快速掌握并突破现有的技术水平,提高技术密集型产品的生产能力和出口能力,增加与发达国家之间水平差异产品的贸易,提升产业内贸易利益。

发达国家不仅可以通过跨国公司进行投资,还可以与当企业进行合作或收购当地企业进行改造经营。此外,随着发展中国家在国家分工中的地位的提升和作用的加大,发展中国家开始向发达国家投资,例如,中国的吉利收购国外汽车品牌沃尔沃,华为、中兴在美国进行投资。发展中国家之间也会发生国际投资,例如,中国的奇瑞汽车在巴西进行投资。国际垂直分工和水平分工引发外商直接投资进行资源的全球化配置以实现利润最大化。跨国公司的垂直一体化投资和水平一体化投资对产业内贸易的影响机制是不同的。

一、垂直一体化投资与产业内贸易的形成

垂直型跨国公司在总部和海外工厂之间实行纵向分工,设在母国的总部和工厂从事产业链中的关键环节,一般是知识密集型产品的生产活动;海外子公司则往往从事产业链中增值相对较低的劳动密集型和资本密集型的生产活动。这种纵向分工是发达国家跨国公司对发展中东道国传统的直接投资方式。当母国与东道国的要素禀赋存在一定差距时,处于某一生产阶段的子公司会从其母公司或其他子公司输入零部件或中间产品,加工后输往母公司或其他子公司,由此产生产业内贸易。目前发展中国家由跨国公司直接投资产生的产业内贸易大部分属于这一类型。

二、水平一体化投资与产业内贸易的形成

在水平一体化模型中,跨国公司主要在经济发展水平和市场规模相似的国家之间从事类似的经营活动,因此倾向于在各个国家都建立自己的生产和销售体系,在当地生产,满足当地需求。这种水平一体化跨国公司在各国家之间建立内部市场,进行差别产品交易,呈现出产业内贸易的特征,同时又有规模经济的特征,在需求拉动下,产业内贸易得到了极大的发展。目前水平直接投资产生的水平型产业内贸易在发展中国家的比

重不大。

第六节　国际贸易政策与产业内贸易

一般而言，国际贸易政策分为自由贸易政策和保护贸易政策。世界各国经济发展水平互异，以及一定时期内一国国内各经济部门发展的不平衡，不仅决定了各国贸易政策的差别化，也决定了各国贸易政策内容结构的复杂性。

一、自由贸易政策与产业内贸易

自由贸易政策是指国家取消对进出口贸易和服务贸易的限制和障碍，取消对本国进出口贸易和服务贸易的各种特权和优待，使商品自由进出口，服务贸易自由经营，也就是说国家对贸易活动不加或少加干预，商品、服务和有关要素在国内外市场公平与自由竞争。区域经济一体化是自由贸易政策的一种典型表现形式，区域经济一体化首先表现为贸易限制的削减和取消，进而推动区域内商品和要素的自由流动。

贸易自由化对产业内分工、规模经济和产品差别化的积极影响，决定了自由贸易政策对产业内贸易发展具有促进作用。以区域一体化为例，区域经济一体化有利于改善区内福利水平，促进区内产业内贸易规模的迅速扩大。

（1）由于产业内结构调整成本低于产业间结构调整成本，两国或多国间实现经济一体化后，产业内分工深化的程度高于产业间分工的发展。区域经济一体化所导致的产业内分工的加深，使得区域内产业内贸易迅速发展。

（2）区域经济一体化，使得区域内市场的开放程度加大，企业面临来自多国的竞争，为了适应市场竞争的需要，企业需要快速反应消费者需求的变化，及时作出业务活动的调整。产业内各产品生产的要素需求具有很大的相似性，产业内差异化产品的生产替代和技术替代易于产业间贸易，故在实现区域经济一体化后，贸易扩张和竞争的加剧必然推动各成员国加快产业内部的调整，促进产业内贸易的发展。

（3）区域经济一体化后，国家的市场界限扩大到区域市场，可以实现以市场需求为基础的生产规模化，产生规模经济效益。此外，面临扩大市场和多样化的需求，有利于企业获得最小规模经济。规模经济有利于产业内贸易的发展。

（4）区域经济一体化后，区域内国家之间产品的流通和销售更为便利，各国消费者的选择范围扩大，对差异化产品的需求增加。各国的文化和习俗为他国所了解，有利于他国企业进行本土化生产，促进产品差别化生产。

二、保护贸易政策与产业内贸易

保护贸易政策是指国家广泛利用各种措施对进口和经营领域与范围进行限制，保护本国的产品和服务在本国市场上免受外国产品和服务的竞争，并对本国出口的产品和服务给予优待与补贴。国家对于贸易活动进行干预，限制外国商品、服务和有关要素参与本国市场竞争。贸易保护政策对产品差别化、产业内贸易利益分配等具有不同的影响。

若贸易中进口国对进口产品征收关税，保护本国产业的发展，那么在征收关税后，该产品的价格将上升（价格上涨幅度主要取决于进口品在进口国市场上的需求弹性以及关税的征收），相对进口国国内生产的同类产品竞争力减小，该产品在进口国的市场将缩小，产业内贸易规模减小。若进口国对进口产品的需求相对较大，进口国将会出现进口产品的替代品，进口国的产品差异化程度增加。在出口国国内市场上，产品市场份额扩张，国内市场产品的销售利润提高。与之相应，贸易保护政策对产业内贸易有不利的影响。征收关税有利于增加进口国的财政收入，有利于改善本国在贸易分配中的地位，提高本国的福利水平。

若贸易中进口国对出口国的出口产品实行配额（绝对配额），贸易量直接下降，可能还会引致贸易伙伴国的报复。同时，进口产品在进口国处于供小于求的状态，进口产品在进口国的销售价格将上涨，进口国将以更多的产品换取配额进口的外国产品，贸易条件恶化。在进口配额的限制下，进口量是被限定的，无法增加，所以进口需求的增加只会导致价格的变化，不改变进口量。进口国市场上同类产品的价格将会上涨。若生产商在市场上处于垄断地位，进口国国内垄断厂商生产的产量和产品的差异化并不会有太多的变化，消费者的福利将会受到更大的影响。若进口国同类产品市场是竞争的，那么消费者的福利损失相对小于垄断情况。

自由贸易政策有利于产业内贸易的发展。自由贸易政策会减少贸易国之间的贸易壁垒（包括关税壁垒和非关税壁垒），加快市场要素和产品的流动，实现规模经济和产业内分工的深化，促进产业内贸易的发展。

第七节　我国产业内贸易

1980 年代末以来，我国的对外贸易格局基本上建立在以比较优势为基础的产业间贸易上。随着我国参与国际分工的广度和深度的加强，特别是加工贸易的迅速发展，我国产业内贸易得到了较快的发展。产业内贸易促进我国参与国际分工，承接国际产业转移，促进我国产业结构调整和经济发展，是经济发展的客观要求。

一、我国发展产业内贸易的必要性

1. 当前我国经济发展所面临的一个主要问题就是产业结构问题。积极参与产业内分工，开展产业内贸易，有利于实现贸易持续发展，是结构不断优化的必由之路。产业内贸易促进贸易结构优化以及产业结构优化。产业内贸易是在实现规模报酬递增的基础上，通过分工的自我演进来推动生产率提高、市场容量扩大和经济增长。产业内分工的不断细化、深化，通过分工的自我繁殖机制将经济的增长和更进一步的分工不断推向新的高度,推动经济增长、贸易结构优化及产业结构优化。

2. 产业内贸易以规模经济为基础,可以降低成本和价格,增强产品的国际竞争优势。规模经济促使进行劳动分工和专业化生产。在这种生产中,随着每单位投入的增加,产品的平均成本会相应下降,从而导致规模报酬递增效应。规模经济包括内部规模经济和外部规模经济,有利于行业和企业实施技术创新,为单个企业和整个行业的创新提供一个更有利的环境。基于规模经济的产业内贸易可以使我国在国际贸易中处于有利地位,为贸易结构的优化奠定基础。发展以规模经济为基础的产业内贸易能够使我国的产业结构优化升级,提高我国在国际分工中的地位。

3. 目前,我国正在进行产业结构调整,促进产业转型升级,转变经济增长方式。在此过程中,不可避免地会引起失业、下岗等诸多社会问题。产业内贸易的发展与一国贸易自由化时的经济调整成本有很大关系。同一产业要素投入有很大的相似性,在同一产业内进行生产调整,生产要素不需要大规模调整,产业内贸易所带来的调整结构的成本相对于产业间贸易要小。此外,产业内的调整通常是发生于同一企业或同一地区(比如劳动力在同一产业内从一个部门转移到另一个部门),因此调整与实施较为便利,可以减少因调整而引起的资源配置的失调。故此,产业内调整所引起的摩擦比产业间调整要小。发展产业内贸易十分有必要,它能够降低调整经济结构的成本。

对于正处在发展中的中国来说,发展产业内贸易,参与国际分工和国际贸易,可以获得竞争优势。产业内贸易可以通过生产技术进步获取规模效益,提高社会的物质福利水平,满足人们对差异产品的消费,降低我国经济结构调整的代价,带动我国主导产业、新兴产业发展,扩大我国贸易空间,进而扩大我国的国际市场份额。

二、我国产业内贸易的现状

中国的产业内贸易起步于 20 世纪,伴随着对外贸易的快速发展,我国产业内贸易得到了快速发展。与发达国家进行贸易的过程中,制造业中较高的产业内贸易水平反映了该国在国际贸易中具有的竞争优势,中国产业内贸易水平的不断提高是我国产业结构不断升级、新兴产业壮大、资本和技术密集型产业的份额不断提高的结果。

中国的水平性产业内贸易发展相对不足。我国与发达国家进行的主要还是垂直性产业内贸易,主要是通过参与国际垂直产业分工来实现产业内贸易增长的。在参与国际分工的过程中,中国主要是凭借丰富的劳动力资源和低廉的生产成本实现的。廉价、丰富的劳动力和低生产成本优势使中国在这一轮国际化生产配置浪潮中只能暂时充当全球加工厂角色。尽管全球范围内的国际化分工对中国的经济增长、广泛就业起到了很大的促进作用,但是如果一味依靠资源高消耗和廉价劳动力来生产和提供低附加值产品,中国将不可能实现可持续发展的目标。

三、我国产业内贸易的发展趋势

我国产业内贸易的未来发展方向体现在如下三个方面:

1. 提高产业结构层次，提升产业内贸易的层次，由以加工制造、贴牌生产为主向自主品牌发展，逐步由"中国制造"变为"中国创造"。产业结构与贸易结构关系密切，产业结构奠定贸易结构的物质基础，而贸易结构必然反映出一国产业结构的状况。我国的产业内贸易尚处于发展的初级阶段，产品结构比较落后，处于价值链低端且以垂直型产业内贸易为主，反映出我国产业结构的低水平。产业结构的低水平成为制约我国产业内贸易发展的根本原因。欧盟、美国和日本等发达国家是我国产业主要贸易伙伴，其产业内贸易的发展主要是以水平分工和差别化产品生产为基础。应通过调整产业政策，加强国际合作；加大科技投入力度、提高产业层次和产业水平等促进提高产业结构层次，提升我国产业内贸易层次，扩大水平分工。

2. 扩大我国参与产业内贸易的产品的差异化，提升产业内贸易水平，增强我国在产业内贸易谈判中的地位。建立企业与国际经济的交流平台，使企业及时了解国际市场对产品的需求偏好，对产品进行改造、升级或创新。同时，健全市场体系，完善市场规则，对企业创新行为予以经济支持和政策保护。

3. 由于经济全球化，我国经济与世界经济的联系日益密切，我国经济行为对其他国家经济的影响越来越大，导致国家间的贸易摩擦日益增多，所以我国迫切需要提升国际贸易谈判能力，提升本国企业应对国际摩擦的能力，这也将是促进我国产业内贸易发展的重要方面之一。

复习思考题

1. 产业内贸易的含义是什么？试述产业内贸易的分类。
2. 产业内贸易和产业间贸易的关系是什么？
3. 产业内贸易的计量方法有哪些？试比较各种方法的优点和缺点。
4. 解释产品差异化、规模经济与产业内贸易的关系。
5. 影响产业内贸易发展的主要因素是什么？
6. 试述我国产业内贸易发展的现状和存在的问题，并提出你对促进我国产业内贸易发展的意见。

第十七章 纵向产业组织理论

学习要点

1. 理解纵向产业组织理论及其形成和发展。
2. 掌握纵向产业链的类型及纵向市场结构。
3. 熟悉纵向产业组织的效率。

在产业组织理论研究中,纵向产业组织理论一直是研究的热点领域之一。事实上,由于涉及拥有两个及两个以上市场的产业链,情形复杂得多,因此到目前为止并未形成一个系统的纵向产业组织理论框架,理论成果仍在不断丰富之中。

第一节 纵向产业组织理论概述

一、纵向产业组织理论

纵向产业组织理论是一门研究产业链纵向关系上企业间的组织形式及相互关系的经济学理论,它属于产业组织理论的一个组成部分。在现实生活中,我们能观察到千姿百态的与纵向产业组织有关的经济现象,市场上几乎所有的商品都经过了数个中间产品市场才到达消费者手中的,如苹果手机需要经过原料采购、组装加工、经销商,最后是分销商对消费者进行销售。这些产业链上的纵向关系必然引发很多的经济问题,如一些垄断产业如电力、铁路的改革问题,上游企业与下游企业的定价问题,制造商与分销商之间价格和非价格控制问题,等等。因此,需要对产业间纵向关系给出明确的理论指导。

产业组织学传统的研究框架是 SCP 范式,即研究产业的市场结构、企业市场行为和市场绩效三者间的相互影响关系。作为产业组织学的一个分支部分,纵向产业组织理论也同样是应用 SCP 范式来集中研究产业链纵向关系的,其形成与发展无疑都是以产业组织学的理论延伸为基础的。但纵向产业组织理论研究也有着自身的独特之处,最主要的特征是其研究的领域涉及产业链的纵向多个产业市场间的相互影响关系。

二、纵向产业组织理论的形成及发展

(一)纵向产业组织理论的萌芽

对于产业纵向关系的研究最早始于亚当·斯密(1776)的社会分工理论。斯密认

为,社会分工能形成专业化,每个人专注于自己的专业领域将有助于劳动生产率的提高,因此使得整个产业链上的总体效率得到改善。实际上斯密所说的社会分工可以看成是纵向产业组织理论里的纵向分拆,通过产业链上的纵向分工、合作来增加整个社会的财富。

如果说斯密的社会分工理论强调的是纵向分拆对社会财富的增加,那么科斯(1937)关于企业本质的论述则是解释了产业组织纵向一体化的原因。科斯认为,纵向专业化分工虽然提高了各个环节的生产率,但同时必然产生了纵向的交易活动,这些中间产品市场的增加会带来更多的交易成本,例如价格的搜寻成本、缔约成本和监督成本等。因此,通过纵向一体化的企业组织可以节约社会分工所带来的额外交易成本,由此科斯利用了交易成本理论解释了企业产生的本质。

与此同时,美国在内战结束之后开始出现的一系列产业垄断现象,使得反垄断问题得到了大量的关注。19世纪末20世纪初,美国工业生产的集中十分迅猛,在钢铁、石油、铁路、汽车、采煤、制糖、火柴、烟草等各个部门,都先后形成了规模巨大的托拉斯。这些托拉斯不仅在单一市场上形成垄断势力,同时也影响着产业链上下游的市场,例如1880年代组成的标准石油托拉斯,在控制全美炼油产业的同时,又向上游垄断了原油生产领域和管道运输领域。源于许多产业内垄断势力的形成及其纵向扩张,美国在1890年制订了第一部联邦反垄断的法案《谢尔曼法》,同时关于产业纵向组织关系的理论也亟待研究。

(二) 纵向产业组织理论的形成

作为产业组织理论的有机组成部分,纵向产业组织理论随着产业组织理论的形成而出现。从1940年代开始,以梅森、贝恩等为代表的哈佛学派发表了一系列经典文献,提出了著名的SCP范式,对以后的产业组织理论研究产生了重要影响。早期经济学家们把SCP范式与企业纵向一体化和垄断联系起来,提出了杠杆理论。该理论认为,纵向一体化和纵向约束可以作为一个垄断势力在多个关联市场之间进行传递的杠杆。在产业链上具有垄断势力的企业可能会通过纵向一体化或者各种纵向约束方式在其下游市场(或者上游市场)中延伸其垄断势力,对下游市场(或者上游市场)产生了反竞争效应,侵吞了更多的消费者剩余,从而造成了消费者福利和社会福利的损害。因此,早期的纵向产业组织理论的研究倾向于对纵向一体化的否定态度,与此同时,在美国这段时期企业间的纵向一体化和控制行为也受到了法律的严格制约。

(三) 纵向产业组织理论的发展

1960年代后期,以Robert Bork、Richard Posner、Stigler、Demsetz为代表的芝加哥学派对哈佛学派的纵向产业组织理论进行了严厉的批评。他们批评了早期哈佛学派关于企业通过纵向一体化来获得上游市场(或者下游市场)更多利润的观点,指出在产业链纵向市场中并不存在多个垄断利润,企业进行纵向一体化或者纵向控制也只是为了保留其在单一市场中的垄断利润,而非在相邻市场拓展其垄断势力。当纵向一体化或约束并不能带来企业利润的增加时,即使垄断企业具有在其上下游实施垄断势力的能力,也没有行使的激励。企业的纵向一体化或约束并未带来社会福利的损失,甚至有时会带来效率的提高和消费者剩余的增加,因此他们反对反垄断法对于垄断企业实施纵向一体化所使用的"本身违法"原则。

随着经济学家们关于纵向产业组织理论更多成果丰硕的研究,我们可以把1980年代以来的研究观点归结为新纵向产业组织主义。Rey & Tirole(1986)、Mathewson & Winter(1987,1997)、Rey & Stiglitz(1988,1995)、Whinston(1990)、O'Brien & Shaffer(1997)、Ellison & Snyder(2001)和 Spigel & Yehezkel(2003)等人从不确定性、信息不对称、激励、纵向外部性等角度进一步阐明了后芝加哥学派对于纵向约束的态度。他们认为,纵向一体化和约束可以用来恢复垄断势力,但不会在其上下游关联市场上拓展垄断企业的垄断势力。另外,虽然由于假设条件等不同,研究并没有得到一致的结论,但结果表明,纵向一体化和纵向约束在可能提高经济效率的同时,也可能起到反竞争的作用,造成部分消费者福利和社会福利的损失,因为需要在具体的环境条件下对其谨慎分析。

三、纵向产业组织理论的学术地位、学术价值与现实意义

纵向产业组织理论是伴随着产业组织理论的发展而发展起来的,必然是把它作为产业组织学的一个重要组成部分,甚至也是产业经济学的一个重要组成部分。早期的产业组织理论主要是从某个行业的横向角度来进行 SCP 范式研究的,不过随着经济中主体结构的演变,单纯的产业横向研究已不能涵盖诸多经济现象,越来越多的产业链上下游企业间的关系需要研究,因此纵向产业组织理论作为产业组织理论的一个组成部分得到了越来越多的重视,同时也对传统的产业组织理论进行了十分有意义的扩充,具有重要的学术地位和学术价值。但至今产业组织理论本身对于纵向关系的研究也还没形成一个统一的理论框架,纵向产业组织理论急需得到补充与完善,例如由于纵向产业组织理论的研究相对局限于简单的上下游两个市场间的关系。随着未来的不断充实,相信纵向产业组织理论必将拥有更高的学术地位和学术价值。

在现实经济生活中,我们能看到许多与纵向产业组织理论有关联的经济现象。我国的电信、电力等行业都在经历着分拆重组等结构性的改革,但是对于这些改革所带来的效率提高与否都缺乏一个明确的理论指导。虽然有国外许多的成功经验可以借鉴,但生搬硬套显然不适合。现实中这类问题的大量存在为产业组织理论中的纵向关系研究提供了一个广泛的研究基础,因此纵向产业组织理论极具现实意义。可以肯定的是,随着现有纵向产业组织理论的框架研究不断完善,与现实经济中的问题间的缺口不断得到填补,其必将能为国民经济的发展与改革提供更多指导,为政府对许多经济现象的政策规制提供依据。

第二节 产业链纵向关系

一、产业链的类型及纵向市场结构

所谓产业链,是指在一种最终产品的生产加工过程中——从最初的矿产资源或原

材料一直到最终产品到达消费者手中——所包含的各个环节所构成的整个纵向的链条。因此,一个产业链是由多个关联又相对独立的产业构成的完整链条,单独一个产业是没有所谓产业链的。

产业链的类型是指在一个产业链中的两个上下游产业之间的关联关系形态。产业链的类型是由产品性质和技术因素所决定的。

在经济现实中,对应于不同的最终产品,我们可以看到不同的产业链形态。这些不同形态受到产品性质以及技术因素的影响,有些产品具有规模经济,适用于大规模生产,因此其销售需要经过大量的经销商与分销商;而有些产品却是厂家直接面对消费者的定制。这就需要我们能够提炼出不同的产业链形态,然后加以分析。

对于产业链,不管是由多少个相关联的产业环节构成,我们都可以将其分解为两个上下游关联市场间的关系。因此,我们不妨假设产业链里下游产业的最终产品为 B,且下游厂商是直接面对消费者的,而上游厂商生产中间产品 A。此时,根据中间产品 A 的特性可能存在三种不同的情况:

(1) 产品 A 本身就是最终产品,此时下游厂商只是作为上游制造商与消费者之间的零售商;

(2) 产品 A 作为纯粹的中间产品供应给下游厂商生产最终产品 B;

(3) 产品 A 既作为下游厂商生产最终产品 B 的中间产品,同时也可以作为最终消费品直接面向消费者。

根据这三种情况我们可以具体讨论以下产业链的三种不同类型。

(一) 类型 I

产业链的第一种类型,称为类型 I:产品 A 本身就是最终产品。此时,下游行业就是产品 A 的分销环节,下游企业即为产品 A 的零售商。产业链类型 I 由图 17.1 表示。

图 17.1 产业链类型 I:上游产品 A 即为最终产品

此类制造商与零售商之间的产业链纵向关系在我们的现实经济中可以大量看到,如汽车、电脑、白酒等行业的制造商都需要通过庞大的分销系统将产品销售给全国甚至世界各地的消费者。虽然在两个市场中的销售产品相同,但由于面临的市场环境不同,且提供的服务不同,因此我们仍然可以认为制造商与零售商之间、零售商与消费者之间是两个不同的市场 A 与 B。

(二) 类型 II

产业链的第二种类型,称为类型 II:上游产品 A 作为下游厂商生产产品 B 的投入品,产品 B 作为最终产品销售给消费者。产业链类型 II 如图 17.2 所示。

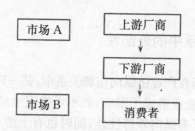

图 17.2　产业链类型Ⅱ：上游产品作为下游厂商的投入品

现实经济生活中，更多的产品是作为中间投入品在使用，如煤炭、石油、金属矿石等原材料被开采出来后都是作为纯粹的中间产品，又如汽车、电子产品的零部件都是作为最后组装厂商的投入品，这些产品都要经过下游厂商的再生产加工，而不是直接面向消费者。

需要说明的是，在产业链类型Ⅱ中我们规定下游厂商与消费者之间不存在零售环节，这样便于我们对于产业链类型的区分研究。对于现实经济活动中下游制造商与消费者之间可能存在的分销环节，我们可以认为产业链类型Ⅱ与类型Ⅰ恰好是整个产业链中前后连续的两个环节。

（三）类型Ⅲ

产业链的第三种类型，称为类型Ⅲ：上游产品 A 既可以作为下游厂商的投入品，生产最终产品 B，也可以直接作为最终产品，销售给消费者，如图 17.3 所示。

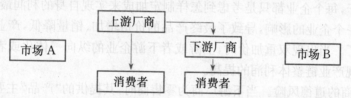

图 17.3　产业链类型Ⅲ：产品 A 可作为产品 B 投入品或最终消费品

以上是产业链纵向关联关系的三种类型，现实经济生活中的情况可能复杂得多，这只是我们在此处的一个基本分类。

在产业链分类的基础上，如果我们再考虑到产业链上下游单个市场中市场结构的情况，就可以得到如图 17.4 所示的四种不同的纵向市场结构：结构 1 反映了上下游市场都是垄断的情形，结构 2 反映了上游市场垄断而下游市场竞争的情形，结构 3 反映了上游市场竞争而下游市场垄断的情形，结构 4 反映了上下游市场都是竞争时的情形。

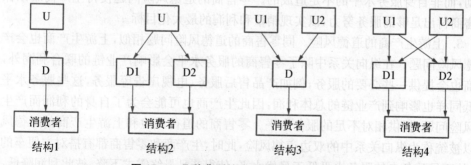

图 17.4　几种典型的产业链纵向市场结构

二、产业链纵向关系中的外部性

所谓纵向外部性,是指在产业链纵向市场关系中,某一环节经济主体的经济行为对其相关联的上游或者下游企业造成了影响,而不承担完全经济后果的现象。在产业链纵向市场结构关系中,除了有纵向外部性外,同时也有上游与上游企业之间、下游和下游企业之间的横向外部性。这些纵向关系中的外部性问题,使得拥有垄断势力的垄断企业可以通过纵向一体化或纵向约束来解决,从而恢复其垄断势力,这也是许多研究者认为纵向一体化和纵向约束在有些情况下是社会福利提高的工具的主要原因。下面我们假设产业链为类型Ⅰ,将按照上一部分给出的四种产业链纵向市场结构分别分析它们的外部性问题。

(一) 结构1

在结构1中,上游和下游市场都只有一个垄断企业,出现连续垄断的现象,此时纵向关系中会出现以下三种外部性。

1. 双重加价。当一个企业在市场上拥有垄断势力的时候,其产品的销售价格会在边际成本上再加一个加成,而在产业链上,当上游企业和下游企业都拥有垄断势力的情况下,此时最终产品上将会出现两次成本加成,从而导致过高的最终价格。双重加价产生的原因在于,每个企业都只是考虑到怎样制定加成来实现自身的利润最大化,而没有考虑到对另一个企业的影响,导致了最终产品的价格增加、销量降低,产业链的整体利润反而降低了。当出现双重加价时,上游或者下游企业的纵向一体化或者一些纵向约束都可以实现产业链整体利润的提高。

2. 零售商的道德风险。当下游厂商为零售商时,其提供的"产品"主要是面向消费者的零售服务,包括广告、促销活动、陈列、免费运送、安装、售后服务等。零售商的这些服务能扩大消费者对于产品的总需求,在价格不变的情况下,服务的多与少直接影响到产品的销售量,因而影响到上游制造商的利润,从而零售商的服务水平会对生产商产生正的外部性。一般情况下,生产商会要求零售商提供一定努力程度的服务水平,以提高产品销售量。但由于服务水平的不易观测性,便使得零售商具有产生道德风险的激励,倾向于低于最优服务水平的努力。当产品的销量增加时,零售商可以说是自己付出努力的结果;而当销量降低时,零售商又可以说是由于市场上其他因素的变动导致需求的变动,而非自身服务水平的不足造成的。零售商的道德风险问题使得生产商难以保证零售商付出足够的服务努力,以实现销量和利润的最大化目标。

3. 上游生产商的道德风险。同零售商的道德风险问题相似,上游生产商也会产生道德风险问题。在纵向关系中除了零售商的服务水平会影响产业链的联合利润外,生产商也会提供一些必要的服务,例如产品售后服务、电视广告等服务,这些服务水平的高低同样也影响到产业链的总体利润,因此生产商也可能会为了自身的利润而产生道德风险问题,提供相对不足的服务水平。零售商的道德风险和上游生产商的道德风险可以被统称为纵向关系中的双边道德风险,此时,生产商和零售商都有搭对方便车的激励,从而导致各自的服务水平低于最优水平,使得产品最终需求下降,彼此利润降低。

(二) 结构 2

1. 零售商之间的搭便车行为。前面讲到的上下游市场都是垄断的情形下，零售商会倾向于提供较低的服务水平，而当下游存在竞争，有不止一个零售商的时候，零售商不仅可以搭上游企业的便车，同时也可以搭其他零售商的便车。此时，每个零售商所提供的服务都会对其他零售商和生产商产生正的外部性，将会使得自己付出了较高服务水平的成本却得不到相应的收益。市场中的某个零售商完全可以通过提供很少的服务和相对较低的价格来牟利，因为消费者可以从其他零售商那儿得到例如广告等其他的服务。因此，搭便车行为将会使得每个零售商提供的服务水平低于它们的最优水平。

2. 零售商之间的竞争效应。在竞争情况下，零售商不仅倾向于提供较低的服务水平，同时也会保持一个较低的价格。因为当一个零售商选择提高其零售价格时，会降低消费者对自身产品的需求而提高对其他零售商的需求，也即对其他零售商产生了正外部性，因此竞争的结果是产品保持低价。零售商之间的竞争越激烈，则价格越低；当零售商之间是同质的，且进行波特兰竞争，则零售价格等于批发价格，零售商的利润为 0。零售商之间的这种竞争效率将会对生产商产生正的外部性，使得上游垄断生产商能够通过例如两部定价的方式获得产业链的联合利润。

(三) 结构 3

如结构 3 所示，当上游生产商存在竞争的时候，同结构 2 类似，上游生产商也将会出现：

1. 生产商之间的搭便车行为。生产商在宣传产品以及与零售商建立交易关系时都需要进行一定的投资，而这些投资并非具有专属性，其他的生产商也能从这些投资中获利，这便带来了生产商之间的搭便车行为。其结果也是生产商最终都只提供较低水平的投资。

2. 生产商之间的竞争效应。类似的，竞争效应使得生产商会降低产品的批发价格，任何一个生产商的价格提升都将会对其他生产商产生正的外部性，使它们的销量上升。生产商之间的竞争效应将会对下游垄断零售商带来正的外部性，获得更多的产业链纵向利润。

上述这些产业链纵向关系中的外部性，除了相邻市场上的竞争效应会对在位垄断企业产生正的外部性外，其他均会对在位垄断企业带来损失，如双重加价、零售商的道德风险、零售商之间的搭便车行为等，不仅会降低在位垄断者的利润，同时也会损害产业链的联合利润。下面我们将讨论在位垄断企业为了解决这些外部性问题而进行的纵向一体化或纵向约束行为。

▶ 三、产业链纵向一体化

纵向一体化，又称垂直一体化，是指沿着产业链纵向扩展企业的生产经营范围，在企业内部连续完成原料生产、零部件生产和最终产品生产等各个阶段，一般包括前向一体化和后向一体化。产业链纵向一体化的构架在电力、自来水、城市燃气等产业里比较常见，例如从自来水工厂、输水网管、居民用水到污水处理厂，都可能是城市的某一家自来水公司在经营。在本章的分析中,我们仍然把产业链看成是由两个相关联的上下游企业构成。

（一）产业链纵向一体化的动机

1. 产生规模经济或范围经济。规模经济性和范围经济性是由产品的技术因素决定的,例如炼铁和炼钢过程的一体化可以减少重新融化铁水的过程,因而节约了大量的资源和成本。一般情况下我们提到的规模经济和范围经济主要指企业的横向扩张,但不可否认的是,企业的纵向一体化同样能产生这些经济性,上下游两种产品的生产可能会节省中间不必要的环节,形成相互间更好的学习效应等,最终随着纵向一体化生产规模的扩大,长期平均成本不断下降。

2. 消除外部性。由前面产业链纵向关系中的外部性中所讲的,我们可以看出绝大部分外部性都损害了具有垄断势力的企业的利益,双重加价、相邻市场中竞争性企业搭便车行为等都会降低垄断企业的垄断势力,无法获得垄断利润。而当企业对其相邻市场中的企业进行纵向一体化时,便可以恢复其垄断势力,将这些外部性内部化。这些外部性产生的原因在于产业链上不同企业的利益不一致,从各自的利益最大化出发,而没顾及自身的市场行为对其他企业和整个产业链的影响,因而当产业链实现了纵向一体化,一体化的企业就可以根据唯一的利益目标设定利润最大化的市场行为。

3. 解决信息不完全导致的各种问题。严格意义上来说,大部分产业链纵向关系中的外部性也是由于信息不完全而导致的,制造商对于消费者需求的不确定、零售商服务水平的不易观测性等,都是信息不完全的表现。不仅如此,信息不完全还会导致机会主义行为和承诺问题的出现,机会主义行为指的是在信息不对称的情况下人们不完全如实地披露所有的信息及从事其他损人利己的行为。而当上游垄断、下游竞争时,上游垄断企业也会因为自身的机会主义行为的可能性而导致下游企业对其承诺的不置信,这便产生了承诺问题。

假设产业链中上游有一个垄断生产商,下游有两个同质的零售商,且进行波特兰(Bertrand)竞争。用 $MaxQ$ 表示联合利润最大化时的产品数量,相应的最大化利润为 $Max\Pi$。在信息完全时,垄断厂商可以采用两部收费方式,承诺以边际成本价格向每个零售商出售 $MaxQ/2$ 数量的产品,同时收取 $Max\Pi/2$ 的固定费,从而获得产业链的联合垄断利润。但在信息不完全情况下,当垄断厂商与第一个零售商签订了上述出售 $MaxQ/2$ 数量的产品、收取 $Max\Pi/2$ 的固定费后,它便有与第二个零售商签订一个新的产量以实现最大化联合利润的动机,结果会导致产量增加,价格降低,损害了第一个签约零售商的利益。这便是机会主义行为。在这种情况下,零售商将不会相信垄断厂商所承诺的契约,而也正是由于垄断厂商面临着这样的承诺问题,机会主义行为反而制约了上游垄断厂商的垄断势力的行使。明显的,当产业链实现了纵向一体化,便可以解决这些由于信息不完全所导致的各种问题。

4. 保证原材料供应或产品消费需求。当下游竞争性生产商严重依赖于上游厂商供应的原材料时,就很可能会受到上游原材料供应数量和供应价格的影响,使其生产活动存在一定的不确定性。特别的,若下游竞争性对手提前完成对上游原材料厂商的后向一体化,则企业必将受到竞争对手的市场排挤。因此企业为了保证原材料供应,有时会选择实施纵向一体化。在现实经济生活中，许多产业存在产能过剩现象，此时对下游厂商的前向一体化可以确保其产品的销售。例如，在1960年代的美国，出现了水泥制造商对混凝土制造商的收购浪潮，原因就在于二战后对水泥的高需求导致了水泥厂数量激增，并很快在1960年代出现了产能过剩，企业为了确保产品的销售，纷纷选择了对于下游混凝土制造商的收购。

5. 降低交易成本。交易成本指达成一笔交易所要花费的成本，也指买卖过程中所花费的全部时间和货币成本，包括信息搜寻成本、谈判成本、监督成本等。现实中由于契约的不完全性，以及市场上供需的不断变化，会对企业产生大量的风险。特别需要指出的是，交易成本理论中还强调了资产专用性的影响。当企业进行了专用性的资产投资，便会出现"套牢"或者"机会主义"问题。这些都会对企业的事前投资、契约签订和事后执行产生负面影响，企业不得不花费较大的交易成本去解决这些问题。而纵向一体化可以解决契约不完全、市场波动以及资产专用性带来的机会主义行为等各种问题，使交易成本降到最低。

以上5类是我们根据以往的研究归纳出的产业链纵向一体化的动机，但现实情况会更加复杂，包括可能会出现为了规避价格管制，或是避免政府其他方面干预的纵向一体化等。

（二）产业链纵向一体化的效应分析

产业链纵向一体化会给厂商、消费者和整个社会的福利带来怎样的变化？这一直是学者研究的重点，下面我们简单介绍其可能带来的几种效应。

1. 价格、数量效应。如果单纯从垄断企业为消除双重加价、相邻市场竞争性企业搭便车等外部性而实施的纵向一体化来看，确实可能在增加产业链联合利润的同时，使得产品销量增加、价格降低。但从其他方面来考虑，当上游垄断企业对下游某一竞争性企业实施纵向一体化，将会通过减少对下游其他厂商的中间产品供给来谋取自身的利益最大化，这时反而会由于对下游厂商的排斥而使得最终产品数量降低，同时价格上升。

2. 市场圈定效应。泰勒尔（Jean Tirole,1997）认为，市场圈定指的是一种商业行为（包括兼并），该行为限制若干买者与一个卖者接触的通道（称之为上游圈定），或者限制若干卖者与一个买者接触的通道（下游圈定）。由于承诺问题的存在，下游竞争越激烈，上游垄断厂商的实质垄断势力就越小，会使得垄断企业的利润和产业链联合利润都降低。此时上游垄断企业便有通过纵向一体化来降低下游竞争、获取垄断利润的激励，通过减少对非一体化的下游企业的供给来行使垄断势力。一个极端的结果是上游垄断企业在纵向一体化后将对非一体化企业进行完全的排斥。

3. 社会效应。社会效应是对产业链纵向一体化的综合效应分析，因此需要考虑到多个方面的结果。除了上面所介绍的价格数量效应、市场圈定效应外，还可能带来更合理的资源配置，或是生产效率的提高。这就要求我们在对产业链纵向一体化的效应进行评判的时候，不能只看到某一方面，而是要对所有可能的影响进行比较，得出其对于社会的总体影响。

总之，对产业链纵向一体化的效应分析之所以没有一个统一的结论，就在于市场结构等环境前提的不同,会对各方产生不同的影响。这也给了我们一些启示,经济研究不同脱离现实世界的土壤,对现实透彻的洞察才能使得经济理论研究变得更加丰富、有意义。

四、产业链纵向约束

纵向约束是产业链上下游市场中的企业通过契约而达成的关于产品交易的一种约束关系。可以将纵向约束划分为两类,一类是价格约束,一类是非价格约束。价格约束是指上下游企业通过各种方式对各方的采购、销售价格进行限制的行为。常见的价格约束的形式有:转售价格控制、两部收费、价格歧视、通道费、抽成等。非价格约束指上下游企业对交易某一方或双方采取诸如限制经营范围、区域与经营对象等非价格约束的措施。常见的非价格约束的形式有:数量固定、独占交易、独占区域、共同代理、搭售等。

(一)转售价格控制

转售价格控制(Resale Price Maintenance,RPM)是指产业链上游厂商与下游零售商达成的关于限制产品最终零售价格水平的契约行为。广义来说,也包括最高转售价格和最低转售价格等形式。与一般人的理解不同,最早的转售价格控制是由零售商引入的,而非制造商。早期零售商之间激烈的竞争使得产品零售价格很低,于是零售商之间建立起联合组织,并要求制造商规定产品最低转售价格,以提高零售价格。

转售价格控制能通过消除纵向关系中的部分外部性而提高效率。在解决双重加价方面,上游厂商可以按照垄断价格出售产品给零售商,并利用 RPM 使得产品最终售价等于垄断价格的方式达到目的。此时零售商利润为零,生产商获得了产业链的联合利润。当实施最低转售价格控制时,可以有效地提高产品质量和服务水平,降低搭便车问题的存在。

但与此同时,转售价格控制也带来了反竞争效应,通过限制了零售商的定价权,从而削弱了市场的竞争,甚至会因为固定了产品的零售价格而增加了生产商合谋的激励,提高了卡特尔的稳定性。特别的是,当考虑到市场的不确定性、零售商的差异性时,转售价格控制对生产商、零售商、消费者和整个社会所带来的效应是不确定的。

(二)价格歧视

价格歧视通常指商品或服务的提供者在向不同的接受者提供相同等级、相同质量的商品或服务时,在接受者之间实行不同的销售价格或收费标准的行为。斯蒂格勒(1987)将价格歧视定义为对同样或类似商品的销售价格是通过在其边际成本基础上以不同比例的加成而得到的定价策略。

价格歧视可以分为三种类型:

(1)一级价格歧视。垄断企业对每一单位产品按消费者最高支付意愿的价格出售,此时企业能占据所有的消费者剩余。

(2)二级价格歧视。在统一需求曲线上,企业对不同的消费数量段收取不同的价格,价格取决于消费者购买的产品数目。

(3) 企业对同一产品在不同市场区域,根据不同的市场需求曲线的消费者制定不同的价格。

大多数情况下,关于价格歧视的研究都是针对最终产品市场中的消费者。但在现实经济生活中,更多的是关于中间产品的交易。上游制造商生产的产品主要不是面对消费者的,而是需要经过下游厂商的进一步加工才能作为最终产品出售,或者是经由零售商将产品卖给最终消费者。因此,在产业链纵向关系中,上游厂商也可能会对下游企业实施价格歧视。价格歧视可以作为垄断企业进行纵向约束的工具。

最终消费市场上的价格歧视与产业链纵向关系中针对中间产品的价格歧视两者间存在着很大的区别。

(1) 最终产品市场中消费者的需求是相对独立的,但在中间产品市场中,下游企业对产品的需求是相互依存、相互影响的,因此上游企业对中间产品实施价格歧视时需要考虑对下游企业间竞争合作关系的影响。

(2) 在产业链纵向关系中,下游企业相对于最终消费者而言拥有更多的买方势力,可以通过后向一体化进入上游市场,同样,上游厂商也可以后向一体化进入下游市场,因此在中间产品实施的价格歧视需要从产业链的角度考虑上下关系的多重影响。

当产业链上游为一垄断厂商,下游为两个行业时,垄断企业根据利润最大化得到的中间产品价格解的形式为:$P_i[1-1/|\varepsilon_i|]=C$。垄断厂商会对需求弹性高的行业收取较低价格,而对需求弹性低的行业收取较高价格,同时为了防止下游企业套利行为,垄断厂商可以同需求弹性高的行业中的某一个企业实施纵向一体化,制定较低的内部转移价格,而对需求弹性高的行业中的其他企业和需求弹性低的行业收取较高价格。当下游为多个行业时,垄断企业将会对下游行业进行前向一体化直至剩下最后一个需求弹性最低的行业为止。

下游厂商的后向一体化威胁是其谈判势力的重要来源,此外下游厂商的议价能力也关系到它们的谈判势力。下游厂商的谈判势力将会使得上游厂商会选择对下游进行价格歧视。但从契约理论的角度分析,由于上游垄断者是与下游企业不同时地签订契约,因此会产生垄断者的机会主义问题,此时上游垄断不能进行有效的承诺,价格歧视未必具有可行性。也就是说,机会主义问题的出现使得上游垄断企业不能运用其垄断势力。

DeGraba(1990)研究得出,在信息完全的假设下,当允许价格歧视时,上游垄断者会对边际成本低的下游企业收取较高的中间产品价格,因其对投入品的需求弹性更低,而对边际成本高的下游企业收取较低的中间产品价格。因此它认为价格歧视会降低社会福利,但是当考虑到信息的不完全,以及价格歧视对效率的方面等,价格歧视对福利的影响是不确定的,可能是反竞争的也可能不是。

(三) 独占交易

所谓独占交易,是指产业链中上游制造商与下游零售商达成排他性契约,规定零售商不准销售其竞争对手的产品。随着市场竞争的加剧,独占交易也成了一种很普遍的企业市场行为。

上游制造商选择独占交易的动机包括:

(1) 减少下游竞争,产生对下游企业的激励效应,从而使得下游企业增加专用型投资,提高服务水平;

(2) 降低交易成本,并能更准确地获得终端消费者的信息;

(3) 排斥竞争对手,垄断独占交易产品市场。

Besanko 和 Perry(1993)从产品间的外部性来研究寡头垄断厂商实施独占交易的动机。指出当品牌间外部性很弱时,寡头垄断厂商会选择不采用独占交易;当品牌间外部性较强时,寡头垄断厂商会采用独占交易,即使此时比不采用独占交易时的利润更低;当品牌间外部性处于中间水平时,混合均衡是最可能的结果,此时一个厂商选择采用独占交易,而其他厂商均不采用。

从上述前两项动机来看,独占交易具有效率改进的效用,但是第三项动机会使独占交易产生市场圈定效应。不过也有学者表示,虽然独占交易会延伸上游企业的垄断势力,但若想获得更多的市场份额,上游企业也不得不降低产品的批发价格和零售价格,因此社会福利反而是提高的。独占交易的反竞争效应是不确定的,一定条件下不但不会遏制竞争,反而会促进市场的竞争。

(四) 独占区域

独占区域主要是指生产商在零售商之间划分最终市场,使得在每一个特定的区域范围内,只有一个零售商独自拥有向消费者提供这种产品的权力。

独占区域与独占交易容易混淆,却存在很大的区别。在一个区域内,独占交易可能有多个下游零售商,而独占区域却只能有一个零售商,同时独占区域内的下游零售商可以和多个产品品牌签订销售契约,而独占交易中下游零售商只能销售其签约的上游厂商产品。因此可以认为,独占交易主要是为了减少上游的竞争,而独占区域主要是为了减少下游的竞争。

当上游生产商实施独占区域时,可以解决部分外部性问题,此时零售商将会提供更高的服务水平,同时解决零售商之间的搭便车行为,因此提高了效率。独占区域的基本模型证明了当下游是古诺竞争时独占区域不仅能够实现上游制造商的纵向一体化利润,同时降低了零售价格,提高了社会福利。但当下游零售商进行波特兰竞争时,独占区域在一定范围内却使得零售价格提高,抑制了下游的竞争,使得社会福利降低,特别是当考虑到市场的不确定、需求的变化等因素后,独占区域的反竞争效应会更加明显。因此,生产商实施独占区域对社会福利的影响与市场结构环境密切相关,需要具体分析。

五、产业链纵向分拆

产业链的纵向分拆是纵向一体化的逆过程,是指纵向一体化的企业在保留其主要生产经营环节的前提下,将上下游其他的环节剥离出去的过程。按照交易成本理论,企业的形成是对市场的一种替代行为,企业的组织形式能够减少在自由市场中的交易成本。但与此同时,企业的运转也会产生自身的内部运转费用,包括管理费用、内部交易成本和效率的损失等。企业的运转费用是随着企业规模的扩大而递增的,因此企业的规模受到其节约的交易成本和增加的内部运转费用的制约,当两者相同时,企业即达到了其最大规模。

一体化企业选择进行纵向分拆的动因便在于一体化的收益小于其成本。很多情况下,上游或者下游关联产业的竞争能够使得中间产品外部采购价格更低,或是产业链纵向一体化由于存在其他的垄断竞争企业而达不到增强垄断势力的作用,反而导致企业负担加重。因此,产业链的纵向一体化或纵向控制与纵向分拆是一个此消彼长的过程。纵向分拆最典型的应用便是外包,通过将企业自己不擅长的或是缺少收益的环节剥离,从其他更加专业的企业采购那些中间产品,往往使得生产效率更高,企业收益增加。这在当今世界经济环境中已成为许多产业链的发展模式。

在我国,对一些国有垄断企业的纵向分拆是改革的一项重大课题,主要涉及具有自然垄断性质的铁路、煤电、石油等产业。国外的实践经验和国内众多学者对这些部门纵向关系的研究为改革提供了理论依据,纵向分拆成为人们普遍的共识。

第三节 纵向产业组织的效率分析

一、纵向一体化及纵向约束的价格效应和社会效率

(一)双重加价问题

假设有一上游垄断企业 U,生产一单位产品的边际成本为 C,另有一下游垄断零售商 D,上游产品都经由 D 在最终市场上销售,并假设零售商 D 销售一单位产品的成本为零。D 所面临的最终需求函数为 $q=a-bp$,p 为产品最终零售价格,假设上游企业 U 制定的中间产品批发价格为 u。

1. 纵向分离。企业 U 的利润函数为 $\pi_1=(u-c)q$,企业 D 的利润函数为 $\pi_2=(p-u)q$。分别对 p 求导,并令导数为零,从而得到两个企业利润最大化的价格:

$$p=(3a+bc)/4b, u=(a+bc)/2b$$

因此最终产量:$q=(a-bc)/4$

企业利润分别为:$\pi_1=(a-bc)^2/8b$

$$\pi_2=(a-bc)^2/16b$$

产业链总的利润:$\prod=3(a-bc)^2/16b$

社会总福利:$W=(a-bc)^2/32b+\prod=7(a-bc)^2/32b$

2. 纵向一体化。纵向一体化时我们可以把上下游看成是一个企业 A,因此它的利润函数即为 $(p-c)q$,求导得企业最大化的价格和

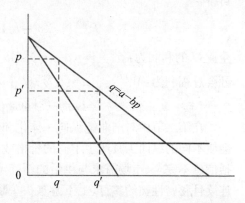

图 17.5 纵向一体化消除双重加价原理图

产量分别为：

$$P' = (a+bc)/2b, q' = (a-bc)/2$$

一体化企业利润：$\prod' = (a-bc)^2/4b$

社会总福利：$W' = (a-bc)^2/8b + \prod' = 3(a-bc)^2/8b$

与纵向分离时比较有：$q < q', \prod < \prod', W < W', p > p'$。

（二）信息完全下的纵向约束与纵向一体化

在完全信息条件下，纵向约束能达到与纵向一体化相同的效果，可以作为纵向一体化的替代工具。同样假设有上游一垄断企业 U，单位成本 c，下游存在多个竞争性零售企业 Di，成本都为零，产品最终需求曲线 $q = a - bp$，p 为产品最终零售价格，u 为中间价格。

1. 独占交易下的两部收费契约。企业 U 可以仅仅同零售商 D_1 签订独占交易契约，以成本价 $u = c$ 将产品批发给下游零售商，并收取一个特许费 B，此时零售商 D_1 的利润为：

$$\pi^{ED} = (a-bp)(p-c)/2 - B$$

因此最高特许费为：$B = (a-bp)(p-c)/2$

求导得零售商最大化利润时的价格和产量为：$P^{ED} = (a+bc)/2b, q^{ED} = (a-bc)/2$

企业 U 此时收取的最高特许费为：$B = (a-bc)^2/4b$

社会总福利为：$W^{ED} = (a-bc)^2/8b + \prod^{ED} = 3(a-bc)^2/8b$

因此，上游垄断企业可以通过两部收费方式获得与纵向一体化相同的结果。

2. 转售价格控制（RPM）契约。由于下游零售商面临着竞争性的市场环境，因此上游垄断企业 U 仍可以通过转售价格控制获得产业链所有的利润，假设企业 U 同样与下游零售商 Di 签订转售价格控制契约，规定零售商 Di 只能以价格 p^{RPM} 销售产品给最终消费者，此时零售商的利润为：$\pi^{RPM} = (a - bp^{RPM})(p^{RPM} - u)$

企业 U 可以按 $u = p^{RPM}$ 将产品批发给零售商，此时零售商的利润为零。求导可得：

$$P^{RPM} = (a+bc)/2b, q^{RPM} = (a-bc)/2$$

企业 U 的利润为：$\pi^{RPM} = (a-bc)^2/4b$

社会总福利为：$W^{ED} = (a-bc)^2/8b + \prod^{RPM} = 3(a-bc)^2/8b$

（三）复杂情况下的纵向一体化和纵向约束

在第二节中对产业链纵向一体化和纵向约束的介绍中，可以看出假设前提的不同会使不同的纵向工具产生不同的价格效应和社会效应，而这些复杂情况的假设前提包括信息不完全、市场需求与供给的不确定、零售成本的不确定、上游生产商多产品生产、连续且秘密性契约签订、上下游寡头垄断或竞争环境等，这种不同假设前提下不同的纵向工具将会产生不同的效应。例如，Rey 和 Stiglize（1986）在假设存在市场需求不确定和零售成本不确定的前提下,得出了如下结论:当零售商属于风险规避者时,需求不确定下有竞争条件下利润 $\prod^c > \prod^{RPM} > \prod^{ET}$,零售成本不确定下有竞争条件下利润 $\prod^c > \prod^{ET} > \prod^{RPM}$,两种情况下社会总福利关系与之相同。

因此,纵向产业组织理论的发展是建立在对不同市场环境和不同纵向关系的细分基础上进行全面深入分析研究的,只有这样才能更充分地了解到纵向一体化和纵向约束所带来的具体的价格效应和社会效应。

二、纵向一体化和纵向约束的反竞争效应

纵向一体化和纵向约束在解决部分纵向关系外部性和机会主义行为问题的同时,也会降低产业链上游或下游环节的市场竞争,这在很大程度上会导致消费者剩余和社会总福利的降低,这就是所谓的反竞争效应。反竞争效应又可以具体表现为市场圈定问题和合谋问题。

当纵向关系中上下游有一方或者同时存在不止一家企业时,纵向的一体化和纵向约束都会降低竞争。在前面介绍纵向一体化时我们也已提到上游有一家垄断生产商而下游有两家对称零售商时纵向一体化的市场圈定效应。现在假设上游有两家寡头垄断生产商,但产品边际成本不同,假设企业 U_1、U_2 的成本分别为 C_1 和 C_2,其中 $C_1 < C_2$;下游有两家对称的零售商 D_1、D_2,其边际成本为零。不存在纵向一体化和纵向约束的情况下,最终结果是上游只有企业 U_1 销售中间产品,但批发价格由于企业 U_2 的存在而降低,下游零售商仍为对称性的古诺均衡,因此企业 U_1 的利润会降低,更加难以获得产业链垄断利润。此时企业 U_1 可以对下游零售商 D_1 进行纵向一体化,但由于 U_2 的存在,零售商 D_2 并不会被完全排斥出市场,可以转向 U_2 进行购买,不过由于 U_2 的批发价格更高,因此此时的结果是非对称的古诺均衡,总产量降低,价格上升,消费者剩余和社会总福利降低。纵向约束工具中的独占交易和独占区域也很明显产生了市场圈定问题,降低了下游的竞争。

纵向约束可以实现产业链某一环节合谋的结果,这在转售价格限制中表现得最为明显,上游生产商对零售商产品零售价格的限制使得价格更加稳定,任何价格波动都易被发现,这便解决了共谋关系中不稳定的因素,无疑促进了零售商的共谋行为。

第四节 纵向产业组织理论的发展方向

一、纵向产业组织理论存在的不足

虽然近几十年来越来越多的学者对纵向产业组织理论进行了广泛研究,但至今为止这一理论仍然存在着一些不足之处。

（一）没有形成一个统一的理论框架

尽管对纵向产业组织理论的研究很多，方方面面都有所涉及，但作为产业组织理论的一个重要分支，就需要一个相对独立而完整的理论框架，目前并未形成。主要原因就在于现实中的企业或者产业链纵向关系比较复杂，还有相当多的问题目前或是没有得到关注，或是还未形成相应的理论。例如，纵向产业组织理论能够很好地解答产业链纵向关系的许多问题，但对于产业链中同样存在的横向关联，如何将纵向与横向关系的问题统一起来却没有得到很好的理论解决。

（二）理论与现实的脱节

在纵向产业组织理论的分析框架中，一般都是将复杂的产业链简化成上下游产业间的纵向关联市场结构，这与现实存在较大的差距。从最早的链式的产业链，到如今的环状或网状的产业链，均没有说明现实经济中纵向关系的复杂性，这种理论与现实的脱节使得理论分析的结构并不一定能很好地解决现实中的经济问题。其他的例如理性人假设、纵向关系的静态而非动态分析等都是现有理论体系所存在的缺陷。

（三）缺乏产业链纵向效率和社会福利的评价标准

纵向产业组织理论在研究各种纵向发展策略的时候，最终都需要对这些策略所导致的效率的福利结果进行分析，而这恰恰是现有的纵向产业组织理论中的一大缺陷。纵向产业组织理论中并没有一个统一的效率和福利评价标准，也很难给出一个具体的估计，这使得理论在分析问题时的说服力不足，同时也使得政府在对产业纵向的规制问题上缺乏有力的依据。

二、未来的研究方向

从上述不足中，我们可以总结出纵向产业组织理论未来的主要研究方向。
(1) 对产业链纵向效率和社会福利的分析；
(2) 将产业链横向和纵向关联问题进行组合研究；
(3) 对于纵向约束不同手段的分类研究，现实经济中的纵向约束手段种类繁多，每一种类型都可以进行系统的理论研究。

复习思考题

1. 纵向产业组织理论的概念和研究内容是什么？
2. 纵向外部性和纵向一体化的动机分别包括哪些内容？
3. 纵向约束工具有哪些？
4. 纵向一体化和纵向约束的效应有哪些？

第十八章 企业理论

学习要点

1. 理解企业理论的六个观点。
2. 理解企业的非利润目标及对非利润目标的约束机制。

第一节 企业的性质

一、新古典经济学的观点

（一）技术的观点

新古典经济学是从技术的角度出发认识企业的，在技术观点下，企业为一个生产函数。企业是完成投入产出转化过程的组织，投入和产出之间的关系不仅取决于技术水平，而且取决于企业的组织和管理效率。通过假设企业的生产实现了管理最优，或者称为技术有效率，或者称为 X 有效率，投入产出之间的关系就完全决定于生产的技术水平。用 X 表示要素投入向量，用 Q 表示产出向量，那么投入产出的技术关系可以表示为：$Q = f(X)$。

这就是新古典经济学中的企业的表示方法，不同企业的差别就通过生产函数的不同来反映。从技术上说，一般而言，一定的产出都需要不同要素的组合才能生产出来，因此，从这个角度来定义，企业就是要素组合。由此，进一步的一个问题是如何区分不同的生产要素。新古典经济学的处理方法是根据要素的供给弹性的不同，区分为完全无弹性的土地、缺乏弹性的资本和富于弹性的劳动，以及把分散的要素组合在一起的企业家才能。在完全竞争市场上，同一行业的企业的差别就通过企业家才能的不同来实现。

在这种思想方法下，企业只是一个黑箱，其功能仅仅在于实现投入产出的边际条件。

（二）规模经济效应和范围经济的观点

简单地定义规模经济和范围经济的数学形式，对单一产品企业，有：

$C(q)$ 表示一个企业生产产出 q 的总成本，假设成本函数是二阶可微的，从而成本函数可以设成：

$$C(q) = F + \int_0^q C'(x)\mathrm{d}x, q > 0$$

如果对任何 n 个产出 $q_1\cdots\cdots q_n$，存在

$$\sum_{i=1}^n C(q_i) > C(\sum_{i=1}^n q_i)$$

成本函数被称为严格次可加的(strictly subadditive)。次可加性是指一起生产各种不同产品比分别的生产它们的成本低。

注意：严格的边际成本递减意味着严格的平均成本递减，严格的平均成本递减意味着严格的次可加性。但逆命题并不成立。

把次可加性一般化到多产品企业，那么 q 称为生产向量。令 $q^1\cdots\cdots q^n$ 代表 n 个这种向量。成本次可加性意味着存在

$$\sum_{i=1}^n C(q^i) > C(\sum_{i=1}^n q^i) P(I) - C(I) - I = v/2 - C(I)/2 - I$$

这样的成本次可加性意味着在多产品生产中存在范围经济效应，例如以两种产品为例，成本次可加性意味着：$C(q_1, 0) + C(0, q_2) > C(q_1, q_2)$。$C(q_1, 0)$, $C(0, q_2)$ 被称为独立成本(stand-alone costs)。

新古典经济学强调企业的技术作用，运用边际分析法研究企业的规模经济和范围经济，对理解企业如何进行最优生产选择是十分有益的。但是新古典经济企业理论存在弱点。因为它无法回答以下几个问题。既然市场交易是最优的，那么企业为什么存在？如果企业的规模是由技术决定的，那为什么许多企业的规模超过了技术要求？新古典经济学的企业理论显然抽象掉了企业内部的激励问题，从而无法考察企业内部的组织安排。

二、现代企业理论的观点

（一）科斯：企业是行政协调代替市场机制

为了克服新古典经济学的缺陷，科斯把交易成本引入经济分析中，将生产的制度结构纳入经济理论中，提出并讨论了什么是企业？企业为什么存在？企业的边界由什么决定？

科斯把交易成本概念引入到企业的分析中，他认为市场机制需要成本，行政协调也需要成本，企业是内部协调代替市场机制，节约交易成本。科斯提出，建立和使用资源配置的价格机制都需要成本。在许多情况下，通过企业进行直接协调可能是一种更便宜的机制。市场交易是需要成本的，包括搜寻价格的成本、谈判和签订合同的成本、监督与执行合同的成本。在确定性条件下，这些成本是很小的。但是市场的不确定性随时可能存在，市场交易成本就非常大了。企业内部协调可大大减少市场交易的成本。科斯还提出，许多交易要求各方必须在一段相当长的不确定性中承担义务。但西蒙

(Simon)提出的有限理性表明,契约人常常在处理、加工和贮藏信息方面的能力是不足的,既难以准确计算出对方的交易动机,又无法将自己的思想完全传达给他人,从而使市场不确定性直接转移到他人。不确定性还会引起逆向选择问题,违约现象会经常发生,导致对方遭受损失。因此不确定性条件下市场交易成本是巨大的,这些成本除上面所述的成本外,还包括为减少或消除未来不确性和信息不完全带来的道德风险及逆向选择问题所增加的成本。企业可以减少或消除不确定性,企业之所以存在就是因为内部生产比市场更能节约费用。

科斯认为,市场和企业是实现资源配置并可相互替代的两种方式,当然两种方式都是有成本的。企业之所以存在是因为有些交易在企业内部进行比通过市场进行更能节约成本。企业最显著的特征就是对价格机制的替代。但是企业不能无限扩大,因为利用企业配置资源也是有成本的。当一个企业扩张到如此规模,以至于再多组织一项交易所引起的成本既等于别的企业组织这项交易的成本,也等于市场机制组织这项交易的成本时,静态均衡就实现了,企业与市场的边界也就确定了。

(二)威廉姆森:企业是一种为消除机会主义、不确定性的治理机制

威廉姆森从契约的角度,把交易成本定义为"运用经济体制"的成本。具体来说,交易成本包括事前和事后两个部分。事前的成本包括合同的起草、谈判和保证合同实施执行的成本。事后的成本包括:交易偏离了合同所引起的错误应变成本;双方为纠正偏离合同错误的争吵成本;解决争端的成本;为使合同承诺完全兑现而引起的约束成本。

1. 契约人。威廉姆森提出了"契约人"的概念,并将其作为研究企业等经济组织的出发点。"契约人"的特征是有别于"经济人"的理性特征。"契约人"特征主要有两个方面:一是有限理性;二是机会主义。有限理性是阿罗引入的一个原理,就是指人的行为"即是有意识的理性的,但这种理性又是有限的"。

人的有限理性包括两个方面:其一,环境是复杂的,在非个人交易中,由于参加者很多,同一项交易很少重复进行,所以人们面临一个复杂的、不确定的环境,而且交易越多,不确定性越大,信息也越不完全;其二,人对环境的计算能力和认识能力是有限的。人不可能无所不知。

机会主义意指人们以欺诈手段追求自身利益的行为倾向。它分为事前和事后两种。前者为逆向选择,后者为道德风险。由于机会主义行为,经济组织或治理结构必须保证交易不受机会主义行为的侵害,交易才能顺利进行。

2. 交易的三个维度。威廉姆森提出了交易的三个维度:

(1)资产专用性。所谓资产专用性,是指当一项耐久性投资被用于支持某些特定的交易时,所投入的资产具有专用性。如果交易不能顺利进行,所投入的资产将不能转为其他用途,使得投资的成本中包括部分或全部的"沉淀成本"。因此,保持契约关系的连续性意义非常重要。连续契约或组织可降低交易成本。因此,企业这种治理结构之所以代替市场治理结构,就在于前者比后者能为这种交易提供更有效的保障。

(2)交易的不确定性。由于环境的不确定性和交易对方的机会主义行为,使交易

存在不同程度的不确定性。这就需要能适应不确定性、应变性强的治理结构。

(3) 交易发生的频率。选择一种治理结构是有成本的,如果交易频率较高,利用治理结构节约的费用带来的收益大于治理结构运行的成本,这种治理结构就是有效的。

3. 治理结构。据此,威廉姆森根据两种交易频率类型和三种资产专用性程度,通过将具有不同性质的交易分派给不同的治理结构,提出了六种交易类型及其必须与之相匹配的治理结构,以使交易成本最小化。从交易成本的角度,解释并确定了各种经济组织(主要是企业和市场)的性质和存在理由及其边界或作用范围。

4. 纵向一体化的原因。在基于契约人假设及其有限理性、机会主义的假设下,威廉姆森从资产专用性的角度出发解释了企业纵向一体化的原因。他指出企业之所以出现,是因为当合约不可能完备时,纵向一体化能消除或减少资产专用性所产生的机会主义问题。因此他把企业看作连续生产过程之间不完全合约所导致的纵向一体化实体。当企业的纵向一体化代替市场时,机会主义就会受到企业家的监督,从而大大降低了市场交易成本。

克莱因(Benjamin Klein)、克莱佛德(Robert Crawford)和阿尔钦(Armen Alchian)也根据专用性资产的可剥夺性准租金,解释了企业纵向一体化。他们认为,当一项专用性资产投入,就会产生准租金,机会主义行为也随之发生,纵向一体化被认为是避免机会主义者剥夺专用性资产产生的准租金的解决方案。

(三) 阿尔钦、德姆塞斯:企业是不完全信息下有效监督装置

阿尔钦、德姆塞斯在赞同科斯关于在其他条件不变的情况下,利用市场交易的费用越高,则在企业内部组织资源的比较优势越大的观点。他们从管理费用视角出发,认为企业管理费用低于市场交易配置资源的成本。在其他条件不变的情况下,管理费用越低,在企业内部组织资源更有优势。将科斯的理论推进了一步。

他们认为企业是组织的队生产,队生产可以提高劳动生产率,可以确定投入行为的边际生产率。但是在不完全信息下,获得投入者的边际生产率和努力程度是很难的,所以才需要企业这样一个监督装置来组织生产,这是企业存在的原因。

为了解释企业存在的意义,他们提出了若干重要的概念,包括团队生产和与之产生的计量问题、监督、偷懒和剩余索取权。

1. 团队生产。阿尔钦、德姆塞斯认为,企业的实质不是雇主和雇员的长期合约,而是团队生产。所谓团队生产是这样一种生产,即:

(1) 使用各种资源;

(2) 团队生产所使用的资源不属于一个人。团队生产的最重要的特征是联合产品及参与合作的成员的边际产出难以直接地、分别地、便利地观察和计量。他们还认识到要对企业成员进行激励。要使团队成员努力,须按边际生产率给予报酬,这本身就需要费用,而团队成员各有自己的信息和利益,只要不被发现就会偷懒,因此必须对团队成员进行监督。而监督最大的困难是如何计量团队成员的边际产出及努力程度。

2. 计量问题。阿尔钦、德姆塞斯认为,经济组织有两个至关重要的计量需求,即对投入的生产率和报酬的计量。如果报酬的支付是随机的,不考虑生产者的努力,这种组织就失去了给生产者努力的激励。如果报酬与生产率负相关,这种组织就具有破坏性。

计量问题有时可通过竞争性市场上的产品交换来很好地解决。在许多情况下,市场可以使生产率与报酬之间建立密切的关系。在传统的经济学中,存在一个假设,即报酬、资源配置与生产率相一致。但是这种假设的前提就是存在零成本的经济运行方式,生产率可自动对应相应的报酬。然而完全依靠市场机制的作用,不可能实现生产率与报酬的一致。在企业中,团队生产向市场提供的产品是联合产品,每个成员的产出难以观测。这种情况必然会导致"搭便车"问题,团队成员因能将偷懒的成本转嫁给别人,结果使团队生产率受到损害。如果这些偷懒和欺骗能被监测到,那么它们就可能不会出现。因此,需要找到能使观察费用和测度费用尽可能低的组织方式。

3. 剩余索取权与代理人监督。减少偷懒的较好方式是在团队内形成一种可监督的机构,使某些人的职能专业化,专门从事监督其他要素所有者的工作,同时将剩余索取权赋予监督者。这样,监督者就获得了不偷懒的追加激励,他越是努力,其他成员也就越难偷懒,团队生产率就越高,要素报酬和监督者剩余也就越大。

那么由谁来监督监督者呢?或者,凭什么保证监督者自己不偷懒呢?这是一个激励问题,也是一个产权制度安排问题,有效的解决方法是将部分剩余索取权赋予监督者。由此导致了监督者代理所有者行使监督团队成员的权利。

这样看来,古典企业之所以形成,就是因为通过代理人监督和计量团队生产的边际生产率和努力程度的信息是更经济的。因此,企业是一个特殊组织,是监督生产的特殊装置。

(四)哈特、莫尔:企业是一个所有权单位

哈特(Hart)和莫尔(Moore)和其他经济学家吸收了威廉姆森的主要观点,提出了企业的"不完全契约"和"产权"理论(Grossman & Hart,1986;Hart & Moore,1990;Hart,1995),也称为GHM理论。

GHM理论遵循交易费用经济学的传统,认为由于各种交易费用的存在而导致了契约的不完备。也就是说,这些契约并没有对未来的偶然事件及其责任与权利做出规定,那么如果这些未被契约明确规定的情况出现,谁有权利决定呢?这种权利应该给谁呢?

他们认为,当明确界定产权的费用过高而使合约不能完备时,所有权就具有了重要意义。他们从分析财产控制权入手,首先对特定控制权与剩余控制权作了区分,特定控制权指在契约中明确界定的经济行为主体对财产的控制权利。如果契约是完全的,那么特定控制权就包括了全部权利。如果契约是不完全的,那么凡是契约中未明确界定的权利,在GHM理论中均被界定为"剩余控制权",剩余控制权天然地归非人力资产所有者所有,因为在契约不完备时,所有权是权利的来源。正是所有权的配置将影响行为和资源配置。例如,代理人没有拥有资产或互补性资产,他将不愿意投资于这些专用性资产。

在GHM理论中,企业被定义为一个联合拥有资产的集合。一个独立合同签约者和一个雇员之间的基本差别,或者说企业内部和企业间交易的差别在于谁拥有实物资产。独立的签约者拥有他的工具,而一个雇员却没有。如果一个人从事一项专用性投资,那么这项资产就是非常重要的;如果一个人没有拥有这项资产,那他就必须服从于所有者的"要挟"。因此,按照这种理论,进行重要的资产专用性投资的人应当拥有这项资产。

(五)詹姆森、麦克林:企业是存在委托代理关系的契约关系的联结

阿尔钦、德姆塞斯提出团队生产的计量困难及赋予监督者剩余索取权,让监督者代理所有者进行监督、组织团队生产。由此,阿尔钦、德姆塞斯解释了企业内部团队生产的激励问题。詹姆森、麦克林(Jensen & Meckling,1976)则从管理者不是企业所有者这一前提出发,分析了代理成本的产生。在公司内部,管理者(代理人)代表所有者(委托人)行使资产经营与管理职能,但是管理者和所有者存在着对立的利益,并且所有者很难识别管理者行为是否与所有者利益相一致,或者所有者用于监督管理者的成本极高,同时所有者和管理者对待风险的态度不一致。哈里斯和拉维夫(Harris & Raviv,1991)以及斯特尔茨(Stulz,1990)都分析了管理者和所有者在公司运行决策方面的差异与对立。在哈雷斯和拉维维看来,即使是对于公司所有者来说,公司的破产清算是有利的,管理者也总是主张公司业务的持续运营,或者说,维持公司的长期存在而不是创造利润对管理有更大的吸引力。在斯特尔茨看来,管理者倾向于将所有的资金都用于投资项目,转化为公司资产,即使对于所有者来说以现金的方式存在更有利。由此,企业的价值小于他是企业完全的所有者时的价值。这两者之间的差异被称为代理成本。詹森和麦克林将代理成本归结为三个部分:一是委托人的监督支出;二是代理人的保证支出;三是剩余损失。

对于代理理论而言,关键的问题是在存在不确定性和不完全监督的条件下,如何构造委托人和代理人的契约关系,包括补偿性激励,从而为代理人提供适当的激励,促使其选择使委托人福利最大化的行为。

从委托代理理论的角度看,契约关系是企业的本质,企业完全是一种法律假设,是一组个人契约关系的联结。

(六)青木昌彦:企业是获取"合作租金"的制度

青木昌彦将企业看作是一种制度,其产生的原因是企业的"合作租金"。企业的参与者可以看作是各个博弈参与方,他们都认识到合作可以产生更高的回报,正是这种预期使其愿意组成一个企业,而现有的企业形态正是各个博弈参与方博弈均衡的产物。

青木昌彦分析企业并不是从逻辑的角度,而是从进化博弈论角度进行分析的。他把企业看作是一种制度,而把制度概括为关于博弈重复进行的主要方式的共有信念的自我维系系统。

这些共有信念被参与方共同分享和维系,是由于具备足够的均衡基础而逐渐演化而来的。制度是由参与方的策略互动内生的,存在于参与方的意识中,并且是可自我实施的。

假设博弈在一个固定集合的参与人当中进行,每个参与人面临一个可行的行动集合,在一定时期,所有参与人选择的行动组合决定了每个参与人的报酬分配,假设每个参与人都试图使其报酬最大化,但最终结果不能由单个人的行动唯一决定。每个参与人最优的行动决策取决于别人的决策。假设博弈是重复进行的,由此演化出一个稳定的结果,每个参与人基于个人经验对博弈进行的方式形成了大致的认识。当参与人的

信念与其行动形成一致时,我们称这种状态为纳什均衡。可见,制度是由有限理性和具有反思能力的个体构成的社会的长期经验的产物。企业也是这样。

另外,企业制度可以是多样性的,这是由博弈的多重性均衡决定的。由于博弈参与人的行动集合受到政治、经济、文化等因素的约束,从而影响博弈均衡的状态。

(七)利益相关者理论:企业是所有相关利益者之间的多边契约

在詹姆森和麦克林(1976)看来,现代公司被认为是由各个相关利益者所构成的"契约联结体"。

在利益相关者理论中,企业是多边契约的联结体,签订契约的主体除了企业的所有者(股东)、经理人员、员工以外,还包括影响到企业生存和发展或受到企业生存和发展影响的个体和群体,如政府、供应商、分销商、债权人、顾客、社区等。

第二节 企业的非利润目标

在新古典经济学中,企业的效用函数中只包括利润一个变量,且假定企业是理性的,信息是完全的和确定的。企业如同一个黑箱,排除了研究企业内部结构的必要性。

传统的新古典企业理论不仅抽象掉了企业内部的组织,而且以此为基础,假设企业追求利润最大化。

然而在现实中,利润最大化目标受到越来越多的质疑。首先,现代化企业并非只有一个目标,而是具有多个目标;也不仅只有经济目标,还应有非经济目标。非经济目标包括社会责任、福利、环境、维护生态平衡。在所有权与控制权分离的情况下,经理有追求非利润最大化的自主权。因为现代企业并非雇主管理的大型企业,所有权和控制权已变得相互分离,股东数量增加,使其对公司的经营活动缺少了解或兴趣不大(至少在分红满意的情况下如此),这都为经理追求个人目标提供了条件与可能。此外,从利益相关者的角度来看,把利润作为唯一经济目标过于简单。一般来看,经理会在具有不同的目标要求的若干利益集团(如经理、股东、雇员、顾客)间妥协、平衡,而不会片面追求利润最大化。

一、伯利-米恩斯假说

从1930年代起,管理学派提出,通过持股方式,公司尤其是大公司的所有权已经高度分散化了。领取薪水的经理控制着公司的经营,他们即使持有股票,数量也是非常少的。因此,他们受到来自所有者的希望追求利润最大化的激励和约束就小了。关于持股分散性,伯利和米恩斯(Berle & Means,1932)在《现代公司与私有财产》中提出:"随着公司财富的所有权变得更加广为分散,对这些财富的所有权与控制权已经变得越来越少地集中于同一个人之手。在公司制度下,对行业财富的控制可以而且正在被以最少的所有权利益来完成……财富所有权没有相应的控制权,而财富的控制权没有相应的所有权,这似乎是公司演进的逻辑结果。"他们认为,在大公司中,所有权和经营权的分离是典型的,所有权是高度分散的,因此管理者对公司的控制在很大程度上独立于所有者。伯利和米恩斯的研究结果在 1930 年代公布之后被普遍接受。但这一假说对于企业理论影响并不大,因为那时候的企业理论仍然是生产理论,仍然认为企业是在股东利益最大化的驱使下追求利润最大化。直到 20 世纪五六十年代,关于管理者的理论模型开始流行起来,经济学家们才注意到伯利和米恩斯关于"所有权与控制权分离"下的假说,并起名为"伯利—米恩斯"假说。

二、经理人模型及其非利润目标

在缺乏有效监督和激励的前提下,掌握一定剩余控制权的经理人的选择会偏离利润最大化目标。最有名的经理人模型是由鲍莫尔(Baumol,1959)、马里斯(Marris,1964)和威廉姆森(Willamson,1964)三人分别提出的。他们的模型的主要区别在于对经理人目标的假设有所不同。鲍莫尔认为,经理人的目标是销售收入最大化,而威廉姆森则进一步把经理人目标扩大到包括"全体职员和津贴"在内的效用最大化。马里斯则认为经理的目标是增长最大化。这里重点介绍鲍莫尔模型和威廉姆森模型。

(一) 鲍莫尔销售最大化模型

鲍莫尔指出,销售收入最大化是企业一个可能的目标函数。他认为,只要利润达到或超过某一适当的水平,经理对销售收入的关心就会超过对利润的关心,超出这一最低利润水平之上的利润增长将会被牺牲掉——如果这样可以提高销售收入的话。

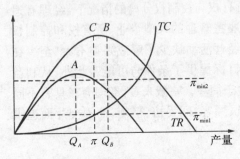

图 18.1 鲍莫尔模型:短期

在图 18.1 中,总成本曲线为 TC,总收入曲线为 TR,总利润曲线 π 代表这两条曲线在任一给定产量水平上的差额。追求利润最大化的企业会把产量定在 Q_A,而追求销售收入最大化的企业会把产量定在 Q_B。只要总成本是随产量的增加而增加,即只要边际成本为正,那么收入最大化时的产量就总是会高于利润最大化时的产量,因为在此条件下,在利润最大化的产量上,边际收入为正,产量的增加能够提高总的销售收入。

到目前为止,都是假定最大收入是不受限制的。但鲍莫尔指出,企业创造的利润要受到最低赢利水平的约束。在图 18.1 中,如果最低赢利水平是在 π_{min1} 水平上,则这个约束没有作用。因为产量为 Q_B 时的利润高于这个水平。但是如果最低赢利水平是在 π_{min2} 上,则它就会起约束作用。它会阻止将产量移至 B 点,迫使企业接受满足这一赢利约束水平的最高收入。即点 C,该点是由总利润曲线和最低赢利约束线共同决定。如果最低赢利约束水平等于或高于最大利润,那么追求销售最大化的企业选择的产量会与追求利润最大化的企业选择的产量相等。

后来,鲍莫尔用两个重要的补充修改扩展了这个分析。首先,他将长期销售收入最大化看作是企业的目标;其次,他假定企业能够利用超过最低要求水平的利润,通过营销投资和产品开发影响它们所面对的需求状况。需求曲线向远离原点的方面移动,在任一给定的价格水平上销售量增加。假设在任一价格水平上,广告等方面的支出都能够提高销售量,从而提高销售收入,则长期销售收入最大化将要求把所有超过最低水平的利润都用在这些用途上。因此,最低赢利约束对长期销售

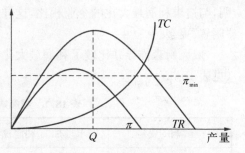

图18.2 鲍莫尔模型:长期

收入最大化目标一直起作用。这可以在图18.2中看到。但它并不影响 $Q_{smax} > Q_{\pi max}$ 的结论,但它确实意味着,通过改变利润来改变生产成本,会引起价格和产量的变化。但如果实际利润高于最低赢利约束,则不会产生同样的结果。

(二) 威廉姆森经理效用最大化模型

威廉姆森肯定了鲍莫尔的最低利润约束条件,并对经理表现出来的自主性行为进行了详细的考察。与鲍莫尔模型不同,威廉姆森把重点放在经理的直接目标上,而不是销售收入上。威廉姆森认为经理的直接目标包括:工资和其他货币报酬;职员人数最大化;可控制的自主性投资支出规模;各种在职消费。

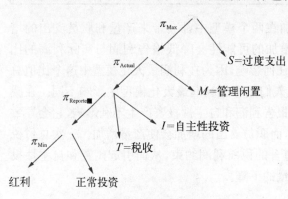

图18.3 威廉姆森模型

图18.3是对威廉姆森模型的总结。经理的效用函数包括:

(1) 在职员身上的过度支出为 S。这是可能达到最大化利润 π_{max} 与实际利润 π_A 之间的差额,它用来代表目标1和目标2。假定 S 随产量提高而上升;

(2) 管理闲置为 M,它包含在成本中。它是实际利润与报告利润 π_R 之间的差额。它实际上是被经理直接以实物的形式消耗掉的利润;

(3) 自主性投资支出为 I,即超过维持股东可接受的最低利润水平 π_{min} 所需的金额。经理所有这些追求都受到报告利润必须能被股东接受的约束。

用 T 代表总税收,可总结如下:

$$\max U = U(S, M, I) \quad \text{s.t.} \quad \pi_{max} - \pi_A$$

式中, $S = \pi_{max} - \pi_A$

$M = \pi_A - \pi_R$

$I = \pi_R - \pi_{min} - T$

除了产量 Q 外,经理还可以选择 S,它们同时决定价格和实际利润 π_A;随后 M 就决定了 π_R;于是 I 就被唯一确定下来了。因为 π_{min} 和 T 是给定的,通过将关于 S、M 和 I 的方程代入效用函数,并令对 Q、S 和 M 的偏导数等于零,就可以解出这个模型。这表

明,与追求利润最大化的企业相比,这样的企业职员支出更高,表现为在职消费的管理"闲置"更多。①

威廉姆森推导并比较了利润最大化企业和经理效用最大化企业几种情况下的结果(见表18.1)。

表18.1 威廉姆森模型的比较静态结果

受影响的变量	需求增加	利润税税率上升	一次总付税(或任何固定成本)的上升
威廉姆森模型			
产量	+	+	—
职员支出	+	+	—
报告利润÷实际利润	—		+
利润最大化模型			
产量	+	0	0
职员支出	+	0	0
报告利润÷实际利润	0		

从表18.1中可观察到,需求的增加在两个模型中都会带来产量和职员支出的增加,但是在威廉姆森模型中,管理闲置增加的可能性会降低报告利润与实际利润的比值,而它在利润最大化模型中不会产生任何影响,因为在利润最大化模型中这个比值总是等1(零闲置)。税收的影响也与它在人们熟悉的利润最大化模型中影响不同。在威廉姆森模型中,利润税税率的提高会对报告利润和自主性投资产生不利影响,它会导致两者的下降,同时使职员支出闲置增加,而职员支出的增加会使产量增加。一次总付税的提高会提高由最低税后利润要求所蕴含的税前利润约束,从而引起闲置和自主性投资和职员支出的缩减,后者又会引起产量的下降。

第三节 企业非利润最大化目标行为的约束

一、产品市场竞争的约束

如果产品市场的竞争足够激烈,那么就像完全竞争市场下一样,最大利润可能并不比正常利润高,非利润最大化企业将无法生存。从长期看,企业只有一个简单的生存准则:利润必定是非负的。不管经理多么强烈地想要追求其他目标,也不管在一个不确

---

① 但是,效用最大化的经理仍会令 $MC=MR$,以最大化 S、M 和 I 等项目,因为正是利润使得这些项目成为可能。

定性和高信息成本的世界中找到利润最大化策略有多么难，不能满足这一准则必定意味着企业将从经济舞台上消失。例如，温特(Winter,1971)指出，做出无效决策(例如，对技术)的竞争性企业会招致损失，因为它不能直接把它的额外成本转嫁给顾客(市场价格被当成给定的)。因此企业为了生存就必须去寻找新的和更好的决策。因而，竞争环境中的企业有更大的压力去降低成本，结果是更有效。

二、标尺竞争(yardstick competition)

代理人个人的绩效即使是可证实的，也只是对代理人努力的歪曲衡量，因为存在随机干扰。例如，企业的低利润可能由于需求下降或成本上升，而不是经理偷懒。通过把代理人绩效与在类似条件下的其他代理人绩效进行比较，在一定程度上能够探知这种努力。

为了看看标尺竞争怎样进行，可考虑这样的例子。假设股东监督两个负责同类部门的经理。股东利润等于每个经理产生的利润之和减去预期货币工资。经理面对不确定性是完全相关的，其中同样水平的努力产生同样的利润。因而，如果两个经理都选择工作，实现的利润或者都是 π_2：(概率为 P)，或者都是 π_1(概率为 $1-P$)，且他们都选择不工作时也是类似的。

在这些情况下，股东可以用下面的契约："如果两个经理达到了同样的利润水平(可以是 π_1 或 π_2)，都可得到完全信息工资，如果利润不同，高利润经理得到高报酬，低利润经理受到重罚。"每个经理的工资因而既取决于另一个经理的绩效，也取决于他自己。显然，两个经理都选择努力是经理之间博弈的均衡结果。如果一个经理被预期去工作，并产生高利润，低利润结果自动暴露了另一个经理没有工作。他不能把他的差绩效归结为随即扰动因素。

值得注意的是，这种方法也可以应用在管制者为了激励地区垄断者的行为上，可以制定类似的管制契约。

三、控制权市场(the market for corporate control)的约束

控制权市场也称接管市场(takeover market)，是指通过获得具有控制权地位的股权以得到控制企业的竞争市场。曼恩(Manne,1965)和马雷斯(Marris,1964)认为，在资本市场中，非利润最大化企业目前的企业股票价值会下降，会招致外部企业家来购买企业，改变其管理，并把企业引向利润最大化。这种接管威胁有助于约束经理。格罗斯曼和哈特(Grossman & Hart,1980)研究了控制权市场对管理者的约束作用，由于契约的不完备性，现任股东和管理者早先签订的约束条款会随着经营环境的变化失去作用，管理者采取自利行为的可能性会逐渐增大。控制权市场如果有效，潜在的接管者会有动机争夺企业控制权，而控制权的转移会增大管理者更换的可能性。Scharfstein(1988)指出，因为潜在的接管者只会购买那些由于管理者懈怠(shirking)行为造成低劣经营业绩的企业，因而控制权市场可以为股东提供经理人努力程度的更准确信息。

控制权市场对经理约束的效果取决于是否能够使管理者在被接管后受损。一种理

论认为,由于接管必将引致管理者的变化,管理者会失去附着在管理职位上的租金,包括名声和声誉等。接管的效果取决于经理人员抵制的可能性以及这种抵制行为给兼并造成的障碍的大小。

四、经理市场竞争的约束

法玛(Fama,1980)指出,如果经理们不消费财富,一些财富就会被股东获取,虽然经理有消费财富的偏好,但是经理劳动力市场却在很大程度上消除了这种偏好。从长期来看,以这种形式进行过度支出的经理,在变换工作时,对其他公司股东的吸引力就会下降。一旦经理们认识到这种行为对未来收入的影响,那么他们可能就会减小这种动机。

但是这种约束的作用是有限的。

(1) 支出偏好通常是整个企业管理群体的特征。从整个管理群体来说,可能会有动力放弃这种行为,以提高企业的赢利能力,并因此提高经理今后的收入水平。但单个经理可能不会有这个动力。除非其个人行为带来的利润能够得到确认,而这是很难做到的。

(2) 经理劳动力市场类似于其他劳动力市场,是高度不完善的。高级经理可能拥有与企业相关的具体的特殊经验,对他们所在的企业来说,他们在一定程度上垄断了管理技能。在信息极不完全的情况下,其他的企业可能会把经理对自主性资源的控制当做传递其价值信息的一个信号。因此,虽然经理劳动力市场可能对经理支出偏好构成一种约束力量,但现实中完全消除股东与经理的利益矛盾是不可能的。

五、组织设计

如果产品市场、经理市场、控制权市场等仍然为经理们留下了相当大的自主权,企业的非利润最大化目标仍然不可避免。企业就要进行相应的组织设计,以形成相匹配的治理结构。威廉姆森根据两种交易频率类型和三种资产专用性程度,通过将具有不同性质的交易分派给不同的治理结构,提出了六种交易类型及其必须与之相匹配的治理结构,以使交易成本最小化。因此,不同的交易类型、规模形式,就要有与之相匹配的治理结构,即组织形式。

(一) 古典组织结构

古典型企业组织结构是组织结构演进的逻辑起点。

1. 组织结构。1840年代以前,大多数美国企业都是家族企业,主要经营手工业和农业,这些家族企业规模小、技术简单、业务单一。由于当时的运输设施比较落后,企业主对扩张没有多大兴趣,当时专用的机器设备非常少,即资产专用性不高,交易要么非常偶然,要么交易的对象比较固定,不确定性程度不高。按照交易费用经济学的观点,资产专用性低的交易都可以通过市场来进行。所以,当时的企业倾向于从市场上采购要素或商品,市场承担的功能较多。

2. 治理约束成本。与市场相比,企业的发展比较缓慢,还不是现代意义上的企业:企业没有中层经理和高层经理,企业主雇用部分员工帮助他完成一些事务性工作,企业主对一切问题负责,员工没有任何决策权力,我们把这种组织结构称为古典型组织结构。交易费用由信息成本、决策成本和监督成本构成。

(1) 信息成本:外部市场稳定,搜寻外界信息的成本不高;在企业内部,员工直接向老板汇报工作,而老板根据所有员工的汇报制定决策,直接指挥员工,信息传递路线短。

(2) 决策成本:企业规模小,环境比较稳定,决策还在企业主的个人能力之内,同时,信息通畅,决策及时,决策成本不高。

(3) 监督成本:主要是指监督员工的偷懒行为带来的成本。由于员工主要从事的是体力劳动,易于观察,且企业规模小、信息传递及时,员工几乎没有偷懒的机会,因此,监督成本不高。

综上可知,在古典型企业阶段,企业规模小,市场稳定,老板的有限理性问题还不明显,交易费用相对较低。

(二) U型组织结构

1. 组织结构。1850年代以后,随着经济、技术的发展,企业的员工人数增多,信息交流渠道呈指数上升,企业主信息大量超载,有限理性问题凸显,不能对企业进行有效控制,员工偷懒行为增多,古典组织结构的交易费用大大增加。为节约有限理性,企业开始增加管理层级,现代化的生产企业随之出现。随着美国铁路运输能力的提高,电报、电话等通讯技术广泛运用,企业的生产技术迅速发展,企业的环境发生了重大的变化,用交易成本的术语来表示,就是企业的资产专用性提高,而经济活动的不确定性程度大大提高(市场不断扩大、原材料来源得不到控制、产品的售后服务得不到保证或者产品的价格、产量不稳定),制造商和销售商及采购商之间的交易频率大大增加,交易费用急剧增长,这些企业内部化动机强烈。19世纪80年代到20世纪初,很多美国企业通过纵向一体化变得规模更大,复杂性增加,企业内部分工越来越细,专业化程度提高。

这些大型的纵向一体化企业都采用按职能划分部门的职能结构(钱德勒称之为中央集权的职能部门化的组织结构),其特点是:企业内部按职能(生产、销售、开发等)划分成一系列部门,各部门独立性小,企业实行集中控制和统一指挥。

2. 治理约束成本。U型结构的治理和对经理的约束成本由信息成本、决策成本和监督成本构成。

(1) 信息成本,即管理层级和职能部门的开始设立使信息超载的问题得到解决,大大减轻了企业主的有限理性的压力,信息成本下降。然而,任何两个职能部门只能由高层协调,信息必须自下而上、自上而下传递。当管理层次增多时,信息传递的时间变长、效果变弱,成本增加。

(2) 决策成本,即企业主的有限理性问题得到解决后,企业的集中控制能力增强,企业可以及时获得信息,决策成本不高。但如果规模扩大,信息不能及时传递时,高层会日益深陷日常决策,忽视对企业的长期战略计划,决策失误增多,成本提高。

(3) 监督成本,即在U型企业中,各个职能部门经理人的目标与公司的利润最大化目标总是存在一定的差异。当企业规模小、职能部门不多、管理层次少时,问题不是很明显,监督成本不是很高。但随着规模的扩张,高层信息负担日益加重时,没有过多的精力协调下属部门的利益,各职能部门投机的动机强烈,防范机会主义的成本就提高了。

总之,在实行U型结构的初期,由于企业的规模小,企业处理的信息量不是很大,企业高层的有限理性表现不明显,可以有效监督和决策。但随着市场的扩大,企业进一步发展,规模很快扩张,U型结构固有的缺陷就导致了治理和约束成本上升。

(三) M型组织结构

1. 组织结构。20世纪初期的美国,新技术发明不断,人口向新地区迁移。企业在经历了早期的合理化发展后,很快向新的产品和地区市场扩张,企业的规模继续扩大,一体化程度继续增强。

由于一体化导致企业交易费用上升,市场突然变得萧条,企业内部的各种问题都暴露出来,组织结构创新势在必行。针对这一问题,杜邦等公司探索出了一种新型的组织结构——M型结构。M型结构是公司根据产品、服务、客户类型或地区的不同,划分为相对独立的部门,公司总部授予事业部经营自主权,各部门下设自己的职能部门,集中决策,分散经营。M型组织结构中各个业务分部不是独立的法人实体,而是企业内部的经营机构。与U型组织相比,M型组织增加了新的内容:

(1) 总办事处制定战略规划和分配资源;

(2) 总办事处负责监督和控制各个职能部门。

2. 治理约束。M型组织结构治理和对经理的约束成本为:

(1) 信息成本:在M型结构中,各个业务分部有权进行相关决策,大量的日常经营信息不必通过高层,信息转移次数减少,高层经理信息沟通的负担大大减轻;

(2) 决策成本:由于总部摆脱了日常经营决策的拖累,可专注地关注企业的长期发展,制定出及时、正确的决策,可降低决策成本;

(3) 监督成本:在M型结构下,由于总部容易把公司总目标分解为各个业务分部的局部目标,要使业务分部的局部目标与总部目标(假设是由大股东代表的董事会制定的利润最大化目标)一致,就要对各个业务分部的经理进行监督。当然可以由总部经理对分部经理进行监督,通过掌握业务分部的信息来考核业务分部,进行权力约束,理论上这也要支付成本。

M型结构可以对单个产品线进行审计,可以将这些产品线的业绩责任分配到分部经理个人,并制定业绩衡量标准。这类似于在各分部之间有一个经理竞争市场。这使各分部经理具有非常强烈的动力去避免或阻止负责的分部可能发生的控制损失行为。威廉姆森指出,这确实导致了多分部假说,即M型企业能更好地执行最高层的管理目标。与下层经理的"个人主义"目标不同,最高层的管理目标有可能主要集中于利润。而低层经理则可能是扩大销售,促进增长,增加在职消费。特别地,在M型企业中控制比U型企业更为优越,因为其控制是内部的,是享有信息的高层经理对下层经理的控制,而不是通过外部股东来进行。

(四) 网络组织结构

1. 治理制度。1980年代以后,企业的外部环境又发生了新的变化:信息革命发生,通讯、交通迅猛发展,网络技术不仅使时空距离骤然缩短,而且改变了人们的行为方式和思维方式;知识经济兴起,知识成为主导型生产要素,成为竞争优势的主要来源,知识型企业与知识型员工的比例大幅上升;全球化时代到来,专业化分工程度更高;消费者更加成熟,需求多样化、个性化特征非常明显。企业所处的经济环境更加复杂,不确定性增加,为满足社会多样化、个性化的要求,企业大量采用柔性制造系统,资产的专用性程度比工业化时代降低,企业开始在保留自己核心业务的同时,依靠更多的合作者来共同完成业务,混合体制成为网络时代的重要治理制度。

在这种新环境下,M型结构便显得层次过多,信息传递慢,致使信息成本上升,也使决策成本上升,总部对业务分部的监督成本也由于业务分部的实力增强而增加,且交易费用上升,历史再一次迫使企业做出适当的改变。要适应时代,网络组织结构便应运而生。

2. 治理约束成本。网络组织结构是由各自拥有核心能力的相互独立的业务单位或企业以信息技术和通讯技术为基础,依靠发达的网络连接而成的一种动态的组织结构,目的是在成员单位之间实现技能共享、成本分担,以把握快速变化的市场机遇。

(1) 信息成本:新经济条件对于信息成本的影响具有不确定性,发达的技术可以降低企业内外部信息不对称的程度,使信息成本下降;知识的隐性特征可能会加大网络组织内部的信息不对称程度,使信息成本提高。

(2) 决策成本:为尽快对市场做出反应及充分利用网络内部各个角落的知识,许多网络组织把决策权下放到了基层,决策成本的高低依赖于决策的及时性和准确性。

(3) 监督成本:监督成本既包括对网络组织内部成员单位的监督,还对企业内部下级单位及员工进行监督;由于企业不拥有对成员单位的控制权,对成员单位的监督成本应该很高;对知识员工的监督也由于知识员工的工作过程不可观察而成本高昂。

3. 治理约束成本的宽度。组织结构设计应超越企业边界,着眼于整个网络组织。在网络组织结构下,信息收集、传播的范围变大了,决策范围变广了,防止投机的考察范围也越来越广,远远超出了单体企业。此时,要想在竞争中获胜,眼光不能够继续局限于单体企业,而应该着眼于整个网络组织。现实情况也已经表明,企业层次的竞争力已经转变为网络组织层次的竞争力,网络与网络间的较量成为市场竞争的主题。因此,网络组织的设计将取代单体企业,成为下一步竞争的焦点。

六、激励约束设计

引导经理们采取使股东利润最大化的行为可以通过某种方法将经理们的报酬与股东的利益相一致。在委托代理理论中,委托人的利益取决于代理人的行为或努力水平。而当委托人对代理人的行动或努力水平存在信息不对称时,委托代理问题就产生了。股东利润取决于经理的努力水平,但股东通常只能观察到利润,而观察不到经理的努力水平。经理希望减少努力水平,因为努力会带来负效用。

于是就产生了一个问题,能否有一个报酬方案,来克服代理人减少其努力水平的动机,使他们投入的努力不少于从委托人角度来看的最优水平。

典型的情况是,经理有可能显示出一定程度的风险厌恶,他们的努力会进入他们的效用函数,而且会带来负效用。他们的努力无法被直接或间接地观察到。于是,任何一种报酬制度都无法使股东效用最大化,根据最优风险分担与最优激励间的权衡得出的次优方案,就是可能得到的最佳选择。

一般来说,这种次优方案是一个包含两部分报酬的制度:一部分是固定报酬,另一部分是与结果相关。它们之间的平衡取决于委托人与代理人风险偏好。魏茨曼(Weitzman,1980)通过试验案例表明,通常来说代理人应承担相当一部分风险。罗斯也认为,相对来说,不厌恶风险的人更易于担任管理职务,这是因为他们愿意承担更多的风险。

复习思考题

1. 请用相关理论解释目前的企业虚拟联盟现象。
2. 用相关理论解释企业归核化现象。

第十九章 中国战略性新兴产业发展

学习要点

1. 了解战略性新兴产业的基本内涵与选择依据。
2. 熟悉我国战略性新兴产业发展的主要思路、基本原则。
3. 掌握我国战略性新兴产业的发展目标与重点领域。
4. 熟悉推动我国战略性新兴产业发展的对策。

案例：

液晶最早发现于1888年，直到1960年代与显示技术结合才开始获得应用。当时美国无线电公司提出研制能够"挂在墙上的电视"的想法，并利用液晶技术开发出世界上第一块能够挂在墙上的液晶显示器(LCD)。美国无线电公司与西屋电气公司先后将薄膜晶体管技术TFT用于控制液晶显示器的发光，形成了最初的TFT—LCD显示器原型。

美国——这个世界液晶工业技术的缔造者——在完成了最初创意和研发后，并没有看到其产业前景，研究成果一直搁置在试验室内；相反，日本看到了这一点，并在之后成为液晶显示器的真正最大获利者。

1973年，精工生产出第一块数字LCD手表，夏普用液晶显示计算器实现了商业化应用；1983年须羽精工用TFT—LCD技术研制出第一台2英寸微型彩色液晶电视；1985年东芝研制出第一台使用液晶显示器的笔记本电脑，开启了TFT—LCD显示技术的平板显示工业。

从LCD计算器开始，日本根据市场需要，先后攻克了生产设备、工艺技术、原材料等一系列技术难题，形成了企业链，实现了液晶显示技术的产业化，推动了世界液晶工业的形成。到1990年代中期，由于专利保护，日本企业成为了世界TFT—LCD工业标准的主导，现在全球市场份额达95%以上。

（来源：赵雪、付毅飞：《战略性新兴产业成功案例：液晶显示工业发展启示》，《科技日报》，2011-03-27。）

当今世界新技术、新产业迅猛发展，孕育着新一轮产业革命，新兴产业正在成为引领未来经济社会发展的重要力量，世界主要国家纷纷调整发展战略，大力培育新兴产业，抢占未来经济科技竞争的制高点。

当前,全国上下正按照科学发展观的要求,加快转变经济发展方式,推进中国特色新型工业化进程,积极应对日趋激烈的国际竞争和气候变化等全球性挑战,促进经济长期平稳较快发展。在此过程中,必须站在战略和全局的高度,科学判断未来需求变化和技术发展趋势,大力培育、发展战略性新兴产业,加快形成支撑经济社会可持续发展的支柱性和先导性产业,优化产业结构,提高发展质量和效益。

"十二五"时期是我国战略性新兴产业夯实发展基础、提升核心竞争力的关键时期,既面临难得的机遇,也存在严峻挑战。从有利条件看,我国工业化、城镇化快速推进,城乡居民消费结构加速升级,国内市场需求快速增长,为战略性新兴产业发展提供了广阔空间;我国综合国力大幅提升,科技创新能力明显增强,装备制造业、高技术产业和现代服务业迅速成长,为战略性新兴产业发展提供了良好基础;世界多极化、经济全球化不断深入,为战略性新兴产业发展提供了有利的国际环境。同时也要看到,我国战略性新兴产业自主创新发展能力与发达国家相比还存在较大差距,核心技术严重缺乏,标准体系不健全;投融资体系、市场环境、体制机制政策等还不能完全适应战略性新兴产业快速发展的要求。必须加强宏观引导和统筹规划,明确发展目标、重点方向和主要任务,采取有力措施,强化政策支持,完善体制机制,促进战略性新兴产业快速健康发展。

第一节 战略性新兴产业的基本内涵与选择依据

一、战略性新兴产业基本定义和内涵

（一）战略性新兴产业的定义

战略性新兴产业是指关系到国民经济社会发展和产业结构优化与升级,具有全局性、长远性、导向性和动态性等四大特征的战略性产业。全局性是指战略性产业不仅自身具有很强的发展优势,对经济发展具有重大贡献,而且直接关系经济社会发展全局和国家安全,对带动经济社会进步、提升综合国力具有重要促进作用。长远性是指战略性产业在市场、产品、技术、就业、效率等方面应有巨大的增长潜力,而且这种潜力对于经济社会发展的贡献是长期的、可持续的。导向性是指战略性新兴产业的选择具有信号作用,它意味着政府的政策导向和未来的经济发展重心,是引导资金投放、人才集聚、技术研发、政策制定的重要依据。动态性是指战略性产业要根据时代变迁和内外部环境的变化进行调整,以适应经济、社会、科技、人口、资源、环境等变化带来的新要求。

（二）战略性新兴产业的基本范围

根据以上表述,战略性新兴产业是包括新能源、新材料、节能环保、生物医药、新能源汽车、信息网络和高端制造产业等七个细分行业的产业集合总称。具体来看:

1. 新能源产业。新能源产业主要是源于新能源的发现和应用。新能源指刚开始开发与利用或正在积极研究、有待推广的能源,如太阳能、地热能、风能、海洋能、生物质能和核聚变能等。因此这里的开发新能源的单位和企业所从事的工作的一系列过程,

叫新能源产业。

2. 节能环保产业。节能环保产业是指在国民经济结构中,以防治环境污染、改善生态环境、保护自然资源为目的而进行的技术产品开发、商业流通、资源利用、信息服务、工程承包等活动的总称。它在美国称为"环境产业",在日本称为"生态产业"或"生态商务"。节能环保产业在国际上有狭义和广义的两种理解。对环保产业的狭义理解是终端控制,即在环境污染控制与减排、污染清理以及废物处理等方面提供产品和服务,广义的理解则包括生产中的清洁技术、节能技术,以及产品的回收、安全处置与再利用等,是对产品从"生"到"死"的绿色全程呵护。

3. 新材料产业。新材料产业包括新材料及其相关产品和技术装备。具体涵盖:新材料本身形成的产业;新材料技术及其装备制造业;传统材料技术提升的产业等。与传统材料相比,新材料产业具有技术高度密集、研究与开发投入高、产品的附加值高、生产与市场的国际性强,以及应用范围广、发展前景好等特点,其研发水平及产业化规模已成为衡量一个国家经济社会发展、科技进步和国防实力的重要标志,世界各国特别是发达国家都十分重视新材料产业的发展。

4. 信息网络产业。信息网络产业特指将信息转变为商品的行业,它不但包括软件、数据库、各种无线通信服务和在线信息服务,还包括了网络媒体,以及相关网络的商业应用。而计算机和通信设备等的生产将不再包括在内,被划为制造业下的一个分支。计算机和通讯设备行业为主体的IT产业,我们通常称之为信息产业,又称为第四产业。

5. 生物医药产业。生物医药产业由生物技术产业与医药产业共同组成。

(1) 生物技术产业。目前,各国、各组织对生物技术产业的定义和圈定的范围很不统一,甚至不同人的观点也常常大相径庭。有关学者将现代生物技术产业界定为:生物技术是以现代生命科学理论为基础,利用生物体及其细胞的、亚细胞的和分子的组成部分,结合工程学、信息学等手段开展研究及制造产品,或改造动物、植物、微生物等,并使其具有所期望的品质、特性,进而为社会提供商品和服务手段的综合性技术体系。

(2) 医药产业。制药产业与生物医学工程产业是现代医药产业的两大支柱。① 制药产业。制药是多学科理论及先进技术的相互结合,采用科学化、现代化的模式,研究、开发、生产药品的过程。除了生物制药外,化学药和中药在制药产业中也占有一定的比例。② 生物医学工程产业。生物医学工程是综合应用生命科学与工程科学的原理和方法,从工程学角度在分子、细胞、组织、器官乃至整个人体系统多层次认识人体的结构、功能和其他生命现象,研究用于防病、治病、人体功能辅助及卫生保健的人工材料、制品、装置和系统技术的总称。

6. 高端制造产业。高端制造业是一个国家或地区工业化过程中的必然产物。迄今为止,学术界对高端制造业还缺乏统一的界定,更缺乏一个明确的统计分类标准。一般而言,高端制造业的概念可以从行业和产业链环节两个角度来进行界定。从行业的角度讲,高端制造业是指制造业中新出现的具有高技术含量、高附加值、强竞争力的行业;从所处产业链的环节上讲,高端制造业处于某个产业链的高端制造业环节。

7. 新能源汽车产业。新能源汽车产业从经济学描述，是从事新能源汽车生产与应用的行业。新能源汽车是指除汽油、柴油发动机之外所有其他能源汽车，被认为能减少空气污染和缓解能源短缺。在当今提倡全球环保的前提下，新能源汽车产业必将成为未来汽车产业发展的导向与目标。

二、战略性新兴产业的选择依据

战略性新兴产业是一国经济发展的重大战略选择，它既要对当前经济社会发展起到重要支撑作用，更要引领未来经济社会可持续发展的战略方向。战略性新兴产业选择应体现上述四大特征，并遵循以下六大准则：

（1）国家意志准则，即战略性新兴产业要反映一个国家的意志和战略，体现一个国家未来产业重点发展方向和可率先突破领域。

（2）市场需求准则，即战略性新兴产业要具有长期稳定而又广阔的国内外市场需求。

（3）技术自主准则，即战略性新兴产业要掌握行业的关键核心技术，具有良好的经济技术效益，否则就会受制于人。

（4）产业关联准则，即战略性新兴产业要具有很强的带动性，能够带动一批相关及配套产业。

（5）就业带动准则，即战略性新兴产业要有强大的劳动力吸纳能力，能创造大量就业机会。

（6）资源环境准则，即战略性新兴产业要具有对资源消耗低、对环境污染少的特点。

确定了战略性新兴产业之后，在推进和落实上应注意把握如下几个原则：

1. 发展战略性新兴产业是一项长期战略，切忌短期行为。应根据技术和市场成熟度，发展一批、培育一批和储备一批。在技术相对成熟、应用前景明朗的领域，实现规模化发展；在技术路线尚未稳定、处于发展初期和成长期的领域，需鼓励创新创业企业，通过科技成果产业化，培育新兴产业；此外，还可选择一些具有产业化和市场需求前景的技术或者重点支持、培育可商业化的技术，为发展未来的新兴产业做准备。

2. 以掌握核心技术与培育市场为突破口。一方面，目前我国的战略性新兴产业大多是通过引进技术发展起来的，建设投资增长较快，研发投入不足，不掌握核心技术，许多还是低端制造。因此，应从要素驱动转向创新驱动，在突破关键与核心技术上下工夫。另一方面，有些领域以扩大产能为主，国内市场开拓不够。此外，有些新兴产业并不是自身的技术突破，而是通过商业模式创新，形成新的业态。

3. 提高市场的可接受性。技术突破和工程化不等于发展产业。前者是解决技术可行性等问题，而发展产业则要求经济可行和被市场接受。在一些新兴产业发展初期，政府给予一定补助，但应是阶段性的。要看到，仅靠政府补贴政策的行业是难以持续发展的，唯有加大技术研发、积极开拓市场，才能提高竞争力，真正为市场所接受。

4. 注意发展质量,防止片面追求数量。要因地制宜,根据地区比较优势、技术和产业基础,选择与本地产业关联作用较大的新兴领域,集中力量培育区域特色优势产业群,带动一批相关配套产业的发展,真正带动区域经济。

三、战略性新兴产业的选择标准

有关战略性新兴产业的选择标准国内有一些学者进行了探索,肖兴志等认为战略性新兴产业的指标体系应由三部分构成,即产业主导力、产业发展力和产业竞争力。在这三项一级指标中,产业主导力是从主导产业的选择经验中借鉴而来,产业发展力和产业竞争力则是根据战略性新兴产业自身特点创建得到。

1. 产业主导力。在现有的主导产业选择基准中,产业增长力(筱原基准)、产业波及效应和就业效应标准最能体现战略性新兴产业的导向性内涵,所以将之作为产业主导力项下的三个二级指标。其中,产业增长潜力标准反映新兴产业的增长潜力,仍由收入弹性基准和生产率上升基准构成;产业波及效应标准则反映战略性新兴产业的产业关联度,在构成上除包括原有的感应度系数和影响力系数外,还新增了产业空间集聚度系数,用来体现战略性新兴产业区域协调发展的程度;而就业效应标准则反映战略性新兴产业的就业带动属性,结合现阶段国情,其构成要素在原有的就业吸纳能力、就业人员素质外,还添加了就业环境要素。

2. 产业发展力。鉴于战略性新兴产业的引导性作用,可从环境效率、技术效率和风险—赢利率三方面考察其所具有的产业发展力特征。原因在于,战略性新兴产业具有可持续发展和高技术外溢的特征,肩负着引领科技创新和推动低碳经济的使命,所以其发展力应由环境效率标准和技术效率标准两项指标来刻画。其中环境效率用资源消耗率和污染排放率来体现;技术效率则用专利密度系数和技术密度系数等指标来衡量。此外,从产业的生命周期角度来看,主导产业处在产业的朝阳期,而战略性新兴产业具有"新兴产业"的特征,这就使得在构建战略性新兴产业选择标准时需要考虑到"新"产业的短期风险与长期盈利性特征。可以加入风险—赢利率指标来进一步测度产业未来的发展力,该指标由产业成长风险和产业赢利率两项子指标构成。

3. 产业竞争力。在国内和国际市场具有较强竞争力是选择战略性新兴产业的重要标准,可将之细化为自主创新力、产业需求力和出口带动力三项指标。其中,自主创新力指标的纳入是基于对战略性新兴产业研发环节的高要求。如果仅靠引进和模仿,新产业的长期发展将再次陷入核心技术空心化的尴尬局面,长期受制于人。而加入产业需求力和出口带动力指标则是出于对其市场需求状况的考虑。战略性新兴产业要想发展,必须拥有广阔的市场需求空间和前景,否则将难逃"夭折"的厄运。具体而言,产业需求力从产品被接受程度来体现其竞争力,用市场占有率和最终依赖度指标来衡量;出口带动力则集中体现战略性新兴产业的出口能力,对扭转我国出口贸易结构具有重要的积极作用。

综上所述,可以选择三个一级指标、九个二级指标和十六个三级指标来构造战略性新兴产业选择的指标体系,具体形式如表19.1所示。

表 19.1　中国战略新兴产业选择的指标体系

一级指标	二级指标	三级指标		指标描述
战略性新兴产业选择标准	产业发展力	环境效率标准	资源消耗率	原材料、能源消耗量/该产业全部产值
			污染排放率	该产业污染物排放量
		技术效率标准	专利密度系数	该产业专利数/全部产业专利数
			技术密度系数	该产业技术人员数/全部就业人数
		风险—赢利率标准	产业成长风险	退出该产业的企业数/总企业数
			产业赢利率	该产业成本利润之比
	产业主导力	产业增长潜力（筱原基准）	收入弹性基准	产业产品需求增长率/人均国民收入增加率
			生产率上升基准	综合要素生产
		产业波及效应标准	感应度系数	该产业逆矩阵横向系数的平均值/全部产业逆矩阵横向系数平均值的平均
			影响力系数	该产业逆矩阵纵向系数的平均值/全部产业逆矩阵纵向系数平均值的平均
			产业空间集聚度系数	EG 指数
		就业效应标准	就业吸纳力	产业每年增加的就业人数/总就业增加人数
			就业人员素质	就业人员中高学历和高技术人才比例
			就业环境	就业人员对就业环境的满意度
		自主创新力标准		该产业 RD 投入额/全部产业 RD 投入额
	产业竞争力	产业需求力标准	市场占有率	该产业的 CR4、CR8 值
			最终依赖度	该产业各个最终需求项目（消费、投资、出口等）的生产诱发额/该产业各最终需求项目生产诱发额合计
		出口带动力标准		该产业出口额/全部出口总额

资料来源：肖兴志：《中国战略性新兴产业发展研究》，科学出版社，2011 年。

第二节　我国战略性新兴产业发展的主要思路、基本原则与重点领域

一、发展战略性新兴产业的主要思路

在以政府为主导、充分发挥市场作用的要求下，如何对战略性新兴产业进行政策扶